Friedrich Christian Laukhard in einem Porträt des Graff-Schülers
Carl August Senff (1770–1830), in Kupfer gestochen von
Johann Gottfried Schmidt (1764–1803) in Dresden. Das Bild
wurde 1796 dem dritten Teil der *Leben und Schicksale*
als Frontispiz vorangestellt.

Friedrich Christian Laukhard

Meine Kampagne in Frankreich

Textlich eingerichtet, kommentiert und mit einem
Anhang versehen von Reinhard Kaiser, Wolfgang
Hörner, Tobias Roth, Stefan Reiserer, unter Mithilfe
von Dirk Sangmeister und Guido Naschert

Verlag Das Kulturelle
Gedächtnis

Inhalt

An den Leser.   Seite 13

Erstes Kapitel.   Seite 19
Begebenheiten während des Marsches von Halle bis Koblenz.

Zweites Kapitel.   Seite 30
Koblenz. Manifest.

Drittes Kapitel.   Seite 37
Französische Emigranten.

Viertes Kapitel.   Seite 48
Noch von den Emigranten.

Fünftes Kapitel.   Seite 55
Noch einmal von den Emigranten.

Sechstes Kapitel.   Seite 62
Begebenheiten in Koblenz und im Lager bei Koblenz.

Siebentes Kapitel.   Seite 69
Marsch von Koblenz nach Trier.

Achtes Kapitel.   Seite 82
Emigranten-Heer. Luxemburg. Briefe. Spione. Plünderung.

Neuntes Kapitel.   Seite 88
Einfall in Frankreich. Anfang alles Elendes.

Zehntes Kapitel.   Seite 98
Besitznehmung von Longwy.

Elftes Kapitel.   Seite 104
Einnahme von Verdun.

Zwölftes Kapitel.   Seite 111
Das sogenannte Drecklager.

Dreizehntes Kapitel.   Seite 118
Unser Marsch nach den Höhen von La Lune oder Valmy.

Vierzehntes Kapitel.   Seite 130
Begebenheiten nach der Kanonade bei Valmy.

Fünfzehntes Kapitel.   Seite 136
Fortsetzung des vorigen.

Sechzehntes Kapitel.   Seite 144
Jämmerlicher Abzug aus Frankreich.

Siebzehntes Kapitel.   Seite 152
Fortsetzung des vorigen.

Achtzehntes Kapitel.   Seite 160
**Fortsetzung.
Ankunft auf deutschen Boden.**

Neunzehntes Kapitel.   Seite 169
Anmerkungen über eine Relation des Herrn Hauptmanns von Beulwitz.

Zwanzigstes Kapitel.   Seite 176
**Ankunft auf deutschem Boden.
Lager bei Luxemburg.**

Ein und zwanzigstes Kapitel.   Seite 182
Beschreibung der Feldlazarette.

Zwei und zwanzigstes Kapitel.   Seite 189
Noch über das Elend in
den Feldlazaretten.

Drei und zwanzigstes Kapitel.   Seite 198
Faltern, Monthabauer,
Limburg u. s. w.

Vier und zwanzigstes Kapitel.   Seite 203
Einnahme von Frankfurt
am Main. Folgen davon.

Fünf und zwanzigstes Kapitel.   Seite 210
Die Winterquartiere
oder Quasi-Winterquartiere.

Sechs und zwanzigstes Kapitel.   Seite 217
Fortsetzung des vorigen.

Sieben und zwanzigstes Kapitel.   Seite 223
Fortsetzung des vorigen.

Acht und zwanzigstes Kapitel.   Seite 231
Unser Zug über den Rhein.

Neun und zwanzigstes Kapitel.   Seite 237
Was vor der Belagerung
von Mainz herging.

Dreißigstes Kapitel.   Seite 244
Klubbisten-Jagd jenseits des Rheins.

Ein und dreißigstes Kapitel.   Seite 258
Belagerung der Festung Mainz.

Zwei und dreißigstes Kapitel.   Seite 263
Fortsetzung des vorigen.

Drei und dreißigstes Kapitel.   Seite 271
Noch über die Mainzer Belagerung.

Vier und dreißigstes Kapitel.   Seite 299
Marsch von Mainz nach dem Gebirge.

Fünf und dreißigstes Kapitel.   Seite 307
Niederkirchen. Maikammer.

Sechs und dreißigstes Kapitel.   Seite 315
Bistum Speyer. Dr. Bahrdt.

Sieben und dreißigstes Kapitel.   Seite 325
Patrioten-Jagd im Speyerischen. Anstalten gegen die Franzosen.

Acht und dreißigstes Kapitel.   Seite 334
Belagerung von Landau.

Neun und dreißigstes Kapitel.   Seite 340
Ich werde endlich noch gar— geheimer Gesandter.

Vierzigstes Kapitel.   Seite 350
Fortsetzung des vorigen.

Ein und vierzigstes Kapitel.   Seite 352
Meine Instruktion vom Kronprinzen.

Zwei und vierzigstes Kapitel.   Seite 360
Mein Übergang zu den Franzosen.

Nachwort   Seite 369

Auswahlbibliographie   Seite 391

Zeittafel   Seite 394

Dank   Seite 398

Impressum   Seite 400

Das vorliegende Buch wurde zuerst unter dem Titel *F. C. Laukhards, Magisters der Philosophie, und jetzt Lehrers der ältern und neuern Sprachen auf der Universität zu Halle, Leben und Schicksale, von ihm selbst beschrieben. Dritter Teil, welcher dessen Begebenheiten, Erfahrungen und Bemerkungen während des Feldzugs gegen Frankreich von Anfang bis zur Blockade von Landau enthält* im Jahre 1796 in Leipzig in Kommission bei Gerhard Fleischer dem Jüngern veröffentlicht.

Die ersten beiden Bände von Laukhards Autobiographie, die seine Jugend, sein Studium und seine frühe Zeit in der preußischen Armee beschreiben, waren im Jahr 1792 erschienen. Den vorliegende dritten Teil schrieb Laukhard nach seiner Rückkehr vom Feldzug. Textgrundlage ist der im Jahr 1987 beim Verlag Zweitausendeins erschienene Reprint der Originalausgabe.

Für die vorliegende Ausgabe wurde der Text ungekürzt übernommen, Orthographie und Grammatik wurden heutigen Lesegewohnheiten angeglichen und dem heutigen Leser schwer verständliche Textstellen wurden knapp kommentiert. Um Zitier- und Vergleichbarkeit zu erleichtern, wurde die Paginierung der Erstausgabe in runden Klammern übernommen) x (.

An den Leser.

[1] Karl Wilhelm Ferdinand von Braunschweig-Wolfenbüttel (1735–1806) befehligte als preußischer Feldmarschall die Armee der antifranzösischen Allianz im Ersten Koalitionskrieg. Das von ihm verfasste *Manifest*, auf das Laukhard noch zu sprechen kommt, und das die Franzosen einschüchtern sollte, beeinflusste den Verlauf des Krieges deutlich zu Ungunsten Preußens und seiner Alliierten.

Da ich den unseligen Feldzug des Herzogs von Braunschweig [1] gegen die Franzosen in den Jahren 1792 und 93 mitgemacht, und hernach vom Monat September 1793 bis in den Februar 1795 mich in Frankreich herumgetrieben habe, so kann sich der Leser schon vorstellen, dass ich ihm in der Fortsetzung meiner Lebensgeschichte Manches liefere, das ihn eben sowohl unterhalten, als über gar Vieles belehren kann. Schon dieses, und dann der Gedanke, dass der Teil des Publikums, welcher meine Jugendstreiche, akademische Possen und andere Schwindeleien nicht ohne Vergnügen gelesen hat, auch das mit Interesse und Nutzen lesen werde, was einer allgemeinen und höhern Aufmerksamkeit wert ist, musste mich bestimmen, meine Lebensgeschichte fortzusetzen.

Freilich werden Manche es ungern sehen, auch wohl gar über mich zürnen, dass ich bei der Erzählung meiner und anderer Begebenheiten, ihrer namentlich gedacht, und vielleicht einiges von ihnen erzählt oder über sie bemerkt habe, das sie freilich gern ganz unberührt wissen möchten. Aber wozu dies in einem Zeitpunkte, wo die Begebenheiten zu viel Interesse haben, um sich nicht selbst zu verraten und zu charakterisieren! Und wenn selbst die Staatsschriften von England, Frankreich und Deutschland die Fehler ihrer Verfas-

AN DEN LESER

² Laukhard zählt hier verschiedene nationale und internationale Zeitungen und Zeitschriften unterschiedlichster politischer Ausrichtung auf (von konservativ bis revolutionär), die sich mit der französischen Revolution beschäftigen.

sung und Verwaltung gegenseitig haarscharf durchgehen, und die Handhaber derselben, sie mögen auf dem Throne oder im Felde wirken, zur öffentlichen Prüfung oft nicht zum Rühmlichsten aufstellen – wie wir dies entweder in jenen Staatsschriften selbst, oder auszugsweise in unsern Zeitungen und Journalen: im *Moniteur*, im *Political Magazin*, im *Londner Chronikel*, in Girtanners und Posselts *Annalen*, in Archenholzens *Minerva*, in der *neuesten Geschichte der Staaten und der Menschheit*, in der *Klio*, in den *Beiträgen zur Geschichte der französischen Revolution* [2] und anderwärts finden – : so wäre es töricht, einem einzelnen Referenten das verargen zu wollen, was der ganzen Welt schon vor Augen liegt, aber nicht immer unparteiisch, und oft sehr mangelhaft. Überdies sind die Begebenheiten, welche ich erzähle, größtenteils alle so beschaffen, dass nicht das geringste falsche Licht auf die Personen fallen kann, die ich genannt habe; und wenn ich die Emigranten und einige Andere ausnehme, deren ich eben nicht im Besten gedenke, so bin ich überzeugt, dass alle anderen, Große und Mindergroße, es mir durchaus nicht verargen können, dass ich mein Publikum mit dem, was sie taten, bekannt zu machen suche.

Kein Mensch hat mehr Ursache, recht zu tun, und die Regeln der Bravheit genauer zu befolgen, als der, welcher irgendeine Rolle auf dem Kriegstheater zu spielen hat: denn da wird alles, von Freund und Feind, auf die verschiedenste Art erklärt, und der größte Held bringt nur mit Mühe seinen ehrlichen Namen aus dem Felde. Im gegenwärtigen Kriege ist diese Wahrheit sehr sichtbar geworden; und Männer, deren Mut, Gerechtigkeitsliebe und militärische Talente noch im Frühling 1792, gleichsam als ausgemacht angenommen, und allgemein anerkannt waren, erschienen schon in selbigem Jahre, nach der unglücklichen Expedition nach Champagne, in einem sehr zweideutigen Lichte, und alles, was sie hernach im Felde noch tun konnten, war nicht im Stande, sie von Vorwürfen zu retten, welche der Ehre solcher Männer äußerst nachteilig sein mussten.

Man sage nicht, dass das einmal erworbene Ansehen dieser Verunglimpften hinlänglich sei, den Fol-

) XI (

AN DEN LESER

³ rühmend (mit sakralem Beiklang)

⁴ Gottlob Benedikt von Schirach (1743–1804), Historiker und Publizist, vorübergehend Dozent an der Universität Halle, und Gegner der Revolution

gen nachheriger schiefer Urteile vorzubeugen: denn gegen Urteile hilft kein Ansehen, welches ohnehin wechselt, wie das, worauf es beruht; und die Nachwelt urteilt allemal—nach schon gefällten Urteilen; aber nach Urteilen von Sachkundigen und Unparteiischen. Denn welcher Vernünftige wird den Trajanus für das halten, wofür ihn Plinius in seinem Panegyrikus ausgibt, oder Karl, den Sechsten, so nehmen, wie ihn die präkonisierende[3] Biographie des Herrn von Schirach[4] aufstellt? Wahrheit entscheidet am Ende immer; und so nützet unverdientes Lob eben so wenig, als unverdienter Tadel schadet. Der selbstständige, billige Mann bleibt also um beide unbekümmert, und erwartet sein Recht von der sichtenden Nachwelt.

) XII (

Ich glaube, Bücher von der Art, wie die Fortsetzung meiner Biographie ist, sind besonders schicklich, unbefangne Leser in den Stand zu setzen, richtig und ohne Gefahr, zu irren, über manche Vorfälle des Krieges gegen die Franzosen sich zu unterrichten, und viele Personen, welche daran Anteil hatten, nach Verdienst zu würdigen.

Ich habe kein Interesse, jemanden zu loben, oder zu tadeln. Ich lebe zwar noch im Preußischen: allein keine Seele, die in diesen Staaten einiges Gewicht hätte, wird von mir, wegen Wohltaten geliebt, oder wegen Beleidigungen, gehasset. Ich stehe nicht in der geringsten Verbindung, und kann in einer einzigen Viertelstunde allen meinen Verhältnissen mit den Preußen ein Ende machen. Ich habe also zu Lob und Tadel noch weniger Ursache, als der ehrliche Tacitus hatte, welcher (Hist. L I.C.II.) bekennen musste, dass zwar Galba, Otho und Vitellius ihm weder Gutes noch Böses erwiesen hätten (nec beneficio nec injuria sibi cognitos), dass er aber unter Vespasianus, Titus und Domitianus immer in Staatswürden und Ämtern höher gestiegen sei. Aber, setzt er hinzu, da ich einmal aufrichtig zu sein versprochen habe, so muss ich jeden ohne Vorliebe, und ohne Hass nennen. Ich finde zwar, dass man sogar in öffentlichen Schriften aussprengt: der Kronprinz von Preußen lasse mich einen Gehalt genießen, als eine Belohnung für meine Mission: allein man sprengt gar vieles aus! Freilich wenn

) XIII (

AN DEN LESER

⁵ siehe hierzu das Nachwort dieser Ausgabe S. 368 ff.

⁶ hinweggesetzt

es wahr wäre, dann hätte das Publikum ein Recht bei mir vorauszusetzen, dass ich von diesem Prinzen, und von der Armee, bei welcher er eine Zeitlang ein Kommando geführt hat, vielleicht anders sprechen möchte, als ich nach meiner Überzeugung hätte sollen. Aber ich erkläre hiermit ganz unbefangen, dass ich nicht die geringste Pension genieße, und dass ich auch ganz und gar keine Hoffnung habe, jemals von seiner Hoheit im geringsten unterstützt zu werden: – vielleicht versperrte ich mir durch eigne Schuld den Weg dazu.⁵

Aber ob ich gleich noch immer überzeugt bin, dass ich nach der Aufopferung dessen, was ich hatte, indem ich mich bloß um dem Kronprinzen zu dienen, und mich seiner Gnade zu empfehlen, in die Gefahr begab, mein Leben auf eine schimpfliche Art zu verlieren, allerdings auf einige Unterstützung zu hoffen das Recht hatte, so kann ich doch diesem vortrefflichen Herrn die Schuld nicht beimessen, dass ich ohne die versprochne Hilfe von seiner Seite bleibe, und dadurch genötigt bin, Männern lästig zu sein, welche bloß Menschengefühl veranlasst, mich in allen Stücken nach ihrem Vermögen zu unterstützen. Es gibt zwischen einem Fürsten, wie der Prinz von Preußen ist, und einem armen Teufel, wie ich bin, eine zu große Kluft: er kann sich nicht so tief herablassen, um meine Lage kennen zu lernen, und ich kann mich bis zu ihm nicht erheben, um ihn darüber zu belehren.

Ich habe mich also über alle wirkliche und mögliche Verhältnisse hinausgesetzt⁶, und gerade so erzählt, wie ich die Sachen selbst erfahren habe, und hoffe, dass meine Leser hiernach von allen meinen Nachrichten urteilen werden.

Vielleicht macht man mir den Vorwurf, dass ich überhaupt eine gewisse Neigung für das System der Neufranken blicken lasse, und zählt mich vielleicht auch zu jenen, welche bei den politischen Kannegießern unseres Vaterlandes unter dem verhassten Namen der Jakobiner oder Patrioten bekannt sind.

Ich gestehe ganz offen und ohne alle Furcht, dass ich durch meine Erfahrungen gelernt habe, von dem System der französischen Republik besser und richtiger zu urteilen, als mancher politische Journalist, der

) XIV (

aus Eigennutz, Hass oder Schreibsucht, bloß räsonieren und schimpfen will. Ich habe von den Franzosen in ihrem eignen Lande keine Ungerechtigkeit erlitten; und ob ich gleich schon in Landau als Emissär der Preußen verdächtig war, und hernach in Dijon und besonders in Macon beinahe völlig überführt wurde, das Werkzeug eines verräterischen Anschlags gegen die Republik gewesen zu sein, so wurde es mir doch nicht schwergemacht, mich gewissermaßen zu rechtfertigen, und wurde, wo nicht für völlig schuldlos erklärt, doch sofern losgesprochen, dass ich meine Freiheit wiedererhielt.

Das Verfahren der Franzosen gegen mich war also edel, und unedel wäre es nun von mir, wenn ich von ihren Anstalten gegen meine Überzeugung schiefe Urteile auftischen und Lügen einmischen wollte, um die ohnehin schon so verkannte und verhasste Nation noch verhasster zu machen.

Und so viel von den öffentlichen Nachrichten, welche ich in meinem Werkchen liefere. Was die Geschichte meiner eignen Angelegenheiten betrifft, so hoffe ich, dass meine Leser keine Langeweile daran haben werden. Meine Lage bestimmte mich, so zu handeln, wie ich handelte, und der billige Leser wird sich nicht wundern, wenn Laukhard, der seit 1775 in stetem Wirrwarr des Universitäten- und Soldatenlebens gewesen ist, nicht handeln konnte, wie er würde gehandelt haben, wenn ihm das Glück eines ruhigen Lebens zu Teil geworden wäre. Es gibt Lagen in der Welt, die man trotz alles guten Willens wenig ändern, und noch weniger verbessern kann; und von dieser Art ist die meinige: das fühle, das erfahre ich alle Tage. Wozu wäre nun mein Bestreben, meine Gesinnungen zu verleugnen, und eine Maske vorzunehmen, die mich unkenntlich machte? Außer diesem dritten Teile wird nächstens noch einer erscheinen, welcher meine Begebenheiten in Frankreich, meinen Aufenthalt bei den Schwaben, und meine Rückkehr nach Halle enthalten wird. dass dieser Teil der vorzüglichste in Rücksicht der Geschichte, und der Länder- und Völkerkunde sein wird, versteht sich von selbst; und wenn das Publikum bisher meine Biographie mit einiger

AN DEN LESER

Teilnahme gelesen hat; so hoffe ich, dass der Schluss derselben keines Lesers Erwartung täuschen wird.

Mit den Herren Rezensenten habe ich ganz und gar nichts zu schaffen. Die Herren sind ja Kunstrichter, oder wenigstens wollen sie es sein: ich aber schreibe weder nach der Kunst noch für die Kunst: also—. Wollen sie sich aber dem ohnerachtet mit mir zu tun machen, je nun, in Gottes Namen!

Meinen Freunden und Bekannten, deren ich viele habe, und worunter gewiss viele rechtschaffne Männer sind, empfehle ich meine Biographie im besten. Sie können versichert sein, dass sie dadurch, dass sie den Absatz derselben befördern helfen, mir einen wesentlichen Dienst erweisen.

Erstes Kapitel.
Begebenheiten während des Marsches von Halle bis Koblenz.

geschrieben zu Halle,
den 29ten September, 1796

Am Ende des zweiten Bandes meiner Lebensbeschreibung habe ich meinen Lesern berichtet, dass ich eben damals, als ich jenen Band endigte, bestimmt war, mit dem Thaddenschen Regiment, worunter ich zu der Zeit noch diente, und mit den übrigen Preußischen Truppen den berühmten und berüchtigten Feldzug gegen die Neufranken mit zu machen: was ich nun seit jener Zeit, oder seit dem Frühlinge des Jahres 1792 bis auf meine Zurückkunft nach Halle im Herbst 1795,

) 1 (

Merkwürdiges mitgemacht und erfahren habe, soll den Inhalt der Fortsetzung meiner Lebensgeschichte ausmachen. Es war wirklich schade, dass ich auf dem endlich mit Ernst angetretenen Wege zu einer regelmäßigern und konsequentern Lebensart, worauf mich rechtschaffene Freunde und eigenes Nachdenken über meine desolate Lage geführt hatten, durch den Feldzug aufgehalten und allen Verführungen zu einem wüsten Leben, das mit Feldzügen allemal verknüpft ist, wieder preisgegeben wurde. So wollte es aber das Schicksal; und wenn meine Leser dem ohngeachtet sehen, dass ich – ich will nicht sagen, besser – doch nicht schlimmer geworden bin, als ich zu der Zeit war, da ich Halle verließ: so müssen sie, wenn sie billig sein wollen, doch schließen, dass ich noch nicht ganz verdorben, oder aller und jeder moralischen Empfindung und Besinnung unfähig gewesen sei.

)2(

Niemand ist dem Eigenlobe mehr Feind, als ich: ich fühle zu sehr meine eigene Unwürdigkeit, und weiß, wie viel ich von der Achtung Anderer durch meine ehemalige Lebensart habe verlieren müssen: ja, ich sehe das Bestreben, diese Achtung mir wieder ganz zu erwerben, beinahe als einen Versuch an, das Unmögliche möglich zu machen. Ich habe daher alle Hoffnung dazu auch längst aufgegeben. Aber, und nicht erst von heute an, habe ich noch immer den festen Vorsatz, mein Betragen so einzurichten, dass es keinen veranlasse, mich als einen Menschen zu verschreien, der die öffentlichen Sitten beleidige, und schwache Menschenkinder durch ein böses Beispiel zu bösen Handlungen verleite. Wie weit ich dieses geleistet habe, und fernerhin zu leisten im Stande sein werde, mögen meine Leser aus dieser Fortsetzung selbst abnehmen.

)3(

Mein Individuum ist indes immer das geringste, was dieses Werkchen dem Publikum interessant machen soll. Ich war Zuschauer und Mitakteur, obgleich einer der geringsten, wenn gleich nicht gerade der kurzsichtigsten, auf einem Theater, worauf eine der merkwürdigsten Tragikomödien unsers Jahrtausends aufgeführt worden ist. Freilich haben andre da auch mit zugesehn; aber da jeder seine eigene Art zu sehen

ERSTES KAPITEL

¹ Franz Heinrich Bispink (1749–1820) war nicht nur der Verleger der ersten beiden Bände von Laukhards *Leben und Schicksale*, sondern auch sein wichtiger Freund, Gönner, Unterstützer und Förderer. An Bispink richtete er die Briefe, aus denen die *Briefe eines preußischen Augenzeugen über den Feldzug des Herzogs von Braunschweig gegen die Neufranken* zusammengestellt wurden. Bispink gilt als Redakteur von Pack eins und zwei dieses Laukhard'schen Werks und als Hauptautor von Pack drei und vier. Nach seiner Rückkehr wohnte Laukhard bei ihm und sie verfassten wahrscheinlich auch weitere Werke gemeinsam (näheres dazu im Nachwort).

und zu bemerken hat, so will ich das, was ich gesehen, und wie ich es gesehen habe, Ihnen, meine braven Leser, nun hererzählen; und ich hoffe, oder vielmehr, ich weiß es gewiss, dass Ihnen meine Erzählung, durch reellen Unterricht und durch reichen Stoff zum Vergleichen und Nachdenken, alle Mühe hinlänglich ersetzen soll, die Sie Sich nehmen werden, mein Buch durchzulesen, oder – wenn ich nicht aus Dünkel spreche – durch zu denken.

Mein Abschied aus Halle hat mir sehr wehe getan: ich trennte mich zwar nicht, wie die meisten Soldaten, von einer Frau, oder, was noch weher tun soll, von einem Mädchen; aber ich verließ Freunde, welche es wahrlich gut mit mir meinten, und die ihre Freundschaft mir so oft und so tätig bewiesen hatten. Wer den Wert der Freundschaft nur leise fühlt, und von einem wahren Freunde je geschieden ist, der kann sich vorstellen, mit welchen bittern Empfindungen ich Halle verlassen habe.

) 4 (

Ich hatte mich mit allem Nötigen, insofern ein Tornister es fassen kann, hinlänglich versehen; und durch die Bemühungen des Herrn Bispink[1], dessen große Verdienste um mein moralisches und ökonomisches Wesen schon zum Teil aus dem zweiten Bande dieses Werkchens bekannt sind, war meine Börse in gutem Stande.

Den letzten Abend – es war den 13ten Junius 1792 – brachte ich in Gesellschaft einiger anderen Bekannten noch recht vergnügt bei Herrn Bispink zu: über die Kirschsuppe, die mir damals, als mein Leibessen, Madame Bispink vorsetzte, haben hernach unsere königlichen Prinzen, denen ich davon erzählte, mehrmals mit mir gespaßt.

Morgens den 14ten Junius zog unser Regiment von Halle aus. Es schwebten allerlei Empfindungen auf den Gesichtern der Soldaten: die wenigsten zogen freudig davon, doch ließen nur wenige Tränen erblicken; und die, welche ja nasse Augen sehen ließen, wurden von ihren Nachbarn bestraft, die es für unanständig halten wollten, dass der Soldat – weine. Viele, gar viele Soldaten haben aber Weiber: denn bei den Preußen ist es nicht, wie bei den Östreichern, wo der Soldat sehr

) 5 (

ERSTES KAPITEL

schwer zum Heiraten gelangt;*) und wenn gleich, aus bekannten Ursachen, die meisten verehelichten Soldaten ohne Erben bleiben: so haben doch auch manche, besonders die vom Lande, Kinder, und da hält es denn hart, sich von ihnen zu trennen. Wer keine Frau oder Kinder hat, hat doch eine Liebschaft, sollte sie auch von der untersten Gattung und aus der Klasse derer sein, die, nebst den Soldaten unsrer Fürsten, ein neuer launiger Schriftsteller zu den allerverdientesten Ständen rechnet.*) Auch von solchen Liebschaften trennt man sich nicht gerne. Lauter Ursachen, warum unsre Soldaten mit schwerem Herzen ihre Garnison verließen.

Vor dem Tore kam Herr Bispink noch einmal zu mir, und brachte eine Flasche Wein mit, welche wir ausleerten, oder vielmehr, welche ich in seiner Begleitung leerte, und darauf endlich von diesem treuen Freunde mit allen Empfindungen schied, deren ich damals im Tumulte fähig war.

Unser erste Marsch war kurz, doch waren wir, als wir ins Quartier kamen, durchaus vom Regen nass, vergaßen aber dieses kleinen Ungemachs bald, da die sächsischen Bauern uns nach ihrem Vermögen gut bewirteten.

Am andern Tage hatte ich schon einen Wortwechsel mit einem sächsischen Kandidaten der Theologie. Dieser sollte eine halbe Stunde von unserm Quartier für den dortigen Herrn Pfarrer auf den Sonntag predigen. Unterwegs war ihm der Durst angekommen und so kehrte er in eine Schenke ein, worin ich mich gerade auch befand. Ich sah ihm sogleich am Äußern an, dass er ein Kandidat des hl. Predigtamts war, und ließ mich mit ihm in ein Gespräch ein. Er sagte mir, dass er nun schon über sechzehn Jahre Kandidat sei, weil er kein Geld habe, um bei dem Konsistorium um Freunde zu werben, wo, wie beinahe überall, Geld das Hauptverdienst ausmache, u. s. w.

Ich merkte, dass es in Sachsen gehen mag, wie in der lieben Pfalz, und dass man durch Geld sich auch hier, wie aller Orten, den Weg in den Schafstall des Herrn

---

*) Bei der jetzigen Neufränkischen Armee gibt es auch wenig Verehelichte; aber nicht, als ob es dem republikanischen Soldaten verboten sei, zu heiraten, sondern weil man nur Ledige, als andere, ausgehoben, und die Verheirateten zu Hause gelassen hat.

*) In den Beiträgen zur Geschichte der französischen Revolution, ist (Stück 3. Seite 572) ein artiger biblisch-politisch-ekklesiastisch-ökonomischer Beweis zu finden: dass die Töchter der Freude, oder nach biblischem Ausdruck die Huren, außer dem edlen Soldatenstande, den verdienstlichsten Stand ausmachen.

ERSTES KAPITEL

öffnen müsse. Beiher[2] erzählte mir der Herr Kandidat, der auch zugleich Magister der Philosophie war, worauf er sich aber nicht viel einzubilden schien, dass die Herren Prediger in Sachsen gewaltig kommode Herren wären, welche immer für sich von Kandidaten predigen ließen, und selbst auf ihrem Loderstuhle ruhig sitzen blieben, und ihre Einkünfte bei einem Glase Bier oder Wein, und einer Pfeife Tobak verzehrten.

Ich finde dieses indes recht gut; denn wären die Herren nicht so kommode: so würde mancher Kandidat gar manchesmal schmale Bissen essen müssen, so aber wird er stattlich traktiert: und einige gute Mahlzeiten sind doch immer wert, dass man dafür eine halbe Stunde—salbadere[3].

Als wir den dritten Morgen früh das Quartier verlassen wollten, hatte ich meine Uhr auf dem Stroh liegen lassen. Meine Kameraden und ich suchten danach, und einer derselben, Namens Schrader, dem ich sonst manchen Gefallen erzeigt hatte, fand sie, gab sie aber erst wieder heraus, als ich versprochen hatte, dem Finder ein gutes Biergeld zu reichen. Das war allemal ein sehr schlechtes Stückchen von einem Kameraden!

In Weimar hatte ich mein Logis bei einem Seiler, dessen Vetter, ein Pastor vom Lande, in die Stadt gekommen war, den Preußen mit zu zusehen. Er speiste mit uns zu Mittag, und da er an mir, wie natürlich, nichts anders vermutete, als einen Soldaten von gemeinem Schlage: so fuhr er mit einem erbaulichen Sermon über die Kraft des Gebetes, bei den Gefahren des Krieges, etwas feierlich heraus. Ich hörte zwar anfangs gelassen zu, konnte mich aber endlich, als er zu theologisch plump ausfiel, nicht länger halten, und stellte das Gebet—in der gewöhnlichen Form—als eine impertinente, unsinnige Vorschrift auf, die man sich erdreistete, der Gottheit vorzuwinseln oder haarklein vorzumalen: darauf griff ich das an, was man, meiner Meinung nach, sehr irrig Vorsehung Gottes zu nennen pflegt.—Der Herr Pastor stutzte gewaltig, und verlor gar die Sprache, als ich einige Wort-Unterschiede vorbrachte, auf die er wohl schwerlich je studiert hatte.

Auf dem ganzen Marsche bis Gießen habe ich weiter nichts erfahren, das des Erwähnens wert wäre: wir

[2] nebenher
[3] langweiliges Zeug reden (mit frömmelndem Beiklang)

ERSTES KAPITEL

wurden aller Orten, wohin wir kamen, sehr gut aufgenommen und behandelt. Bei Waltershausen, einem Gothaischen Städtchen, sah ich die muntern und raschen Zöglinge des Herrn Salzmann, und sprach mit einigen ihrer Lehrer, vorzüglich mit meinem Freund, Herrn Günther, den ich ehedem auf Universitäten gekannt hatte.

In Eisenach machte ich eine sehr angenehme Bekanntschaft mit Herrn Rat Wolff, der mich dem Herrn Generalsuperintendent Schneider vorführte. In der Person dieses würdigen Mannes fand ich einen Geistlichen, der einen wirklich, so lange man bei ihm ist, die abscheuliche Seite seines Standes vergessen macht. Ich habe wenig Männer kennen gelernt, die mit Herrn Schneider zu vergleichen wären. Seine Gelehrsamkeit ist bekannt, und von seinem rechtschaffenen Betragen zeugt die allgemeine Hochachtung und Liebe der Eisenacher. Ich vermutete, dass er, weil Herder ihm vorgezogen war, eben kein Freund von Herdern sein könnte: ich lenkte also das Gespräch absichtlich auf diesen Mann, und wurde gar angenehm überrascht, als ich Herrn Schneider mit Enthusiasmus von den großen Verdiensten Herders reden hörte. Nach Herrn Schneiders Zeugnis, worin freilich das ganze aufgeklärtere Publikum einstimmt, ist Herder die Zierde unseres Vaterlandes, der hellste Kopf, der größte Kenner des Guten und Schönen, der lebhafteste deutsche Stilist und der wärmste Verfechter des Wahren, Guten und Schönen. Weimar kann stolz sein, in ihm einen der ersten Männer unsrer Nation zu besitzen. — Wie gesagt, das, was Herr Schneider von Herdern sagte, hat mich überrascht; denn ich wusste, dass beide einmal in Wahl-Kollision gekommen waren: um desto mehr aber musste ich den Mann schätzen, der des andern Verdienste so unparteiisch würdigte. Übrigens wird Herr Schneider gar wohl zufrieden sein, dass er nicht die Weimarsche, sondern die Eisenachsche Superintendenten-Stelle erhalten hat. Denn diese ist einträglicher und bequemer; und der Superintendent zu Eisenach kann in seiner Diözese weit ungehinderter und freier handeln, als der zu Weimar.

ERSTES KAPITEL

4 leicht einen sitzen

5 Ernst August Anton Göchhausen (1740–1824) war geheimer Kammerrat am Hof von Sachsen-Weimar-Eisenach (also Kollege Goethes) und geschworener Feind der Aufklärung, die er für eine Weltverschwörung hielt.

6 *Meine Wanderungen durch die Rhein- und Maingegenden im Februar, 1794.*

In Hersfeld, einer Hessischen Stadt an der Fulda, kam es zwischen einigen von unsern Soldaten und einigen Bürgern im Wirtshause zum Stern zu Händeln, welche beinahe in Schlägerei ausarteten. Die Bürger saßen am Tische, tranken ihr Bier, und besprachen sich über die Zeitgeschichte. Sie äußerten ihr Missvergnügen über das Verfahren ihres Herrn Landgrafen, der nun abermals seine Landeskinder, als Soldaten, zum Behufe des Franzosenkriegs verhandelte, und für den Landbau und andere Gewerbe weiter nichts zurückließe, als Kinder, Weiber, Krüppel und Greise. Das führte sie immer weiter, und da kamen sie darauf, dass man überhaupt nicht Ursache hätte, die Franzosen anzugreifen: diese hätten ja recht u. s. w. Unsre Soldaten, die freilich damals noch nicht so dachten, wie jetzt, legten sich drein, und behaupteten geradezu, dass die Franzosen Spitzbuben, schlechte Kerls und dergleichen seien, dass man sie vertilgen müsse; und wer ihnen das Wort rede, sei gleichfalls ein schlechter Kerl, ein Patriot. Dabei schlugen sie – sie hatten alle eine Schnurre[4] – mit den Säbeln auf den Tisch, dass die Splitter davonfuhren. Aber die Hessen, die vor Soldaten sich eben nicht fürchten, verbaten sich das Schimpfen; und als unsere Leute dennoch fort machten, und sogar einige Krüge und Gläser zerschmissen, griffen die Bürger zu, und es würde eine derbe Prügelei gesetzt haben, wenn nicht ein Offizier dazu gekommen wäre, und den Friedensstifter gemacht hätte.*)

) 11 (

In Nordeck wohnt der Kammerherr von Rhau auf einem Schlosse, das einen hohen Berg bekrönt, und eine ganz vortreffliche Aussicht hat. Ich besuchte ihn, und bessern Rheinwein, als ich hier trank, habe ich seitdem nicht wieder getrunken. Es war Niersteiner von 1748. Gute Gaben aus den Händen guter Menschen erquicken doppelt.

Wir waren noch eine gute Stunde von Gießen, als schon Studenten und Bürger uns haufenweise entgegen zogen. Ohne Ruhm zu melden, muss ich sagen, dass

*) Es wundert mich daher sehr, dass ein Göchhausen[5] in Eisenach, in seiner abgeschmackten Sudelei von *Wanderungen*[6], so viel Aufhebens macht von der Anhänglichkeit der Hessen an ihrem Landgrafen, und von der Billigung, womit sie alles gutheißen sollen, was er unternehme, usw. um sich vom Gegenteile zu überzeugen, darf man nur das erste beste Wirtshaus in Hessenland besuchen. Satiren oder Ironien von Göchhausens Art – wen treffen die am schimpflichsten? Ein edler Mann verabscheuet die Hohl- und Krummwege des adligen. –

ERSTES KAPITEL

ich an diesem Entgegenzuge vielen Anteil hatte: denn die guten Leute waren begierig, den Laukhard wieder einmal zu sehen, der ehedem eine so eklatante Rolle in Gießen gespielt hatte. — Sie entdeckten mich bald, und nun war ich wie umringt. Ich konnte kaum vorwärts: von allen Seiten ertönte: Da ist Laukhard! da ist Laukhard! — Unsre ganze Kompanie kam in Unordnung; denn alles stürzte hinein, um den alten Laukhard recht zu begaffen. Jeder hatte etwas anzubieten, und wenn ich hätte wollen, wie sie: so wäre Laukhard wieder à la Gießen geworden.

Unter den Neugierigen befand sich auch Herr Chastel, Lehrer der französischen Sprache zu Gießen: er begleitete mich eine gute Strecke. Er war immer mein Freund gewesen, und glaubte, nichts Böses zu tun, wenn er die alte Freundschaft wieder erneuerte. Koch, der seltsame Mann, fand dieses, wie ich erst vor kurzem auf meiner Rückkehr nach Halle erfahren habe, sehr unrecht, und tadelte den Herrn Chastel in bittern Vorwürfen: dass er einen so gottlosen Kerl, als Laukhard sei, habe begleiten können: und seit dieser Zeit ist Koch dem ehrlichen Lektor nicht wieder gut geworden. Wohl ihm, dass seit der jetzigen Regierung, Kochs Ansehn sehr gesunken ist, und dass Herr von Gatzert ganz anders denkt und handelt, als — Koch. Wir marschierten gerade durch Gießen, und kamen auf die nächsten Dörfer zu liegen, wo wir den folgenden Tag Rasttag hatten.

Nachmittags kamen viele, wenigstens über dreißig Studenten zu mir ins Quartier, brachten Wein und Esswaren mit, und wir machten uns nach Herzenslust einen frohen Tag. Ich musste Ihnen versprechen, sie den folgenden Morgen in Gießen zu besuchen, und hielt Wort, da ich immer gern einen Ort wiedersehe, der mir ehedem so viel angenehme und unangenehme Stunden gemacht hat.

Ich ging also den andern Tag frühe hinein, und fand, dass das gute Gießen nichts mehr und nichts weniger war, als — Gießen. Die Straßen waren noch eben so schlecht gepflastert, ebenso schmutzig, als ehedem; und die Bürger und Bürgerinnen, samt den jungen Burschen und Mädchen, saßen noch, wie sonst,

ERSTES KAPITEL

<small>7 Die ersten beiden Bände von Laukhards *Leben und Schicksale*, die seinen Werdegang vor dem Feldzug schildern, sind 1792 erschienen.

8 Das Werk beschreibt ausführlich Laukhards wilde Studentenzeit in Gießen.</small>

in den Bier- und Branntweinschenken: kurz, Alles war noch beim Alten.

Ich erkundigte mich nach der Beschaffenheit der Universität; konnte aber nichts Erbauliches herausbringen. Die Universität hatte an Studenten sehr abgenommen, aber an Professoren gewonnen, wenigstens der Zahl nach, wie in Halle, Leipzig, Jena und anderwärts. Der Komment der Burschen hatte zwar jenes alte Rohe nicht mehr, wie ich es im ersten Teile dieses Werkchens[7] beschrieben habe; er war aber doch eben auch nicht besser geworden: denn ehedem lebten die Herren Gießer wild, jetzt leben sie – kindisch. Kinderei ist aber doch immer eben so schlimm, als Wildfängerei.

Meine Lebensbeschreibung war in Gießen fleißig gelesen worden.[8] Da man voraussetzte, dass ich sie zu seiner Zeit fortsetzen würde, so entdeckte man mir Anekdoten und skandalöse Histörchen die Menge, und bat mich, dieselben dereinst mit anzubringen. Aber warum sollte ich mein Buch von neuem zum Repertorium der Gießer Skandale machen? Es sind, wie die Folge zeigen wird, ganz andere und weit wichtigere Berichte übrig. Dann liegt ja auch dem lieben Publikum nicht viel daran, wenn es weiß, was die unbedeutende Frau Gemahlin dieses oder jenes unbedeutenden Herrn zur Berühmtmachung ihres Mannes beitrug! Verzeihen Sie mir also meine Herren zu Gießen, dass ich von alledem, was sie mir so reichhaltig mitteilten, keinen Gebrauch mache!

Von den Professoren besuchte ich nur die Herren Köster und Roos: ich fand sie gegen mich noch immer so gut gesinnt, wie es Männern ansteht, die ihre Bekannten nicht nach der Kleidung beurteilen.

Mit Vergnügen hörte ich, dass die liebe Theologie an dem Doktor Bechtold für Gießen – denn außer Gießen ist Herr Bechtold wenig bekannt – eine Stütze verloren hätte. So war es zwar schon 1787, wie ich im I. B. S. 83 erzählt habe. Aber seit dieser Zeit hat Herr Bechtold sich noch mehr bekehrt, und 1793 ging er schon so weit, dass er ganz frei erklärte: alle Geheimnisse, Sakramente, und alle sogenannten übernatürlichen Anstalten Gottes zum Heile der Menschen seien Pro-

) 14 (

) 15 (

ERSTES KAPITEL

dukte der Unwissenheit, Furcht, Herrschsucht, oder der idealisierenden Phantasie; – die Bibel sei ein Buch, das die moralischen Einsichten der Menschen durchaus nicht bestimmen könne: in den Fabeln des Äsopus und in Ovidius Verwandlungen finde man mehr Menschenverstand, und bessere moralische Maximen, als in den meisten Gleichnisreden Jesu: dieser sei zwar ein großer Lehrer für seine gleichzeitigen Juden gewesen; aber auch ein großer Schwärmer und dergleichen – So weit ist selbst Bahrdt[9], als er in Gießen hauste, nicht gegangen; und doch wurde Bahrdt damals verfolgt, und Herr Bechtold bleibt im ruhigen Besitze seiner Ämter als Superintendent und als Professor. So sehr ändern sich Menschen und Zeiten!

Auf meiner Rückreise im Oktober 1795 sprach ich bei dem Pfarrer Diefenbach in Reiskirchen ein: es ist der Vater meines Freundes, dessen ich im ersten Band[10] gedacht habe. Dieser Mann, welcher noch ganz fest an Doktor Benners notitia salutis[11] hängt, erzählte mir die Fehden, welche er mit Bechtold schon gehabt hätte, und beklagte es sehr, dass ein Mann, der sonst ein Mann nach dem Herzen Gottes gewesen wäre, und die Abhandlung: *Calvinianorum Deus a sana ratione abhorrens*[12] geschrieben habe, nun ein völliger Socinianer, wenn nicht gar noch was Ärgeres geworden sei.

Die skandalöse Chronik machte sich damals auch recht lustig über einen Geistlichen zu Gießen, welcher bei einem Leichenbegängnisse besoffen auf die Kanzel gestiegen war. Ich mag den Ehrenmann nicht nennen: in Gießen wissen aber die kleinen Kinder das Histörchen.

So sehr der sogenannte Komment auch abgenommen hatte, so gab es doch noch Orden in Gießen: sogar der Orden der Amicisten[13] war noch da, hatte aber nicht mehr als drei Anhänger, wovon der eine Senior, der andere Subsenior und der dritte Sekretär war. Als wir aus Champagne zurück waren, und im November 1793 bei Koblenz kantonierten[14], schrieb der Herr Landgraf von Darmstadt an den Herrn General von Thadden: er habe meine Historie gelesen, und daraus ersehen, dass ich viele Wissenschaft um das Gießer Ordenswesen haben müsste; der Herr General möchte

) 16 (

9
Der evangelische Theologe Karl Friedrich Bahrdt (1740–1792) unterrichtete u. a. zeitweilig an Laukhards Universitäten in Gießen und Halle. Als Theologe wie als Schriftsteller vertrat er rationalistische, aufklärerische Positionen mit Aplomb, und fiel auch durch unsoliden Lebenswandeln bei der Obrigkeit auf. Ein satirisches Lustspiel über das rigide preußische Religionsedikt brachte ihn ins Gefängnis. Er hatte Laukhard so stark beeindruckt und zugleich abgestoßen, dass dieser 1791 das Buch *Beyträge und Berichtigungen zu Herrn D. Karl Friedrich Bahrdts Lebensbeschreibung; in Briefen eines Pfälzers* veröffentlichte.

10
Leben und Schicksale Bd. 1, S. 112

11
aktenkundigen Seligkeit

12
»Der Gott der Calvinisten ist dem gesunden Verstand ein Graus«. Der Sozianismus ist eine rationalistische Schule der Bibelauslegung, vor allem gegen das Dogma der Trinität gerichtet.

ERSTES KAPITEL

13 Ein studentischer Geheimbund, dem auch Laukhard angehört hatte und dem er 1799 die Schrift *Der Mosellaner- oder Amicisten-Orden nach seiner Entstehung, innern Verfassung und Verbreitung auf den deutschen Universitäten dargestellt....* gewidmet hatte.

14 Quartier bezogen

15 wohl: der unfähigen Lehrkräfte und Wortklauber

16 einen frommen Wunsch

17 *Leben und Schicksale* Band 1, S. 81f.

18 Ein hoher französischer Militärorden, der 1791 aufgehoben wurde

mich daher über einen und den andern Punkt befragen lassen, usw. Dieses ließ Herr von Thadden durch unsern Auditeur denn tun, und ich benachrichtete den Fürsten, so wie es meine Pflicht mit sich brachte, von dem Verfall und der Beschaffenheit der ganzen Gießer Universität, und fügte einige unmaßgebliche Vorschläge zu ihrer Verbesserung hinzu. Dahin gehörte vorzüglich die Entfernung der Quodammodariorum der Pandedistaxen[15] und der Quacksalber, und die Anstellung braver geschickter Männer zu Lehrern. Ich nahm mir auch die Freiheit, Seine Durchlaucht manchen Vorschlag zur Ausrottung der Orden anzugeben. Aber ohne Zweifel hat man meinen Plan unausführbar gefunden, und ihn als ein pium desiderium[16] hingelegt: denn noch im Herbste 1795 waren die Orden in Gießen, und die Quodammodarii dozierten noch nach wie vor. Was diese sind, steht im Ersten Buch.[17]

Mein Hauptmann, Herr von Mandelsloh, war, wegen eines Anfalls von Fieber, in Nordeck zurückgeblieben; und als er einige Tage nachher uns durch Gießen folgte, klagte bei ihm der Müller im Einhorn: dass ich ihn in meinen Beiträgen zu Dr. Bahrdts Lebensgeschichte einen groben, impertinenten Kerl genannt hätte. Er brachte aber die Klage in einem so groben Tone vor, dass Herr von Mandelsloh ihm geradezu erklärte: »Wenn Laukhard Sie einen groben Kerl genannt hat, so hat er nicht geirrt: ich sah selten einen Menschen von größerer Impertinenz, als Sie.« Da war denn der grobe Müller abgewiesen, nach dem Sprüchelchen: Wie man in den Wald hineinruft, so schallt es zurück.

Von Gießen bis Koblenz hatten wir gute Quartiere und leichte Märsche. Bei Limburg an der Lahn sah ich das erste mal Emigranten: sie waren prächtig bekleidet, auch stattlich beritten, und nannten sich la gendarmerie françoise oder royale. Diese Gendarmerie bestand größtenteils aus Edelleuten, und viele von ihnen trugen das Croix de Saint Louis[18].

Zweites Kapitel.
Koblenz. Manifest.

Wir kamen den 9ten Juli 1793 in Koblenz an, und hier hörte die Art von Subsistenz auf, welche wir bis dahin genossen hatten: denn bisher waren wir von Bürger und Bauer ernährt worden, und hatten kein Kommissbrot erhalten; jetzt aber erhielten wir dieses, und mussten für unsre Subsistenz von nun an selbst sorgen.

Ich und noch drei Mann wurden in ein Haus einquartiert, worin weder Tisch, noch Stuhl, noch Bank zu sehen war. Der Hausherr war gestorben, und dessen Erben wohnten weit von Koblenz. Es war also unmöglich, da zu bleiben, zumal da auch weder Stroh noch Holz vorhanden war. Ich lief also zum Hauptmann, und dieser wirkte uns, freilich mit Mühe (denn die Herren zu Koblenz auf der Billetstube waren gar ungeschliffene, massive Herren) einen Zettel aus, nach welchem wir in ein Benediktiner Nonnenkloster verlegt wurden.

Hier war es nun ganz erträglich; und nachdem ich mir durch mein bissel Latein die Gunst des Herrn Wolff, als des Ökonomen des Klosters, erworben hatte, reichte er mir vom echten Moselwein mehr als ich ver-

ZWEITES KAPITEL

1 Herr Wolff stellt »Schaf« und »Laie« dem »Gelehrten« und »Geistlichen« gegenüber; seine Sprichwörter: »Das Schaf trinke Wasser, der Gelehrte Wein«, und »Gib dem Gelehrten Wein, dem Laien heißes Wasser«.

2 »Alles außer Gottesliebe und einem tüchtigem Schluck Wein ist Vergeblichkeit.«

langte, wenn er ihn gleich den Übrigen sehr sparsam mitteilte. Pecus hauriat undam, sagte er; aber doctus vinum; oder Vinum da Docto, laico de flumine cocto — ganz nach der Kirchenökonomie der katholischen Geistlichkeit, bei welcher pecus und laicus dem doctus und clericus gegenüber steht.[1] —

Herr Wolff war Priester, aber nicht der Beichtvater des Klosters, welcher, wie ich merkte, ein herrschsüchtiger, stolzer Pfaffe war. Von den Wissenschaften hielt Herr Wolff wenig, und außer seinem Brevier und Messbuch vergriff er sich an keinem weiter. Vanitas vanitatum praeter amare Deum et bonum haustum vini bibere[2] — war so sein Symbolum; und seine ganze Lebensart stimmte damit überein. Die Franzosen hasste er von ganzem Herzen, sowohl die Patrioten, weil sie der hl. Kirche sich widersetzten, als die Emigrierten, weil sie ein Wirtshaus, dem Kloster gegenüber, in ein Bordell verwandelt hatten.

Ein Offizier unseres Regiments, Herr Graf von Einsiedel, der auch in diesem Barbara- oder Bärbelkloster logierte, wünschte meine Biographie zu lesen, und ich, um ihm zu willfahren, suchte dieselbe bei dem Buchhändler in Koblenz: denn es ist nur Einer da. Der Buchhändler, welcher nicht einmal ein Verzeichnis von seinem Büchervorrate führte, sagte mir kurzum: dass er dergleichen Schriften gar nicht führen dürfte, selbst auch nicht führen möchte. Das seien alles gottlose, gefährliche Bücher, besonders die von den Protestanten, oder wie er nach der damaligen Koblenzer Art sagte, von den Unkatholischen. Was von diesen komme, sei gar nicht ratsam, unter die Leute zu bringen: die Welt sei ohnehin pfiffig und arg genug! usw. —

Der Mensch räsonierte beinahe, wie die Herren Verfasser der Zensur-Edikte! Ich ließ ihn, und erstaunte über den Vorrat von den Büchern des Pater Cochem, Aloysius Mertz und solcher mehr.

Da unsere Leute nicht so viel Geld hatten, als die französischen Emigranten, von welchen ich bald reden werde, so konnten sie nicht so viel verschleudern, als diese; und wir waren daher bei den eigennützigen Koblenzern gar niedrig angeschrieben. Die Leute sagten uns unverhohlen: Wir wären schroffe, garstige

) 20 (

) 21 (

ZWEITES KAPITEL

3
Seit dem 13. August 1792 saß Louis XVI. im Kerker, am 21.1.1793 wurde er hingerichtet. Der abgesetzte, seines Titels verlustig gegangene frühere König wurde nurmehr Louis Capet genannt.

Preußen, und hätten die französische Eleganz ganz und gar nicht. — Ein Kaufmann, in dessen Laden ich mich über die schlechte Beschaffenheit seines Tobaks beschwerte, sagte mir gerade heraus: die Emigranten rauchten beinahe gar nicht; sonst würden die Koblenzer für guten Tobak gewiss gesorgt haben: dieser da — sei für die deutschen Völker vollkommen gut: die hätten ohnehin nicht viel wegzuwerfen, und könnten den teuren Tobak nicht bezahlen.

Ich hatte mich über diese und andere Impertinenzen der Koblenzer eines Tages sehr geärgert, als ich bei meiner Zuhausekunft alle Ursache fand, meine muntere Laune zurückzurufen. Der Herzog Friedrich von Braunschweig, jetzt regierender Fürst zu Öls, den ich schon im ersten Bande als einen der ersten Menschen beschrieben habe, und den jedermann dafür anerkennt, hatte für gut gefunden, mir auf einen lateinischen Brief gleichfalls lateinisch zu antworten. Diesen Brief fand ich in meinem Quartier, und war über die edlen Gesinnungen dieses ehrwürdigen Fürsten beinahe außer mir. Es ist wirklich überaus angenehm, wenn man erfährt, dass noch große Männer sich unsrer erinnern: man versöhnt sich dann wieder mit den Menschen, und ist über den Schwächling, der uns zu verachten meint, nicht weiter böse, ja, wir dünken uns alsdann viel zu gut, als dass wir ihn auch nur mit Verachtung bestrafen sollten. Dies war jetzt mein Fall. Der Herzog versicherte mich nebenher: dass man mir den ganzen Feldzug hindurch, auf seine Veranstaltung, doppelte Löhnung reichen würde; und diese habe ich auch bis zu meinem Übergang nach Frankreich im Herbste 1793 richtig bezogen.

Hier ließ nun auch der Herzog von Braunschweig, als Generalissimus der vereinigten Armeen, jenes Manifest an die Bewohner Frankreichs ausgehen, welches so viel Lärmen weit und breit erregt, den Politikern so reichen und mannigfaltigen Stoff zum Räsonieren und Deräsonieren geliefert hat, und eine der Hauptursachen geworden ist an dem Verfall des Königtums in Frankreich, an dem Unglücke der Preußischen Armee, und an dem Tode des unglücklichen Louis Capet[3][27] und seiner Familie. — Ich enthalte mich

) 22 (

aller Anmerkungen über diese Schrift: denn ich bin kein Politiker, kein Aristokrat, kein Demokrat. Doch muss ich dem Leser ein Gespräch mitteilen, welches ich lange Zeit hernach mit einem Bürger in Landau Namens Brion, geführt habe. Es enthält den Hauptgrund von der Entwicklung und Konzentrierung der National-Energie der Neufranken.

»Haben sie hier, fragte ich diesen einsichtigen Mann, das Manifest des Herzogs von Braunschweig damals auch angenommen und gelesen?«
BRION Allerdings! Man hat es hier zwar nicht annehmen wollen, als es ankam: Einige wollten es gar öffentlich verbrennen lassen, wie hier und da schon geschehen war;*) aber alle gutgesinnten Patrioten, welche der Sache tiefer auf den Grund sahen, waren dafür, dass das Manifest angenommen und sogar öffentlich angeschlagen werden sollte.

*) Das ist, wie ich auf meiner Wanderung durch Frankreich erfuhr, in Metz und auch in Straßburg geschehen: im inneren Frankreich hat man darüber gelacht.

ICH Und dazu konnten gutgesinnte Patrioten raten?
BRION Allerdings: nicht um unsern Respekt gegen den Herrn Herzog zu beweisen: denn der hat uns nichts zu befehlen, sondern wegen der Folgen, die dieses Manifest bei unsern Leuten unfehlbar haben musste.
ICH Eben wegen der Folgen, dünkt mich, war es wohl nicht ratsam, das Ding öffentlich bekannt zu machen.*) Wie, wenn die Leute erschrocken wären, und sich vor den angedrohten Strafen gefürchtet hätten, und dann zum Kreuz gekrochen wären?

*) Ich bitte meine Leser, zu bedenken, dass ich zu der Zeit, als diese Unterredung vorfiel, in den Händen der Franzosen war, folglich den preußischen Ton nicht führen durfte.

BRION So kann doch auch nur ein Preußischer Korporal räsonieren! Eine Nation, wie unsere, sollte sich vor den Drohungen eines kleinen Reichsfürsten, der nebenher General über eine mäßige Armee Preußen und Östreicher war, fürchten und nachgeben? Wenn so feige die Franzosen hätten sein können, so verdienten sie wahrlich, von einem Tyrannen tyrannisiert zu werden, der Betbrüder, Verschnittene und Huren zu Vollziehern seiner Befehle machte. Ich glaube nicht, dass der Herzog, der doch auch Menschenverstand haben wird, dieses selbst je erwartet habe. Diese Folge konnte man also durchaus nicht voraussetzen, aber wohl andere und wichtigere.

ICH Und die wären?

BRION Nicht wahr, Freund, wenn einer, der Ihnen nicht eine Bohne zu befehlen hat, Befehle mit Gewalt aufdringen will, Was tun Sie?

ICH Ich gehorche nicht.

BRION Werden sie nicht auch über die Impertinenz des Befehlers erbosen, und alles aufbieten, um seiner Usurpation zu trotzen?*)

ICH Nicht anders!

BRION Nun, so mussten alle Franzosen das auch tun über die Impertinenz und die Usurpation eines fremden Generals, der viel zu schwach, und noch weit von ihren Grenzen war; und ihrer ganzen Nation in einem so gebieterischen Tone Gesetze vorschrieb, als wenn er wirklich mit seinen Soldaten zu Halberstadt, oder mit seinen Leibeignen zu tun gehabt hätte. Ist das nicht an dem?

ICH Ja wohl – aber –

BRION Ich verstehe schon, wohin das Aber zielt: doch davon nachher. Unsere Ehre, wie unser Recht, war durch dieses widersinnige und zweckwidrige Manifest vor der ganzen Welt kompromittiert. Musste nun nicht der feste Vorsatz bei jedem braven ehr- und rechtliebenden Franzosen rege werden, der Großsprecherei des Herzogs und der darauffolgenden Gewalttätigkeit aufs Tätigste zu widerstehen? Legte also nicht selbst das Herzogliche Manifest den haltbarsten Grund zu dem tätlichen Widerstande, den er vom 20ten September 1792 an, immer empfunden hat?

ICH Also war es ja wohl ebenso unpolitisch, als unmoralisch, so ein Manifest an Frankreich ergehen zu lassen!

BRION Das versteht sich von selbst, wenn nämlich sonst, wie ich vermute, kein geheimer Grund das Manifest bewirkt hat. Denn wäre der Herzog ohne alles Manifest, unter der bloßen Erklärung, dass er die unterbrochene Ruhe in Frankreich mit Hilfe aller Ruheliebenden Franzosen, wiederherstellen wollte, zu

*) Zwang erbittert die Schwärmer immer, aber bekehrt sie nie: sagt Sekretär Wurm in *Kabale und Liebe* von Schiller. Warum große Herren auf einige Wahrheiten der Natur nicht mehr Rücksicht nehmen mögen! Übertriebne Kunst fällt doch durch und wird verächtlich, oder empört.

uns gekommen: so hätte man denken können, dass aus seiner Unternehmung doch noch etwas Gutes für den armen bedrängten Bürger und Landmann entspringen dürfte. Aber so erklärte er geradehin, dass er kein Gesetz wolle gelten lassen, als den unbedingten Willen Ludwigs des Sechzehnten; und da konnte wohl ein Distelkopf einsehen, dass man uns alsdann wieder unter das also und allgemein verhasste Joch des Hofes, des Adels, der Pfaffen, der Finanziers und alles andern Lumpengesindels gewaltsam zurück preschen würde: und da hätte man sollen ruhig sitzen, oder gar noch hilfreiche Hand mit anlegen?

ICH Wohl nicht – aber –

BRION Jetzt ein Wort auf Ihr Aber. Nicht wahr, Sie wollen sagen, dass der Herzog auf den Anhang des Königs und des Adels gerechnet, und so gehofft habe, es werde ihm alles zurennen, sobald er sich ihnen nur nähere. Aber wenn er dieses wirklich gedacht hat, so war er von der inneren Beschaffenheit Frankreichs und von dem regen und allgemeinen Willen des größten Teils der Nation sehr schlecht unterrichtet. Niemand war mit der Neuerung unzufrieden, als der Hof, der Adel, die Pfaffen und die Finanziers: alle andere Franzosen, der Soldat, der Bauer, der Bürger, der Handwerker und selbst der Kaufmann größtenteils wünschten die Revolution, und sahen in derselben die wohltätigste Anstalt für sich und für ihr Vaterland. Was ist aber der ganze Adel –

ICH der Adel ist die Stütze des Staats!

BRION Der Adel Stütze des Staats? dann müsste wohl auch ein Professor, der keine Kollegia liest, Stütze der Universität sein! Nein, nur der einsichtige und fleißige Bürger ist dem Staate nützlich, und folglich dessen Stütze. Einsichtig und nützlich sind aber die Herren Adligen selten. Die meisten von ihnen leben bloß von dem Erwerb der arbeitenden Klasse, und tragen zum gemeinen Besten großenteils nicht einer Bohne wert bei. Ohne sie also kann der Staat recht gut bestehen; aber nicht ohne den Bürger und Bauer; ja, was diese verdienen, verzehren jene, und machen obendrein noch Schulden. Und wenn die gemeine Klasse der Nationen nur erst ihr Vorurteil, ich meine die

ZWEITES KAPITEL

blinde Ehrfurcht für Pfaffen und Adel, ablegt: dann kann sich der Pfaffe und der Edelmann nicht mehr stützen: er fällt von selbst: er kann höchstens emigrieren, kabalieren und Spektakel machen; aber tätig sich und Andern helfen – kann er nicht. Der Herzog konnte also nur hoffen, dass der kleinste Teil der Nation auf seine Seite treten würde: den mächtigeren Teil behielt er immer wider sich. Also war es immer sehr unklug, auch unter dieser Voraussetzung, ein Manifest nach Frankreich zu schicken, zumal ein solches. –

So Bürger Brion in Landau. Einige von uns sprachen schon damals in Koblenz nicht anders. Viele fanden den Ton darin zu derbe, und die Äußerungen des Verfassers zu voreilig.

Übrigens ist noch nicht ausgemacht, wer der eigentliche Verfasser davon sei. Der Ton und die Denkungsart des Calonne[4] ist mehr als zu sichtbar darin. Was für Meinungen über die Entstehung und die Absicht dieser berüchtigten Schrift, noch zu meiner Zeit, in Frankreich kursierten, werde ich an Ort und Stelle anbringen. Der Gang der Zeit wird noch mehr darüber aufhellen. Bis dahin bleibt es auf Rechnung des Herzogs von Braunschweig. Ein Fürst von so viel Einsicht und Ruhm hätte nie einwilligen können, dass etwas unter seinem Namen, vor aller Welt, diplomatisch kursiere, das er nicht von Wort zu Wort geprüft und gebilligt hätte.

[4] Charles Alexandre Vicomte de Calonne (1734–1802) war einer der führenden Konterrevolutionäre unter den Emigranten.

Drittes Kapitel.
Französische Emigranten.

In Koblenz bin ich mit einer großen Menge von den ausgewanderten Franzosen so genau bekannt geworden, dass ich mich nicht enthalten kann, ihnen ein eigenes Kapitel zu widmen: dieses schändliche und schreckliche Ungeziefer kann noch immer nicht genug an den Pranger gestellt werden.

Diejenigen Deutschen, welche diesen Auswurf der Menschheit, zur Zeit ihres Sardanapalischen Hochlebens[1], nicht gesehen haben, können sich ihre damalige Impertinenz leicht vorstellen, wenn sie nur die betrachten, mit der ein Ludwig der Achtzehnte, samt Konsorten, durch wiederholte unsinnige Manifeste und Proklamationen, dem gesunden Menschenverstande jetzt noch immer Trotz bieten, auch nachdem alle Hoffnung für sie verschwunden, und sie selbst aufs äußerste gedemütigt und verächtlich geworden sind. Noch jetzt sind diese cidevant[2] abgeschmackte Großsprecher, voll Dünkel und dummer Rachsucht.

Wie tief muss diesen elenden Hof-Insekten der alte diplomatische Hofschlamm ankleben, und wie verpestet muss die Luft ehedem um sie gewesen sein, da sie es jetzt noch immer ist! Die härtesten Stöße des Schicksals haben ihre adligen Halbseelen noch nicht

---

[1] Nach dem zügellosen Prunk des sagenhaften letzten Königs des assyrischen Reiches

[2] Ehemaligen

DRITTES KAPITEL

<small>3
Im Folgeband
Leben und Schicksale Band 4,2
Seite 478</small>

zur vernünftigen Besinnung bringen können: und so wandern sie, wie verdammte Scheusale, zur exemplarischen Belehrung für alle die, welche auf Vorrechte des Standes gestützt, die Rechte der Menschheit ihrer usurpierten Konvenienz aufopfern, und alles wie Sklaven behandeln möchten, was nicht zum Hof, zum Adel oder zur Söldnerei gehört.

Vielleicht meinen einige meiner Leser, dass man doch nun der Emigrierten schonen müsse, da sie, von der ganzen Welt verlassen, die Strafe ihrer rachsüchtigen oder leichtgläubigen Entweichung aus ihrem Vaterlande nur gar zu sehr fühlen; und aus diesem Grunde verdenkt es mir vielleicht Mancher, dass ich die ärgerliche, empörende Beschreibung ihres Betragens vom Jahr 1792 jetzt noch aufstelle. Auch ist der Grund, dass man den Gestürzten nicht noch mehr niederdrücken müsse, stark genug, jeden, der Gefühl hat, von der Verfolgung eines Elenden abzuhalten.

Allein, so wahr und ehrwürdig das alles für jeden Unglücklichen im Allgemeinen ist, ja, auch für manchen Emigrierten im Besonderen, so wahr ist es auch, dass die Häupter der Emigrierten, und deren erster, tätiger Anhang durchaus es nicht verdienen, unter dieser menschenfreundlichen Bemerkung mit begriffen zu werden. Ich muss mich näher darüber erklären, um den Vorwurf abzulehnen, dass ich Gefallen an dem Unglücke Anderer finde.

Ich will mich gar nicht auf die Verbrechen einlassen, welche die ausgewanderten Herren und Pfaffen in Frankreich vorher begangen, und dadurch sich sowohl an ihrer Nation, als an dem ganzen Menschengeschlechte versündigt haben. Diese Verbrechen habe ich während meines Aufenthalts in Frankreich von 1793 bis 1795 mehr als zu viel erfahren, und beschreibe sie in den Begebenheiten des Marquis von Vilençon[3] dereinst ausführlich. Ich frage nur: Ob ein Haufen zügelloser, despotischer Menschen befugt war, sich den einhellig-reklamierten und vindizierten Vorrechten, der rechtmäßigen Gewalt und den gemeinnützigen Anordnungen einer gerade durch sie aufgewiegelten Nation nicht nur rebellisch zu widersetzen, sondern auch dann noch Anspruch auf das Mitleid und den

) 31 (

DRITTES KAPITEL

Beistand anderer Menschen zu machen, nachdem sie alles versucht haben, und nach Möglichkeit noch versuchen, ihr bedrängtes Vaterland der schrecklichsten Verwüstung preiszugeben, alle Mächte gegen dasselbe aufzuhetzen, und so Land und Leute weit und breit den verheerenden Folgen eines der entsetzlichsten Kriege bloßzustellen: und das Alles, um nur ihre usurpierten und zum Ruin der Nation missbrauchten Vorrechte wieder zu retten, und dann den alten Despotismus, mit Einstimmung aller Despotielustigen, so zu befestigen und zu verallgemeinern, dass Menschenrecht bloß ein leeres Wort, und Fürstenwille die einzige Richtschnur unseres Fronlebens forthin überall geworden wäre? Man bedenke dies reiflich, und übersehe die Folgen nicht, welche die von den Emigrierten betriebene gewaltsame Unterdrückung der Französischen National-Reform, für alle übrigen Völker gewiss auch gehabt hätte; und sei alsdann denen noch hold, welche diese Unterdrückung hauptsächlich zu bewirken strebten.

Überdies berechne man den schrecklichen Schaden und das unzählige, mannigfaltige Elend, welches die Sittenlosigkeit, die Lügen und die Aufhetzerei der Emigrierten weit und breit gestiftet haben, und frage sich selbst, was eine Bande wert sei, welche das Unglück von Europa, vorzüglich von Deutschland, am meisten geschaffen hat? Man müsste, dünkt mich, weder Mensch, noch Deutscher sein, wenn man ein Gesindel begünstigen wollte, welches das Alles verschuldet hat, und nebenher doch noch mit Verachtung auf uns Deutsche herabblickt, als auf plumpe, unbeholfene Menschen, welche nicht für gut fanden, in Masse aufzustehen, um uns für die Vindizierung ihrer adligen und pfäffischen Vorrechte die Hälse brechen zu lassen, und am Ende zum schuldigen Dank in ein Joch hinein zu kriechen, wie ein Calonne[4], Artois[5] und Condé[6] es für die ganze Welt angemessen gefunden hätten. —

Die Fürsten — das will, das muss ich noch sagen — welche diese ci-devant noch jetzt aufnehmen und begünstigen, mögen immer auf ihrer Hut sein: denn bei der geringsten unruhigen Begebenheit würden diese

---

4 siehe Anmerkung zu S. 36

5 Karl X. von Bourbon (1757–1836), genannt Graf von Artois, war der jüngere Bruder Louis XVI. und arbeitete aus dem Exil erst gegen die Revolution, dann gegen Napoleon. Nach der Restauration wurde er 1824 König von Frankreich, 1830 abermals von einer Revolution gestürzt und ins Exil getrieben.

6 Ludwig Joseph von Bourbon (1736–1818), genannt Fürst von Condé, war aus höchstem Adel und unter den ersten Emigranten. Er kehrte erst nach der Absetzung Napoleons nach Frankreich zurück.

) 32 (

) 33 (

DRITTES KAPITEL

7
herangelockt

unsteten, herrschsüchtigen Geister Partei nehmen, und das Arge ärger machen helfen. Auch mögen sie es nicht übersehen oder überhören, mit welcher Verachtung man jetzt von Fürsten spricht, welche den Emigrierten Vorschub geleistet, und dadurch Frankreichs Unwillen gegen Deutschland so gereizt haben, dass Deutschland in Jahrhunderten es nicht vergessen wird: dass die Unklugheit vieler seiner Fürsten all das Ach und Wehe mitverschuldet hat, das ganz Deutschland noch lange fühlen wird. Und welcher einsichtige Untertan könnte Achtung und Zutrauen zu einem Fürsten hegen, der Leute begünstigt oder gar um sich hat, deren gekränkter Stolz und Egoismus gegen alles, was Volk heißt, ewig Rache kochen und darum auch nicht aufhören wird, die höhern Stände gegen die untern aufzuhetzen! — Aspekten von dieser Art entzweien immer mehr, heben alles Zutrauen, und lassen für die Zukunft nicht viel Gutes erwarten.

) 34 (

Der König in Preußen hat vollends keine Ursache, diesen Auswurf der Menschheit zu hegen oder zu schützen: sie hassen ihn alle, und sprechen mit der bittersten Verachtung von ihm, seitdem der Separatfriede zwischen den Neufranken und ihm geschlossen ist. Sie prophezeien — wie Schriften von ihnen ausweisen — dem Hause Preußen noch obendrein, nach ihrer tollen Emigranten-Politik, viel Übel und Niederlagen, welche es dereinst von Österreich zu befürchten haben soll.

Nach dieser Abschweifung erlaubte man mir jetzt, die gewesenen Französischen Herren so zu beschreiben, wie ich sie gefunden habe.

Unser General hatte zwar verbieten lassen, mit den Emigranten zu sprechen, oder uns sonst mit ihnen einzulassen: er glaubte nämlich, diese gesetzlosen Herren möchten durch ihr Geld unsre Leute zur Desertion auffordern, und sie unter ihr Corps, welches Einige damals schon die französische Spitzbuben-Armee nannten, verleiten. Das hatten die Herren auch schon getan, und manchen, sogar von den trierischen Soldaten, zu sich herangekirrt[7].

) 35 (

Ich ging aber doch schon den ersten Tag in ein Weinhaus, wo Franzosen ihr Wesen trieben, und

40

DRITTES KAPITEL

<small>8 deutsche Hündin, deutsches Vieh, deutsche Schweinefotze

9 verfluchten Emigrantenschweine

10 »Was sagen Sie da, mein Herr, es genügt, Französisch zu sprechen, um einen guten Geschmack zu besitzen; ein Mann, der unsere Sprache spricht, wird niemals geistlos sein.«</small>

ließ mich mit ihnen in ein Gespräch ein. Aber abgeschmacktere Großsprecher habe ich meiner Tage nicht gefunden, und ich kann es noch immer nicht spitzkriegen, wie irgendein Deutscher für solche Franzosen einige Achtung hat haben können! Diese elenden Menschen verachteten uns Deutsche mit unsrer Sprache und unsern Sitten ärger, als irgendein Türk die Christen verachtet. Im Wirtshause machte die Haustochter beim Aufwarten ein Versehen; und – sacrèe garce d'allemande (verfluchter deutscher Nickel) Chien d'allemand, bête d'allemand, con de garce d'allemande[8] waren die Ehrentitel, die diese sacrès bougres d'émigrés[9] uns Deutschen anhängten. Unsre Sprache verstanden sie nicht, und mochten sie auch nicht lernen: sie nannten sie jargon de cheval, de cochons – Pferde- und Schweinesprache, usf.

Ich sagte einmal bei Gelegenheit einer schönen Tabaksdose, dass ich nicht Geschmack genug hätte, um von dem darauf gemalten Porträt zu urteilen. Que dites-vous, Mr. erwiderte ein Emigrant, c'est assez que de savoir le françois pour avoir le gout juste: un homme qui sait notre langue ne peut jamais manquer d'esprit.[10] Das war doch ein sehr anmaßliches Kompliment!

Und doch waren die Deutschen herablassend genug, diesen Emigranten zu hofieren und sie zu unterstützen. Darüber habe ich mich oft recht innig geärgert, und ärgere mich noch, wenn ich bedenke, wie geringschätzig uns die Koblenzer, die Trierer und selbst die Luxemburger gegen die Emigrantenkanaille behandelten. Ich bediene mich hier freilich nicht sehr edler Ausdrücke: aber wie das Original, so dessen Kopie!

Die Emigranten hatten damals Geld noch vollauf, und folglich das Mittel, sich alles zu verschaffen, was sie gelüstete. Aber sie habens auch toll genug verschleudert! Die kostbarsten Speisen und der edelste Wein, der bei ihren Bacchanalen den Fußboden herabfloss, waren für sie nicht kostbar und edel genug. Für einen welschen Hahn zahlten sie fünf große Taler ohne Bedenken. Mancher Küchenzettel, nicht eben eines Prinzen, oder Grafen, sondern manches simplen Marquis oder Edelmanns, kostete oft vier, fünf und

) 36 (

DRITTES KAPITEL

¹¹ Ovid, *Tristia* V, 8, V.9: »Die rächende Nemesis wird die bestrafen, die es verdient haben.«

mehr Carolins. Die Leute schienen es ganz darauf anzulegen, brav Geld zu zersplittern: sie zahlten gerade hin, was man verlangte. Ich sagte einmal zu einem, dass er etwas zu teuer bezahle: le François ne rabat pas (der Franzose zieht nichts ab) erwiderte er, und gab sein Geld.

Das schöne Roggenbrot, welches in Koblenz gebacken wird, wollte den edlen Herren nicht behagen: sie aßen daher lauter Weizenbrot, und nur dessen Rinde: die Krume kneteten sie in Kügelchen und benutzten sie zu Neckwürfen bei Tische. Andere warfen die Krume geradezu aus dem Fenster. Dieses Benehmen hat jedoch selbst die Koblenzer geärgert; und ich dachte mehrmals:

Exiget a dignas ultrix Rhamnusia poenas![11]

Oder: Nur Geduld! es wird schon eine Zeit kommen, wo ihr weder Krume noch Rinde haben werdet.

Das ist auch bald hernach eingetroffen: denn schon auf der Retirade, im Oktober 1792, haben die saubern Herren mehr Not gelitten, als wir Preußen, wenn gleich auch wir rohen Weizen damals abbrühten und aßen vor lauter Hunger, wie man dereinst sehen wird.

Die Emigranten waren alle – lustige Brüder und Windbeutel von der ersten Klasse. Den ganzen Tag schäkerten sie auf der Straße herum, sangen, hüpften und tanzten, dass es eine Lust war, anzusehn. Sie gingen alle prächtig gekleidet, und trugen schreckliche Säbel. Die Säbel wurden größtenteils in Koblenz verfertigt, und so hatten die dasigen Schwerdfeger Arbeit und Verdienst genug.

Dass Leute von dieser Art mir nicht gefielen, nicht gefallen konnten, ist für sich klar. Ich nannte sie, wie ich sie fand, die Pest für unser Vaterland – in jeder Rücksicht, physisch, politisch und moralisch. Man widersprach mir, berief sich auf die Ausgewanderten unter Ludwig, dem Vierzehnten, und schloss von den Vorteilen durch diese auf Vorteile durch jene. Ich versetzte, dass es mit jenen gerühmten Vorteilen nur so und so stünde; dass, deutsch zu sprechen, auch jene Emigration für unser Vaterland in mancher Rücksicht eher schädlich als nützlich gewesen sei, und dies wohl noch sei. Allein auch zugegeben, aber noch lange nicht

DRITTES KAPITEL

als Wahrheit eingeräumt, dass jene Hugenotten, welche nach dem Widerruf des Ediktes von Nantes nach Deutschland gewandert sind, für Deutschland wirklich nützlich gewesen seien, so wären doch jene Emigranten mit den jetzigen im geringsten nicht zu vergleichen. Jene wanderten aus, weil sie mussten, weil ihr Gewissen sie drückte, und sie Sankt Calvins Lehre mit der des heiligen Vaters zu Rom nicht vertauschen wollten.*) Übrigens — fügte ich hinzu — waren es doch meist ehrliche, kunstvolle, betriebsame, stille Leute, deren Sitten die Sitten unsrer Vorfahren nicht so sehr verderbten, als die der jetzigen — unsere.*) Denn lassen sie uns, fuhr ich fort, die Herren einmal recht anschauen: und wir werden bekennen müssen, dass sie uns weiter nicht nützen, als dass sie unsere Kaufleute, Gastwirte, Huren u. dgl. reicher machen, aber auch alles Übrige verpesten und zu Grunde richten, was nur ihr Hauch berührt. Als ich dieses und mehr anderes gesagt hatte, legten sich endlich mehrere von den Anwesenden in unser Gespräch, und da wurden denn allerlei skandalöse Histörchen über die Herren Emigrierten aufgetischt. Ich erspare sie bis zu den Begebenheiten des Marquis von Vilençon. Es ist überhaupt keine läppischere Kreatur auf Gottes Erdboden, als ein französischer Emigrant dieser Zeit. Stolz und aufgeblasen, wie der Frosch in der Fabel, verachtet er alles, was nicht so wie er, Franzos und von Adel ist. Die Preußischen Offiziere hatten gar nicht Ursache, den Emigranten gewogen zu sein: denn diese haben sehr oft erklärt, dass der preußische Adel, wie überhaupt der deutsche Adel eine noblesse de roture sei; eine noblesse bastide; dass ein preußischer Offizier fût il Colonel, noch lange nicht assez noble wäre, pour étre Mousquetaire dans la maison du roi *)

12
Pierre Bayle (1647–1706), der berühmte Autor des aufklärerischen Großwerks *Dictionnaire historique et critique* (1697)

13
Das von Henri IV. 1598 unterzeichnete Edikt von Nantes gewährte Hugenotten religiöse Toleranz und beendete die Religionskriege. 1685 wurde es von Louis XIV. widerrufen.

*) Dass sie dies gerade darum hätten tun müssen, um der Lehre des St. Calvins nachzukommen, suchte vorzeiten darzutun das berüchtigte Avis aux réfugiés, welches man dem berühmten Bayle[12] zugeschrieben hat.

*) Ich trete den ehemaligen Hugenotten nicht zu nahe, denn es ist wirklich an dem, wie Geschichtskundige wissen, dass man seit dem unseligen Widerrufe des Nanteser Edikts[13] eine Epoche in der Geschichte der Sitten mancher deutscher Provinzen machen kann. Frivolität, Luxus und Ausschweifungen aller Art kamen mit vielen von den damals ausgewanderten Franzosen nach Deutschland: und da, wohin ihr Fuß nicht gekommen ist, sind die Sitten noch weit deutscher, einfacher, biederer und liebenswürdiger, als dort wo die Réfugiés ihre französischen Künste, Gewandtheit, Moden, Grillen und Possen mit hinbrachten. Östreich, Bayern, Schwaben, Westphalen und andere Länder sind freilich durch die fremden Sittenlehrer nicht viel feiner geworden, aber in Bayern z. B. ist vielleicht auf einem Dorfe mehr echter Biedersinn und altdeutsche Tugend, als in mancher andern vor Feinheit strotzenden Provinz: es ist nämlich nicht alles Gold, was glänzt. —

*) Die sogenannten Mousquetaires waren ehedem alle von Adel. Jetzt hat dieser Popanz ein Ende.

usw..¹⁴ So sprachen die Emigranten von unsern Offizieren, und doch buhlten diese um ihre Freundschaft, und waren stolz auf die Ehre, mit solchen Messieurs umzugehen. Überhaupt hätten unsre Deutsche sich schämen sollen, dass sie den französischen Windbeuteln so nachliefen, und wohl gar glaubten, dass sie von einer nähern Verbindung mit ihnen Ehre hätten. Dieses Gesindel verachtete ja uns, unsre Sprache und unsre Sitten, und wir hätten sie ehren sollen? —

Ich habe mich allemal geschämt, wenn ich sah, wie manch sonst braver, ehrwürdiger deutscher Mann diesen verächtlichen Possenkindern hofierte, und sich alle Mühe gab, ihre Gebärden u. dgl. affenmäßig nachzumachen. Die Franzosen — ich rede hier nur von den emigrierten — verdienen unsern ganzen Abscheu, unsere ganze Verachtung, und können nicht einmal auf die Achtung einer Gassennymphe, geschweige auf die eines einsichtigen braven Mannes Anspruch machen.

Unter den Emigrierten gab es jedoch einige, welche sich mit ihrem Emigrieren übereilt hatten, und gern zurück gewesen wären, wenn es ohne Gefahr und mit Ehren hätte geschehen können. Dahin gehörte in Koblenz besonders der ehemalige französische Gesandte, Graf von Vergennes, welcher die heimlichen Anstalten zu seiner Rückkehr nach Frankreich endlich bloß darum aufgab, weil man ihm seine Privilegien weigerte. Ich habe den Bedienten dieses Grafen oft gesprochen, und einen Mann an ihm gefunden, welcher von den neufränkischen Angelegenheiten weit richtiger urteilte, als alle Häupter und Unterstützer der Emigrierten.

Unter andern vernünftigen Äußerungen dieses Mannes war auch diese, dass nicht alle Ausgewanderte willig und frei ihr Vaterland verlassen hätten. Stellen Sie sich, sagte er, an die Stelle des Edelmanns oder des Geistlichen, und fragen Sie sich selbst, was sie unter ähnlichen Umständen hätten tun können oder tun wollen? Die Prinzen, ein Condé, ein Artois, ein Monsieur fordern den Adel auf, auszuwandern, um die armée contrerévolutionnaire formieren zu helfen. Sie sprechen von einem Einverständnis des Hofes

---

14
Der deutsche Adel ist »ein nichtadliger Adel«, ein »Bauernhofadel«, und dass ein preußischer Offizier, »mochte er auch Oberst sein«, noch lange nicht »adlig genug« wäre, »um ein Musketier im Haus des Königs zu sein«.

mit den Hauptmächten Europens, und schildern die Wiederherstellung der alten Verfassung, durch deren Hilfe, wie gewiss. Sie erklären alle, welche sich weigern, hieran Teil zu nehmen, als infam, als Verräter an dem Throne, und bedrohen sie mit den schrecklichsten Strafen. Was soll der Adlige nun tun, zumal der im Dienste des Hofes? Bleibt er zurück, und gelingt das, was ihm als so leicht ausführbar geschildert wird: so wird er ein Opfer der Rache, wird, als ein Feind des Monarchen, entweder gefänglich eingezogen, seines Standes, seines Postens und seiner Güter fiskalisch beraubt, oder über die Grenze gejagt; und er, wie seine Familie, ist beschimpft, arm und dem Schicksale preisgegeben. Dies Verhältnis hat wirklich sehr viel Adlige angetrieben, ihr Vaterland zu verlassen, und zwar solche, welche sonst immer bereit gewesen wären, zu bleiben, und auf die Vorrechte ihrer Geburt Verzicht zu tun.

»Mit den Geistlichen, fuhr er fort, hatte es eben diese Bewandnis. Ein Geistlicher, der im Lande bleiben wollte, musste der Nation den Eid der Treue ablegen. Aber schon dieser Eid machte, dass er von den rechtgläubigen Katholiken, deren es anfänglich noch immer sehr viele gab, als ein widerrechtlicher, unregelmäßiger Priester angesehen wurde, dessen geistliche Verrichtungen man als gotteslästerliche Handlungen betrachtet, und sie selbst als Gottesschänder gemieden und, je nachdem unser Staats-Los gefallen wäre, exemplarisch bestraft hätte. Zwar gab es bei uns, wie in Italien, Portugal und Spanien, sehr viel Scheinkatholiken; und ich selbst war nur dem Namen nach katholisch: meine Voreltern waren nämlich reformiert, mussten aber zum katholischen Glauben übergehen, um ihre politische Existenz nicht zu verlieren: indessen blieb die reformierte Lehre in unsrer Familie: wir hassten die Katholiken, und gingen doch in ihre Messe. So haben es viele Familien der Hugenotten gemacht. *) Ich würde jetzt, da in Frankreich jeder seine Religion nach Gefallen haben kann, mich, wie viele Andere öffentlich als reformiert erklärt haben, wenn mich Voltaire nicht bekehrt hätte. Nun aber ist

*) Dass er hierin recht hatte, habe ich 1794 zu Frankreich häufig erfahren. Wozu also Religionszwang!—

DRITTES KAPITEL

mir alles gleich viel: Pabst, Doktor Luther, Calvin, alles ist mir eins! Ich glaube weder dem einen noch dem andern: sie alle treiben Hökerei mit Fratzen, und die Pfaffen aller Religionen sind immer Pfaffen.«

»Lassen wir jetzt, unterbrach ich ihn, die Pfaffen Pfaffen sein: ich bin nur begierig auf die Folge Ihrer Bemerkung«.

»Ich sagte, dass, wenn unsre emigrierten Pfaffen im Lande geblieben wären, man sie — wegen ihres Eides auf die neue Konstitution — als irreguläre, meineidige und gottlose Pfaffen betrachtet hätte: und nun denken Sie deren Schicksal bei einem Verfall der Konstitution, oder auch nur bei einer Herstellung der alten Hierarchie in Frankreich! Es würde ihnen auf jeden Fall kläglich ergangen sein. Nein, mein Herr, wenn ja jemand mit Recht Frankreich verlassen hat: so waren es die Pfaffen, welche sich auf ihre Pfafferei ernähren mussten. Die, welche den Nationaleid geschworen haben, um unangefochten in ihrem Vaterlande bleiben zu können, sind dennoch immer in Gefahr, und werden vielleicht noch von ihren eignen Patrioten abgesetzt.« *)

»Nun sehen Sie — fuhr er fort — dass nicht alle Edelleute, auch nicht alle Priester, ohne Not und ans bloßem Hass gegen die Konstitution, oder aus Stolz auf ihre Prärogativen, oder aus Leichtsinn fortgelaufen sind. Viele haben wirklich Ursache dazu gehabt, und unter diesen verdienen mehrere unser Mitleid.« — So dieser fachkundige Mann.

*) Gegen das Ende des Jahres 1793 ist diese Prophezeiung eingetroffen.

Auf die Frage, warum man denn überhaupt emigriert sei, erhielt ich größtenteils von allen denen, die ich darum befragte, nur Achselzucken zur Antwort; und wenn ich denn so meine Anmerkungen machte, und bewies: dass es doch weit leichter gewesen sein würde, eine Gegenrevolution alsdann zu bewirken, wenn die Herren Prinzen, mit ihrem Anhange in Frankreich geblieben wären, gab man mir meistens Recht. Aus allen Gesprächen aber sah ich, dass die, freilich mit der politischen Lage von Europa sehr unbekannten französischen Prinzen, fest darauf gerechnet hatten, dass alle Könige und alle Mächte von ganz Europa zusammen greifen, und ihnen alle Hilfe leisten würden. Da nun dieses sofort nicht geschah, so schimpften sie und die übrigen Emigrierten auch nicht schlecht auf die Höfe unsrer Großen, und schrieben hernach all und jedes Unglück, das die Verbündeten erlitten, dieser Saumseligkeit zur Last. — Auch hatten die Herren Prinzen auf eine weit stärkere Emigration gehofft, und beiher sogar geglaubt, dass die stehende Armee in Frankreich sich auf ihre Seite schlagen würde, und was der Dinge mehr sind, worauf ein Prinz rechnet, der wohl den Ton des Hofes, aber nicht den der Nation kennt, und dann die Welt, wie die Menschen darin, als sein Eigentum betrachtet. —

Viertes Kapitel.
Noch von den Emigranten.

Schon ehe ich von Halle ging, hatte ich mir von den Emigranten, so wie von der ganzen damaligen Lage der Dinge einen Begriff gemacht, welchen ich bis auf diese Stunde noch keinen Augenblick Ursache gehabt habe, zu verändern. Die Emigranten habe ich gleich Anfangs — jedoch wie sichs von selbst versteht, mit Ausnahmen — für Schufte und Erzlügner gehalten, und habe sie von Grund der Seele gehasst und verachtet, weil ich überzeugt bin, dass sie die Hauptursache des jetzigen Krieges, und des vielen unbeschreiblichen Unglücks in Deutschland geworden sind.

Dass sie schon lange die Blutegel gewesen waren, welche ihren Landsleuten, den Einwohnern von Frankreich, das Blut aussaugten, und eine ihren Regenten, auch dem allerschwächsten, ich meine, einem Ludwig dem Fünfzehnten, so treu und bis zum Enthusiasmus ergebene Nation endlich in Harnisch jagten, und folglich die Revolution gewaltsam herbeizogen — ist klar am Tage und bedarf keines Beweises: das gestehen sogar die Herren Girtanner[1] und Konsorten, und dann muss es doch wohl so sein. Die schändlichen Menschen Artois, Condé, Provence, Lamballe, Polig-

[1] Christoph Girtanner (1760–1800), Arzt und Publizist, Autor von *Historische Nachrichten und politische Betrachungen von der Französischen Revolution* in 17 Bänden (1793–1803), wandte sich im Verlauf der Revolution gegen dieselbe.

VIERTES KAPITEL

nac und hundert andre traten die Nation so lange mit Füßen, bis diese endlich das fürchterliche Joch abschüttelte, und bis das Gebäude des Despotismus über diese Unmenschen selbst zusammenstürzte.

Nun rannten diese elenden Menschen aus ihrem Lande und posaunten in der ganzen Welt herum aus: Frankreichs Verfassung sei zu Grunde gerichtet: in Frankreich herrsche Anarchie; und wenn nicht alle Monarchen hier hülfen Einhalt tun: so stände ihnen das Nämliche bevor. — Sie fanden hin und wieder Gehör, und durch ihre scheußlichen Lügen und verdrehte Nachrichten zogen sie mehrere Großen in ihre Partei, bis endlich ihr Zweck erreicht war, das ist, bis sie einen Krieg angezettelt hatten, welcher für ihr Vaterland und für ganz Europa so schrecklich geworden ist.

Als ich in Koblenz war, fragte ich mehrmals nach den Angelegenheiten Ludwigs XVI. und der Regierung von Frankreich, bekam aber nirgends befriedigende Antwort.

Hier ist mein Gespräch mit Herrn Grouard von Caen!

ICH Aber Herr Grouard, da Sie zugeben, dass die Bedrückung des Volks in Ihrem Lande die nächste Ursache der Rebellion gewesen ist: so sagen Sie mir doch: sah denn der König das Ungewitter nicht vorher?
GROUARD Niemals!
ICH Aber man hat's ihm doch immer und derb genug vorhergesagt.
ER Und doch hat er es nimmer begreifen können! Der hergebrachte Herrscherstolz, von Höflingen unterstützt, hält dergleichen für unmöglich. Und dann ist der König ein recht guter Mann, aber er ist, wie alle Bourbonischen Prinzen *) — schwach.
ICH Aber ein schwacher König, wohl verstanden ein König, nicht ein Mensch, der schwach ist, ist allemal ein — schlechter König.
ER (Zuckt die Achseln.) Wahr, Freund! Der König hat seine großen Fehler: aber er ist wahrlich nicht Schuld an den Unordnungen: er hängt zu sehr von — seiner Gemahlin ab.

---

2 Lobhudler
3 ein Buch von Gabriel Brizard, veröffentlicht 1787

*) Er hatte recht: alle Bourbonischen Prinzen, selbst Heinrich IV. trotz seiner Panegyristen,[2] waren schwache Köpfe. Man lese *Eloge historique de l'Abbé Mably*.[3]

VIERTES KAPITEL

ICH So? Er hängt von seiner Gemahlin ab? Und von wem hängt denn die ab?
ER Von der Spielsucht, vom Stolz, von der Sucht, sich Kreaturen zu machen, und vom Wiener Hofe. —
ICH Weiß man denn in Frankreich, dass Madame Antoinette vom Wiener Hofe regiert wird?
ER Leider zu gut! Auch sind selbst unsre Prinzen, besonders Condé, darüber längst ärgerlich gewesen; allein sie durften dem Unwesen nicht steuern.
ICH Warum denn nicht? Was konnte Ihnen der Wiener Hof schaden oder nützen?
ER Mehr, als Sie sich vorstellen. Sehn Sie, es ist nicht von vorgestern, dass man eine Revolution in Frankreich befürchtete. Brach diese aus, so musste man einen Hinterhalt haben; und wer in ganz Europa war wohl besser im Stande, diesen Hinterhalt zu leisten, als eben Östreich? Also war es, denk ich, immer klug, einer Person nachzugeben, welche das Haus Östreich in das Interesse der französischen Herren ziehen, und darin erhalten konnte. Es ist auch gelungen: Östreich hat unsre Hof-Partei zuerst ergriffen.
ICH Ja wohl; aber zu seinem eignen Schaden, und zum Verderben des königlichen Hauses in Frankreich, wie die Zeit lehren wird.
ER Herr, reden Sie doch nicht so! Verbunden mit Preußen und Östreich werden wir bald mit den Rebellen fertig sein.
ICH Das wird sich weisen! —

Ein andrer Emigrant hatte uns zugehört, und fiel ein: »Ja ja, mein Herr, Monsieur Grouard hat Recht. Sie dürfen ja nicht glauben, dass die elenden Wichtlein Frankreich (ces marauts de France) uns was anhaben werden!
ICH Sie geben ihren Landsleuten schöne Titel!
EMIGRANT Ei, was Landsleute! Schurken sind es, eingemachte Bärenhäuter (gueux fieffés) elendes Gesindel (canaille); und wer wollte da sagen, das seien Landsleute von Männern unsers Gleichen! —

Der saubere Herr ließ sich noch weiter mit der frechsten Ausgelassenheit über gar viele schon damals be-

VIERTES KAPITEL

rühmte Männer in der Nationalversammlung aus, wie ein Trossbube: besonders bekam der gewesene Herzog von Orléans, damals Egalité, seine derben Hiebe. In Absicht dieses freilich erzabscheulichen, elenden Menschen, waren die Emigranten an skandalösen Histörchen und Schimpfwörtern ganz unerschöpflich.

Von der Königin habe ich keinen Emigranten gut sprechen hören: überhaupt meinten sie, schickten sich die östreichischen Mädchen (Filles d'Autriche) nicht auf den französischen Thron: und sie führten dabei das Beispiel der Anna von Östreich, Ludwigs XIII. Gemahlin an. Das Büchlein: *Vie privée de la Reine de France* und die *Mémoire de M. Lamotte de Valois*[4] hatten auch einige gelesen, und gestanden gern, dass das meiste darin wahr sei; doch aber sollen auch viele Unrichtigkeiten mit unterlaufen sein. *)

Dadurch nun, dass die Emigranten die allerlügenhaftesten Vorstellungen von der Lage ihres Vaterlandes verbreiteten, sind sie eigentlich die rechten Stifter, die rechte fax und tuba[6] des fürchterlichen Krieges und aller seiner greuelvollen Folgen geworden. Man hat ihnen, leider, auf die unverantwortlichste Art geglaubt; und die abgeschmackten Zeitungsschreiber, besonders der zu Wien, Bayreuth, Neuwied und Leipzig, haben die Lügen des elenden französischen Hofgesindels nach posaunt, und dadurch unserm leichtgläubigen deutschen Publikum eine Brille aufgesetzt, die jetzt viele Provinzen in tiefer Trauer verwünschen. Aber ich mag mich nicht länger bei einer Sache aufhalten, welche, leider, mehr als zu bekannt ist.

Von dem traurigen Sittenverderben, welches die Emigrierten in Deutschland gistiftet haben, bin ich auch Zeuge geworden. »Hier in Koblenz, sagte ein ehrlicher alter Trierischer Unteroffizier, »gibt's vom zwölften Jahre an keine Jungfer mehr: die verfluchten Franzosen haben hier weit und breit alles so zusammen gekirrt, dass es Sünde und Schande ist.«

Das befand sich auch in der Tat so: alle Mädchen und alle noch etwas brauchbaren Weiber, selbst viele alte Betschwestern nicht ausgenommen, waren vor lauter Liebelei unausstehlich.

---

4 Wahrscheinlich meint er hier die Skandalschriften *Essais Historique sur la vie de Marie-Antoinette, d'Autriche, Reine de France*, 1789 (wohl von Pierre-Etienne-Auguste Goupil) und Jean de Saint-Remy de Valois' *Seconde Mémoire justificatif de la comtesse de Valois de la Motte* (1789).

5 Hier vielleicht gemeint das pornographisch angehauchte Werk Charles-Joseph Mayers, *Vie de Marie-Antoinette d'Autriche, reine de France, femme des Louis XVI, roi des Francais*.

6 Fackel und Trompete

*) Von einem *Vie privée de Marie Antoinette, femme du dernier—Paris* in 12. (3 Teile) rede ich weiter unten.[5]

VIERTES KAPITEL

Gerade gegen dem Kloster über, wo ich im Quartier lag, war ein Weinhaus, dessen drei Töchter die Franzosen haufenweise an sich zogen. Ich ging eines Tages auch mit einem Emigrierten hinein. Il y a la trois couplets, sagte er, a peux refrains.[7] *) Als wir hinkamen, saßen die drei Hausnymphen den Franzosen auf dem Schoße, und hörten ihren unsauberen Reden mit dem größten Vergnügen zu. Bald hernach fanden sich noch mehr Dirnen ein, und es ging da wenigstens so arg her, als in der Talgfabrik oder in der Tranpulle[8] zu Berlin wohl nimmer: man ging ab mit den Menschern, und kam mit ihnen zurück, mir nichts, dir nichts. — Mein Begleiter, der ohne Zweifel glaubte, dass ich kein Geld hätte, um eine Buhldirne für ihr Verdienst zu begnügen, erbot sich, dreißig sous für mich zu zahlen: denn mehr, meinte er, würde eine solche Mamsell von einem pauvre prussien[9] doch nicht verlangen. Der Ausdruck: pauvre prussien, würde mich im Munde eines Emigrierten sehr geärgert haben, aber wegen seiner Gutmütigkeit lachte ich darüber, und nahm das Anerbieten nicht an.

Der General unseres Regiments ließ alle Soldaten vor dem Umgang mit den Koblenzer Mamsellen ernstlich warnen: er wusste wohl, dass sie von den ausgewanderten Franzosen samt und sonders mit einem Geschenke begabt waren, welches er bei seinen Leuten nicht gerne häufig gesehen hätte. Indessen half doch die Warnung nicht gar viel; denn ich habe nachher bemerkt, dass viele mit der französischen Krankheit aus Koblenz gezogen sind: manche sind hernach auch in den Lazaretten daran gestorben. Diese Erfahrung hat aber manchen Ehemann tolerant gemacht. Denn nach der Zurückkunft nach Halle fanden ihrer mehrere ihre Familie ohne ihr Zutun vermehrt; drückten aber wegen des Ähnlichen in Koblenz und anderwärts ein Auge zu, und behielten ihr Hauskreuz in Geduld.

In Koblenz muss die Patrouille die praktizierenden Verliebten, welche sie in den Winkeln der Straßen antrifft, anhalten, und auf die Hauptwache abführen. Die Geistlichen sind davon ausgenommen, für welche — unter diesen Umständen — eine Wache ein gar zu pro-

---

7
»(Das Lied) hat drei Strophen, aber wenige Kehrreime.« Zugleich aber klingt »peux refrains« an »peux re-freiné« an, was in die Richtung »kaum gebremst, ungezügelt« bedeutet; zudem klingt »couplets« genauso wie »couplé«, was »verkuppelt« bedeutet (»couple« ist das [Liebes-]Pärchen).

8
Bordelle in Berlin. Laukhards Aufzählung von Wirtshaus- und Bordellnamen in diversen deutschen Städten ist wahrscheinlich einzigartig im deutschen Schrifttum.

9
armen Preußen

*) Das ist eine sehr feine Unflätigkeit, welche nur in dem Munde eines schlüpfrigen Franzosen witzig klingt.

VIERTES KAPITEL

faner Aufenthalt sein würde. (Man denke!) Anfänglich, wie man mir gesagt hat, wurden auch viele Franzosen mit ihren feilen Liebchen dahin abgeführt, und trotz ihres Futterns, Protestierens und Geldbietens bis an den Tag dort gehalten, und dann an die Polizei gemeldet. Da aber diese für gut fand, es mit den französischen Herren nicht gar strenge zu nehmen: so wurden die Koblenzer Soldaten bald gewitzigt, ließen sich bezahlen, und die Winkel-Mosjehs treiben, was sie wollten; ja endlich wurden sie gar selbst ihre Spediteurs, und hatten an ihrer Kaserne, für einige Batzen, Ware von der Art nach Belieben. Die Mädchen zu Koblenz reichten nicht hin für die Emigranten, und für die daselbst hernach häufig durchziehenden deutschen Völker: es kam daher von weit und breit viel Gesindel dorthin zusammen, und teilte mit den Koblenzerinnen ihre verdienstliche Arbeit. Anfänglich gingen die lockern Tierchen schlecht gekleidet, warfen sich aber, durch die Freigebigkeit der Franzosen, bald ins Zeug, und erhöhten hernach auch, wie billig, den Preis ihrer Reize, welche zwar an innerer Konsistenz durch den starken Gebrauch sehr verloren hatten, doch aber immer mit bessern Lappen ausstaffiert wurden.

So wie in Koblenz hatten es die Emigrierten an allen Orten gemacht, wohin sie nur gekommen waren. Der ganze Rheinstrom von Basel bis Köln ist von diesem Auswurf des Menschengeschlechts vergiftet und verpestet, und die Spuren der gräulichen Zerrüttung in den Sitten werden in jenen unglücklichen Gegenden noch lange erschrecken. Es ergibt sich daher von selbst, dass alle Landesherren, welche französische Emigranten in ihren Ländern begünstigten, sich an ihren Untertanen schändlich und jämmerlich versündigt haben. Freilich ist es hart, Flüchtlingen einen Zufluchtsort zu versagen: aber wenn das hart ist, so ist es im Gegenteil abscheulich, ein Gesindel einnisten zu lassen, welche das bissel gute deutsche Sitten vollends zu Grunde richtete, und die infame Krankheit, welche man schon in den Rheingegenden Emigranten-Galanterie nennt, allgemein machte und allen Ständen mitteilte. Hätte auch jeder ausgewanderte Franzose ganze Kasten voll Gold mit nach Deutschland gebracht, so

) 55 (

wäre das doch lange kein Ersatz für das Elend, worin sie unsre deutschen Weiber und Mädchen, und durch diese einen so großen Teil unsrer lüsternen Jugend gestürzt haben. Man gehe nur an den Rhein und frage: und ich weiß, dass man über die Antwort erstaunen und erschrecken wird. Schon allein in Koblenz fand man über 700 infizierte Weibspersonen, als man ihnen nachher unentgeltliche Heilung anbot.

Fünftes Kapitel.
Noch einmal von den Emigranten.

Die Emigranten waren alle gewaltige Windbeutel und führten einen Ton, wie ein Fähnrich von vorgestern, doch mit dem Unterschiede, dass der Herr Fähnrich oft auch noch etwas Bauernflegelei mit seinem Junkerstolz verbindet, die wenigstens bei den Franzosen nicht ist, wie ich ihnen zum Ruhme nachsagen muss. Allein vom Stolz und von der Bengelei der jungen Fähnriche – werde ich weiter unten Gelegenheit zu sprechen haben: für jetzt habe ich mit den Emigranten zu tun.

Also diese waren starke Windbeutel, prunkten und prahlten mit Sternen und Ordenskreuzen, oft unterschoben, und spielten den Großhans lächerlich – unbeschreiblich. Wenn man sie reden hörte, hätte man glauben sollen, sie hätten alle Reichtümer der Welt, und wären aus den größten und vornehmsten Familien in Frankreich. Mein Vetter der Duc, meine Base

FÜNFTES KAPITEL

<small>1
Thraso ist ein typisch prahlerischer Soldat aus einer Komödie des Terenz.

2
dahergelaufene

3
Friedrich Brack oder Geschichte eines Unglücklichen aus desselben eigenhändigen Papieren gezogen (1793–1795), ein Roman von Johann Gottwerth Müller (1743–1828)</small>

die Duchesse, mein Onkel der Comte, mein Schwager der Marquis usw. ließen die Leutchen jedes mal einfließen, wenn ein Fremder, auch nur ein sehr geringer z. B. ein Kerl, wie ich, ihre Gelage besuchte. Sie hatten es recht gern, wenn man sich nach ihrer Familie, und nach ihren sonstigen Verhältnissen erkundigte: dann ergossen sie sich mit thrasonischer¹ Beredsamkeit über ihre und ihrer Vorfahren Heldentaten: vergaßen denn auch die nicht, welche aus ihrem Stamme ehedem Bischöfe, Prälaten und Äbte gewesen waren. Ich habe oft lachen müssen, wenn mir emigrierte Kaufleute erzählten, wie ihr Geschlecht ehedem sehr noble *) gewesen, hernach aber durch den großen Aufwand derer von ihnen, welche im Militärstande gedient hätten, zur Armut herabgesunken, und die Familie dadurch endlich genötigt worden sei, sich der Kaufmannschaft zu widmen, nur um Mittel zu finden, dem Hause seinen alten Glanz (son prémier lustre) wiederherzustellen. So stolz waren selbst verloffene² Krämer aus Frankreich! Was mag wohl ein Kerl wert sein, der hauptsächlich arbeitet, um erst reich zu werden, und dann – als Edelmann wieder paradieren zu können! – Aber, leider, bedeutete adelig und geehrt in Frankreich sonst gleichviel, wenn gleich das eine das andere meistenteils wirklich aufhob. Dank sei es der deutschen Aufklärung, dass adelig bei uns einen ganz anderen Begriff zu bezeichnen anfängt! Man lese den vierten Band von Friedrich Brack³, und erbaue sich zur Herzstärkung aller – Edlen!

Mit dem Manifeste des Herzogs von Braunschweig waren die Herren gar nicht zufrieden: sie waren hier übersehen, sie, die sich Götter der Erde dünkten. – Dass die Patrioten in Frankreich bald gestürzt werden würden, war bei ihnen wie gewiss. Nur fürchteten sie, indem das Manifest nichts ausdrückliches von der Wiederherstellung des Adels enthielt, sie möchten an ihren ci-devant Privilegien, Vorzügen, Ämtern, Pensionen und dergleichen verlieren, und wurden dem Herzog deswegen gram. Der Ärger darüber vermochte so viel, dass auch in ihrem Namen sie ein Manifest

<small>*) Das Wort noble bedeutet jetzt in der republikanischen Sprache so viel als liederlich, verächtlich usw. Von dieser merkwürdigen Veränderung der Wortbedeutungen in Frankreich rede ich an einem andern Orte weitläufiger.</small>

FÜNFTES KAPITEL

nach Frankreich schickten, welches wie der Augenschein lehrt, ohne Zweifel von einem stolzen Edelmann und einem herrschsüchtigen Pfaffen zusammengestoppelt ist. Ich habe niemals einen Aufsatz gelesen, welcher so viel edelmännische, impertinente Poltronerie[4], und so viel tollen, pfäffischen Aberwitz enthalten hätte, als dies Manifest der Emigrierten. Der Wisch verdient keine nähere Erwähnung. Der Henker hat das Ding hier und da in Frankreich verbrannt. Der König von Sardinien heißt darin der Nestor der Könige! – Guter Nestor von Pylos, musst du dich noch mit dem Viktor Amadeus von Sardinien vergleichen lassen! Gorani[5] kannte diesen besser. Er schildert ihn in seinen Nachrichten von Italien. Aber freilich geht es dem guten Viktor Amadeus, wie dem Nestor:

> quaerit ab omni
> Quisquis adest socio, cur haec in tempora duret.[6]

Obgleich die Emigrierten alle schrecklich bramarbasierten[7], und ganz impertinent enthusiastisch für ihren König, ihren Adel, und ihre Pfafferei sprachen, so merkte man doch bald, dass manche gute Patrioten unter ihnen herumschlichen. Wie konnte dieses auch anders sein! Es war ja so leicht, die Gänge der Emigranten auszuspähen, und die National-Versammlung oder vielmehr in derselben jene, welche eigentlich die Stützen der Nation waren, darüber zu belehren. Dieser Gedanke musste schon den einen und den andern von den Patrioten anreizen, sich unter die wahren Emigranten zu mischen, und durch Ausspähung ihrer donquischotischen Anstalten dem Vaterlande zu nützen.

Zu Koblenz gaben die eigentlichen Emigrierten einige von diesen an, unter andern den Grafen von Vinaisal, Ritter der königlichen Orden und Colonel bei der Maison du roi; sodann den Marquis von Pontbruiant, Major-Général. Mein Hauptmann war gerade damals, als man sie einzog, auf der Hauptwache, und ich musste hin, um mit diesen Herren zu reden, und den Dolmetscher vorzustellen. Der Graf war ein alter Wollüstling, und daher schien er mir gleich eben kein

---

4
von frz. *poltron*, Angsthase

5
Joseph Goriani (1740–1819), ein italienischer Diplomat und Abenteurer, der zeitweise in den Diensten Maria Theresias und zeitweise auch der französischen Revolutionsregierung stand und der drei Bände *Kritische Nachrichten von Italien* (1794) veröffentlichte.

6
Juvenal, *Satiren* X, V.253: »Er fragt jeden Gefährten, der gerade da ist, warum er diese Zeiten noch miterlebt.«

7
übermäßig prahlte

FÜNFTES KAPITEL

8
Anhänger der
Revolution

9
Heutzutage
würde man die
Herren Spanner
nennen.

starker Patriot zu sein: der Marquis war ein junger feuriger Mann, der mir als höchst verschmitzt vorkam. Um ihn auf die Probe zu stellen, – nicht zu verraten – fing ich an, Emigrantenmäßig aufzuschneiden, und die großen Taten anzuführen, welche wir, vereint mit den Emigrierten, gegen die Patrioten verrichten wollten. Der Marquis machte zu meinem Geschwätze eine Miene, die mir mehr sagte, als Worte je konnten; und seine ganze Antwort war: dass man wohl mehr Schwierigkeiten finden würde, als man glaubte. Von Mirabeau sagte er: er ist zwar unser Feind, doch immer ein großer Kopf. Diese Sprache, im Munde eines Emigranten, zeigte mir den Mann; und gerne hätte ich ihm meine Gedanken mitgeteilt, aber die Furcht vor den – Juden, wie Bahrdt zu sagen pflegte, hielt mich zurück. – Beide Herren sind hernach nebst andern entlassen; aber auch beide haben sich nach ihrem Vaterlande zurückbegeben: das hörten wir bei Verdun. Als der Herzog von Braunschweig inne ward, was er leicht voraus hätte sehen können, dass sich unter den Aristokraten Patrioten[8] aufhielten, befahl er: Niemanden in Koblenz ein- oder auszulassen, ohne einen Pass entweder vom französischen Kommandeur oder von dem Preußischen General Courbiere. Allein dieses half wenig: denn Pässe waren bald nachgemacht. Man griff daher zu andern Mitteln, und ließ alle in Koblenz befindliche Emigranten namentlich aufschreiben. Ich habe dieses Geschäft einige Male mit verrichtet. Die Emigranten gaben zwar, weil es einmal so sein musste, ihre und ihrer Weiber und Töchter Namen an: allein sie wurden über dieses Aufschreiben, als etwas, das sie erniedrige, sehr erbost.

) 61 (

Bei dieser Gelegenheit habe ich bemerkt, dass manche Französische Schönen mehr Einsicht verrieten, als mancher deutsche Offizier – Lebensart. Ein Graf nämlich – dessen Namen ich vergessen bin – logierte gerade einem Hause gegenüber, worin einige Offiziere unseres Regiments ihr Quartier hatten. Diese Offiziere vigilierten[9], wie man in Halle spricht, oder nach einem andern Dialekt, glimmerten von früh bis auf den Abend nach den beiden sehr schönen Töchtern dieses Grafen. Als ich nun, meinem Auftrage gemäß,

FÜNFTES KAPITEL

10
»Ach, diese Tiere, diese Tiere!«

die Namen dieser Familie verzeichnet hatte, fragte die eine Dame: »wer sind denn die Herren dort drüben im Fenster?«

ICH Das sind Offiziere von unserm Regiment.
DAME Das müssen Leute sein, die nicht zu leben wissen. Den ganzen Tag liegen sie im Fenster und gucken nach uns.
ICH Ohne Zweifel, meine Damen, um Ihre Schönheit zu bewundern.
DAME So? Ists denn vielleicht in Deutschland Mode, dass man nach dem Frauenzimmer mit Lorgnetten hinblickt, dann unter sich lacht, und allerlei pöbelhafte Gebärden macht, als wenn man, wer weiß, was Lächerliches oder Auffallendes gesehen hätte? Nein wahrlich, das ist grob und sehr schlechte Lebensart.
GRAF Meine Tochter, wenn es dir nicht ansteht, von den Offizieren begafft zu werden, so bleib vom Fenster weg.
DAME Nein, Papa, den Herren zum Trotz will ich und die Schwester uns hinstellen, und uns stundenlang begaffen lassen. Die Leute werden vielleicht doch dadurch sehen, dass wir sie für Gecke halten.
ICH Madame*), tun Sie das nicht: die Herren denken sonst gar, Sie und Ihre Schwester seien in sie verliebt.
DAME (lachend) Ah, les bêtes, les bêtes!¹⁰ (Sie stellt sich wirklich mit ihrer Schwester ans Fenster, lacht, und lässt sich von den Offizieren nach Herzenslust begaffen. Die Offiziere nehmen das für ein Zeichen der Gewogenheit, und sprengen nun überall aus: die französischen Mädel mit den niedlichen Gesichtchen seien verliebte – Luderchen.) Offiziere sollten doch so pöbelhaft weder handeln, noch sprechen.

Das Aufzeichnen der Namen war auch fruchtlos: also befahl der Herzog, dass sich alle Emigranten, ihre Kranken allein ausgenommen*), sofort aus Koblenz und allen Orten, wo Preußen wären, wegbegeben sollten. Einen ähnlichen Befehl gab auch der Kurfürst von Trier;

*) Das Wort Mademoiselle war ganz verbannt, und nur noch in der Anrede an geringe Mädchen Mode. Jedes Frauenzimmer, das nur ein wenig mehr war, als eine Kammerjungfer, hieß Madame – versteht sich bei den Emigranten. In Frankreich ist Mademoiselle ohnehin jetzt Kontrebande: denn alles heißt jetzt dort Bürger oder Bürgerin.

*) Unter den Emigranten waren sehr viele durch und durch – venerisch.

FÜNFTES KAPITEL

[Marginalien linke Spalte:]
11 die beiden Brüder Louis XVI., der Comte d'Artois und der Comte de Provence

aber der Befehl von diesem hätte ohne den des Herzogs wenig gefruchtet. *) Der ernstliche Befehl des Herzogs machte gleichfalls viel Bewegung unter den Emigranten; aber vergebens. Selbst die Herren Koblenzer wollten es höchst unbillig finden, dass man so viel brave, um das Trierland (durch ihre Verschwendungen) so wohlverdiente Leute fortjagen wollte. Die Emigranten schwuren hoch und teuer, dass es höchst schimpflich sei, von den Preußen vertrieben zu werden, aber jetzt müsse man sich in die Zeit schicken. Sie schienen sogar zu glauben, dass es eigentlich auf sie hätte ankommen sollen, ob deutsche Truppen überhaupt, also ob auch wir Preußen, in Koblenz sein dürften oder nicht. Dieser Wahn plagte sie, weil ihnen der Kurfürst von Trier, als der Herr Vetter von ihren Prinzen, sowohl in Zivil- als Militärsachen alle Gewalt überlassen und bestätigt hatte. Sie waren eben darum in ihrer übertriebnen Impertinenz anfänglich soweit gegangen, dass sie sogar forderten: der Herzog solle den Rapport jeden Tag an ihre Prinzen einschicken, wie wenn der Herzog von Braunschweig Subalterngeneral des Artois oder des Provence[11] gewesen wäre.

Nach langem Zaudern also — denn der Befehl des Herzogs wurde nicht stracks befolgt — zogen die Emigranten endlich aus Koblenz. Es waren ihrer mehrere tausend. Der Abzug geschah des Nachts, weil sie sich schämten, am hellen Tage eine Stadt zu verlassen, wo sie so lange den Meister gespielt hatten. Ihnen folgte vieles Lumpengesindel, besonders weiblichen Geschlechts, aus Koblenz nach. Sie nahmen ihren Weg nach Neuwied, Limburg, Bingen und sonst wohin, wo vorher schon alles von ihnen vergiftet worden war, und nun noch weit mehr vergiftet wurde.

Man hätte denken sollen, die Koblenzer würden nach dem Abzug der Franzosen höflicher gegen uns geworden sein: aber sie blieben grob, ja sie wurden noch gröber; denn sie sahen uns als die Ursache von der Entfernung von Leuten an, die zwar ihre Weiber und Töchter mit der venerischen Krankheit nach al-

*) Der Befehl des Kurfürsten war gedruckt, und ärgerte die Herren um so mehr, da er, aller Orten angeschlagen, allgemein zu lesen war. Dies brachte einige von ihnen so sehr in Harnisch, dass sie geradewegs auf das Rathaus liefen, und daselbst so viel Aufhebens darüber machten, dass man aus Furcht vor ihnen — den Befehl endlich abriss Ohne die ernstliche Dazwischenkunft des Herzogs hätten sie also ihr Unwesen in Koblenz gewiss noch weiter getrieben.

FÜNFTES KAPITEL

len Graden angesteckt, aber zur Schadloshaltung doch brav Geld in die Stadt und in die umliegende Gegend geschleppt hatten.

Die Geschichte der Emigranten muss ich leider in der Folge noch mehrmals berühren: und darum mags für diesmal hier davon genug sein. Ich sage nur noch: Wehe allen denen, welche ihren Aufenthalt in Deutschland begünstigten! —

Sechstes Kapitel.
Begebenheiten in Koblenz und im Lager bei Koblenz.

Ich—denn mein teures Individuum lasse ich niemals aus den Augen: was wäre das auch für eine Biographie von mir selbst, wenn ich nicht immer auf dem Theater bliebe, oder doch höchstens nur dann und wann hinter die Kulissen träte?—Also ich befand mich in Koblenz ganz gut, und da ich meinem Hauptmann und andern Offizieren als Dolmetscher diente, sobald man mit Franzosen zu tun hatte, so war ich von allen Diensten frei, und konnte meine Zeit nach Wohlgefallen anwenden. Meistens saß ich bei Emigranten im Weinhause oder bei einem gewissen Preußischen Feldjäger, welcher ein ganz heller Kopf und braver Mann war.

SECHSTES KAPITEL

Eines Tages erlebte ich in Koblenz eine unerwartete Schnurre. Ich kam früh aus meinem Quartier und wollte aus einem Laden an der Moselbrücke Tobak holen. Eine Frau von wenigstens 40 Jahren lag am Fenster und rief mir zu: Wohin Mosjeh?

ICH Tobak holen, Madam!
SIE Ei, und das so eilig?
ICH Allerdings, ich habe kein Korn mehr.
SIE Kommen Sie doch ein wenig herein!

Ich tat's, um zu sehen, was Madame wollte: und da ging unser Gespräch folgender Gestalt fort.

SIE Haben Sie denn keinen Schatz zu Koblenz?
ICH Bewahre mich der Himmel vor den Koblenzer Schätzen: die Menscher sind ja alle venerisch!
SIE Das ist auch wahr: aber es gibt doch noch welche, die nicht so sind: das können Sie mir glauben.
ICH Ja wohl: aber wer noch nicht ganz und gar des Teufels ist, hängt sich nicht an einen Soldaten.
SIE Warum denn nicht? — Ich selbst bin keine Feindin von den Herren Preußen.

Ich stutzte, schaute der Dame ins Gesicht, und bemerkte, dass sie beinahe keine Zähne mehr hatte; folglich physisch eben so hässlich war, als moralisch: ich griff also nach der Türe, und wollte fort, erhielt aber nicht eher die Erlaubnis dazu, bis ich ihr versprochen hatte, noch denselben Tag zu ihr zurück zu kommen. Ich hielt indes mein Wort nicht, erzählte aber diesen Vorfall einem Burschen von unserer Kompanie, der gleich nachher hingegangen war, sie aufzusuchen, um die Stelle bei ihr einzunehmen, welche sie mir zugedacht hatte. Der Bursche hat sich, wie er mir eingestand, recht gut dabei befunden. So arg war die Delikatesse der Koblenzer Damen abgestumpft! —

Überhaupt war es sehr leicht, bei den dortigen Damen und Mamsellen anzukommen: durch die Zügellosigkeit der Emigranten selbst zügellos gemacht, trieben sie ihre Frechheit und Unverschämtheit ins Wilde. Eine Kaufmannstochter — ich meine hier das pockige

SECHSTES KAPITEL

[1 Maulheld]
[2 Sabbat]

Mädchen neben dem Barbarakloster – sagte ganz öffentlich, dass sie ihre Jungfernschaft für 6 Carolins, oder 39 Taler an einen Franzosen verkauft hätte: andere gestanden eben so frei heraus, dass sie so und so viele Liebhaber unter den Emigrierten zugleich gehabt hätten. Nein, so verdorben waren die deutschen Mädchen sonst nie! – Doch genug davon!

Nach ungefähr zwölf Tagen rückten wir in ein Lager, eine Stunde von Koblenz, wo der König seine Armee musterte. Bei dieser Musterung äußerten die groben französischen Prinzen, dass diese Parade für Deutsche schon ganz gut sei. – Ich wundre mich, dass der Herzog von Braunschweig, gegen welchen der Graf von Provence so gesprochen hat, diesem Poltron[1] nicht auf der Stelle eine derbe Rückantwort gegeben hat: aber er strafte ihn nur mit Verachtung. Man sieht indes, wie hoch diese Leutchen sich und ihre Horde taxierten! Und doch waren eben sie es mit, um derer willen wir uns zur Schlachtbank anschickten!

Über den geringen Aufwand, den der Herzog machte, räsonierten die Emigranten auch nicht wenig. Sie meinten, er müsse ein sehr armer Teufel von Fürsten sein, dass er nicht mehr aufgehen ließe. Aber so urteilten Menschen, denen weise Sparsamkeit ganz fremde war, und die ihr Lob und ihre Größe in der unsinnigsten Verschwendung suchten.

Der Marketender unseres Bataillons war ein Jude, der aber gar nicht anstand, am Schabes[2] Geld einzunehmen, Speck zu verhandeln, und was der sieben Sachen mehr sind, die das Mosaische Gesetz den Juden untersagt. Seine Toleranz ging gar so weit, dass er nichts dawider hatte, wenn seine junge Ehehälfte für sechs Batzen auch einen Christen ihrer Reize genießen ließ. Dieser Jude aus Neuwied hat uns indes jämmerlich geprellt; und zum Dank dafür wurde ein Lied auf ihn anfänglich schriftlich herumgetragen, hernach aber zu Frankfurt gedruckt, und ihm zum Schimpf oft vorgesungen. Folgende Stelle zeugt von dessen Gehalt:

Weil er (der Jude) uns also Menscher hält,
So denkt der Spitzbub eben,
Wir müssten ihm auch unser Geld

SECHSTES KAPITEL

Für schofle Ware geben.
Sein Bier entsetzlich sauer ist,
Sein Branntwein schmeckt, wie Pfuhl vom Mist,
Sein Wein ist wahrer Essig. usw.

Überhaupt war man diesmal bei der Preußischen Armee für gute Marketenderei gar zu wenig besorgt. Bei den Neufranken habe ich nachher diesen Punkt weit besser gefunden: da hat man ordentlich angestellte Marketender; und ihr Geschäft (die Vivanderie) ist ein Gegenstand der Sorge des Kommissärs. Die Waren sind alle taxiert, und niemand darf höher verkaufen, als der gesetzte Preis ist. Man sorgt dort auch für die Herbeischaffung aller benötigten Waren. Aber bei den Preußen bekümmerte sich diesmal keine Seele darum, ob ein Marketender da war, und wie er seine Sachen trieb. Da wurde denn der arme Soldat geschunden, und geprellt zum Erbarmen. An dem schurkischen Patron von Neuwied haben wir die Probe mehr als zu viel gehabt. Bei unsrer jämmerlichen Retirade aus Champagne ist der Erzbetrüger von den Franzosen zwar ertappt, und rein ausgeplündert worden: allein dies half der Prellerei im Ganzen nicht ab.

Ich sagte dem Schuft einmal so meine Meinung, dass er das Bier für 12 Kreuzer verkaufte, und gab ihm die Titel, welche er verdiente. Da lief er hin zum Herrn von Mandelsloh, meinem Hauptmann, fand aber kein Gehör, weil dieser brave Mann recht wohl wusste, dass der Jude ein abgefeimter Schurke war. Also überlief er gar den Obristen von Hunt, welcher mir denn befehlen ließ, den schuftigen Juden ferner nicht mehr Schuft zu heißen. Aber wie konnte ich wider die Wahrheit!

Im Lager bei Koblenz besuchte mich auch Herr Prediger Schellenberg aus Neuwied, Verfasser einiger philologischer und pädagogischer Schriften, und ein würdiger Schüler des braven Herrn Professors Wolff zu Halle. Ich habe einige recht vergnügte Stunden in Gesellschaft dieses ehrlichen Freundes zugebracht. Herr Schellenberg hatte ganz andre Gedanken von der französischen Revolution, als sein Landsmann, der Neuwieder Zeitungsschreiber, ein rechtes Pendant von

SECHSTES KAPITEL

dem Herrn von Schirach und von Aloysius Hofmann zu Wien³. *) Bisher war das Wetter ziemlich gut gewesen, nun aber fing es an, immer zu regnen, und das hat beinahe nicht nachgelassen, bis zum Winterquartier.

An unserm Preußischen Gelde haben wir den ganzen Krieg hindurch viel verloren. Wir wurden in Behmen und Sechsern bezahlt, und litten an den letzteren immer. Der Behm galt z.B. im Trierischen 3 1/2 Kreuzer trierisch; der gemeine Mann hatte daher 35 Kreuzer; an Sechsern aber nur 32 Kreuzer, denn der Sechser galt dort nur 2 Kreuzer. Das ganze oder große Geld allein war ohne Verlust; aber wer gab es uns! Die Herren Regimentsquartiermeister haben die Sechser und Behmen immer durch Juden und andre Helfershelfer fleißig einwechseln lassen, und dabei ansehnlich gewonnen. Man hat das Unwesen wohl bemerkt, aber nicht gesteuert. Als daher im folgenden Winter bei Frankfurt am Main einem gewissen Herren Quartiermeister eine sehr ansehnliche Summe gestohlen ward, sagte selbst ein General: »er kann das schon verschmerzen: hat er uns doch, wer weiß um wie viel, besch—en!«

Frauenzimmer kamen sehr häufig aus Koblenz, und besuchten ihre Bekanntschaften im Lager: vornehmere die Offiziere und gemeine die Soldaten. Da ist es denn manchmal hergegangen, wie es konnte.

Einstens kam auch ein Koblenzer Kanonikus zum Herrn Major von Wernsdorff, welcher mich kommen ließ, um da bei einem Glase Wein mit dem Herrn Kanonikus Latein zu reden. Dieser Herr Kanonikus war ein wahrer Bonvivant, der bloß für seinen Bauch sorgte, und auch nicht das geringste auf Wissenschaften oder Literatur hielt. Si semel habemus praebendas, sagte er, tunc non magis cogitamus de libri: quid enim bonum Canonico est, studere? sumus semel provisi, et studia sinimus pendere in

---

3
Der Österreicher Leopold Aloisus Hofmann (1760–1806) hatte sich vom Aufklärer zum Reaktionär gewandelt und denunzierte zahlreiche frühere Bekannte. Gottlob Benedikt von Schirach (1743–1804) war Herausgeber des *Politischen Journals* und entwickelte sich zum entschiedenen Gegner der französischen Revolution, die er mit allen publizistischen Mitteln bekämpfte; etwas »beschirachen« war in fortschrittlichen Kreisen damals das Pendant zum heutigen »fake news verbreiten«.

4
Hier verweist Laukhard auf ein Buch des Aufklärers Andreas Georg Friedrich Rebmann (1768–1824) und auf sein eigenes Buch *Annalen der Universität zu Schilda, oder Bocksstreiche und Harlekinaden der Gelehrten Handwerksinnungen in Deutschland*, das allerdings erst 1798 erschien.

) 72 (

) 73 (

*) Siehe *Kleinigkeiten aus der Brieftasche Peter Roberts* S. 210 und 239 wie auch *Beschreibung der Universität zu Schilda nach Kantischer Lehrart verfasset, und allen Leibnizianern zum Trotze herausgegeben von M. Franz Caspar Crispus, Historiarum professor et librorum Censor zu Schilda*,⁴ worin von Herrn Schirach und Aloysius Hofmann, als ehemaligen Stockmeistern zu Schilda, viel Nachricht vorkommt. – Der Neuwieder Zeitungsschreiber, nebst dem dortigen Postmeister, soll den impertinenten Einfall gehabt haben, an den Präsidenten des National-Konvents eine Schachtel mit einem Strick nach Paris zu schicken, und ihn aufzufordern, sich daran zu hängen, bevor die – damals – anrückenden Östreicher und Preußen Paris unterjochten. – dass dieser Einfall einem Henkersgesellen allerdings ähnlich sieht, sieht man gleich ein, aber auch, dass er sehr erbittern musste, und dass es folglich weit deutsch-patriotischer, und überhaupt klüger gewesen wäre, ihn nicht auszuführen. Wer weiß, ob dieser Einfall nicht noch vorigen Herbst auf das heute Schicksal der Neuwieder einigen Einfluss gehabt hat. Bubenstreiche von der Art sollten zur Zeit des Krieges durchaus nicht gestattet werden.

SECHSTES KAPITEL

⁵
»Wenn wir erst einmal unsere Pfründe haben, dann denken wir nicht mehr viel an Bücher: Was sollte es einem Kanoniker nutzen, zu studieren? Wir sind einmal versorgt, wir lassen das Studieren sein und hängen es an den Nagel.«

⁶
Ehemaliger Franziskaner (1756–1794), der in Straßburg nicht nur Jakobiner, sondern auch Ankläger beim Revolutionstribunal wurde. Ca. 30 Todesurteile soll er gefällt haben, bevor er selbst guillotiniert wurde. Er gilt als erster deutscher Übersetzer der *Marseillaise*. Laukhard traf ihn während seiner Zeit in Frankreich, von der er im vierten Band seiner Autobiographie erzählt.

clavo.[5] Sehr erbaulich! Doch wusste der Herr Kanonikus, dass Doktor Bahrdt ein Erzketzer und Atheist gewesen sei, und machte große Augen, als ich ihm sagte, dass Bahrdt, nach meiner Meinung, noch zu orthodox und zu gläubig gewesen wäre. Als ich ihm dies beweisen wollte, verbat er alles Disputieren, unter dem Vorwand: dass er einmal den festen Vorsatz gefasst habe, niemals, unter keinerlei Umständen, über Religionssachen zu streiten. Bravo für alle Esel in den Kirchen-Mühlen! — Er hatte einen Bekannten in Paris, an welchen er mir einen Brief mitgeben wollte; aber der Brief ist nicht geschrieben worden: es war auch schon so recht: denn in Paris hätte ich ihn doch nicht abgeben können. Was und wohin die vielen Blinden damals nicht alles dachten!

Von dem berühmten und berüchtigten Eulogius Schneider[6] erzählte er allerhand skandalöse Anekdoten, die aber beim rechten Lichte betrachtet, nichts weniger als skandalös waren. Doch ich wusste recht gut, wie und wofür ich die Erzählungen eines Koblenzer dickbäuchigen Kanonikus von einem Ketzer und Apostaten zu nehmen hatte *)

Das Volk im Trierlande ist überhaupt kein Volk, bei welchem ich leben möchte. Das ganze Land ist katholisch, und zwar recht jesuitisch-katholisch; daher alle Ketzerei — folglich auch alle Vernunft und Wahrheit, als die erste und ärgste — darin wie Gift verhasst ist, und der Protestant gilt dort weniger, als der Jude. Der Kurfürst hat zwar einige Anstalten zur Verbesserung des Schulwesens treffen lassen; aber die Bücher des Martin von Cochem und dessen gleichen sind noch immer die Hauptquellen, woraus der Trierer seine Weisheit sammelt. Daher sind die Trierer abscheulich abergläubig, rennen in alle Messen und fürchten sich schrecklich vor Gespenstern, Kobolden und Hexen. Beiher sind sie alle grob und massiv im höchsten Grade, und haben auch eine ihren derben Sitten ganz angemessene Sprache. Eich sein, mer ben, dau hoscht, eich hun, ehr san, se gihn *) u. dgl. ist recht Trierisch. Ich habe sogar Leute von Erziehung, und vornehme Frauenzimmer so sprechen

*) Was ich über Eulogius Schneider in Straßburg sonst erfahren habe, wo er 1794 guillotiniert wurde, erzähle ich im nächsten Band.

*) Ich bin, wir sind, du hast, ich habe, ihr sagt, sie gehen.

SECHSTES KAPITEL

hören. Derlei grober Dialekt verstellt aber gewiss den schönen Mund einer Fräulein von Sparr, und einer Mamsell Vola. Sie sollten sich doch eine feinere Sprache angewöhnen – rate ich ohnmaßgeblich.

Ich hatte im Lager bei Luxemburg ein Lied – so nach meiner Art – auf die Trierer und das Trierland gesudelt, welches die Soldaten auswendig lernten, und auf dem Marsche hersangen. Ein gewisser Soldat, Schneider, hatte das Ding, das wirklich ein elendes Ding war, abgeschrieben, und seiner Frau nach Halle geschickt. Diese hatte es da einer Papierkrämerin übergeben, und diese hatte es dort drucken lassen, aber so schnitzerhaft[7], dass man es kaum verstehen konnte. Ich erschrak sehr, als ich das Ding gedruckt sah, und musste nachher sogar bei einer Warnung hören, dass selbst der Kurfürst von Trier sich in Gegenwart unseres Königs darüber beschwert habe. So kann ein elender Sudel, von gewinnsüchtigen Blätter-Trödlern benutzt, Gelegenheit zu unangenehmen Auftritten geben! In Frankfurt am Main hat man es in die über allen Glauben elende Sammlung sogenannter preußischer Kriegslieder aufgenommen. Ich schäme mich noch, dass ich mich zur Bänkelsängerei, wie Herr Bispink diese meine Sudelei nachher ganz recht benannte, herabgelassen habe, da ich gar keine Anlage zum Vers machen in mir bemerke.

---

7 fehlerhaft

) 76 (

Siebentes Kapitel.
Marsch von Koblenz nach Trier.

Unser Weg von Koblenz nach Trier war sehr beschwerlich: wir mussten über Berg und Täler, deren einige von unglaublicher Höhe und Tiefe sind. Die Sonnenhitze hat uns auf diesem Marsche recht gemartert, aber desto angenehmer waren uns die vielen Röhrenbrunnen, mit dem schönsten Wasser, an der dortigen Chaussée.

Ich habe mich dann und wann nach den Gesinnungen der Trierer in Rücksicht der französischen Händel erkundigt, und jedes mal gefunden, dass sie alles billigten, was die Franzosen zu ihrer Selbsthilfe vornahmen, und bloß das tadelten, was in Absicht der Pfafferei geschehen war. So hatten doch die Leute, trotz der großen Finsternis, die ihre Augen benebelt hielt, eingesehn, dass der Untertan mit Recht verlangen könne, nicht lebendig geschunden zu werden. Eben dieser Meinung waren sogar Geistliche.

SIEBENTES KAPITEL

Auf diesem Marsche besuchten mich einige von meinen alten akademischen Freunden: ich war wirklich, wie im Himmel, als ich die lieben Brüder, den Herrn Amtsrat Heusner von Thronecken und den Herrn Pfarrer und Rektor Pfänder von Trarbach wieder um mich hatte. Letzterer war ehedem in Halle unter dem Beinamen Till Eulenspiegel bekannt, zu der Zeit nämlich, wo jeder Student einen Beinamen hatte, ohne dadurch beschimpft zu sein. Wir erinnerten uns beim Moselwein an unsre Wanderschaft im Lande der Philister, und erfreuten uns gar sehr über so manchen alten Auftritt. Die Schwester des Herrn Amtsrats, ein schönes blühendes Mädchen, machte starken Eindruck auf einen unsrer Offiziere; und dieser pflegte nachher noch oft, mit allem verliebten Enthusiasmus, von ihr zu sprechen.

Von diesen Herren hörte ich beiher, dass meine mir ehedem so liebe Therese gestorben wäre. Diese Nachricht war, wie ich unten melden werde, zwar falsch, aber das konnte ich damals nicht wissen, und dachte mir also das gute Mädchen im Grabe, und war viele Tage niedergeschlagen und traurig: denn ich machte mir den Vorwurf, dass der Grund ihres frühen Todes vielleicht zum Teil in meinem Betragen gegen sie gelegen sei.

In Trier trafen wir wieder viele Emigranten an, die nun aber auch bald fortmussten. Trier war von diesem Gesindel eben so, wie Koblenz vergiftet. Dass ich über diese Leute nicht zu viel gesagt habe, mögen meine Leser nach Stellen beurteilen, welche ich aus einer Apologie für die Stadt Koblenz und das Trierische Land nachher bemerkt habe, um meine Privatbehauptung durch ein öffentliches Dokument hier zu bestätigen. Die Apologie war dem Nationalkonvente von einem Bürger in Koblenz zugeschrieben, und enthält, wie man gleich sehen wird, noch manch andern wichtigen Aufschluss.

»Koblenz — heißt es darin — hat den ersten Zunder zum Kriege gegeben. Es war der Sammelplatz der Königsfreunde und der Aristokraten: Monsieur und Graf Artois hatten hier ihr Hoflager aufgeschlagen. Hier war die Zusammenkunft der ausgewanderten Adligen,

SIEBENTES KAPITEL

die nur zusammentraten, um Frankreichs alte Regierungsform wiederherzustellen, und die mutigen Verteidiger der Revolution zur Strafe zu ziehen. —
Kaum war es bekannt, dass Monsieur und Graf Artois in Koblenz eingetroffen wären, so strömten die Ausgewanderten aus allen Gegenden in unglaublicher Menge dahin: Nur wenige Wochen, und ihre Anzahl belief sich auf mehrere Tausende. — Nur wenige Monate, und kaum ein Dachstübchen war mehr in Koblenz zu haben.

Von nun an war selbst unser Fürst kaum mehr Herr in seinem eignen Lande, er musste sich gewissermaßen leidend verhalten, so lange diese ungebetenen Gäste ihr Unwesen nicht zu weit trieben. Allein war wohl zu erwarten, dass dieser Fall lange ausbleiben würde?

Bürger und Volksrepräsentanten, ihr kennt ja am besten den Charakter dieser elenden Hochverräter ihres Vaterlandes — diese Wüstlinge ohne Erziehung, ohne alles sittliche Gefühl, ohne Menschengefühl — diesen Auskehricht der Menschheit, dem jede Tugend lächerlich, und der Tugendhafte und Rechtschaffene ein Dummkopf ist — der nur das glänzende Laster als das erste Idol anbetet — dessen Sinn und Streben einzig auf Befriedigung seiner unbändigen und abscheulichen Leidenschaften, auf Tyrannisierung und Unterdrückung seines Mitbürgers gerichtet ist — dem die unnatürlichsten Ausschweifungen, die grässlichsten Bubenstücke nur Spielwerk sind!... Ihr kennt die Prinzen, die durch ihre unsittliche Lebensart, ihre Verschwendungssucht und Schlemmerei sich selbst zu den verworfensten Geschöpfen herabsetzen, und wegen ihres Hanges zum Despotismus vom Fluch der Menschheit gedrückt werden. Ihr wisst, dass ihre Verachtung des ungeadelten aber nützlichen Bürgers, ihr dummdreister Stolz, der mit dem gänzlichen Mangel reeller und solider Kenntnisse, den man überall an ihnen wahrnahm, den seltsamsten Kontrast machte — dass ihre Vorliebe zu Ausschweifungen jeder Art, ihre empörende Immoralität, die alle ihre Handlungen bezeichnete, ihr Ingrimm und Blutdurst gegen die sogenannten Patrioten — dass, mit einem Worte, dies alles

) 80 (

) 81 (

SIEBENTES KAPITEL

<small>1
Horaz, *Epistulae* I,
1, V. 53: »Erst das
Geld, dann die
Tugend.«

2
sollten</small>

zusammengenommen, sie in den Augen eines jeden unbefangenen, rechtschaffenen und Sittlichkeit-liebenden Mannes zu den vollkommensten Taugenichtsen brandmarkte.

So war das allgemeine Urteil der Einwohner von Koblenz und des Erzstifts über den größten Teil der Ausgewanderten: Wie hätte ihr Betragen gegen dieselben anders, als kalt, abgebrochen und zurückhaltend sein können? *)

Zur Wiedervergeltung wurden wir dem Kurfürsten als Erzpatrioten geschildert und so lange verleumdet und verschrien, bis es ihnen gelang, denselben gegen seine eignen Untertanen, insbesondere aber gegen die Einwohner von Koblenz, misstrauisch zu machen.

Dieses Misstrauen, das man tagtäglich mehr und mehr anzufachen nicht unterlassen hatte, stieg bis zum höchsten Grade, als endlich die Stände des Landes der Stimmung des Volkes beitraten.

Schon vorher hatten sie dem Kurfürsten ihren allgemeinen Entschluss vorgelegt: dass keine Ausgewanderten anders, als nach den Gesetzen der strengsten Neutralität im Erzstifte geduldet werden mögten[2] ... Sobald sie nachher wahrnahmen, dass der Hof in Behandlung der Ausgewanderten allzu nachsichtig verfahre, und die Vorschriften einer unverfänglichen Neutralität nicht genau und fest beobachte—baten sie in einer zweckmäßigen Vorstellung den Kurfürsten von neuem aufs dringendste: »von dem Wege der strengsten Neutralität, als dem einzigen Mittel, die guten Gesinnungen und das friedfertige Benehmen der mächtigen französischen Nation gegen das unmächtige und wehrlose Erzstift für die Zukunft zu sichern, nicht im mindesten abzuweichen, noch weniger zu gestatten, dass von den Prinzen und ihren Anhängern einige Maßregeln ergriffen oder ausgeführt werden, welche von der Französischen Nation zu feindseligen Vorkehrungen ausgedeutet werden könnten.«

<small>*) Allgemeine? Freilich aller derer, welche Tugend höher schätzen als Gold, oder welche als Stubenvermieter, Speisewirte, Weinschenker, Geldwechsler, Wucherer, Kaufleute, Balbierer, Haarkräuseler, Putzmacherinnen, Schuster, Schneider, Kuppler, Lustdirnen und dergleichen von den Emigrierten nichts zu erwarten hatten. Bei welchen das Gegenteil von diesem eintraf, die urteilten und betrugen sich anders, und zwar nach dem Grundsatz von Virtus post nummos[1]. Wir haben es erfahren. Doch die französische Nation denkt jetzt wohl weniger an Koblenz noch, als an Pillnitz und Wien, oder an ein vollgültiges, klingendes Sühnopfer von daher.—</small>

SIEBENTES KAPITEL

»Und welchen Erfolg hatten sowohl diese als die vielen nachfolgenden Vorstellungen, deren jede, so wie die Gefahr des Landes stieg, immer freimütiger, dringender und flehender entworfen und übergeben wurde?«

»Clemens (der Kurfürst von Trier) gehört nicht in jene Klasse der Regenten, die mit eindringendem Blicke das Ganze einer Sache, mit ihren Verkettungen, ihren nahen und entfernten Verhältnissen, ihren natürlichen, wahrscheinlichen und möglichen Folgen durchschauen, und demnach die zweckmäßigsten Maßregeln selbst ergreifen. – Clemens legte die Sache seinem damaligen Ministerium vor; und die Hauptperson, die an der Spitze desselben stand, war – im Solde der Prinzen, war ihr erster Anhänger.«

»Ach, wäre unser Kurfürst durch kluge, einsichtsvolle, seines Vertrauens würdige Männer geleitet worden; – ganz Europa würde ihm vielleicht Ruhe und Glück zu danken haben! Jener Krieg, einzig in seiner Art, wogegen die verderblichsten und mörderischsten Kriege des Altertums und der neuern Zeiten, als Knabenspiele anzusehen sind, würde vielleicht im Keime erstickt worden sein.«

»Aber der nichtswürdigste, der verworfenste aller Menschen, der feilste Sklave des Lasters und der Wollust, fand Gelegenheit, sich des Vertrauens des Kurfürsten in so hohem Grade und so ausschließend zu bemächtigen, dass er schnell von Stufe zu Stufe stieg und endlich den obersten Posten eines geheimen Staats- und Kabinettsministers erhielt.«

»Von nun an hatte die Wohlfahrt des Trierischen Landes den Todesstoß empfangen; von nun an wurde unser – Fürst auf alle Art unter allen nur möglichen Larven aufs schändlichste betrogen; von nun an darbte das verwaiste Verdienst; beklagte der wahre Patriot das Schicksal seines Vaterlands!«

»Und wer ist dieser Schändliche?«

»Duminique[3] ist sein Name!«

»Dieser elende Wicht, dessen ganzes Verdienst in einem geschmeidigen Rücken und in einer geläufigen Zunge besteht, sollte die Geißel des Trierischen Landes, sollte die Geißel von ganz Europa werden!«

---

3 Ferdinand Freiherr von Duminique (1742–1803), Trierer Staatsmann

SIEBENTES KAPITEL

»Was konnte für einen ehemaligen Edelknaben erwünschter sein, als die Ankunft der Prinzen? Was konnte diesen kriechenden Wurm mehr kitzeln, als ihnen tagtäglich beim Aufstehen die Cour zu machen? Tagtäglich unter ihrem glänzenden Gefolge einherzutreten? sich zu sonnen im Nimbus ihrer Herrlichkeit? mit Teil zu nehmen an ihren schwelgerischen Gastmahlen und Festen?«

»So was ist schon allein für eine Sklavenseele das non plus ultra des menschlichen Glücks. Aber welche blendende, welche bezaubernde Aussicht bot ihm zugleich die Zukunft dar, wenn es ihm gelingen sollte, sich in das Vertrauen der Prinzen einzustehlen, und ihre Gunst in so hohem Grade zu fesseln, dass er zur Ausführung ihrer chimärischen[4] Entwürfe als Mitwerkzeug gebraucht würde!«

»Seine Partie war auf der Stelle genomen. Von erster Jugend auf, zu der Kunst angeführt, sich ja der Gnade seines Fürsten auf alle nur mögliche Weise zu versichern — es ja nie an sklavischen Verbeugungen, kriechenden Ehrfurchtsbezeugungen und übertriebnen Schmeicheleien fehlen zu lassen — vor allem die schwache Seite des Fürsten auszuspähen; seine Gesinnungen, Neigungen, Launen und Leidenschaften zu studieren, um ihnen zu liebkosen — und nun endlich zu einem vollkommnen Höfling gereift, was war leichter für einen Duminique, als die Prinzen, besonders den Artois, der als die Seele des in der Geburt begriffnen Riesenwerks der Gegenrevolution anzusehen war, in kurzem ganz für sich einzunehmen, ganz zu gewinnen, besonders, da es sein Posten mit sich brachte dessen täglicher Gesellschafter zu sein; und da — um ja die Hauptsache nicht zu vergessen — ihre Charaktere, ihre Gesinnungen, ihre ganze Denk- und Lebensart aufs harmonischste zusammenstimmten?«

»Duminique erschwang sich ohne Mühe zum Günstling des Artois. — Er sicherte den Prinzen vor allem einen bequemen Aufenthalt, eine reichlich besetzte Tafel, und die damals nicht unansehnliche Kasse des Kurfürsten zu ihrer Disposition. Er spiegelte dem Letztern vor, dass die brütende Gegenrevolution unmöglich misslingen könnte — dass in kurzem

[4] luftschlosshaften

SIEBENTES KAPITEL

die Nationalversammlung auseinander gesprengt, und der König und die königliche Familie in ihre ehemaligen Rechte wiedereingesetzt sein würde — machte ihn taub gegen die Stimme, die Wünsche und die Besorgnisse des Volks; taub gegen die angehäuften Vorstellungen, Bitten und Beschwörungen der Landstände.«

»Hierbei blieb Duminique nicht stehen. Wurde die Gegenrevolution ausgeführt, welches unübersehbare Glück blühte dem Lieblinge des Artois! Hatte er nicht Hoffnung, der erste Minister Frankreichs zu werden? Und er sollte nicht alle Kräfte anwenden, nicht alle Triebe und Räderwerke anspannen, um dieses große Werk in Gang zu bringen? Er sollte nicht Himmel und Hölle aufbieten, um es zu vollenden?«

»Da war auch nicht ein Fäserchen in seinem ganzen konfiszierten Körper, das nur in irgendeiniger Verbindung mit seinem wässrigen Gehirne stand, das nicht aufstrozte und sich anstrengte — um das Hirngespinst der Gegenrevolution aufzustutzen, und die Ausführung derselben nicht nur als möglich, sondern als leicht den ersten Mächten Deutschlands vorzuschildern.«

»Er war's, der in Verbindung mit dem Prinzen von Nassau, und dem berüchtigten Calonne[5], zum Vorteile der Prinzen, an allen Höfen Europas Subsidiengelder auszumitteln suchte, um ihre Anhänger aufnehmen, besolden und bewaffnen zu können. Er war's, der im Namen und als Bevollmächtigter der Prinzen, die Höfe von Berlin, Wien und Petersburg bereiste, daselbst geheime Unterhandlungen eröffnete, alle nur möglichen Überredungskünste und Versprechungen anwandte, um diese Höfe für die Sache der Prinzen zu gewinnen, und zu einer gemeinsamen Bewaffnung gegen Frankreich zu vermögen. —

»Mit einem Worte: dieser Schandbube war's, der zuerst die unselige Fackel zu dem Holzstoße trug, der ganz Europa in lichte, alles verheerende Flammen setzen sollte: — dieser Schandbube, der vielleicht in diesem Augenblicke in allen Wollüsten sich wälzt, und in den Armen seiner Lustdirnen schwelgt — indes der irregeführte, betrogene Clemens seine Lagerstätte mit blutigen Tränen netzt, mit blutigen Tränen zu dem

SIEBENTES KAPITEL

<small>6 volljährig

7 Mandat, den Franzosen mit Waffengewalt fortzuschaffen

8 Das Privileg »des nicht Anrufens« erlaubt dem Fürsten, seinen Untertanen zu verbieten, die nächsthöhere Instanz gerichtlich anzurufen.</small>

höchsten Wesen um das Ende der angehäuften Leiden seiner ehemaligen Untertanen fleht!« —

»Bürger und Volksrepräsentanten, jetzt sprecht unser Urteil! Erwägt, dass wir, als unmächtige und hilflose Opfer, mit Gewalt ins Verderben geschleppt wurden — da wir durch die Ränke, Kabalen und Machinationen eines treulosen, verabscheuungswürdigen Ministers in den Abgrund des Verderbens gestürzt worden sind — da durch diesen Abschaum aller Schurken die Wohlfahrt des Landes von Grund aus zertrümmert, und alle Hilfsquellen, um sich endlich nach langen Jahren erholen und die ungeheuren Schulden, womit das Land belastet ist, tilgen zu können, vertrocknet sind: — entscheidet Bürger und Volksrepräsentanten, welches Los verdienen wir?« —

Das Los der Selbstherrschung — antwortet der Widerhall aus Gallien — um durch kurzsichtige, schwache Fürsten, und deren verschmitzte Minister nicht dereinst wieder hilflos ins Verderben gestürzt und dann gleichgültig verlassen zu werden. Mietlinge sind und bleiben Mietlinge; und die Vormundschaft hört auf, sobald der Bevormundete majorenn[6], ist ja, majorennier, als sein Vormund, und doch dieser, wie dessen Sachwalter, es wagen, ganz nach systematischem Fürsten-Egoismus zu des Mündels Untergang zu handeln.

Dies war der Fall im Erzstifte Trier. Die Stände hier, von Clemens und Duminique nicht erhört, wendeten sich an das Reichskammergericht, um ein Mandatum de abducendo milite Gallico[7] gegen ihren Landesherrn auszuwirken. Sie schritten hier zur zweiten Instanz aus Not, und waren dazu, nach der Reichsverfassung, berechtigt, indem diese den Untertanen erlaubt, von den Austrägen der Fürsten, trotz ihres Privilegiums de non appellando[8], sich an die Reichsgerichte um Hilfe wider sie zu wenden. Was tat nun Duminique! Man denke!

Gerade damals, 1790, stand Leopold II. auf der Kaiserwahl; und da diese Wahl schon lange gedient hat, das Recht der Wahlherren über das Recht des Gewählten und dessen Untergebene kapitulationsmäßig hinauszusetzen: so trug Kurtrier darauf an, dass das kur-

SIEBENTES KAPITEL

⁹ solle
¹⁰ nota bene!, wohlgemerkt

fürstliche Kollegium dem kaiserlichen Wahlkandidaten es zur Wahlbedingung machen mögte⁹, Rekurse von der eben erwähnten Art abzuweisen. Das Kollegium ließ sich bereit finden, und schon hieß es im 6ten § des 19ten Art. der Leopoldischen Wahlkapitulation: »Wenn auch Landstände und Untertanen wider ihre Obrigkeiten in Privatsachen, welche die landesfürstliche Kammer betreffen, Klage führen: so sollen und wollen wir (Kaiser) diese bei ihren ordentlichen Landesgerichten entscheiden lassen, und (NB!¹⁰) den Reichsgerichten nicht gestatten, über solche Klagen, in letzter Instanz, wenn privilegia de non appellando vorhanden sind, – zu urteilen.«

   Diesem nach sollte also der Landesherr und dessen Gerichte, in Sachen der Landesstände und der Untertanen gegen ihn, – Beklagter und Richter zugleich sein. Der Weg zum Rechte wäre demnach gesperrt gewesen: denn welches Landesgericht hätte es wagen dürfen oder mögen, einem Landesherrn, in dessen Hand ihr Schicksal steht, Recht abzusprechen? Die Landesherren hätten folglich das Recht erhalten, den Sultan ungehindert zu spielen, und den Fiskal zu machen für ihre Kammer nach Belieben, und doch von Rechtswegen. Der Zustand dieser Länder wäre dadurch rechtlos, und Selbsthilfe ihr erstes Bedürfnis geworden. Dann aber gute Nacht Landfriede, und es lebe das Faustrecht! –

   Wohl indessen uns, dass Deutschland in dem Reichs-Kammergerichte noch Männer zählt, welche konstitutionsmäßiger und konsequenter denken, als ein Duminique und seines Gleichen. »Ich muss gestehen – erklärte einer dieses Areopags gegen Kurtrier – dass ich nicht begreife, wie man heutzutage auf dem Rechte, in eigener Sache Richter zu sein, und keinem Oberrichter davon Rechenschaft geben zu wollen, bestehen kann, und dadurch dem deutschen Bürger sein edelstes Kleinod, gegen seinen Landesherrn, in jedem Falle, bei einem Oberrichter Hilfe finden zu können, so offenbar entziehen will. Hieraus können gerade in unsern Zeiten am allerersten und häufigsten Unruhen entstehen.«

) 90 (

) 91 (

SIEBENTES KAPITEL

So dieser Edle! Ehrwürdiger wird er, wenn man das weiter liest, was Schmelzer in der Ausgabe der erwähnten Wahlkapitulation S. 153 ausführlicher davon anführt.

Aber nun weißt Du, lieber Deutscher, welcher Hof und welcher Mann es war, der uns den Franzosenkrieg hauptsächlich zuzog: und dies ist historisch und politisch wichtig; — Du siehst, dass ich den Emigrierten nicht zu nahe trat; — Und was mancher Fürst oder Minister hinter dem Vorhang, zum größten Nachteile ganzer Völker zuweilen durchsetze oder vorhabe — darüber seufze und bedaure die Blindheit der Menschen und Unmenschen! Die Geschichte aller Zeiten und Völker — meint Schlözer[11] — ist ja eine Leidensgeschichte der von den verworfensten, oft stupidesten Bösewichtern am Narrenseil herumgeführten Nationen.

Der Forscher dieser Gräueltaten läuft ja Gefahr, dass ihm darüber die ganze Menschheit verächtlich werde. Denn wer begreift es, dass sich Millionen Menschen von einzelnen Wüterichen haben schlachten, von einzelnen Räubern haben plündern lassen! Die Feigheit dieser Elenden ist ja noch rätselhafter, als die Unmenschlichkeit ihrer Tyrannen. *) — So wahr ist es nämlich, wenn der Dichter[12] ausruft:

*) Schlözers allgem. Staatsrecht S. 103.

> Unselig Mittelding von Engel und von Vieh,
> Du hast Vernunft, o Mensch, und brauchst
> sie dennoch nie!

Verzeihung für diese Episode!

Eine Stunde von Trier wurde unser Lager aufgeschlagen nahe an der Mosel, da, wo die Saar in diesen Fluss einfällt. In ganz Deutschland, soweit ich wenigstens darin herum gewesen bin, gibt es wohl keine schönere Gegend, als da, wo hier unser Lager stand; aber leider machte die entsetzliche Hitze, dass wir den Anblick der schönen Natur beinahe gar nicht genießen konnten. Ich erinnere mich nicht, von der Sonne jemals mehr gebrannt worden zu sein, als damals; und wenn wir noch gutes Wasser gehabt hätten,

11 August Luwig von Schlözer (1735–1809), deutscher Historiker, Staatsrechtler und aufklärerischer Schriftsteller, der eine *Vorstellung einer Universalhistorie* (1772) verfasste, die Laukhard beeindruckte und sein Weltbild mitprägte.

12 Albrecht von Haller (1708–1777) in *Gedanken über Vernunft, Aberglauben und Unglauben.*

SIEBENTES KAPITEL

so hätten wir die Leiden der Hitze mindern können. Aber da wurde alles Wasser zum Kochen und Trinken aus der Mosel geholt, und dieses war bis zum Ekel schlammig und unrein. Das Wasser dieses Flusses ist an sich schon ein schlechtes, garstiges Wasser, und wurde durch das stete Pferdeschwemmen, das Baden und Waschen darin, noch mehr verdorben. Man denke sich ein Wasser, worauf der Pferdemist überall herumschwimmt; worin die Soldaten haufenweise sich baden, und wo deren Weiber und Menscher die schmutzigen Hemden auswaschen. Solches Wasser kann niemand ohne großen Ekel trinken: und eben in dieser Sauferei, vermehrt durch jene entsetzliche Hitze, liegt wohl die erste Ursache von der fürchterlichen Ruhr, welche so viele Menschen in der preußischen Armee weggerafft hat.

In Trier bin ich einige Male gewesen, und habe mich nach dem Zustande der dortigen Universität erkundigt, sie aber in einer sehr traurigen Lage angetroffen. Ehemals studierten hier Viele aus den östreichischen Niederlanden, aber seit der Verordnung Kaiser Josephs II, nach welcher alle Landeskinder kaiserliche Akademien besuchen müssen, leidet Trier gar sehr. Der Ton der Trierischen Studenten hat von dem gewöhnlichen Universitäten-Ton nicht das Mindeste: die Leute benehmen sich wie kopfhängerische Klosterschüler. Ich habe mit einigen dieser Herren gesprochen, aber alles, was sie sagten, machte mir keine vorteilhafte Idee von der antiquissima Trevirensi[13]. Da ich nach dem berühmten Herrn von Hontheim[14] fragte, wussten zwar einige so halb und halb den Namen Febronius, aber was Febronius eigentlich gelehrt habe, das wussten die guten Leutchen nicht. Doch welcher Prophet gilt in seinem Vaterlande! Und so konnte auch der große Febronius die kirchliche Aufklärung seiner Landsleute wenig befördern. Wenn aber die Trierer durch den jetzigen Zeitton nicht gescheiter geworden sind, dann ist an ihnen Hopfen und Malz verloren. Indes ich denke doch, sie werden jetzt nicht mehr so pfaffisch und unwissend sein, als 1792.

Zum Beweise, dass das Trierland ein Hauptpfaffenland sonst war, will ich nur anführen, dass in einem

13 von der urältesten Trierer (Universität)

14 Johann Nikolaus von Hontheim (1701–1790), katholischer Weihbischof, der die allein führende Stellung des Papstes in der katholischen Kirche kritisierte. Sein Buch wurde 1764 verboten, kam auf den Index und wurde in Rom verbrannt. Febronius war sein Pseudonym.

) 93 (

) 94 (

SIEBENTES KAPITEL

Bezirke von einer einzigen Stunde drei sehr reiche Benediktiner Abteien liegen. Diese waren den Custinianern[15] eine sehr willkommene Beute.

Im Lager bei Trier erhielt ich ein Liebesbriefchen von einem Nymphchen aus Koblenz, mit der ich so zum Spaß und Zeitvertreib dort geschäkert hatte, und die hernach wohl zehnmal zu mir ins Lager kam, und mir mit ihrer zudringlichen Zärtlichkeit sehr lästig ward. Das Mädchen muss nicht gewusst haben, wohin es sich sonst wenden sollte. Dass ich ihre Schreiberei ohne Antwort liegen ließe, versteht sich von selbst.

Für unsre Seelen sorgte man in diesem Lager auch. Wir hatten nämlich lange keinen Gottesdienst gehabt, und die Herren Feldprediger der meisten Regimenter hatten eben nicht sehr darauf gedrungen. Aber nun sollten auch unsre Seelen einmal wieder erquickt werden: und so mussten die Feldprediger an einem Sonnabend eine Predigt halten, wobei man das Lied: Was Gott tut, das ist wohlgetan – absang. Es war gegen Abend an einem höchst schwülen Tage, und dies machte, dass alle Soldaten alle Donnerwetter zusammenfluchten, dass man sie um der sackermentschen Predigt willen *) gezwungen hätte, sich anzuziehen, und da in der größten Hitze eine Stunde lang hin zustehen. Die Predigten handelten von der Ergebung in den göttlichen Willen, und man merkte es bald, dass ihre Komposition in die Hundstage fiel. – Das war aber auch der erste und der letzte Gottesdienst für diesen Feldzug.

An Singsang hat es uns auch nicht gefehlt: denn Herr Dost, ein Antiquar aus Halle, fiel auf den Gedanken, der Armee mit Gesangbüchern religiösen Inhalts, und mit Kriegsliedern, wie auch mit einer höchst undeutschen Übersetzung des braunschweigischen Manifestes nachzuziehen. Die Gesangbücher habe ich nicht gesehen, wohl aber die in allem Betracht elenden Kriegslieder, welche er obendrein für die Arbeit unseres Feldpredigers Lafontaine ausgab, um den Wischen nur Kurs zu schaffen. Bei Luxemburg kaufte er sich gar einen Esel, lud diesem seinen Singsang auf, und zog so mit nach La Lune und von da wieder zurück,

15 Anhänger des französischen Generals Adam-Philippe de Custine (1740–1793)

*) Ich muss in der Fortsetzung, wenn ich nämlich auf meinen Aufenthalt in Frankreich komme, eine noch derbere Sprache nachsprechen: also wird man mir auch diesen Ausdruck, den ich aus dem Munde der Soldaten anführe, zugute halten.

SIEBENTES KAPITEL

und schlief oft, wie er selbst erzählt hat, mit seinem Brotgefährten in den französischen Schweineställen. Zu Koblenz verkaufte er nachher sein lastbares Tier, ward krank, und kehrte um nach Halle, mit dem festen Vorsatz, niemals wieder als geistlicher Makulaturtrödler einer Armee nachzuziehen. Jetzt ist er akademischer Likörmeister zu Halle.

Ich habe oft lachen müssen über die Gerüchte, die man immer ausposaunte und gern für bare Wahrheit gelten ließ. Bei Trier hörten wir dergleichen viele; und wenn ich mich dann, wie man spricht, an den Laden legte, und den Ungrund oder die Unmöglichkeit solcher Sagerei aufdeckte: so hieß es gleich: ich sei ein Patriot. Aber ich freue mich in gewisser Rücksicht noch, dass ich mich gleich von allem Anfang in Absicht des Ganges dieses traurigen Krieges nicht geirrt habe: einen Vorbeweis dazu findet man schon im II. B. S. 393 unten in der Anmerkung. Ich schloss damals und nachher immer nach Gründen, welche mir meine geringe Kenntnis der Geschichte an die Hand gab, und so musste ich wohl richtig schließen: denn in der Politik, wie in der Natur, bringen ähnliche Ursachen auch ähnliche Wirkungen hervor; und die Menschen im 14ten, 16ten und 18ten Jahrhunderte sind sich im Grunde gleich: man setze sie also in gleiche Lagen, und ihre Handlungen werden auch gleich sein.

) 97 (

Achtes Kapitel.
Emigranten-Heer. Luxemburg. Briefe. Spione. Plünderung.

Die Emigranten hatten ihr Heldenheer nun auch zusammengestoppelt, und vereinigten sich mit uns bei Trier. Wie stark sie wirklich gewesen sind, hat man nie

ACHTES KAPITEL

mit Gewissheit sagen können: wenigstens haben sie sich immer stärker angegeben, als sie in der Tat waren. Sie selbst haben die Menge ihrer Leute wohl nie recht gewusst wegen des ewigen Ab- und Zulaufens. Schon bei Trier rissen ihre Soldaten haufenweise aus, und das nach Frankreich, wo man sie damals noch ohne weiteres aufnahm: nachher haben sie noch weit mehr verloren: endlich nach dem Rückzuge aus Champagne verliefen sie sich beinahe ganz so, dass sie im Frühlinge 1793 wieder so zu sagen von neuem errichtet werden mussten.

Gegen die Mitte des Augusts brachen wir von Trier auf und lagerten uns nach einigen schweren Märschen bei dem Dorfe Montfort, welches wegen verschiedener daherum vorgefallner merkwürdiger Batailles bekannt ist. Ich hatte hier Gelegenheit, die nahegelegene Stadt und Festung Luxembourg zu besehen.

Das Volk in dieser Gegend schien mit der östreichischen Regierung eben nicht sonderlich zufrieden zu sein, und hasst seine nahen Nachbarn, die Franzosen weit weniger, als die Trierer: sonst aber sind die Leute noch sehr abergläubisch, grob und ungeschliffen. Das Land an sich ist übrigens vortrefflich und mit allem versehen, was man zur Unterhaltung des Lebens bedarf: unsere Lebensart ward daher jetzt auch etwas besser und wohlfeiler, als bisher. —

Die venerische Krankheit war hier sehr im Gange. Sonderbar, dass man in katholischen Gegenden der Liebe weit zügelloser fröhnt, als in protestantischen. Aber die Natur will ihr Recht haben, und kommt sie erst zur Reife, dann holt sie das unbändig nach, was vorher, als sie noch unreif war, die Kloster-Askese zwar zurückhielt, aber nicht unterdrückte. Dies gilt auch für asketische Protestanten.

Naturam furca expellas, tamen usque recurret.[1]

Bisher hatte man immer gehofft, das Manifest des Herzogs von Braunschweig würde eine gute Wirkung auf die Franzosen haben, und uns der Mühe überheben, in ihr Land selbst einzudringen. Dieses war so zu sagen, die allgemeine Erwartung fast aller Offiziere und Soldaten: denn diese alle waren schon jetzt des Krieges müde.

---

[1] Horaz, *Epistulae* I, 10, V. 234: »Treibst du die Natur auch mit der Mistgabel aus, sie kommt doch zurück.«

) 98 (

) 99 (

ACHTES KAPITEL

Aber wie sehr sehen sich die guten Leute in ihrer Erwartung betrogen, als sie von der mächtigen Veränderung hörten, welche am 10ten August in Paris vorgefallen war! Die Begebenheit dieses für Frankreichs und seines Königs Schicksal so merkwürdigen Tages zerstörte alle ihre Erwartungen; und nun hieß es: »Jetzt ist kein Mittel: wir müssen geradewegs nach Paris! die verfluchten Hunde, die Patrioten, müssen aufgehängt und gerädert werden.« — Das war nun schon so gewiss, wie Amen in der Kirche: mir aber fielen dabei immer die Nürnberger ein, welche wie man sagt, niemanden hängen, den sie nicht erst haben. —

Hier erhielt ich auch Briefe aus Halle, wovon der eine mich sehr erfreute, der andre aber auch desto mehr ärgerte. Herr Bispink hatte mir nämlich auf einen Brief, den ich von Koblenz aus an ihn schickte, geantwortet, und das Schreiben dieses edlen Freundes hatte eben den Stempel von redlicher Gesinnung, von welcher alle seine Handlungen gegen mich voll waren, und noch voll sind. Es hat mir, so wie jeder Brief, den ich von ihm bekommen habe, einen recht guten Tag und recht frohe Stunden gemacht, und dies noch aus dem Grunde, dass Herr Bispink so gern mit mir einstimmte, wenn ich die Lage der Dinge und den Krieg gegen die Neufranken mit etwas andern Augen ansah, als man ihn damals anzusehen gewöhnt war.

Der andre Brief war von einem Hallischen Bürger. Es geschah mir aber recht, dass ich auch einen solchen erhielt. Ich hatte lange vor meiner Abreise aus Halle in einer gewissen Kneipe *) in Gesellschaft des mehrmals erwähnten Bartolini Bekanntschaft gemacht, und manchmal mit Jungfer Rieckchen, der Tochter im Hause, geschäkert. Bei meinem Abzug musste ich dem Mädchen versprechen, dann und wann aus dem Felde an sie zu schreiben; und das tat ich aus dem Koblenzer Lager. Indessen aber hatte sich ein gewisser Bürger aus Halle auch in derselben Kneipe zuweilen eingefunden; und die guten Leute mochten glauben, das sei so ein Stück von Freier für ihre Tochter. Als nun mein Brief ankam, und der Vater dieser Korrespondenz inne ward, schrieb er mir in einem zwar nicht groben, aber doch

*) Siehe *Leben und Schicksale* Band 2. S. 90.

etwas derben Tone, und verbot mir, ferner an seine Tochter zu schreiben, damit meine Briefe ihr an ihrem Glücke nicht hinderlich werden möchten. Ich ärgerte mich anfangs ein wenig, nachher aber ließ ich es gut sein. Allein nach unserm Rückzuge aus Champagne schrieb mir Jungfer Rieckchen selbst, entschuldigte die Grobheit ihres Vaters, und versicherte mich, ich weiß nicht wessen. Nun zog ich so unter der Hand einige Erkundigung ein, und siehe da, ich erfuhr, dass der prätendierte Herr Freier abgegangen war, wie die Katze vom Taubenschlag, und dass ich jetzt gut genug sein sollte, meinen alten Platz in Jungfer Rieckchens Gunst wiedereinzunehmen. Das Ding gefiel mir nicht sehr: ich antwortete also nicht, und der ganze Kohl hatte ein Ende.

Hier bei Luxemburg wurde ein Spion aufgeknüpft: man sagte die Franzosen hätten ihn abgeschickt, um unser Lager auszuspähen.

Ich habe über die Spione und deren Bestrafung so meine ganz eignen Gedanken, und es kommt mir vor, als wenn das Gesetz, welches die Spione so geradewegs zum Strang verdammt, sehr ungerecht sei. Denn wenn man einen General, der sich aller Kriegsliste bedient, deswegen nicht für unehrlich, und ihn noch weniger für strangfähig erklärt, weil er durch List dem Feinde zu schaden trachtet: warum soll man einen armen Teufel aufknüpfen, der sich zur heimlichen Entdeckung der Absichten des Feindes bereden oder gebrauchen lässt? Man muss alles nur so einrichten, dass kein Spion uns durch Entdeckung dessen, was er sieht oder hört, schaden könne: und dann hat die Spionerie keine böse Folgen. Da gefällt mir der französische General Moncey, welcher die Neufranken in diesem Kriege gegen die Spanier anführte, besser. Als diesem zwei spanische Spione vorgeführt wurden, sagte der edle Mann zu ihnen: »Hört ihr Leute, ich könnte, wenn ich nach der gemeinen Art mit euch verfahren wollte, euch alle beide gleich hängen lassen; aber ich verachte einen Spion zu sehr, als dass ich denken sollte, aus seiner Hinrichtung Vorteil zu ziehen. Geht hin zu eurem General und sagt ihm, ich sei 32 000 Mann stark, und erwartete bloß noch Verstärkung; sobald ich die würde erhalten haben, würde ich ihn angreifen, schlagen, und dann Navarra erobern. Das sind meine Anschläge, welche euer General ohne Zweifel durch euch hat erfahren wollen. Nun könnt ihr sie ihm berichten, und ihm noch sagen, dass wenn er künftig etwas von meinen Absichten wissen wolle, er sich nur an mich wenden dürfe: ich wolle ihm allemal richtige Nachricht geben. Jetzt packt euch!« – Ich glaube, dass der brave Moncey Recht hatte, wenigstens handelte er edel, und es wäre schade, wenn diese edle Handlung vergessen würde. Es war freilich nur ein französischer General; aber der Herzog von Braunschweig hat, wie ich zu seiner Zeit erzählen werde, eine ähnliche edle Handlung ausgeübt.

Von Luxemburg bis auf die französische Grenze hatten wir noch zwei Märsche, die aber gut gemessen waren. Wir plünderten unterwegs die Erbsen- und Kartoffel-Äcker, ob diese gleich noch im Kaiserlichen lagen, und rückten am 19ten August 1792 über die Grenzen in Welschlothringen ein.

Dass man uns den Tag vor unserm Einmarsch in Frankreich es noch erlaubte, die in der Nähe des Lagers befindlichen Äcker der östreichischen Untertanen, wenn gleich ihr Landesherr mit uns verbündet war, auszuplündern, war mir eine seltsame Erscheinung. Um den Grund davon aufzufinden, legte ich mich auf Erkundigung, und hörte: dass die Bewohner jener Gegend Neufränkisch gesinnt seien, ob sie gleich Untertanen des Kaisers wären; und da wäre es schon recht, dass man sie etwas züchtige und die Folgen des Krieges mitempfinden lasse. Die Angabe dieses Grundes schien mir damals nur so ersonnen; aber in der Folge habe ich gefunden, dass sie nur gar zu gegründet war. Auch die Untertanen in diesen Gegenden litten vielen willkürlichen Druck, wie beinahe alle auf den Grenzen Frankreichs. Es war also natürlich, dass das Entgegenstreben dieses Landes sich zunächst auf alle die Grenznachbarn verbreitete, welche den Grund des allgemeinen Aufstandes in Frankreich durch eigne Erfahrung in ihrem Lande kennen gelernt hatten. Es konnte demnach nicht anders sein, als dass man auch ähnliche Wirkung da finden musste, wo ähnliche

ACHTES KAPITEL

2 Sammlung von Gedichten mit langer Vorrede, die lange als Laukhards Werk galt, wahrscheinlich aber eher Bispink zuzuschreiben ist. Laukhard war an der Entstehung aber höchstwahrscheinlich beteiligt.

Ursache vorausgegangen war. — Und wer steht uns dafür, dass dies nicht noch weiter greifen wird! Den Krieg der Neufränkischen Waffen kann man beendigen, aber nicht den Krieg ihres Systems. Dies hat so viel unversöhnliche Verbündete, als es Despotisch-Bedrückte gibt, und helle warme Menschenfreunde, zumal in Ländern von Fürsten, welche es behaglicher finden, den Schlendrian des Orientalischen und Langobardischen Despotismus unbekümmert fortzusetzen, ohne die für ihr eigenes Interesse so wichtige Wahrheit einzusehen: dass kein Fürst groß, mächtig, glücklich und sicher sein kann, wenn er nicht vernünftige Völker gerecht regiert. *)

*) Man erwäge die XLVIIIte Seite der Vorrede zu der *Sammlung erbaulicher Gedichte für alle die, welchen es Ernst ist, das Wohl ihrer Untertanen, Untergebenen und Mitmenschen nicht nach dem wankenden Tiger-und Fuchs-Gesetz des Stärkeren oder Listigeren zu untergraben, sondern nach dem ewig festen und ewig heiligen Gesetz der Gerechtigkeit und der Menschenliebe väterlich und brüderlich zu fördern, und dadurch Zutrauen, Ruhe und Menschenwohl, sowohl von Seiten der Obern als der Untertanen, in Friede und Einigkeit gemeinschaftlich zu begründen und zu erhalten.* — Altona, 1796.[2]

Neuntes Kapitel.
Einfall in Frankreich. Anfang alles Elendes.

Der 19te August war der Tag, an welchem wir in Frankreich einrückten: und diesen Tag werde ich nicht vergessen, so lange mir die Augen aufstehen. Als wir frühe aus unserm Lager aufbrachen, war das Wetter gelinde und gut; aber nach einem Marsch von zwei Meilen mussten wir Halt machen, um die Kavallerie und Artillerie vorzulassen; und während dieses Halts fing es an, jämmerlich zu regnen. Der Regen war kalt und durchdringend, so dass wir alle rack und steif wurden. Endlich brachen wir wieder auf, und postierten uns nächst einem Dorfe, das Brehain la ville hieß, eine gute Meile von der deutschen Grenze.

NEUNTES KAPITEL

1 Verpflegung herbeischaffen

2 ein königlicher Beamter

Der Regen währte ununterbrochen fort, und weil die Packpferde weit zurückgeblieben waren, indem sie wegen des gewaltig schlimmen Weges nicht voran konnten, so mussten wir unter freiem Himmel aushalten und uns bis auf die Haut durchnässen lassen. Da hätte man das Fluchen der Offiziere und Soldaten hören sollen!

Endlich wurde befohlen, dass man einstweilen für die Pferde furaschieren[1] und aus den nächsten Dörfern Holz und Stroh holen sollte.

Das Getreide stand noch meistens im Felde, weil dieses Jahr wegen des anhaltenden Regens die Ernte später, als gewöhnlich, gefallen war. Das Furaschiren ging so recht nach Feindes Art: man schnitt ab, riss aus und zertrat alles Getreide weit und breit, und machte eine Gegend, worauf acht bis zehn Dörfer ihre Nahrung auf ein ganzes Jahr ziehen sollten, in weniger als einer Stunde zur Wüstenei.

) 107 (

In den Dörfern ging es noch abscheulicher her. Das unserm Regiment zunächst liegende war das genannte Brehain la ville, ein schönes, großes Dorf, worin ehedem ein sogenannter Bailli du roi[2] seine Residenz gehabt hatte. Um durch Laufen mich in Wärme zu setzen, lief ich mit vielen andern auch nach diesem Dorfe, wo wir Stroh und Holz holen sollten. Ehe aber diese Dinge genommen wurden, durchsuchten die meisten erst die Häuser, und was sie da anständiges vorfanden, nahmen sie mit, als Leinwand, Kleider, Lebensmittel und andere Sachen, welche der Soldat entweder selbst brauchen, oder doch an die Marketender verkaufen kann. Was dazu nicht diente, wurde zerschlagen oder sonst verdorben. So habe ich selbst gesehen, dass Soldaten vom Regiment Woldeck in eben diesem Dorfe ganze Service von Porzellan im Pfarrhofe und anderwärts zerschmissen: alles Töpferzeug hatte dasselbe Schicksal. Aufgebracht über diese Barbarei, stellte ich einen dieser Leute zur Rede: warum er einer armen Frau, trotz ihres bittern Weinens und Händeringens, das Geschirr zerschmissen und ihre Fenster eingeschlagen habe? Aber der unbesonnene, wüste Kerl gab mir zur Antwort: Was Sakkerment, soll man denn hier schonen? Sinds nicht verfluchte Patrioten? Die Kerls

NEUNTES KAPITEL

sind ja eigentlich Schuld, dass wir so viel ausstehen müssen! Und damit gings mit dem Ruinieren immer vorwärts. Ich schwieg und dachte so mein Eignes über das Wort: Patriot in dem Munde eines — Soldaten. —

Die Männer aus diesen Dörfern hatten sich alle wegbegeben, und bloß ihre Weiber zurückgelassen, vielleicht, weil sie glaubten, dass diese den eindringenden Feind eher besänftigen könnten. Aber der rohe Soldat hat eben nicht viel Achtung für das schöne Geschlecht überhaupt, zumal bei Feindseligkeiten, und es gibt wüste Teufel unter diesen Leuten, welche einem Frauenzimmer allen Drang antun können, die aber vor jedem Mannsgesicht aus Feigheit gleich zum Kreuze kriechen. Ich habe davon einmal eine Probe gesehen bei Homburg an der Höhe, in einem Dorfe. Es kam hier nämlich ein Offizier vom Regiment Hohenlohe[3] in ein Haus, worein ich getreten war, um Wasser zu trinken. Mit dem größten Ungestüm forderte er Butter oder Käse, und als ihn das Mädchen versicherte, dass sie weder das eine, noch das andere hätte, ward er grob, und sagte: Euer Haus sollte man Euch anstecken, ihr verfluchtes Patrioten-Grob! usw. — Dies hörte des Mädchens Bruder vor der Türe, trat hinein und schaute dem Herrn Leutnant ins Gesicht: »Herr, was räsoniert Er da von Patrioten-Grob? Den Augenblick zur Tür hinaus, oder ich schwuppe ihn hier herum, wie einen Tanzbär!« Dies sagte er, und der Herr Leutnant schob ab, und sagte kein Wort. Mich hatte er nicht bemerkt, denn ich saß hinterm Ofen. Dies im Vorbeigehen!

Unsere Leute hatten auf den Dörfern die Schafhürden und Schweineställe geöffnet; und so sah man auf den Feldern viele Schafe und Schweine herum laufen. Diese wurden, wie leicht zu denken steht, haufenweise aufgefangen und nach dem Lager geschleppt. Ich muss gestehen, dass ich mich auch unter den Haufen der Räuber mischte, und ein Schaf, nach meinem Zelte brachte: ich dachte, wenn du's nicht nimmst, so nimmt es ein anderer oder es verläuft sich: und dieser Grund bestimmte mich, an der allgemeinen Plünderei Teil zu nehmen. Der rechte Eigentümer, dachte ich ferner, gewinnt doch nichts, wenn auch ich sein

---

3 Die Regimenter Hohenlohe-Bartenstein und Hohenlohe-Schillingsfürst, die 1831 in der Fremdenlegion aufgingen

NEUNTES KAPITEL

<small>4 Zurechenbarkeit, Verantwortlichkeit</small>

Eigentum nicht berühre; ja, ich werde alsdann noch obendrein für einen Pinsel gehalten, der seinen Vorteil nicht zu benutzen wisse. Kurz, alle Imputabilität[4] des Plünderns gehört, wie mich dünkt, für die Aufseher über die Disziplin und den Lebensunterhalt: diese haben zunächst alles zu verantworten.

Das Hammel- und Schweinefleisch wurde gekocht, oder an den Säbel gesteckt, und so in der Flamme gebraten, und hernach ohne Brot und ohne Salz verzehrt; denn das Brot war uns auch ausgegangen; und zwar hier zum ersten Mal fühlten wir Brotmangel, der uns nach dieser Zeit noch oft betroffen und bitter gequält hat, wie die Folge dieser Erzählung ausweisen wird.

) 110 (

Das Dorf Brehain la ville, und alle andre in dessen Nähe, sahen bald aus, wie Räuberhöhlen; selbst das Dorf nicht ausgenommen, worin unser König logierte.

Endlich, als es bald dunkel war, kamen die Zelte an, worin wir uns durchnässt und überaus besudelt niederlegten, und auf dem nassen Boden und Stroh eine garstige Nacht hinbrachten. Die Burschen, welche auf der Wache waren, gingen des Nachts von ihrem Posten in die Dörfer auf Beute.

Das abscheuliche kältende Wetter und das schlechte nasse Lager hatten die Folge, dass schon am andern Tage gar viele Soldaten zurück in die Spitäler gebracht werden mussten, weil sie das Fieber hatten, und nicht mehr mitmarschieren konnten.

Ob unsre Vorgesetzten das Rauben und Plündern nicht verboten, und diesem Unwesen nicht Einhalt getan haben? Allerdings haben das viele getan, aber nicht alle, und die, welche es noch taten — je nun, die sahen nicht alles, oder sie wollten nicht alles sehen. Es hieß: »wir sind ja einmal in Feindes Landen: wer etwas erwischen kann, dem ist's nicht groß zu verargen, zumal beim Mangel. Überdies ist's ja ein Wetter zum Krepieren: wer kann da über den Soldaten zürnen, wenn er böser Laune wird!« usw.

) 111 (

Die armen Leute in den Dörfern, welche sich nun ihres Auskommens auf lange Zeit beraubt sahen, schlugen die Hände zusammen und jammerten erbärmlich: aber unsre Leute ließen sich von dem

NEUNTES KAPITEL

⁵ Trinkgeld

Angstgeschrei der Elenden nicht rühren, und lachten ihnen ins Gesicht, oder schalten sie Patrioten und Spitzbuben. Ein Offizier von dem Regiment Romberg, hatte es sogar gern gesehen, dass sein Calefactor *) einem französischen Bauer dessen Pferd genommen hatte. Es gefiel ihm, und er nahm es gegen ein kleines Gratial⁵ zu den seinen. Er glaubte, das Pferd gehöre auch zu den Kriegsgerätschaften; und da nun befohlen sei, dass man den französischen Landleuten und überhaupt allen dortigen Einwohnern alle Munition nehmen sollte, so meinte er, könnte er ja auch das Pferd mit dazu rechnen, und es – behalten. Aber der Herzog von Braunschweig ließ den Syllogismus des Herrn Leutnants nicht gelten, und zwang ihn, nicht nur das Pferd dem Bauer zurück zu geben, sondern er ließ ihn noch obendrein in die Wache stecken. Doch wurde die Logik mancher Herren dadurch nicht viel geändert: denn in der Folge haben Einige noch gar manches Pferd auf diese Art sich zugeeignet.

*) So heißen die preußischen Offiziersbedienten.

) 112 (

Wegen des Plünderns hörte ich noch am nämlichen Tage zwei Offiziere – es war ein Kapitän und ein Major – dies mit einander reden:

MAJOR Aber, bei Gott, es ist doch eine Schande, dass gleich am ersten Tage unseres Einmarsches solche Gräuel verübt werden!
KAPITÄN O verzeihen sie, Herr Obristwachtmeister, das ist eben unser Hauptvorteil, dass dieses gleich geschieht.
MAJOR Nun, lassen sie hören, wie und warum!
KAPITÄN Sehn sie, das geht heute vor, und zwar etwas stark, ich gestehe es: aber nun macht das auch einen rechten Lärm in ganz Frankreich. Jeder spricht: so machens die Preußen! So plündern die Preußen! So schlagen die Preußen den Leuten das Leder voll!
MAJOR Das ist eben das Schlimme, dass man nun so in ganz Frankreich herumschreien wird! Das wird uns wahrlich wenig Ehre machen.
KAPITÄN Ei was Ehre! Es schreckt doch die Patrioten ab. Sie werden denken: Machen's die Preußen schon

) 113 (

am ersten Tage so: was werden sie noch tun, wenn sie weiter kommen? Da werden die Spitzbuben desto eher zum Kreuze kriechen.

MAJOR Meinen Sie? Nein, mein Lieber, es wird die Nation erbittern, und selbst die wider uns aufbringen, die es bisher noch gut mit uns gemeint haben. Und wirklich, das heißt doch nicht Wort halten!

KAPITÄN Wieso, Herr Obristwachtmeister?

MAJOR Hat nicht der Herzog im neulichen Manifeste den Franzosen versprochen, dass er als Freund kommen, und bloß die Herstellung der inneren Ruhe zum Zweck haben wollte? Das heißt aber schön als Freund kommen, wenn man die Dörfer ausplündert, die Felder abmäht, und Leuten, die uns nichts getan haben, das Fell ausgerbt! Pfui, pfui!

KAPITÄN Das ist aber doch Kriegsmanier!

MAJOR Der Teufel hole diese Kriegsmanier! Ich sage und bleibe dabei: das heutige Benehmen unsrer Truppen und ihr verdammtes Marodieren wird uns mehr schaden, als wenn wir eine Schlacht verloren hätten.

KAPITÄN Herr Obristwachtmeister, innerhalb drei Wochen ist die ganze Patrioterei am Ende: in drei Wochen ist Frankreich ruhig, und wir haben Friede. Wollen Sie wetten? Ich biete 10 Louis d'Or.

MAJOR Topp: wenn in drei Wochen Friede ist, so haben Sie gewonnen!

Der Hauptmann schlug ein, und — zahlte hernach bei Luxemburg auf dem Rückzuge — zehn Louis d'Or.

Der Herzog erfuhr die Plündereien nicht so bald, als er sie gleich aufs schärfste untersagen ließ. Allein was half es! Anfangs folgte man; aber hernach, besonders auf dem Rückzug, gings, trotz mancher exemplarischer Bestrafung, oft sehr arg.

Sogar Weiber ließen sich beigehen, in die Dörfer zu laufen und da zu marodieren. Wir hatten nämlich einige solcher Kreaturen — denn Kreaturen sind es immer, und zwar von der allerverworfensten Klasse, welche sich entschließen, einer Armee nachzurennen: wer ihrem Unwesen nur je zusah, weiß gleich, warum. — Also solche Kreaturen, größtenteils unverehlichte Menscher, welche sich an Soldaten gehenkt

NEUNTES KAPITEL

<small>6 Der Profos war für Strafverfolgung und -vollzug innerhalb des Militärs zuständig.

7 Versorgung</small>

hatten und so mitzogen, marodierten derb, und dies schon in den Trierischen und Luxemburgischen Dörfern und Feldern. Da befahl denn der Herzog, dass sie künftighin jedesmal vor den Profosen[6] der Regimenter geführt werden sollten.

Ein Preußischer Profos ist aber eine gar traurige Personnage. Der Kaiserliche Profos ist ein angesehener Mann, welchen die Soldaten und Offiziere ihren Herr-Vater heißen. Ich habe einige von diesen kennen lernen, und besonders an dem Herrn-Vater des Regiments Terzi, welches im Winter 1795 in Freiburg stand, einen sehr artigen feinen Mann gefunden, der etwas studiert, und den Kopf auf dem rechten Fleck sitzen hatte. So ein Profos hat auch gutes Traktament[7], und artige Kleidung. Hingegen ein Preußischer — ist gewöhnlich ein alter Invalide, der schlechten Sold erhält, und eine ausgezeichnete Uniform trägt, grau mit grüner Garnitur; auch keinen Steckenjungen hat, der die Gefangnen schließe, oder die Stecken und Ruten schneide und dergleichendas muss der preußische Profos alles selbst tun. Daher ist er auch bei jedem Soldaten verachtet und verspottet; keiner trinkt mit ihm, und er darf sich nicht unterstehen, in ein Wirtshaus, oder in eine Marketenderhütte zu kommen, wo Soldaten sind: sogar die Packknechte wollen den Profos nicht um sich leiden. So warf einst unser Packknecht Rohkohl unsern Profos bei Landau aus der Bierbude, mit dem Zusatz: der Kerl will sich unter honette Leute mischen! — Wenn man endlich weiß, dass auch die Packknechte von den Soldaten verachtet, und bei jeder Gelegenheit mißhandelt werden, so kann man sich so ziemlich den Begriff machen, was der arme Profos bei den Preußen gelten müsse.

Die Weiber, oder vielmehr die Menscher der Armee wollten nun schlechterdings das Kommando der Profose nicht anerkennen, und widersetzten sich ihnen aufs tätigste: kurz, sie betrugen sich so, dass man genötigt war, das Kommando über sie einem Unteroffizier aufzutragen. Aber auch diese Anstalt ging bald wieder ein, und die Nickel marodierten wieder, wo und wie sie wollten.

NEUNTES KAPITEL

Ich sehe in Halle jetzt noch öfters eine von diesen Kreaturen, welche ehedem als ein rechter Teufelsbesen alle Löcher und Hurenkeller durchkrochen ist. Diese hing sich beim Ausmarsche nach Frankreich an einen Soldaten, und verdiente sich durch ihre Industrie, welche sie besonders im Marodieren bewies, so viel, dass sie jetzt eine vollständige Wirtschaft besitzt, und einen ihrer Galane hat heiraten können. Dass ich diesem abgefeimten Nickel nicht zu viel tue, will ich nur durch einen Vorfall erhärten, wobei ich Zeuge war. Ich befand mich mit einem sehr braven Offizier unweit Grandpre in einem Dorfe, wo ich dieses Mensch einem armen Mädchen von 10–12 Jahren die Schürze und das Mieder mit Gewalt ausziehen sah. Ich wollte abwehren, aber die Niederträchtige hatte Unterstützung von einigen Soldaten des Regiments von Woldek: ich rief daher den Offizier, welcher diese Natter mit derben Hieben zwang, dem Mädchen, das jämmerlich schrie, seine Sachen zurückzugeben.

) 117 (

Wie hier, so hat diese Verschmitzte ihr räuberisches Handwerk fast überall getrieben, nebst jenen andern, welches sich denken lässt: und so kostet es ihr noch keinen Heller, wenn sie diesen oder jenen Nebengalan mit Zeug zu Kleidungsstücken und dergleichen versieht, oder nichts an sich spart, um wenigstens durch Kleider, Gang und Kokettenmiene noch etwas zu gelten.

So also trieben es unsere Soldaten, so auch deren Weiber und Menscher! Auftritte von dieser Art waren daher nicht selten, und ich werde nicht ermangeln, sie in der Folge gehörigen Orts anzubringen, und dies, damit man wisse, dass die Deutschen in Frankreich das erst taten, was die aufgebrachten Franzosen nachher in Deutschland dafür wieder taten. Hätten die meisten unserer deutschen Zeitungsschreiber, Journalisten und Almanachsschmierer das Betragen der Neufranken nach dem gleichartigen Betragen der Deutschen etwas kälter gewürdigt und sie anfänglich nicht immer wie blinde Kannibalen zu tief herabgesetzt: so hätten die meisten unsrer deutschen Fürsten, wie ihre Minister, wohl etwas heller drein gesehn, und hätten dann es gewiss nie so weit kommen lassen, dass sie, meist flüchtig, und nach dem Ruin ihrer Länder, endlich

) 118 (

NEUNTES KAPITEL

sich genötigt sehen, unter jeder, auch noch so nachteiligen oder schimpflichen Bedingung, in aller fürstlichen Herablassung und Blöße, um Frieden gleichsam zu betteln bei denen, welche sie vorhin, wer weiß wie tief, verachteten. Und das waren denn die Früchte von der verteutschten Deutschheit! —

Ich bedaure, dass selbst einer meiner Freunde, Herr Braun, Pfarrer zu Oppenheim, in einem ziemlich dicken Buche, unter dem Titel: Das Betragen der Franzosen in der Rheinischen Pfalz — die Neufranken aufs hässlichste geschildert hat. Ich will gern glauben, dass Herr Braun, dessen Wahrheitsliebe und Ehrlichkeit mir bekannt ist, seine Nachrichten von glaubwürdigen Männern erhalten, und keine Erdichtungen eingemischt hat: dennoch blickt eine gewisse Animosität gegen die Frankreicher, wie er die Franzosen, nach Girtanner, nennt, aller Orten durch. *)

Das aber würde nicht geschehen sein, wenn Herr Braun auch das vorhergegangene Benehmen der Deutschen gegen die Frankreicher genauer gewusst oder gewürdiget hätte. Da würde er nach dem Spruch des Horatius gesehen haben, wie Illiacos intra muros peccatur et extra[8], und dann hätte er gewiss minder streng von Leuten geschrieben, welche von den Deutschen ja erst auf mehr als eine Art arg gekränkt waren. Ich hasse zwar die französischen Räuber und ihre Barbareien in der Pfalz so sehr, als Herr Braun: denn ich bin ja selbst ein Pfälzer: aber die Invasion und die Räubereien der Deutschen in Lothringen und in Champagne kann ich auch nicht loben. Man muss jedem sein Recht widerfahren lassen, dem Deutschen und dem Franzosen, und das darum, damit wir selbst billiger und toleranter werden, und uns so gegenseitig desto eher wiederaussöhnen. Wenn ich also dann und wann auf Herrn Brauns Buch Rücksicht nehme, so wird der brave Mann dies mir nicht verargen: denn es geschieht gewiss nicht aus Geringschätzung seiner Ab-

---

8 Horaz, *Epistulae* I, 2, V.16: »Es wird innerhalb und außerhalb der Mauern Trojas gesündigt.«

*) Herr Pastor Braun hatte, wie mancher andere Prediger, auf Vorschrift der Regierung, den Bauern-Aufstand mitgepredigt. Er fand es daher, als die Neufranken die Pfalz okkupierten, nicht heilsam, in Oppenheim zu bleiben, und flüchtete übereilt nach Hanau. Hier war seine Lage kümmerlich, also nicht die heiterste; und in dieser Lage schrieb er das vorhin erwähnte Buch, nebst jenen Briefen über die Frankreicher, welche Girtanner in seinen politischen Annalen und in den Revolutions-Charakteren geliefert hat. Liest man — damit ich das nebenher erinnere — hier die Vorrede, so sieht man, dass Girtanner recht gut wusste, wie ein historischer Schriftsteller seiner Art zu verfahren habe: liest man aber seine Produkte in diesem Fache selbst, so sieht man, dass der Koburgische Herr Hofrat die Hofmanier nicht unter der Würde eines — Schweizers fand.

NEUNTES KAPITEL

sicht oder seiner Arbeit, sondern bloß, um den übertriebnen, gehässigen Eindruck etwas zu mildern, welchen sein aufgestelltes Gemälde bei allen nicht recht unterrichteten Lesern vielleicht gemacht hat.

Zehntes Kapitel.
Besitznehmung von Longwy.

[1] Sébastien Le Pestre de Vauban (1633–1707) war ein Festungsbaumeister unter Louis XIV., der zahlreiche Zitadellen und Festungswerke schuf. Während der französischen Revolution wurden seine Familiengruft geöffnet und die Bleisärge zu Kugeln vergossen.

Am 20ten August hatten wir schönes Wetter: allein wir wurden doch erst gegen Abend völlig trocken, weil wir den Tag vorher gar zu nass geworden waren.

Der Herzog befahl, erst Brot herbei zu schaffen, ehe das Lager aufgebrochen werden sollte; und dieses hinderte uns, früh aufzubrechen.

Als wir das Lager geräumt hatten, lag alles voll Schafshäute und Kaldaunen von Schafen und Schweinen, welche den Tag vorher geschlachtet waren; ebenso verhielt es sich mit den Federn von den geraubten Hühnern und Gänsen.

An eben diesem Tage forderte der Herzog von Braunschweig mit einer nicht starken Avantgarde die Festung Longwy auf. Dieses Städtchen ist sehr artig gebaut, und hat treffliche große Häuser und einige schöne öffentliche Gebäude. Die Befestigungswerke sind von dem berühmten Vauban[1]. Longwy ist beträchtlicher als Verdun, ob es gleich viel kleiner ist.

Bei der ersten Aufforderung weigerte sich der Kommandant, das Städtchen aufzugeben; als aber das grobe Feuern hinzukam, da drang die Bürgerschaft auf die Übergabe, damit das Örtchen nicht ganz zer-

) 121

ZEHNTES KAPITEL

schossen werden möchte: und so kam diese Festung in die Hände der Preußen. Longwy hätte sich zu der Zeit ohnehin schwerlich so lange halten können, bis Entsatz gekommen wäre. Die Übergabe dieses Platzes, und der Festung Verdun haben indes eigentlich viel Unglück über die deutschen Armeen verhängt: denn wären die Franzosen hier nur standhafter geblieben, und hätten sie uns mehr dabei beschäftigt, so wären wir nicht so weit vorgedrungen, und hätten wenigstens bessere Anstalten für unsre Erhaltung getroffen.

Wir hatten unser Lager an einem schönen Gehölze, aber innerhalb 8 Tagen war das ganze Holz zusammengehauen, und verbrannt. Es hatte ehemals zu einer Abtei gehört.

In die umliegenden Dörfer wurden zwar Salvegarden[2] gelegt: dieses aber hinderte nicht, dass auch sie nicht rein ausgeplündert wurden. Die Felder wurden obendrein weit und breit furaschiert.

Das Wetter war die ganze Zeit über, als wir bei Longwy standen, schlecht: es regnete ohne Unterlass; und der Boden, welcher in Lothringen ohnehin überall steif und leimig ist, war beinahe ganz ungangbar: er hing sich an, wohin man nur trat. Die Lebensmittel waren hier sehr teuer, und das Brot, welches die französischen Bauern uns zuschleppten, musste fast mit Geld aufgewogen werden.

Dem würdigen Herrn von Hunt, Obristen unsers Regiments, muss ich es hier nachrühmen, dass er bei uns gute Mannszucht hielt in Rücksicht auf das Furaschieren. Es wurde uns schlechterdings nicht gestattet, die Felder auszuplündern, oder in den Dörfern auf Beute auszugehen. Der Herr Major von Wedel trug das Seinige auch redlich bei, den armen Landleuten Schonung zu verschaffen: Beide hatten mehrere gut denkende Offiziere dabei zu Gehilfen. Andre Regimenter nahmen das Ding doch so genau nicht; und die Felder sind dennoch geleert worden, obgleich ein und das andre Regiment keine Kartoffel, Möhre u. dgl. berühren durfte.

Unser Hauptmangel war an gutem Wasser. In diesen Gegenden ist das Wasser überhaupt schlecht; und die elende Kost mit dem Mangel an gutem Getränke

2 Schutzwachen

) 122 (

) 123 (

ZEHNTES KAPITEL

verbunden, dann das traurige Wetter, nebst der anhaltenden Kälte, vermehrten die Krankheiten ohne Aufhören: tagtäglich brachte man von unsern Kameraden mehrere ins Lazarett nach Longwy, von welchen aber nur wenige zurück gekommen sind.

Die Emigrierten hatten unter andern uns vorgeschwatzt, dass die Franzosen vor lauter politischem Trubel den Ackerbau fast gar nicht mehr betrieben – dass aber dieses eine offenbare Lüge war, habe ich selbst bald gesehen, wie alle unsre Leute. Das ganze Land in Lotharingen, und in dem kleinen Ländchen Clermontois, ja sogar in dem armen unfruchtbaren Champagne zeigte das Gegenteil: Der Ackerbau blühte hier sichtbar; die Gärten waren gut angelegt, und die Dörfer verrieten den Fleiß und den Wohlstand ihrer Bewohner.

Ich habe mich mit Lotharingern mehrmals unterhalten, und mit Vergnügen vernommen: dass sie durch die Revolution von jeder Seite durchaus gewonnen hätten. Die schrecklichen Abgaben, sagten sie, wären nicht mehr; jetzt könnten sie auch an sich denken, bauen, Andern aushelfen, ihres Lebens, wie ihrer Arbeit froh werden, einen Notpfennig ersparen; die vielen Akzisen hätten aufgehört; das grobe Wild verwüstete ihre Fruchtfelder nicht weiter: kurz, sie fühlten jetzt, dass sie Menschen wären, und nicht mehr Sklaven des Edelmanns und der Priester. etc. etc.

) 124 ◀

Man muss, dünkt mich, bei einer Revolution nicht die vornehmen Kasten der Städter, noch weniger, die Kaufleute, Juden, Wucherer, besoldete Gelehrte, und Dienstleute, am allerwenigsten diejenigen fragen, welche bloß vom alten Systeme, von den Vorurteilen, dem Aberglauben und von dem Luxus der Nation sich zu nähren vorher gewohnt waren. Diese Leute sind alle nicht in der Lage, einen richtigen Begriff von der Staatsänderung anzugeben: denn sie haben dabei verloren, und ihr Verlust hindert sie, den Gewinn des Ganzen gehörig zu würdigen. Man frage den Landmann, den Handwerker, der nötige Sachen macht; kurz, die erwerbende Klasse, nicht die verzehrende, nicht den Höfling, den Priester, den Friseur oder das Modemädchen: und man wird von der Revolution

ZEHNTES KAPITEL

³ vorzugsweise

richtiger urteilen lernen. Dabei aber denke man ja beständig, dass man eine Revolution vor Augen habe, und dass bei einer Revolution, besonders wenn sie von allen Seiten her durch in- und ausländische Angriffe bestürmt wird, gar viel Abscheuliches und Grausendes vorfallen müsse. Dies nebenher!

Die Lothringer sind im Ganzen gröber, als die andern Franzosen, daher führen diese auch allerhand Sprüchwörter von den Lothringern. Doch sind die Leute gutmütig. Ehemals war dieses Volk gar sehr orthodox oder jesuitisch-katholisch, und trieb alle Art von Aberglauben. Als wir aber dahin kamen, war ihre Einsicht ganz anders, und die Leute betrachteten das Pfaffenhandwerk eben nicht mehr, als eine unter dem unmittelbaren Schutz des heiligen Geistes stehende Innung.

In Longwy sah ich ein Leichenbegängnis, wobei der Sarg von sechs Frauenzimmern in drunterher gezogenen Tüchern, ungefähr einen Schuh hoch über der Erde getragen wurde. Ich erkundigte mich über diese seltne Bestattung und erfuhr, dass die Leiche eine Jungfer *) sei: diese würde nur von Jungfern getragen, wie Weiber von Weibern, Männer von Männern und ledige Mannsleute von ledigen Burschen: das sei so ihre Gewohnheit, und die nächsten Verwandten und Bekannten des Verstorbenen verrichteten diesen traurigen Dienst. Ich sah auch, dass die schönen Trägerinnen wirklich weinten.

*) Was wir Deutsche Jungfer heißen, nennen die Franzosen fille, Tochter, Mädchen. Eine eigentliche Jungfer nennen sie vierge, oder pucelle. Aber selten bedienen sie sich dieses Ausdrucks. Die sogenannte Mutter Gottes hieß sonst la vierge, per eminentiam³, und die Jéanne d'Arc hieß die Pucelle per eminentiam.

Mein Hauptmann schickte mich einige mal nach Longwy, um allerhand für ihn einzukaufen. Ich benutzte diese Gelegenheit, mich auch hier nach der neuen Lage der Dinge in Frankreich zu erkundigen, und hörte, sobald die Leute vertraut wurden, mehr, als ich erwartete. – Das Haus des gewesenen Kommandanten von Longwy und das Gemeinhaus (Maison Commune) wurden zu Lazaretten eingerichtet, sahen aber schon bald nachher aus, wie die Mördergruben.

Ich weiß nicht, wer anders, als das alte barbarische Vorurteil, seinem Feinde alles mögliche Böse zuzufügen, und die übertriebene Furcht, dieses vom Feinde

ZEHNTES KAPITEL

bewerkstelligt zu sehen, das Gerücht von Vergiften, auch während dieses Krieges, verbreitet haben mag. Mehr als einmal habe ich es bei uns äußern hören, und sah sehr viele sich ängstlich danach richten. dass es bei dem Eindringen der Franzosen in unsere Gegenden vielleicht von ihren kurzsichtigen deutschen Anhängern auch bei ihnen in Gang gebracht sei, lässt sich denken; und man hörte es, als sie in die Pfalz eindrangen. Bei uns wenigstens war es hier gang und gäbe, und viele unserer Leute waren sehr auf ihrer Hut, wenn ihnen ein Franzose etwas Gekochtes anbot: denn vor den ungekochten französischen Kühen, Schafen, Schweinen, Gänsen, Hühnern und Feldfrüchten hat sich keiner gefürchtet: jeder hat sie zurechtgemacht, und hernach mit dem besten Appetit verzehrt.

Eines Tages nahm mich, als Dolmetscher, Herr von Soyazinsky, unser Oberleutnant, mit nach einem Dorfe, wo er die Schutzwache machen sollte. Wir traten in ein Haus, wo sich der Hausherr zwar anfangs verleugnen ließ, hernach aber erschien, als ich die Frau im Namen des Leutnants versicherte, dass er sich nicht zu fürchten hätte, und dass wir ihn nicht im geringsten kränken, vielmehr überall schützen würden. Unser gutes Benehmen erwarb uns endlich Zutrauen, und der Wirt, nebst seiner Frau, welche in mich, als ihren Vermittler, viel Vertrauen setzten, reichten mir Brotsuppe und Speck. Ich bot meinen hungrigen Kameraden davon an, aber sie dankten, weil sie fürchteten, die Speisen möchten vergiftet sein: sie rieten mir sogar, ja nicht davon zu kosten, denn es sei den Patrioten auf keinen Fall zu trauen. Aber ich aß unbekümmert, und als die Leute hernach sahen, dass mir wohl blieb, so verzehrten sie, was ich übriggelassen hatte. – Man hat sogar von Vergiften der Brunnen radotiert[4]; aber wer könnte das veranstalten! Kein mineralisches Gift, auch in noch so großer Quantität in einen Brunnen geworfen, kann, wie ich gehört habe, das Wasser infizieren; und wie viel Pflanzengift müsste man haben, um einen Brunnen voll Wasser schädlich zu machen! Gift, in einen Brunnen geworfen, soll vielmehr das Wasser verbessern. –

ZEHNTES KAPITEL

Freilich, wenn man vorzeiten an die Juden wollte, gab man ihnen das Brunnenvergiften Schuld. Aber was tat man vorzeiten nicht alles!

Die französischen Magazine zu Longwy waren recht gut versehen: da sie nun in die Hände der Preußen fielen, so ließ der Herzog uns einige mal Tobak, Branntwein, gesalzenes Fleisch, Speck und Gulden daraus reichen. Aber, leider, wurde der Wille dieses vortrefflichen Mannes nur halb ausgeführt: denn manches, was zum Austeilen mitbestimmt war, wurde an die Marketender verkauft, und zwar von Herren, welche die Aufsicht über die Magazine führen sollten. Die Marketender verkauften alles uns armen Teufeln hernach wieder für schwere Münze.

Noch mehr habe ich mich geärgert, als ich sehen musste, dass Strümpfe, welche der Herzog auch unter die Soldaten verteilt wissen wollte, teils in den Händen der Offiziere blieben, teils nach Luxemburg an Kaufleute verhandelt wurden. Das war doch auf jeden Fall unanständig; und ich wundre mich sehr, dass es nicht zu den Ohren des Herzogs gekommen ist, der in solchen Fällen keinen Spaß zu verstehen pflegt. Alle Offiziere, welche davon hörten, haben die Köpfe geschüttelt mit einem: pfui Teufel!

Unsre Herren Hauptleute fanden um diese Zeit auch ein Mittel, sich Milch zum Kaffee zu verschaffen, welche wegen der häufig geschlachteten Kühe nun selten und teuer war. Sie schafften Ziegen dazu an. Diese Tierchen fraßen Heu, Stroh u. dgl.; und sehr viele sind mit nach Deutschland gekommen. Vielleicht dankt mancher Offizier der Ziegenmilch sein Leben. Mein Hauptmann hatte deren zwei, welche er erst im Winterquartiere zu Nied verkaufte, weil er nun keinen weiteren Gebrauch davon machen konnte.

) 129 (

Elftes Kapitel.
Einnahme von Verdun.

Wir brachen nach einem ungefähr zehntägigen Aufenthalte aus dem Lager bei Longwy auf, und marschierten querfeldein auf Verdun zu. Der Boden war sehr feiste, hing an, und wir sahen aus, wer weiß wie! Schon bei Luxemburg hatte die Preußische Reinlichkeit ein Ende: jeder putzte sich, wie er für gut fand, und niemand sagte was, wenn auch einer einher trat, wie es ging.

Unterwegs hier sah ich die ehemals berühmte Abtei Chatillon, welche die Nation damals schon verkauft und die Güter dazu, die gar beträchtlich waren, unter die Nachbarn verteilt hatte. Die Abtei selbst nebst der Kirche wurde schon zusammengerissen und aus den Steinen und dem Bauholze wurden Häuser und Scheunen erbaut.

Unsre Märsche von Longwy nach Verdun waren sehr stark, das Wetter war heiß und daher sind sogar einige Soldaten hier liegen geblieben, und gestorben.

Eine Stunde von Verdun sah ich einen Auftritt, der mich gar nicht erbaute. Ein Offizier, der argen Durst haben mochte, forderte von einem Weibe, welches zur Türe heraus sah, Wasser zum Trinken. Das Weib hatte

ELFTES KAPITEL

keins, und sagte das mit Bedauern. Verfluchte Hexe, schrie der Offizier, hole dich der Teufel, mit allen Patrioten; und schlug ihr mit seinem Stock ins Gesicht, dass das Blut heraussprang. – Im nämlichen Dorfe verging sich auch ein Unteroffizier, von unsrer Kompanie, Namens Wernike, an einem Mädchen durch Ohrfeigen, weil es ihm nicht schnell genug Wasser herausbrachte. – Männer sah man in diesen Dörfern beinahe gar nicht.

Der Herzog ließ, nachdem wir unser Lager vor Verdun aufgeschlagen hatten, auch diese Stadt sofort zur Übergabe auffordern: allein hier würde er weit mehr Widerstand gefunden haben, als bei Longwy, wenn anders der brave Beaurepaire nach seinen patriotischen Empfindungen hätte handeln können. Beaurepaire erklärte gleich anfangs: Er könne mit dem Herzog sich nicht einlassen, noch weniger die Stadt übergeben; denn eine Festung sei das Eigentum nicht derjenigen Bürger allein, welche sie bewohnten, sondern der ganzen Nation, und dürfe daher bloß im Falle der höchsten Not dem Feinde übergeben werden.

Nach dieser deutlichen Erklärung ließ der Herzog auf einem Weinberge, gerade der Zitadelle gegenüber, Schanzen aufwerfen, und die Stadt beschießen. Dieses hatte die Folge, dass einiger Brand entstand; und nun forderten die Bürger, oder vielmehr der Bürgerausschuss, dass Beaurepaire die Stadt durchaus öffnen sollte.

Als Beaurepaire sah, dass für ihn nichts mehr zu tun sei, erklärte er, dass wenigstens er frei sterben wolle, und erschoss sich in Beisein mehrerer Bürger und Offiziere.

Diese heldenmütige Aufopferung des braven Kommandanten brachte die Verdüner nicht zur Besinnung; und so wurde die Stadt von dem nachher auch emigrierten Nyont, den Preußen übergeben.

Es gab unter unsern Offizieren Einige, welche meinten, dass man Beaurepaire's Körper auf den Schindanger werfen müsse: aber zur Ehre aller übrigen muss ich sagen, dass alle edeldenkende unter ihnen laut bekannten, dass der Tod dieses wirklich großen Mannes, auf welchen man anwenden kann, was Lucanus von

) 131 (

) 132 (

ELFTES KAPITEL

Cato sagt: Victrix causa Diis placuit, sed victa Catoni,[1] Mitleid, Bewundrung, und, im ähnlichen Falle, Nachahmung verdiente. — Beaurepaire wurde demnach ganz ehrlich begraben, und ist hernach zu Paris auf dem Nationaltheater apotheosiert[2] worden.

Also wurde Verdun von den Preußen besetzt, und die französische Garnison, welche, wie die zu Longwy, größtenteils aus damals noch ungeübten Nationalgarden bestand, erhielt freien Abzug.

Herr von Mandelsloh, mein Hauptmann, schickte mich gleich am folgenden Tage nach Verdun, und ich begab mich recht gern dahin, weil ich begierig war, diese alte, berühmte Stadt näher kennen zu lernen.

Verdun liegt an der Maas, welche dadurch fließt, und war ehemals des deutschen Reiches. Aber Heinrich II, jener erzorthodoxe katholische König, welcher sich mit den Protestanten in Deutschland verbunden hatte, ob er gleich die Protestanten in Frankreich verfolgte, riss Metz, Toul und Verdun, die drei besten Städte im damaligen Lothringen, von Deutschland ab, und behielt sie nachher im Friedensschluss. Carl V. hat sich über keinen seiner Unglücksfälle mehr geärgert, als über die Trennung dieser drei Bistümer vom Reiche. In den Hugenotten-Kriegen ist Verdun von den Ketzern belagert, und — nach einer alten Sage — von der heiligen Jungfrau sichtbarlich beschützt worden. Seitdem hat aber die heilige Jungfrau entweder ihre Wunderkraft verloren, oder sie ist selbst eine Ketzerin geworden: denn die Franzosen machen mit ihr und ihrer ganzen heiligen Sippschaft doch wahrlich ärger, als es die Ketzer, selbst die Manichäer und die berüchtigten Ikonoklasten oder Bilderstürmer, nimmermehr gemacht haben. Aber so ist es! Wenn die Sonne der Vernunft höher heraufsteigt, sinken die Nebel einer verpfafften Phantasie; und die Produkte von dieser verschwinden, sobald der Glaube an sie lächerlich wird. Nur Geduld: die Zeit gibt alles!

Die Festungswerke von Verdun sind eben nicht sehr beträchtlich: deswegen hat man Longwy und Thionville, nach unserm Heimgehen, mehr befestigt, aber Verdun liegen lassen, weil es von einigen Bergen kommandiert wird, von welchen her es leicht zu beschießen ist.

---

1 Lukan, *Pharsalia*, I, 128: »Die siegreiche Sache (= die Sache Caesars) gefiel den Göttern, die unterlegene (= die Republik) aber dem Cato.«

2 verherrlicht

ELFTES KAPITEL

Die Stadt selbst hat mir sehr, und ihre Einwohner noch mehr gefallen. Es waren gute offene Leute. Ich machte einst, beim Zurückgehen, vor dem Tore Bekanntschaft mit einer gewissen Juliette Jally, der Tochter eines Rotgießers[3], und diese bat mich, wenn ich wieder in die Stadt käme, sie zu besuchen. Ich tat dieses gleich den folgenden Tag, und hatte ein rechtes Fest. Jally, ein lebhafter muntrer Mann, wusste es seiner Tochter noch Dank, dass sie mich hin gebeten hatte. Mamsell Juliette war ebenfalls munter, aber mit allem Anstand. Überhaupt waren die Frauenzimmer in Verdun gesittete Geschöpfe, jedoch ohne Ziererei oder ängstliche Mumen-Etikette. Ausnahmen gibt es überall, also auch hier.

Verdun stand ehedem in Kirchensachen unter dem Erzbischofe von Trier. König Heinrich hatte zwar die vorhin erwähnten Bistümer der weltlichen Jurisdiktion des deutschen Reichs entrissen, aber sie doch unter der geistlichen Botmäßigkeit der deutschen Erzbischöfe gelassen, z. B. Straßburg unter Mainz, Verdun, Metz und Toul unter Trier, und Cambrai unter Mecheln. Aber bei der Revolution erklärten die Franzosen, dass ihre Bischöfe ferner nicht mehr unter Erzbischöfen, am wenigsten unter ausländischen, stehen sollten; und da erklärte denn auch der Herr Kurfürst zu Trier, dass er die konstitutionellen Bischöfe in Frankreich nicht für rechtmäßige Seelenhirten halten könnte: denn die ehemaligen, nach den Gesetzen des geistlichen Rechts ordinierten Herren waren meistens ausgewandert. Die Franzosen kehrten sich aber so wenig hieran, als an die Bulle des Papstes von 1792, wodurch er alle konstitutionellen Bischöfe für unrechtmäßig und apostatisch erklärte. Die neuen Bischöfe wurden eingesetzt, und verwalteten ihr Amt nach der Vorschrift der Nation. Es sind von diesen Bischöfen mehrere Hirtenbriefe herausgekommen, von welchen ich selbst einige gelesen habe. Sie betrafen die Einrichtung und Verbesserung des Schulunterrichts, und waren durchaus der Wichtigkeit dieses Gegenstandes angemessen. Theologische Fratzen, wie man diese anderwärts, selbst bei Protestanten, in neuern Religionsverfügungen noch antrifft, waren schon damals

---

[3] Schwermetallgießers

ELFTES KAPITEL

in Frankreich verächtlich. Aufhelfen will man da die Menschen und veredeln, nicht noch mehr herabsetzen und verhunzen.

Geistliche gab es zu der Zeit in Frankreich noch aller Orten, aber keine Mönche und keine Nonnen mehr. Die vielen Klöster in Verdun waren zerstört, und bei der Räumung derselben ist, wie man mir erzählt hat, und wie ich ganz gern glaube, großer Unfug getrieben worden. Man hat hier und da die heiligen Bilder zerschmissen und sogar der geweihten Hostien nicht geschont.

Unser König erlaubte den ausgewanderten oder vertriebenen Mönchen, ihre Klöster wieder zu beziehen; aber sie bezogen sie nicht, wahrscheinlich, weil sie befürchteten, sie möchten abermals verjagt werden, und dann das Letzte ärger finden, als das Erste.

Von dem Zustande der Religion und den Schicksalen der Pfafferei in Frankreich spreche ich weiterhin ausführlich, und lasse hier diese Dinge ruhen.

Wir fanden auch in Verdun recht gut versehene Magazine an Heu, Stroh, Mehl, Wein, Speck, Branntwein, Erbsen, Käse usw.; ferner vielen Vorrat an Kleidungsstücken und Pferdegeschirr. Von diesen Vorräten haben unsere Leute sich manches zugeeignet, besonders von den Lebensmitteln. Diese wurden unter die Soldaten verteilt, und von dem hier vorgefundenen Mehle haben wir lange Kommissbrot gegessen. Aber dieses Kommissbrot, welches aus geschrotenem Weizen gebacken ward, wollte unsern Leuten nicht recht behagen: es stände nicht so gut wider, sagten sie, als das deutsche; und dann schmecke es zu weichlich.

Da ich sehr oft, beinahe täglich, nach Verdun geschickt wurde, so hatte ich Gelegenheit, auch für mich manches aus dem Magazine mitzunehmen. Oft habe ich meine Zeltburschen mit Schnaps und Wein versehen, und einmal habe ich sogar einen schönen neuen Offiziersmantel mitgebracht: Ich ließ ihn einem Leutnant für 14 Taler, obgleich die goldne Tresse darauf allein mehr wert war. Ich dachte, nimmst du ihn nicht, so nimmt ihn ein Anderer; und nach dieser Regel bestimmte ich damals manche individuelle Handlung.

ELFTES KAPITEL

Es ist überhaupt — um noch einmal davon zu sprechen — im Kriege eine ganz eigne Sache um das Mein und Dein. Wenn man gewiss wüsste, dass der wahre Eigentümer eines Dinges im Besitze desselben bleiben würde, wenn man ihm dasselbe ließe, so wäre es oft ein Schuftstreich, es wegzunehmen. Aber da man gewiss voraussetzen kann, dass es doch Andern zu Teil wird, wenn wir es liegen lassen, so dächte ich, verliert die Handlung viel von ihrer Hässlichkeit. Und das ist im Kriege sehr oft der Fall. Ich weiß zwar, dass die Herren Moralisten dies nicht werden gelten lassen: aber es käme auf eine Probe an, was selbst sie tun würden, wenn sie sich im Falle der Soldaten befänden! Wer indes über eine Handlung urteilen will, muss sich in die Lage des Handelnden versetzen: und wenn er das nicht kann, so wird er immer räsonieren, wie der Blinde von der Farbe.

Nach dem Bücherwesen erkundigte ich mich in Verdun, wie in Longwy, und hörte fast nichts weiter schätzen, als die Nationalblätter, nebst Mably, Voltaire, Rousseau und andern, welche gegen den Despotismus und die Pfafferei geschrieben haben.

Auf die eifrigen Verteidiger der Freiheit hat man hier auch stark Jagd gemacht, und unter andern den Präsidenten des Distrikts von Varenne, einem kleinen, etwa vier Stunden von Verdun gelegnen Städtchen, gefänglich hingesetzt. Das Verbrechen dieses würdigen Mannes bestand meist darin, dass er sein Vermögen hingab, um einige Anstalten durchzusetzen, für welche er ehemals in Paris gestimmt hatte. Der Herzog ließ ihn anfänglich sehr hart an, aber George, so hieß der Präsident, benahm sich so edel und freimütig, dass der Herzog selbst endlich schwieg. Die Emigranten hätten ihn gern zernichtet, und gaben ihm Schuld, dass er an der Arretierung ihres flüchtigen Königs zu Varennes Teil gehabt habe: aber die Preußen schützten den George, und er wurde bald darauf ausgewechselt.

Die gefangnen Franzosen saßen auf der Zitadelle, wo man sehr leicht mit ihnen sprechen konnte. Ich benutzte diese Gelegenheit, und fand, dass die Leute den Mut noch gar nicht verloren hatten. Les ennemis se retireront, et nous voilà libres⁴, riefen sie und pfiffen eins dazu.

Der Verfasser der *Briefe eines Preußischen Augenzeugen*⁵, welcher ebenso, wie ich, den Feldzug des Herzogs von Braunschweig mitgemacht hat, erwähnt im ersten Pack einer sehr schönen Kaufmannsfrau in Verdun. Diese Dame habe ich auch mehrmals gesehen, welches sehr leicht war, da sie gewöhnlich am Fenster paradierte. Sie war, wie mich dünkt, und wie sie auch vielen andern vorgekommen ist, eine vollendete Schönheit, aber auch eine tüchtige Kokette. Anfangs flatterten unsere jungen Offizierchen um sie herum, aber bald fanden sich recht große junge Herren—ich sage, junge Herren—bei der Madame ein, und die Offizierchen fuhren ab.—Wie herablassend Madame gewesen sei—weiß ich nicht, sie hatte aber recht viel Preußisches Gold. Ihr Mann hat als Kaufmann das Ding so genau nicht genommen.

Andre Frauenzimmer in Verdun waren auch nicht unerbittlich, ob ich gleich ihnen überhaupt zur Ehre nachsagen muss, dass unter ihnen viel Sittsamkeit herrschte.

4
»Die Feinde werden sich zurückziehen, und schon sind wir frei.«

5
Der Verfasser dieser aus guten Gründen anonym erschienenen Schrift war Laukhard selbst (siehe Nachwort).

Zwölftes Kapitel.
Das sogenannte Drecklager.

Im Lager bei Verdun hatten wir noch immer so halb und halb zu leben, aber von nun an litten wir auch Elend und Mangel, bis wir auf die deutsche Grenze zurückkamen. Unser Erzspitzbube von Jude war endlich dem Herrn Major von Wedel als ein infamer Betrüger bekannt geworden; und dieser brave Offizier jagte ihn denn vom Bataillon, und nahm einen andern Juden an, welcher uns bei Verdun die vierzehn Tage über, die wir ungefähr da stehen blieben, besser versah, und nicht so arg betrog, als der erwähnte.

Wir brachen von Verdun mitten im Regen auf, und marschierten den ersten ganzen Tag im Regen fort. Unser Brot hatten wir größtenteils im Lager liegen lassen, weil wir ohnehin genug belastet waren, und durch den abscheulichsten Kot waten mussten.

Den zweiten Tag kamen wir der französischen Armee, oder vielmehr einem Korps derselben nahe. Wir

ZWÖLFTES KAPITEL

marschierten zwar den ganzen Tag, aber so jämmerlich, dass wir jedes mal eine halbe Stunde vorwärts machten, und hernach wieder eine Stunde, auch wohl länger, im Kote herum stille lagen, wie die Schweine. Ich wurde, so wenig mich sonst Strapazen niederbeugen, auf diesem elenden Marsche so unmutig, dass ich meine Lage verwünschte, und gewiss, wäre ich nicht so erschöpft gewesen, zu den Franzosen übergangen wäre, so sehr ich die Desertion sonst auch hasse.

Endlich erreichten wir ein Dorf, l'Entrée genannt, worin der König sein Hauptquartier nahm, und wobei wir unser Lager aufschlagen sollten. Aber unsre Packpferde waren aus Furcht vor den Franzosen zurückgeblieben, und wir mussten nun da unter dem freien Himmel liegen bleiben bis Nachts zwölf Uhr. Wir machten freilich Feuer an und holten dazu aus dem Dorfe l'Entrée heraus, was wir in der finstern Nacht von Holz finden konnten – Stühle, Bänke, Tische und anderes Geräte. Aber diese Feuer, so höllenmäßig sie auch aussahen, waren doch nicht hinlänglich, uns gegen den fürchterlichen Wind, und den abscheulichen Regen zu sichern.

Dieser Regen fing sogleich an, als wir die Zelte aufgerichtet, und uns auf die blanke Erde – denn Stroh konnten wir in der Nacht doch nicht holen – hineingelegt hatten, und er wurde so heftig, dass das Wasser von allen Seiten in die Zelte eindrang und uns alle durchnässte. Niemand konnte liegen bleiben, noch weniger schlafen: man setzte sich also auf die Tornister und Patrontaschen, und jeder fluchte auf sein Schicksal. Man denke uns in dieser Gruppe! Sogar hörte man die grässlichsten Lästerungen auf Gott, und sein Regenwetter. Es ist Strafe Gottes, sagten die Vernünftigern: Gott hat keinen Gefallen an unserm Kriege! Er will nicht, dass wir sein Werk in Frankreich stören sollen: die Revolution ist sein Werk, die Patrioten tun seinen Willen, und die Emigranten sind Spitzbuben: es hole sie alle der Teufel! –

Unsre Munition an Pulver wurde selbige Nacht größtenteils nass, und zum Schießen unbrauchbar. Einige warfen auch schon bei ihrem Ausmarsche aus diesem Lager ihre Patronen weg, und ließen sich her-

ZWÖLFTES KAPITEL

nach bei der Retirade, als wir sogar mehrere Pulverwagen verbrannten, andere geben.

Endlich ward es Tag, und die Soldaten krochen aus ihren Zelten, wie die Säue aus ihren Ställen, sahen auch aus, wie diese Tiere, wenn sie aus Ställen kommen, welche in sechs Wochen nicht gereinigt sind. Der Kot, worin man sofort patschen musste, wenn man aus den Zelten heraustrat, lief gleich in die Schuhe: denn er war dünn und tief, worüber denn einige Soldaten dumpf brummten, andre laut fluchten, alle aber darin übereinkamen, dass dieses abscheuliche Lager sofort Drecklager heißen sollte.

Nun wurde befohlen, oder vielmehr angesagt, dass Stroh sollte gelangt werden. Stroh holen hieß aber damals, den ungedroschnen Weizen – Roggen wächst in Champagne nicht, wenigstens hab ich keinen gesehn: in Lotharingen war Roggen anzutreffen – Also man holte den ungedroschnen Weizen aus den Scheunen, warf ihn, wer weiß, wie hoch, ins Zelt, und legte sich dann auf ihn hin. Dieses konnte um so viel leichter geschehen, da einem jeden erlaubt war, so viel Stroh d. i. Weizen zu nehmen, als er gerade wollte, oder konnte. Da nun auch die Kavalleristen ihre Furasche aus den Scheunen der Bauern holten; auch die Pack- und andre Pferde daraus versehen wurden, so kann man leicht denken, dass in den Dörfern, in deren Nähe unser Lager stand, nichts übrigblieb, als Jammer und Leere. In l'Entrée war nach drei Stunden keine Weizengarbe mehr anzutreffen. Und das ging eben so in den übrigen Dörfern. Dass alle Häuser obendrein rein ausgeplündert wurden, versteht sich von selbst.

Ich hätte bei diesem Stroh- oder Garbenholen beinahe den Hals zerbrochen: denn ich fiel in einer Scheune von einem hohen Gerüste, jedoch ohne Schaden. – Das Schicksal hat mich noch immer so ziemlich geschont, wie man in der Folge einige auffallende Beispiele davon sehen wird, aber vielleicht, um mich noch einmal weit härter mitzunehmen. Indess mori nolo, sagt ein Philosoph, sed me mortuum esse, nihil curo[1]; und der Mann hatte wohl recht. Warum sollte ich es denn für ein Glück halten, dass ich in l'Entrée den Hals nicht brach – in Landau oder Mâcon nicht

---

[1] Nach einer Stelle in Ciceros *Tuskulanen*: »Ich will nicht sterben, aber es schert mich nicht, tot zu sein.«

ZWÖLFTES KAPITEL

guillotiniert wurde, oder dass mich der Franzose in Lyon – wie die Folge lehren wird – nicht niederstach? Ich sehe das noch nicht recht ein: aber so viel ist gewiss, dass wenn einer von diesen Fällen mich weggerafft hätte, ich nachher mancher trüben und kummervollen Stunde überhoben geblieben wäre. –

Ich habe in diesem Sumpflager öfters an einen Vorfall gedacht, der mir in Gießen schon sechzehn Jahre vorher begegnet war. Ich hatte nämlich einst den armen Eulerkapper[2] mitperiert[3], und war auf dem Rücksprung, weil Eulerkapper mich verfolgte, in eine Mistgrube gefallen, und abscheulich besudelt. Damals lachte ich recht sehr über meinen komischen Zufall, und rühmte mich desselben hernach mehrmals. Jetzt aber war ich missmutig, da man mich zwang, in Champagne im Kote herum zu patschen! –

Die Bauern in l'Entrée hatten ihre Kirche abgetragen, und neues Holz zur Erbauung einer andern herbeigeschafft. Dieses neue Holz, samt dem alten holte man ins Lager und verbrannte es, mitunter auch Kanzel und Orgelgeschniz, Kruzifixe und dergleichen. Dabei wurde nun brav gelacht und Spaß getrieben, und noch jetzt sprechen die Soldaten vom französischen Kirchenholz im Drecklager.

Die Lebensmittel waren hier entsetzlich rar und teuer: ich zwar für meine Person litt von hier an – die beiden Nächte bei der Kanonade nur ausgenommen – bis nach Grandpré zurück, keinen eigentlichen Mangel, bei weitem nämlich den nicht, welchen andre Soldaten ertragen mussten. Ich hatte bei der Kompanie einen guten Freund an dem Furierschützen Lutze, welchen ich seit langer Zeit als einen ehrlichen Mann kannte. *) Dieser gab mir, als die Lebensmittel seltner wurden, den Anschlag, mich zu ihm ins Zelt zu legen, weil er als Furierschütze doch immer eher im Stande sei, etwas herbeizuschaffen, als die andern. Ich tat das, und Lutze hat mich, so lange ich bei ihm im Zelte war, oder vielmehr, so oft er da war – denn auf der unseligen Retirade musste er oft fünf bis sechs Tage abwesend sein – immer mit allerlei Lebensmitteln und andern Sachen, als Tobak und dergleichen

2 Eine legendäre Figur aus Laukhards Studentenleben, über die er später in seinem in derber Studentensprache geschriebenen Buch *Eulerkappers Leben und Leiden, eine tragischkomische Geschichte* (1804) berichtet. Vorbild war wohl der Gießener Mädchenschullehrer Johann Philipp Euler, der viel unter Streichen und Hänseleien der Gießener Studenten zu leiden hatte.

3 verächtlich gemacht

) 144 (

*) Er ist noch in diesem Kriege durch einen klugen Streich von den Soldaten losgekommen, und hat Recht gehabt: man hatte ihn auch durch Pfiffe dazu gebracht.

) 146 (

versehen, und selten sich dafür zahlen lassen; wenigstens gab er allemal das umsonst her, was er umsonst bekommen hatte. Ich halte es für Pflicht, dem ehrlichen Lutze diese Freundschaft nachzurühmen, und ihm dafür hier öffentlich zu danken. Schade nur, dass ich manch braven Manne nur bloß wörtlich danken muss, dem ich sonst nichts vergelten kann; und dass Andre, für die ich gern alles getan, ja mein Leben gewagt hätte, nichts mehr für mich tun.—Aber so geht es gemeiniglich, und ich kenne die Menschen zu gut, als dass ich mich darüber weiter wundern sollte.—

Der Mangel an Lebensmitteln konnte auch durch die wirklich große Menge von Kühen, welche man den Landleuten dort herum genommen und der Armee nach getrieben hatte, nicht sehr erleichtert werden. Was war auch ein halb Pfund elendes, altes Kuhfleisch für den Soldaten, der kaum in drei Tagen für einen Tag Brot hatte? Da musste er ja doch hungern!—Zudem wurde das beste Vieh von den angesetzten Treibern an die Bauern, welche von weitem herbei schlichen, verkauft. Ich kenne einen gewissen Treiber dieser Art, vom Regiment Thadden, Namens H— von R——— bei Kalbe, einen sonst kreuzdummen Esel, welcher sich durch diesen Handel ein artig Sümmchen erworben hat. Der schon mehrmals genannte fatale Jude hat auf diese Art auch Viehhandel getrieben. Das beste Fleisch, wie auch alles Schwein- und Hammelfleisch war übrigens für die Offiziere und ihre Bediente: davon bekam der Soldat nichts.

Ich kann nicht begreifen, wie man damals ein so absurdes Gerücht, als das war, was man von der Annäherung des armen Ludwigs XVI. aussprengte, für wahr halten konnte: und doch war es lange Zeit, schon von Verdun her, allgemein, und wurde sogar von den Offizieren geglaubt, die großen ausgenommen, welche recht gut wussten, dass Ludwig Capet zu Paris, seit seiner Flucht, in einer schrecklichen Sklaven-Lage gehalten wurde.

Ich widersprach solchen Gerüchten immer, gab sie höchstens für erdichtet zu unserm Troste aus, und wendete alle meine Beredsamkeit an, meine Kameraden, auch unsre Offiziere, welche sich gern mit mir ab-

ZWÖLFTES KAPITEL

gaben, von der augenscheinlichen Absurdität solcher Geschwätze zu überzeugen. Aber statt meinen Gründen Gehör zu geben, nannten mich Viele einen Patrioten oder Jakobiner, und meinten, dass ich bald sehen würde, wie die Franzosen sich trollen sollten. Doch fand ich auch damals schon mehrere, sogar unter den gemeinen Soldaten, welche nichts Gutes mehr erwarteten, und mehr Unglück als Glück prophezeiten.

) 148 (

Bisher waren wir in der Wäsche noch ziemlich rein geblieben: aber nun, da sich nicht mehr waschen ließ, da sogar das Leinenzeug im Tornister vermoderte, fanden sich auch sehr unangenehme Tierchen, diese schreckliche Plage des Soldaten im Felde, bei uns unerträglich ein. Selbst die Offiziere konnten ihnen nicht mehr entgehen, und lernten nun auch erst recht das volle Elend des Kriegs erkennen.

Aber nichts nahm unsere Leute ärger mit, als der Durchfall, der allgemeine Durchfall, und dann die darauffolgende fürchterliche Ruhr. Delikate Leser würde es aufbringen, und ihren Ekel rege machen, wenn ich über diesen Gegenstand alles sagen wollte. Aber für delikate Leser ist dieser Teil meiner Schrift nicht, sondern für Männer, deren Absicht es ist, das Elend unsrer Feldzüge gegen die Neufranken in seiner wahren Gestalt kennen zu lernen: und diese suchen nur Wahrheit, auch ekelhafte Wahrheit, wenn sie nur Resultate daraus ziehen können. Also – die Abtritte, wenn sie gleich täglich frisch gemacht wurden, sahen jeden Morgen so mörderisch aus, dass es jedem übel und elend werden musste, der nur hinblickte: alles war voll Blut und Eiter, und einige mal sah man sogar Unglückliche darin umgekommen. – Eben so lagen viele blutige Exkremente im Lager herum von denen, welche aus nahem Drange nicht an den entfernten Abtritt hatten kommen können.

) 149 (

Ich bin versichert, dass nicht drei Achtel der ganzen Armee von dem fürchterlichen Übel der Ruhr damals frei waren, als wir das Sumpflager verließen. Die Leute sahen alle aus, wie Leichen, und hatten kaum Kräfte, sich fortzuschleppen; und doch klagten nur wenige über Krankheit – aus Furcht vor den Lazaretten, oder vor jenen Mordlöchern, worin man die Erkrankten schleppte, und worin so viele – viele um ihr trauriges Leben noch trauriger gekommen sind. Es wurden also nur die dahin gebracht, welche gar nicht mehr fort konnten; und deren war eine sehr große Menge.

Dreizehntes Kapitel.
Unser Marsch nach den Höhen von La Lune oder Valmy.

Aus dem Sumpflager hatten wir ungefähr noch 16 Stunden nach La Lune, wobei die bekannte Kanonade vorfiel, jene nämlich, welche das Ziel unsrer Heldentaten in Frankreich gewesen ist: denn nach dieser Zeit bis auf unsern Separat-Frieden ist gegen die Franzosen auf französischen Boden von uns beinahe nichts mehr getan worden; und was die Kaiserlichen darauf taten, ist eben auch nicht weit her.

DREIZEHNTES KAPITEL

Wir machten diesen Weg, trotz unsrer ausgemärkelten Körper, in wenig Tagen, und hatten immer mit Mangel zu kämpfen, weil der Feind uns hier in der Nähe war, und kein Marketender uns zu folgen sich getraute. Einige Weiber und Menscher zogen zwar mit, aber die hatten leider selbst nichts, konnten also auch nichts verkaufen.

Am 19ten September mussten wir Nachmittags noch spät aufbrechen, und vorwärts marschieren bis Nachts um 9 Uhr; und hernach brachten wir ohne Zelte, und beinahe ohne Infanteriewachen die Nacht unter offnem Himmel zu.

Auf dem Wege dahin sagte ein Offizier zum andern: »Höre Bruder, Morgen gibts was! die Franzosen werden angegriffen; und wenn sie nur stehen, so sind sie Morgen Abend alle in unsrer Gewalt.« Sch—auch!—fing ein Soldat aus dem Trupp an—seht ihr nur zu, dass sie Euch nicht kriegen; Sie—kriegt ihr gewiss nicht!—Darauf fing der Offizier an zu fluchen, und wollte mit Gewalt wissen, wer so gesprochen hätte, um ihn zu bestrafen; da aber Niemand diesen verriet, so schwur er bei seiner hohen Ehre, und dass ihn der Teufel in tausend Fetzen zerreißen sollte, wenn Morgen die Spitzbuben nicht alle entweder tot oder gefangen wären!

Der Wind brauste diese Nacht fürchterlich, und es war gewaltig kalt. Waldung war dort in der Nähe nicht: wir liefen also scharenweise in die Dörfer, und holten, was wir vorfanden, Stühle, Tische, Bettstellen, Fässer, Türen, Wagen, Karren; kurz, wir schleppten, was von Holz uns in die Hände fiel, ins Lager, und machten Feuer wie in der Hölle. In den Dörfern selbst wurde Feuer in die Bauernhöfe getragen, und man zündete mit Strohfackeln in den Scheunen und Ställen herum.

Was von Vieh noch übrig war, wurde mitgeschleppt, und im Lager in Töpfen und Kesseln, die man gleichfalls in den Dörfern gelangt hatte, gekocht und verzehrt. Unter allen zeichneten sich die Soldaten vom Regimente Romberg als brave Beutemacher und Köche aus.

Einer unsrer Offiziere, der Herr Major von Massow, wollte dem gräulichen Plündern und Anzünden steuern, aber seine Bemühungen waren fruchtlos: man

DREIZEHNTES KAPITEL

stellte ihm vor, dass eben jetzt, den Tag vor einem wahrscheinlichen Angriffe auf den Feind, ein scharfes Verfahren wider die Beutemacher am unrechten Orte sein würde.

So dachten alle: denn ich sah die Generale selbst ganz ruhig am Feuer sitzen, und den Soldaten, als sie ihre geraubten Hühner usw. zurecht machten, zusehen, ohne ein Wort darüber zu sagen. In solchen Tagen kann man ihnen das auch gar nicht zumuten, ob ich gleich überzeugt bin, dass die wenigsten von ihnen diese Gräuel billigten.

Mehrere Dörfer sind in dieser garstigen Nacht durch den Brand sehr beschädigt worden, und eins derselben stand noch in vollen Flammen, als wir den andern Morgen um 9 Uhr vorbeimarschierten.

Vorfälle von dieser Art, welche unserm Militär eben keine Ehre machen, berichte ich sehr ungern: aber ich muss einmal schreiben, was ich gesehen habe; und dann sollen meine Berichte auch zum Einschärfen des wichtigen Satzes dienen: dass man von Menschen nicht mehr erwarten müsse, als sie nach ihrer Lage leisten können; dass man folglich billige Urteile fällen müsse von Freund und von Feind; dass man also auch jene Nachrichten, welche Herr Girtanner, Herr Pastor Braun und andre über die Franzosen so reichlich in Deutschland verbreitet haben, würdigen müsse, wie sie nur gewürdiget werden können nach der Natur einer Armee, welche in allerlei Umstände gerät, und daher allerlei tun muss, was freilich mit den Regeln der Moral, und den Gesetzen nicht übereinstimmt. Doch davon weiter unten in einem eignen Kapitel, indem diese Sache gar sehr wichtig ist.

Sobald der Tag anbrach, wurde abmarschiert. Es hatte erst geschienen, als wenn das Wetter sich halten würde, aber gegen 7 Uhr fing es heftig an zu regnen, und wir wurden bis auf die Haut nass. Dennoch ging der Zug weiter bis gegen die Höhen von Dampierre, worauf Dumouriez[1] sich postiert hatte; und hier fiel die bekannte Kanonade vor, von welcher, glaube ich, Nachricht genug gegeben ist.

Warum wir bei dieser Kanonade keinen Vorteil erhielten, ist handgreiflich. Der Feind hatte mehr Volk,

1 Charles-François du Périer Dumouriez (1739–1823), 1792 Außen- und Kriegsminister. Er übernahm nach dem Tuileriensturm den Oberbefehl über die französische Armee; so leitete er auch den Feldzug gegen die Koalitionsarmee. 1793 desertierte er, ging ins Exil und verdingte sich späterhin als antinapoleonischer Militärratgeber.

) 153 (

DREIZEHNTES KAPITEL

mehr und besseres Geschütz und eine weit bessere Stellung als wir: besonders machte eine Batterie an einer Windmühle, wenn diese gleich von unserm Geschütz und aufliegenden Pulverkarren zusammen geschmissen wurde, es völlig unmöglich, den Feind mit Infanterie anzugreifen. Der Verfasser der *Briefe eines Preußischen Augenzeugen*[2] über diesen Feldzug, sagt im zweiten Packen, S. 88 und 89 etwas von totblassen Gesichtern an Haupt- und Unterleuten während dieser Kanonade; vom Bücken vor Kanonenkugeln, und dergleichen: und dieses hat der Rezensent dieser Briefe in dem *Magazin der neuesten Kriegsbegebenheiten*[3] (Erster Band, S. 267.) sehr übel aufgenommen, und versichert bei seiner Ehre *): dass Er (auf seinem Posten) weder Bücken noch Blässe, sondern alten echten Preußischen Mut gefunden habe. »Alle Soldaten, setzt er hinzu, waren lustig, und freuten sich sogar, den so lange verfolgten (?) Feind endlich einmal in Schlachtordnung aufmarschiert zu sehen. Alles avancierte mit frohem Mute und der festen Überzeugung, den Feind zu schlagen, und alles murrte, da Halt kommandiert wurde. Auch den Tag, als die Armee auf die Höhen neben Valmy anmarschierte, erwartete und wünschte Offizier und Soldat mit Vergnügen eine Bataille, und alles war missvergnügt, da man, ohne etwas unternommen zu haben, ein Lager bezog. — Es würde ewige Schande über Preußische Truppen bringen, wenn es auch nur halb wahr sein könnte, was der Verfasser davon aufgezeichnet hat.«

Wie aber, wenn es wirklich ganz wahr ist? Oder soll darum etwas nicht wahr sein, weil es mit der lieben Ehre nicht so recht besteht? Dann ließe sich unser ganze Feldzug nach Champagne rein weg demonstrieren, und gar viel Anderes, was doch weltkundig wahr ist. Der Ehrenritterliche Rezensent wird demnach einsehen: dass zuvielbeweisen mit Recht nichts beweisen heißt. Überdies ist Wahrheit doch auch gut Ding, welcher man nicht zu nahe treten muss, wenn sie Zeugen zu Tausenden hat; und wenn die arge Welt auf das Vertuschen und erkünsteltes Selbstlob wenig noch achtet.

---

2 Hier bezieht sich Laukhard wieder auf sein eigenes, anonym erschienenes Werk.

3 Das *Magazin der der neuesten merkwürdigen Kriegsbegebenheiten: mit Beispielen aus der älteren Geschichte* erschien 1794–1796, nach dem siebenten Band wurde das Magazin eingestellt.

*) Daraus sieht man schon, dass der Rezensent ein Offizier ist. Aber nicht alles, was auf Ehre versichert wird, ist darum wahr. Man denke an die hohen Versicherungen der ausgewanderten französischen Prinzen, Generale, Edelleute, Priester u. dgl.! —

DREIZEHNTES KAPITEL

Also, was das Erblassen und das Bücken betrifft, so versichere ich den Herrn gegenseitig — zur Ehre der Wahrheit: dass ich auf meinem Standpunkte eben das gesehn und bemerkt habe, was der Verfasser der *Briefe* darüber erzählt hat. Ich kann ihm namentlich die Offiziere nennen, die ihren Trupp zum Bücken sogar ermahnten. *) Und wer könnte Offiziere und Andere tadeln, die nach dem Gesetze der Sparsamkeit, Klugheit und wahren vernünftigen Tapferkeit, wie auch nach dem natürlichen Selbsterhaltungstriebe, ausweichbaren Gefahren ausweichen, um sich Sich, den Ihrigen und dem Staate, der doch die Menschen zum Soldatwerden, und was zu deren Unterhalte und Bewaffnung gehört, hergeben muss, zu erhalten? Dies zu tun, denk‹ ... ich, ist Pflicht; und es getan haben, könnte also über Preußische Truppen ewige Schande nur dann bringen, wenn die Ehre der Preußen es mit sich brächte, nicht nach weiser zweckmäßiger Tapferkeit, sondern nach unweiser Tollkühnheit jeder, auch ausweichbaren, Gefahr sich preis zu geben. Menschen sind doch keine Fürsten-Nieten? —

Für das Erblassen spricht schon unsre vorhergegangene elende Lage, die allein hinreichend gewesen wäre, auch dem tapfersten und geübtesten Soldaten, zu dessen Wollen doch auch das Können hinzukommen muss, den Mut zu lähmen, und ihn, wenn auch nicht zur Verzweiflung, doch zum Verzagen und Erblassen zu stimmen, zumal im Angesichte einer tosenden feindlichen Kanonade. Unsere Leute waren ja meistens schon krank; alle waren ermattet und bis auf die Haut durchnässet; der größte Teil hatte seit dem Mittage des vorigen Tages nichts gegessen; weit über die Hälfte — denn aus dem siebenjährigen Kriege zählen wir nicht viel brauchbare Soldaten mehr — trat hier zum ersten Male vor feindliche Kanonen: ist es nun überhaupt glaublich, dass solche Leute unter solchen Umständen sich des nahen Feindes freuen, mit frohem Mute gegen ihn avancieren, und über ein kommandiertes Halt murren werden? Das wird sich schwerlich jemand einbilden, der da weiß, welchen

) 156 (

*) Ob das Regiment Weimar eben dies getan habe, weiß ich nicht; aber Peltier sagt es in seinem *Dernier tableau de Paris.* Man sehe den zweiten Band des angeführten Magazins S. 85. — Wenn keine sich nirgends gebückt hätten; woher dann diese Nachricht?

) 157 (

DREIZEHNTES KAPITEL

4
Eine zweite Auflage der beide zur Oster- und zur Herbstmesse 1793 erschienenen »Packen« war 1794 herausgekommen.

Eindruck neue und große Gefahren auf ungewohnte und sonst schon leidende Gemüter machen. — Auf dem Anmarsche gegen den Feind wurden erst die Gewehre geladen, welche vorher immer kugelleer geblieben waren: und während dieses Ladens konnte man die Totenblässe auf den meisten Gesichtern nicht der Soldaten allein, sondern auch der Offiziere, deutlich bemerken. Die Ängstlichkeit ging so weit, dass, wer Spielkarten bei sich hatte, sie wegwarf, aus Furcht, der liebe Gott möchte nun ihn strafen wegen eines so gottlosen Gerätes, als eine Spielkarte ist. etc. etc. etc.

) 158 (

Wenn vielleicht der Herr Rezensent, als geübter Offizier, mutig war: so gereicht ihm das zur Ehre, ob es gleich nicht sehr rühmlich ist, den Mut Anderer auf Kosten der Wahrheit laut zu rühmen, um seinen eignen so nebenher mit zu rühmen.

Rezensent will nicht einmal zugeben, dass der Verfasser der *Briefe* Soldat war: er will ihn nur mit zu der Equipage der Armee gerechnet wissen: und das soll man jedem seiner gefällten Urteile ansehen!! — Sehr höflich von einem Offiziere; aber auch sehr natürlich für einen Offizier, vielleicht vom Regimente Romberg, der es dann freilich unverdaulich finden musste, dass der Verfasser der *Briefe* die Leute dieses Regiments nicht zum erbaulichsten anführte, und gar von Bauchphilosophen unter demselben etwas fallen ließ. Aber wer kann wider die Wahrheit, zumal, wenn Tausende als Zeugen für sie da sind!

Soll man aber gefällten Urteilen es ansehn können, ob jemand wirklich Soldat sei, oder ob er zur Equipage der Armee gehöre: so könnte Rezensent selbst Gefahr laufen, vielleicht auch zur Equipage mitgerechnet zu werden. Denn was und wie qualifiziert dazu, er über den Feldzug von 1792 urteile, lehrt der Augenschein im zweiten Band S. 68 u. ff. Ich will einiges zur Probe anführen.

) 159 (

Nach S. 73 im zweiten Band der ersten Ausgabe[4], »haben die französischen Prinzen den Operationsplan (für den ersten Feldzug) entworfen, und der Herzog von Braunschweig hat bloß die Ausführung versucht. — Wenn er gleich selbst überzeugt war, nicht nach Paris zu kommen, so musste er doch immer das Gegenteil

DREIZEHNTES KAPITEL

laut behaupten, so lange der entworfene Plan durchgesetzt werden sollte.« — Also war der Herzog der exequirende[5] General der französischen Prinzen! Also wollte er bloß die Ausführung von etwas versuchen, das Andere entworfen, er aber weder gebilliget, noch für möglich gehalten hat — nämlich nach Paris zu kommen! Also machte er den militärischen Marktschreier und Renommisten[6]! Quot verba, tot absurda![7] Rezensent gibt auf diese Art dem Kupferstiche ja noch Gewicht, worauf die französischen Prinzen, Generale und Bischöfe, mit Laternen in der Hand, dem Preußischen Heere vorleuchten; das Heer schon bis über die Knöchel im Sumpfe wanket, mit Manifesten, Ludwigskreuzen und Rosenkränzen auf dem Rücken, und welchem der Anführer mit verbundenen Augen und gezucktem Degen nachreitet, mit den Worten vor dem Munde: Marsch, nach Paris!

»Was die Manifeste anbelangt, heißt es S. 75, so braucht man den großen Mann nur zu kennen, um zu wissen, dass er seinen Namen unterschrieb, und sie verlachte, sich ihrer aber als ein Mittel bediente, um zu wirken, weil 40 000 Stimmen sagten auf diese Art müsse gewirkt werden, und so würde die Wirkung ihren Zweck nicht verfehlen.« — Also handelte der große Mann hier wieder nach der Autorität Anderer und nach Mehrheit, vergaß darüber reifliche Selbstprüfung und Erforschung durch Emissaire und dergleichen und bediente sich eines Mittels auf fremde Rechnung, das er auf eigne verlachte. Schade um die Profanierung des hochberühmten Namens! —

»Der Zweck der Kanonade, fährt unser Herr S. 87 fort, war, der Französischen Armee sich einmal gegen über zu zeigen, um zu sehen, in wie ferne die Aussage der Emigrierten: dass der größte Teil (der französischen Armee) übergehen würde, wahr sei oder nicht. — Um diesem Zeigen mehr Nachdruck zu geben, stellte der Herzog ihr allenthalben Truppen entgegen. — (S. 88.) So blieb man dem Feinde gegen über stehen, und hoffte vergebens auf den Übergang der Französischen Truppen. Der Glaube der Emigrierten daran war so stark, dass einige aus dem Gefolge des Königs nur nötig zu haben wähnten, sich zu zeigen, und des-

---

[5] ausführende
[6] den Prahlhans
[7] »So viele Ungereimtheiten wie Wörter!«

DREIZEHNTES KAPITEL

<small>8 Die beiden Bände der anonymen *Geschichte des französischen Freiheitskrieges am Oberrheiun, der Saar und an der Mosel* erschienen 1795 und 1796.

9 Ein in Nachfolge des verbotenen *Schlesischen Journals* von August Adolph von Hennings (1746–1826) gegründetes, im eigenen Verlag in Altona herausgegebenes »Asyl der freien Meinungsäußerung« (Antiquariat Stammerjohann). 21 Bände erschienen von 1794–1802.</small>

halb auf der Chaussee vorritten, und mit ihren weißen Tüchern winkten ... (S. 89.) Allein – keine Seele kam! Die entscheidende Begebenheit also, die mit so vieler Gewissheit von den Emigrierten vorher verkündet ward, worauf der ganze Plan der Campagne und alle bisherigen Schritte kalkuliert waren, war gescheitert, und so der ganze Feldzug mit einem Male – zu Wasser geworden.« –

Ewige Schande über das Verkalkulieren nach dem Kalkül unsers Rezensenten! Hatten denn die Franzosen in Landau, als sie den Trompeter, welchen Fürst von Hohenlohe im Vorbeigehen an sie abschickte, erschossen, nicht schon handgreiflich genug bewiesen, dass die Emigrierten – Erzlügner waren? *) – Nein der Verfasser der Briefe – kalkulierte wahrlich weit richtiger, und der ganze Erfolg hat seinem Kalkül entsprochen. Bei der Equipage gab es also einen, der unbefangener und richtiger vorhersah und urteilte, als Mancher an der Spitze. Äsopus und Plautus waren indes auch keine Zenturionen, und sagten doch manch wahres und brauchbares Wort, auch noch für unsere Zeiten. – Und wäre der Herr Rezensent ein Julius Cäsar, so hätte er dennoch sehr geirrt, dass er dem Glauben an die Behauptung und den Plan der Exprinzen und ihres Anhangs mehr zuschreibt, als unsere Ehre und eine gesunde und ehrliche Politik es je hätten erlauben können – oder er müsste recht auffallend haben zeigen wollen: dass der Glaube im Politischen eben so wenig selig mache, als im Theologischen, und dass eben diejenigen, die man im Herrscherdünkel für die ersten Stützen des Staates hält, oft gerade die letzten sind, und, wenn sie ihn gleich am meisten untergraben, doch am wenigsten recht kennen. –

»Hätten, sagt ein geübter Seher unsrer Zeiten *), die Fürsten, Minister und Räte, welche die neuern Begebenheiten Europas herbeigezogen haben, weniger ihren Einsichten getraut, weniger ihren Leidenschaften und Vorurteilen Gehör gegeben, und dagegen mehr die Geschichte, mehr die Menschen, und in Sonderheit mehr die Werke des unsterblichen Friedrichs studiert: so würden sie

<small>*) *Der französische Freiheitskrieg an dem Oberrhein, der Saar und der Mosel* [8] – Erster Band S. 13. Dies Werkchen verdient vor vielen ähnlichen den Vorzug.</small>

<small>*) *Genius der Zeit* [9], 1795. Juni, S. 259, ff.</small>

DREIZEHNTES KAPITEL

¹⁰ gedeckt

nicht sagen dürfen: sie hätten nicht voraussehen können, was in der Folge geschehen ist. Dass sie es voraussehen konnten, ist unleugbar, da es vorausgesehen ist. Vorwürfe deshalb helfen freilich nichts mehr, da geschehene Dinge sich nicht ändern lassen; aber die Fehler zu bemerken, ist sehr heilsam, um Regenten zu überzeugen, welchen Irrtümern sie ausgesetzt sind, wenn sie ihre Minister allein hören. So wahr ist die Bemerkung eines vernünftigen Mannes: dass in unsern Zeiten die größte Weisheit nicht in den Kabinetten gewesen ist, und dass Bücher-Gelehrte den Lauf der Dinge besser beurteilt und richtiger vorausgesehen haben, als — die handelnden Staatsmänner.«

) 163 (

»Bis dahin, fährt Rezensent S. 89 fort, und meint bis zur Kanonade, hatte die Politik den Krieg allein geführt; jetzt erst trat die Kriegskunst wieder in ihre Rechte. — S. 90. Durch jene Spekulation war die Armee in der traurigsten Lage. — S. 91. Ich habe keine Worte für das Gemälde unseres Rückzuges! In dieser schrecklichen Lage konnte nicht die Frage sein: Wie herauskommen? — sondern alles kam nur auf das Herauskommen selbst an. — S. 92. Es blieb nur das übrig, den Feind selbst zu gewinnen. Daher entstanden jene Unterhandlungen, die der Welt soviel Kopfbrechens gemacht haben. — Der Herzog hatte durch eine Unterredung die französischen Generale so für sich eingenommen, dass sie fest glaubten, wir würden die Östreicher verlassen, und ihre Partei ergreifen: und in dieser Hoffnung gingen sie einen stillschweigenden Waffenstillstand mit den Preußen ein, wofür ihnen die Zurückgabe von Verdun versprochen ward. In diesem Waffenstillstand waren jedoch die Östreicher und Emigrierten nicht mit begriffen; und als der Rückzug geschah, suchten die Franzosen selbige allenthalben, um sie anzugreifen und zu Grunde zu richten. Diese aber brachen immer einen Tag früher auf, und so wurden sie von der Preußischen Armee masquirt[10]. — S. 93. Alles, außer der Räumung von Verdun und Longwy, beruhte indes nur auf mündlichen Verträgen: und so wie man über die Grenze war, nahm man die Masque ab, und die Feindseligkeiten fingen wieder an.« —

) 164 (

DREIZEHNTES KAPITEL

So also trieben es die Preußen? Ihre Kriegskunst, wie ihre Politik behielfe sich also mit Masken? Ein mündlicher Vertrag wäre ihnen nicht eben so heilig, als ein schriftlicher? – Dann hätten ja diejenigen so groß Unrecht nicht, die das punica fides[11] mit der borussica jetzt vertauschen wollen! –

Doch genug, um den Lesern selbst es zu überlassen, wen von beiden sie bei der Equipage der Armee suchen würden, den Verfasser der Briefe, oder den Rezensenten derselben in dem Magazin? Der Verfasser der Briefe ist seiner Wahrheit und Wahrhaftigkeit, sowohl in historischer als politischer Rücksicht, auch bei der Nachwelt sicher genug, um keiner weitern Rechtfertigung vor seinen Zeitgenossen gegen einen hofierenden Rezensenten noch zu bedürfen. Sein Hauptverdienst ist, dass er den Geist des Krieges und dessen nächster Teilnehmer unter Soldaten, Bürger und Bauer getreu schildert, und alles, was hierauf Bezug hat, und soweit sein Bemerkungskreis reichte, offenherzig vorerzählt, dann aber den Standpunkt und die Grundsätze mit edler Freimütigkeit angibt, nach welchen man das Erzählte bald a priori, bald a posteriori, entweder einzeln oder im Zusammenhange, nach Ursache und Wirkung, oder nach Grund und Folge selbst übersehen kann. Das Historische diente ihm also zum Vehikel des Politischen; und dadurch unterhielt und belehrte er den gemeinen Leser, wie den höhern. –

Ob der Rezensent, wie die Herrn Mitverfasser des Magazin, sich dieses Verdienstes auch rühmen können, das mögen Andere entscheiden. Doch haben sie das Verdienst vor ihm voraus, dass sie mehr, als er, das Taktische des Feldzuges bemerkten, und also mehr für den Soldaten, aber auch weniger, als er, für den Weltbürger schrieben. Ganz in seiner Manier ist indes der zweite Aufsatz im III. Bande S. 19 *), der auch in kosmopolitischer Rücksicht allein mehr wert ist, als die ganze Hälfte aller übrigen. Indes einem jeden das Seine; und was ich von beiden hier nebenher bemerkte, sei salvo meliori[12] bemerkt.

Beide interessieren mich nur in sofern, als sie, wie ich,

---

[11] punische Treue (seit Livius sprichwörtlich für das Gegenteil)

[12] vorbehaltlich eines besseren (Urteils)

*) Nämlich der Krieg der Griechen gegen die Perser, in Vergleich mit dem jetzigen der Alliierten gegen Frankreich. – Dies war ein Wort ganz für den Macht- und Schwachheitsgeist unserer Zeit! –

DREIZEHNTES KAPITEL

eine Sache behandeln, auf deren wahre und richtige Darstellung es für die Zukunft, in praktischer Rücksicht, viel ankommt. Übrigens mögen beide sich selbst weiter würdigen und verteidigen: ich kehre zu meiner Geschichte zurück, und hoffe wegen dieses Nebensprunges um so eher Nachsicht, da er zugleich eine ganz eigne Ansicht des Feldzuges von 1792 dem Leser eröffnet. —

Unsern König sah ich hier in Begleitung einiger Generale, mitten unter den feindlichen Kugeln hin reiten, und freute mich eben so sehr über das herrliche Beispiel, welches dieser mutvolle Monarch seinen Soldaten gab, als ich mich über folgendes äußerst dummes und abgeschmacktes Gespräch zweier alter Unteroffiziere ärgerte. Ich will sie A und B nennen:

A Siehst du den Alten *) dort?
B Seh'n wohl: schau, wie die Kugeln ihm um den Kopf fliegen!
A Wenn er nur nicht getroffen wird!
B Narre, denkst du denn, dass er das könne?
A Warum nicht? Wenn ihm eine Kugel an den Kopf fährt, ist er weg.
B Ah, warum nicht gar! Eine eiserne Kugel trifft den König nicht.
A Und wie das?
B Schau, Bruder, das will ich dir sagen: ich bin ein alter Soldat, und hab den siebenjährigen Krieg mitgemacht; du kannst mir also glauben, dass ich's verstehe. Ein gekröntes Haupt wird von keinem Blei oder Eisen getroffen: das fällt weg, und wenn der König gerade unter die Batterie dort ritte!
A Aber es sind doch schon, wie man so hört, Könige vom Feinde erschossen worden.
B Ja, wohl Bruder, aber das waren auch andre Kugeln; es waren Kugeln von Silber! Und siehst du, Bruder, wenn die Franzosen unsern Alten treffen wollen, so müssen sie silberne Kartätschen einladen, und dann wird er bald weg sein.
A Wenn das so ist, dann hat der Alte gut dahin reiten!

*) In Sachsen und anderwärts spricht man vom Regenten mit komplimentvollern Ausdrucken: da sagt man: der gnädigste Kurfürst, Ihre Durchlaucht der Landgraf, Ihre Erzbischöfliche Gnaden usw. Hingegen der Preuße sagt schlechtweg: der Alte und legt auf diese Benennung doch mehr, als der Sachse, der Hesse und der Mainzer auf seine prunkvollen Titulaturen.

DREIZEHNTES KAPITEL

B Freilich wohl! Zudem haben die Könige von Preußen das Privilegium, dass ihnen weder Hieb noch Schuss schaden kann. Deswegen hat der alte Fritz im siebenjährigen Krieg oft ganze Hände voll Bleikugeln aus seinen Ficken geholt, und die Kanonenkugeln mit dem Hut aufgefangen.

A Höre Bruder, du kannst Recht haben! Drum gehn die Könige in Preußen wohl auch nur noch allein ins Feld: sie würden aber wohl hübsch zu Hause bleiben, wenn sie sich vorm Totschießen fürchten müssten. Dann würden sie's machen, wie der Kaiser, der König in Spanien und die andern Könige. Die bleiben alle hübsch zu Hause, und lassen ihre Leute für sich tot, krumm oder lahm schießen. —

Durch solche absurde abergläubige Ideen entkräftet ein solcher Märchentrödler ein Beispiel von Tapferkeit, welches der König seinem Heere gibt, und das für sich ganz unwiderstehlich wirken würde.

) 168 (

Vierzehntes Kapitel.
Begebenheiten nach der Kanonade bei Valmy.

Es ist hier der Ort nicht, zu beweisen, dass der damalige französische General Dumouriez weder uns noch seiner Nation ganz gewogen war. Darüber mag der Leser in andern Büchern Auskunft suchen. Dumouriez hätte uns noch am Tage der Kanonade viel schaden können, wenn er gewollt hätte: das ist eine Wahrheit, welche unsre eignen Befehlshaber gerne eingestanden, und die auch aus der Natur unsrer Lage deutlich genug erhellet.

Nach einem wechselseitigen Feuer von ungefähr vier Stunden wurde abmarschiert, und wir zogen uns auf verschiedne Hügel, welche wir besetzten. Der König nahm sein Quartier auf dem Vorwerke La Lune,

) 169

VIERZEHNTES KAPITEL

welches vorher einem Emigrierten gehört hatte, damals aber schon an Bauern verkauft war. Unser Verlust an Toten und Blessierten belief sich auf 166 Mann: freilich ein ganz geringer Verlust bei einer vierstündigen Kanonade, aber allemal groß genug, bei einer Kanonade, welche nach dem Zeugnis aller verständigen Kriegsmänner, ganz ohne alle Hoffnung eines Sieges oder reellen Vorteils, unternommen war. Diesen Verlust wird der vorhin zurechtgewiesene Rezensent unmöglich leugnen können; und nun möchte ich wissen, wie er ihn mit der von ihm angegebnen Absicht der Kanonade reimen wolle. Schon die Kanonade selbst widerspricht ihr: denn welcher Kluge schießt auf Leute, auf deren Herüberkunft er wartet? —

Die Verwundeten wurden auf ein Vorwerk gebracht, wo sie wegen der elenden Pflege schon meistens in der ersten Nacht unter den heftigsten Qualen hinstarben. Gar wenige von allen bei La Lune verwundeten Soldaten sind mit dem Leben, und kein einziger ist mit geraden Gliedern davon gekommen. Das ist freilich schrecklich, aber daran war auch meistens unsre medizinische Anstalt Schuld, welche bei keiner Armee elender sein kann, als sie damals bei unsrer war. Das machte aber, weil man steif und fest geglaubt hatte, die Franzosen würden uns keinen Finger entzwei schießen. Man hatte sich aber verrechnet, und das garstig! — Ich werde in einem eignen Kapitel von den Gräueln der medizinischen Pflege unsrer braven Krieger in diesem Feldzuge reden, unparteiisch zwar, aber doch so, wie ich diese Gräuel selbst gesehen habe.

Es war entsetzlich kalt den Abend nach der Kanonade: der Wind ging scharf, und mit Regen vermischt — und wir mussten da unter freiem Himmel stehen, bis den andern Tag gegen Abend, aus Furcht, Dumouriez möge sich seines Vorteils bedienen, und uns angreifen. Zum Feuermachen fehlte es an Holz, also lief man in die hinten liegenden Dörfer, und holte da, was man von Holz vorfand, hieb die Bäume im Felde nieder, und machte große Feuer. Unser Bataillon war so glücklich, einige Wagen Brennholz zu erbeuten, welche für die französische Armee bestimmt waren.

VIERZEHNTES KAPITEL

Der Hunger quälte uns alle: denn unser Brot war schon lange verzehrt; und wenn man so unter freiem Himmel in Kälte und Nässe kampieren muss, hat man immer mehr Appetit, als in der warmen Stube. Ebenso fehlte es uns an Wasser: die Nähe des Feindes ließ es nicht zu, es herbei zu holen, und so litten wir auch gewaltigen Durst. Einige Burschen, welche mehr Herz hatten, als andre, gingen aber doch hin und holten welches, das sie hernach teuer genug verkauften. Einmal wurde ein solcher Trupp Wasserholer von einer feindlichen Patrouille aufgefangen, entging ihr aber wieder, weil die Finsternis sie begünstigte.

Gegen Tag sorgte der Himmel selbst für Wasser: denn es regnete gewaltig, und die Gräben füllten sich. Da aber hätte man die durchnässten, hungrigen und schmutzigen Soldaten hinrennen und trinken, oder vielmehr saufen sehen sollen!

Als es Tag wurde, verbreitete sich Angst und Schrecken in der ganzen Armee von neuem: jedermann vermutete, dass nun abermals ein neuer Angriff auf die Franzosen würde gemacht werden. Ich für mein Teil glaubte das nicht, und war in dieser Rücksicht ruhig, ob ich es gleich nicht für unmöglich hielt, dass der Feind uns angreifen könnte: und dann versprach ich uns nichts weniger, als einen glücklichen Ausgang der Sache. Aber die Herren Franzosen postierten sich bloß vorteilhafter und verschanzten sich nur noch besser, als den Tag vorher.

Jetzt lief, wer laufen konnte und wollte, in die Dörfer, und holte Holz d. i. Türen, Wagen, Fässer, Leitern, Bretter, Tische, Stühle, kurz, was man an Holzwerk finden und fortbringen konnte. Die Bäume, besonders die schönen Pappeln an den Wegen – denn Champagne hat nur wenig Obstbäume – wurden weit und breit niedergehauen, um durch hinlängliche Feuer einem zahlreichen Volke, das in Wind und Wetter unter freiem Himmel stand, und noch immer einen Angriff befürchtete, hinlängliche Wärme zu verschaffen. Gegen Abend zündeten die Östreicher ein Dörfchen an, nachdem sie dasselbe erst völlig geplündert hatten. Das arme Dörfchen brannte bald ganz und gar nieder, weil der Wind unaufhörlich brauste.

VIERZEHNTES KAPITEL

Dieser Tag war zwar unser Brottag, aber wir hofften vergeblich auf Speise: unsre Brotwagen waren aus Furcht vor den Franzosen zurückgeblieben, und kamen erst spät am Abend. Der Hunger quälte uns jedoch nicht so sehr, als die immerwährende Furcht uns ängstigte, der Feind möchte uns angreifen. Ich suchte auf alle Art meinen Kameraden diese Furcht zu benehmen, und nicht ohne Erfolg; und nachdem sie mit der Zeit sahen, dass ich Recht hatte, hielten sie mich von nun an für einen Propheten, und fragten mich in Zukunft über alle Vorfälle, welche sie befürchteten oder wünschten.

Gegen Abend stießen die Östreicher zu uns. Man hatte, ich weiß nicht, warum? ausgesprengt, dass ihre verspätete Ankunft eigentlich Schuld an unserm schlechten Erfolg bei der Kanonade gewesen sei: So räsonierten sogar viele Offiziere: aber jetzt weiß man das anders.

Gegen sechs Uhr schlugen wir endlich unsre Zelte auf, erhielten Brot, und ruheten nun von den großen Strapazen aus. Ich habe niemals erquickender geschlafen, als diese Nacht. Lutze versorgte unser Zelt am andern Tage mit guten Viktualien, und so waren wir in unserm Zelte, während die meisten andern weiter nichts hatten als ihr Bissel Kommissbrot, auf einige Tage geborgen. Ich muss es nochmals wiederholen, dass ich dem braven Lutze manche Sättigung verdankte, wo die übrigen, sogar die Offiziere, hungern mussten.

Am dritten Tage nach der Kanonade änderten wir die Stellung unsers Lagers.

Als der Brottag wiederkam, war kein Brot da. Man gab vor, die Wagen könnten nicht vorwärts wegen des entsetzlichen Kotes; und da wir den Weg, welchen die Wagen von Grandprée kommen mussten, sehr wohl kannten, so beruhigten sich die Leute. Die wahre Ursache aber war, dass die Franzosen viele Wagen weggenommen hatten, und die andern sich nun nicht getrauten, vorwärts zu fahren, und also liegen blieben. Man hatte zwar in den umliegenden Dörfern alles ausgeplündert, und daselbst allerlei Esswaren noch vorgefunden: allein das war doch für eine solche Menge

VIERZEHNTES KAPITEL

wie nichts! Wenige hatten etwas erhascht, und die meisten hatten gar nichts.

Es wurde daher bei der Parole – man denke doch an die Fürsorge! – befohlen, Weizen zu dreschen, ihn bis zum Zerplatzen zu sieden mit Butter und Speck zu schmälzen, und dann zu essen. Das war nun so ein Stück von Parolebefehl, deren es in der Art mehrere gab – ein unausführlicher Befehl!

Weizen war zwar noch in den Dörfern, aber wo sollte man den dreschen? Der Kot war Knietief, und darin drischt sichs gar übel! Und woher sollte man Speck, Butter und Salz nehmen, welches alles in der ganzen Armee nicht zu haben war? Kein Marketender war da, sogar der Jude war bei Grandprée zurückgeblieben: wer also sollte uns da das Nötige zum Schmälzen besorgen? – Einige sotten jedoch Weizenkörner und aßen sie ohne Salz und Schmalz vor lauter Hunger hinein.

Optimum ciborum condimentum fames![1]

Es gab zwar dort herum auf einigen Äckern noch Kartoffeln, welche man auch holte und kochte: aber leider war dieses eine gar zu geringe Hilfe! die Äcker waren gar bald leer, und zudem waren die Kartoffeln von der Art derer, die man in Deutschland dem Vieh gibt: sie vermehrten auch noch die damals alles zerstörende Ruhr.

Selbst im königlichen Hauptquartiere zu Hans war Mangel über Mangel: auch da war kein Brot, und an Leckerspeisen war vollends gar nicht zu denken. Dieser Mangel ward indes dem französischen Generale bekannt, welcher dann frisches Obst und andre Dinge ins Hauptquartier schickte, um wenigstens den König von Preußen, seinen Feind, und dessen hohe Generalität vor Hunger zu sichern. Dieser Zug von Edelmut vermehrte bei unsern Soldaten die gute Idee, welche sie seit der Kanonade von den Franzosen schon hatten. Von nun an hörte man auch fast allgemein auf, sie Spitzbuben, Racker, dumme Jungen und dergleichen zu schelten.

Man hatte auch von allen Orten her so viel Vieh zusammengetrieben, als man nur konnte, und da erhielt

---

[1] »Das beste Gewürz des Essens ist der Hunger.« (nach Cicero)

VIERZEHNTES KAPITEL

denn freilich der Soldat auch Fleisch, aber mageres elendes statt des Brots: und Brot muss der Soldat haben, wenn er nicht hungern, oder an Nebenspeisen nicht erkranken soll.

Als am 27ten endlich das Brot ankam – der 25te und 26te war ausgefallen – so befahl der König, dass die Kompagnien dereinst, aber doch bald, die ausgefallnen Brottage den Soldaten bezahlen sollten, oder vielmehr, er versprach, sie selbst zu bezahlen. Aber diese Zahlung blieb aus! Ohne Zweifel hat der gutmütige Monarch, der das Elend seiner Soldaten, welche über 59 Stunden ohne alle Speise sein mussten, wohl selbst fühlte, diesen armen Leuten einen kleinen Ersatz an Gelde für diesen Hunger bestimmt: Aber wo das Geld blieb – ist eine andre Frage. Ohne Mühe sieht man ein, dass ein solcher Betrug leicht zu begehen war: aber eben so leicht sieht man ein, dass ein Betrug von der Art unter allen Schurkereien der aller schändlichste, obgleich nicht der ungewöhnlichste ist.

Am aller lächerlichsten war der Parolebefehl wegen der Kreide. In Champagne gibt es ihrer viel, und nachdem man auf einem Hügel, recht schöne entdeckt hatte, mussten Leute hin, sie auszugraben, und nun wurde befohlen, dass man diese Kreide unter die Soldaten verteilen sollte, mit dem Zusatz: Se. Majestät, der König, schenke diese Kreide den Soldaten! In Champagne, dort bei Hans, war freilich der Ort, wo man Hosen und Westen mit Kreide weißen sollte! Ja, wenn der Herr Jesus da gewesen wäre, und aus Kreide hätte Brot machen wollen! –

) 177 (

Fünfzehntes Kapitel.
Fortsetzung des vorigen.

[1] Feindseligkeiten

Der Herzog von Braunschweig machte gleich einige Zeit nach der Kanonade einen Waffenstillstand mit dem General der Franzosen, Kraft dessen alle Hostilitäten[1] vor der Hand unterbleiben sollten.

Unsre Vorposten fanden während dieser Zeit aller Orten Zettel, welche die französischen Patrouillen ausstreuten, um unsre Leute zur Desertion aufzumuntern. Ich werde hier mit des Lesers Erlaubnis einen solchen Zettel in deutscher Sprache – sie waren deutsch und französisch – mitteilen, und das vorzüglich deswegen, weil ich in der Folge ein Mehreres von der Lage der deutschen Deserteurs in Frankreich erwähnen muss. Ich schreibe zwar nicht gerne ab, weil das das Ansehen hat, als wollte man mit fremden Sachen die Bogen füllen, aus Mangel an eignen: aber dann und wann ists doch auch nötig, dass man schon gedruckte Dinge nochmals hersetze. Die Zettel hatten folgenden Inhalt:

) 178

FÜNFZEHNTES KAPITEL

An die Östreichischen und
Preußischen Soldaten.

Kameraden,
Eure Offiziere hintergehen euch immer, erzählen
euch nichts als Unwahrheiten von dem Kriege,
welchen wir wider den Kaiser und den König von
Preußen führen. Vernehmet hiemit die wahre
Ursache desselben!
Es sind nunmehro drei Jahre verflossen, seitdem
die Franken, müde ihres Elendes und der unaufhörlichen Drangsale, welche der Adel und die Hofschranzen sie fühlen ließen, und entschlossen,
sich zu rächen, die Waffen ergriffen, und feierlich
erklärt haben: dass sie keinen Adelstand mehr
dulden wollen, und dass sie, weil alle Menschen
Brüder und Kinder der nämlichen Mutter sind,
alle gleich sein, und die Freiheit haben wollen, sich
nach ihrem Gutdünken zu regieren. Sie haben
ihre Regierungsverfassung verändert und ihrem
König die Macht benommen, ihnen Böses zu tun.
Zu gleicher Zeit hat man in allen Kantons
des französischen Reichs Männer ernannt, deren
Bestimmung es ist, ihnen gute Gesetze zu
machen. Diese Bürger haben sich versammelt und
erklärt, dass die Franzosen frei sind, dass sie
alle gleich sind, dass ein jeder nach seinem Verdienste und seinen Talenten zu allen Ämtern
und Ehrenstellen, sowohl in der Armee, als in der
Kirche und den Gerichtshöfen gelangen könne:
Sie haben die Felder von aller Knechtschaft freigesprochen: Sie haben alle Auflagen, welche die
Armut drücken, aufgehoben: Sie haben die Kriegszucht angenehm gemacht, den Sold der Soldaten
erhöht, und den Kriegsdienst mit Vergnügen
und Ehre verbunden: Sie haben, mit einem Worte,
so viel Gutes gestiftet, als ihnen möglich war.
Alle Franzosen, nur die Edelleute ausgenommen,
waren mit dieser Veränderung zufrieden. Diese
Edelleute sind aus dem Reiche gegangen, und
haben sich bisher in den benachbarten Ländern
aufgehalten. Sie haben alles getan, was sie konnten,

FÜNFZEHNTES KAPITEL

um die ausländischen Fürsten zu Feinden der Franzosen und ihres Vaterlands zu machen. Der König von Frankreich, welcher den Adel liebt, und unzufrieden ist, einen Teil seiner Macht verlohren zu haben, keine Taxen mehr auflegen und die Soldaten nicht mehr schlagen lassen zu können, hat gleich alles Mögliche getan, die übrigen Könige zu vermögen, uns den Krieg anzukündigen. Der Kaiser und der König von Preußen haben die Waffen wider uns ergriffen, und wollen uns schlagen, um den Adel wiederherzustellen, und den König wieder in den Stand zu setzen, alles zu tun, was er will. Sie sind besorgt, dass ihre Völker es eben so, wie die Franzosen machen, und gleich ihnen, Freiheit und Gleichheit verlangen mögen. Sie sollen uns indessen nicht hindern, andre Nationen an unserm Glücke Teil nehmen zu lassen. Wir sind Niemanden feind.

Die Franzosen sind Brüder aller derer, welche frei sein wollen, wie sie. Es hängt von euch ab, uns nachzuahmen, und das ist es, wozu wir euch einladen.

Unsere Nationalversammlung, die aus rechtschaffenen Männern besteht, welche wir ernannt haben, unsere Gesetze zu machen, will, dass alle östreichische und preußische Soldaten, welche ihren Dienst verlassen, und nach Frankreich kommen, so lange sie leben, einen Gehalt von 100 Livres genießen, welcher sich bis auf 500 Livres vermehren kann. So, wie einige derselben sterben, sollen die übrigen dabei gewinnen; und im Fall einer verheiratet ist, soll die Witwe nach seinem Tode den Gehalt genießen.

Sehet, Kameraden, wie wir die Soldaten behandeln, welche zu uns kommen, um unsre Freiheit zu verteidigen, und sich derselben mit uns zu erfreuen. Kommt also hin nach Frankreich, ins Land der Gleichheit und der Freude. Verlasst die Edelleute und die Könige, für welche ihr, wie eine Herde Schafe, zur Schlachtbank geht, und kommt zu uns, euren Brüdern, ein Glück zu suchen, welches der Menschen würdig ist! Wir schwören es euch,

FÜNFZEHNTES KAPITEL

dass wir euch hernach helfen wollen, eure Weiber, eure Kinder, eure Brüder, eure Schwestern aus der Sklaverei zu retten, und ihr sollt mit uns den Ruhm teilen, allen Völkern von Europa die Freiheit zu schenken.«

Diese Zettel, ob sie gleich im Lager und in der ganzen Armee stark zirkelten, machten doch nur schwachen Eindruck, und verleiteten nicht viel Soldaten zur Desertion: wenigstens sind von unserm Regimente kaum 30 Mann in Frankreich vermisst worden. Das kam aber aus der ganz natürlichen Ursache, weil jedermann glaubte, der Friede sei im Werke, und darum denn hoffte, bald wieder zu Hause bei den Seinigen zu sein. Hätten die guten Leute damals schon wissen sollen, dass sie erst noch einige Jahre herumziehen müssten, so will ich das Leben verwetten, das Drittel der Armee wäre bei Hans ausgerissen. Man sah dies im Jahre 1793 bei der Retirade, im Herbst! Doch davon zu seiner Zeit!

Das Wetter war die ganze Zeit über, die wir bei Hans im Lager standen, abscheulich: es regnete ohne Unterlass, und dabei war es sehr kalt. Alle Tage musste frisches Stroh, oder vielmehr ungedroschner Weizen aus den Dörfern geholt werden, wodurch denn alle Dörfer im Umkreise weit und breit leer wurden. Das Wasser lief immer in die Zelte, und machte das Lagerstroh zu Mist: Also frisches! –

Sollte nach Wasser oder Holz gegangen, oder das elende Kommissfleisch gekocht werden, so zankte man sich erst eine halbe Stunde in den Zelten herum, wer gehen sollte? an wen die Reihe wäre? denn das Wasser sowohl, als das Holz musste eine gute halbe Stunde vom Lager gelangt werden; und bis dorthin musste man bis an die Knie im Kote kneten. Feuer zum Kochen war sehr schwer anzumachen, weil man, nach geschlossnem Waffenstillstande, kein dürres Holz aus den Dörfern mehr nehmen durfte, folglich mit grünem Weiden- und Pappelholz sich behelfen musste. Dieser Umstand machte, dass, als das Brot ankam, die Burschen in zwei Tagen gar kein Kochfeuer machen wollten.

FÜNFZEHNTES KAPITEL

Die Preußische Reinlichkeit hatte zwar schon längst aufgehört: aber bei Hans hätte man die Herren Preußen, die sonst so geputzten Preußen, Offiziere und Soldaten, schauen sollen! Die weißen Westen und Hosen waren über und über voll Schmutz, und noch obendrein vom Rauche gelb und rußig: die Gamaschen starrten von Kot, die Schuhe waren größtenteils zerfetzt, so dass manche sie mit Weiden zusammen binden mussten: die Röcke zeigten allerlei Farben von weißem, gelbem und rotem Lehm, die Hüte hatten keine Form mehr, und hingen herab, wie die Nachtmützen; endlich die grässlichen Bärte – denn wer dachte da ans Rasieren! – gaben den Burschen das leidige Ansehen wilder Männer. Kurz, wenn die Hottentotten zu Felde ziehen, so müssen ihre Soldaten reinlicher aussehn, als damals wir. Die Gewehre waren voll Rost, und würden gewiss versagt haben, wenn man hätte schießen wollen.

Der Herzog von Braunschweig hatte indessen immer Unterhandlungen mit dem General Dumouriez, wobei Herr von Mannstein als Geschäftsträger gebraucht wurde. Als ich von diesen Unterhandlungen hörte, machte ich einmal in Beisein einiger Offiziere Bemerkungen darüber, und sagte auf die Äußerung eines gewissen Herrn Leutnants: »dass der General Dumouriez um Schonung bäte« ganz hitzig, dass die Reihe, um Schonung zu bitten, jetzt an uns wäre – dass unser Karren so tief im Kote stecke, dass wir Mühe haben würden, ihn nur halbwegs mit Ehren heraus zu ziehen usw. Der Offizier hinterbrachte diese und andre meiner Äußerungen meinem Hauptmann, und dieser brave Offizier warnte mich nur unter vier Augen vor ähnlichen – Äußerungen. Er wollte, sagte er, mit mir zwar nicht disputieren, ob ich Recht oder Unrecht hätte; aber gesetzt auch, ich hätte Recht, so wäre doch hier der Ort nicht, so zu sprechen, da ohnehin die Leute schwierig und desperat wären.

Meines Hauptmanns Rede war sehr vernünftig: aber es geht einem doch auch hart ein, eine Wahrheit, eine interessante Wahrheit, die uns zunächst angeht, bei sich zu verbergen, und Lumpereien mit anzuhören, über die man nicht lachen kann, weil sie unser

FÜNFZEHNTES KAPITEL

Gefühl empören, um so mehr, da das Übel, das aus diesen Lumpereien entspringt, uns selbst niederbeugt.

Wenn einer z. B. über 20 Jahre Herrn Schirachs politisches Journal oder die Neuwieder Zeitungssudelei und dergleichen nachliest – wenn nämlich diese und ähnliche Wische nicht alle samt und sonders dann längst verlacht und vergessen sind – so wird er freilich über die große Dummheit und Unverschämtheit dieser Skribler[2] lachen: aber jetzt, wer bedenkt, dass diese Schreier zum allgemeinen Elende so vieler Länder und Menschen, und zum physischen und moralischen Verderben unsers lieben Vaterlandes auch ihr verfluchtes Scherflein beigetragen, und geblendete Grützköpfe noch mehr verblendet haben, der kann die Wische von Neuwied, die des Herrn Schirach und von Göchhausen nicht ohne Ekel und Abscheu in die Hand nehmen. Ich bedaure daher auch jeden ehrlichen Mann, der diese Schmieralien lesen muss, und gestehe gern, dass ich lieber Pater Kochems Legende, Oswalds Unterhaltungen und den Kaiser Octavianus[3] lesen wollte, als die politischen Siebensachen eines Schirach, Göchhausen, Reichards[4] in Gotha, und anderer ihres Gelichters.

Ich habe dringende Wahrheiten nie ganz in Petto halten können, und da ich immer nicht gleichgesinnte Menschen um mich hatte, so wurde ich bald als ein Patriot, bald als ein Jakobiner, dann als Demokrat, und wer weiß, was noch alles, ausgeschrien. Aber geschadet hat mir mein freies Gerede niemals: denn im Preußischen Heere sind Männer genug, die auch wissen, wo Barthel Most holt; und bei diesen, und durch diese, war ich immer sicher.

Es ist ganz gewiss, dass der Herzog von Braunschweig, notgedrungen, den ersten Vorschlag zum Waffenstillstand getan hat. Dumouriez nahm diesen Vorschlag aus Gefälligkeit gegen uns an, und hatte, wie mich dünkt, hinlängliche Ursache dazu. Er konnte nämlich hoffen, dass der König von Preußen Friede mit den Franzosen machen würde, und so hatte die Republik – denn Frankreich war damals schon eine – einen mächtigen Feind vom Halse. In dieser Absicht schickte er eine Erklärung ins Preußische Lager, wo-

---

2 Schreiberlinge

3 Allesamt literarisch wertlose Volksbücher für ein leichtgläubiges Publikum. Mit Pater Kochem ist der katholische Volksschriftsteller Martin Cochem gemeint; Heinrich Siegmund Oswald veröffentlichte 1792 die *Unterhaltungen für gläubige Seelen*; *Kaiser Oktavian* ist ein vielfach aufgelegtes Volksbuch.

4 Heinrich August Ottokar Reichhard (1751–1828), konservativer Geheimer Kriegsrat, Theaterdirektor und Schriftsteller in Gotha, Herausgeber des *Theaterkalenders* und des *Nouveau Mercure de France* und des (dezidiert konterrevolutionären) »Revolutions-Almanachs«

FÜNFZEHNTES KAPITEL

rin er mit den besten Gründen und starker männlicher Beredsamkeit die Vorteile darlegte, welche Preußen aus dem Frieden mit Frankreich ziehen könnte. Ob man aber Dumouriez's Gründe für gültig ansah, oder nicht, kann ich nicht sagen: genug, der Herzog schickte, ohne auf des französischen Generals Vorstellungen zu achten, demselben am 28ten September abermals ein Manifest, welches zwar den gebieterischen Ton des Koblenzer Aufsatzes nicht führte, doch aber noch immer die Herstellung Ludwigs XVI. und des erblichen Königtums erwähnte.

Und diesem Manifeste, welches zu gar nichts nützen konnte, ist denn auch der tragische Rückzug der Deutschen, der Einfall des Custine[5] in die diesseitigen Rheinländer und das daraus entstandene Elend so vieler Tausenden von Menschen zuzurechnen!

Es ist unbegreiflich, wie ein Fürst, ein so hellsehender Fürst, als der Herzog von Braunschweig ist, es übersah, dass er mit einem Feinde zu tun hatte, den er mit Gewalt nicht mehr zwingen konnte: und dass Er, trotz unsrer jämmerlichen Lage, es dennoch wagte, diesem Feinde eine abermalige Kriegserklärung zuzuschicken! — Ich mag diesen Punkt, dessen Resultate von selbst in die Augen fallen, nicht weiterverfolgen, glaube aber immer, dass dieses Manifest dem weisen Fürsten neuerdings extorquirt[6] ist. —

Dumouriez indes nahm das Manifest auf, wie er musste. Er erklärte in einem Briefe an den General Mannstein: dass nun aller Waffenstillstand aufgehoben sei, und dass die Feindseligkeiten ihren Anfang wieder nehmen müssten. Der General Mannstein, ein kluger, erfahrner Mann, fühlte schon im Voraus die traurigen Folgen einer abermaligen Feindseligkeit, und suchte daher den General der Franzosen auf jede glimpfliche Art zu besänftigen: allein Dumouriez blieb unerbittlich, bis endlich der Herr Graf von Kalkreuth nach seiner ihm ganz eignen Klugheit durch seine überzeugende und gewandte Beredsamkeit bei Dumouriez und den übrigen fränkischen Heerführern so viel bewirkte, dass man die Preußen — abziehen ließ.

Es stand wahrlich bei den französischen Generalen, ob sie die Preußen abziehen lassen, oder ob sie diesel-

---

5 Adam-Philippe de Custine (1740–1793), bereits im Siebenjährigen Krieg französischer Militär, gewann als General durch geschwinde Eroberungen in der Pfalz hohes Ansehen, wurde dann aber ebenso schnell wegen Kompetenzüberschreitung, mangelndem Jakobinismus und Nähe zu Dumouriez guillotiniert.

6 auf der Folter aus der Nase gezogen

) 187 (

) 188 (

ben gefangen nehmen wollten. Warum sie das letzte nicht taten, oder wenigstens den Rückzug nicht noch mehr erschwerten, ist mir ein Rätsel, welches aber zu seiner Zeit vielleicht noch gelöst werden dürfte. Herr Graf von Kalkreuth könnte den besten Schlüssel dazu hergeben. Niemals aber ist die Preußische Armee und ihr guter König in größerer Gefahr gewesen, als am 29ten September, 1792.

Sechzehntes Kapitel.
Jämmerlicher Abzug aus Frankreich.

Am 29ten September, also an eben dem Tage — man merke das Dringende! — wo der Herr Graf von Kalkreuth mit Dumouriez Traktaten gemacht hatte, brach unsre Armee schon auf, und rückte zurück, oder vielmehr sie änderte nur ihre Position rückwärts, und am 30ten gings wirklich — zurück.

Das Wetter war Anfangs recht gut, nämlich vom 29ten an: allein am dritten Oktober fiel wieder das Regenwetter ein, und nahm kein Ende, so lange wir noch in Frankreich uns schleppten.

Man hatte in der ganzen Armee ausgesprengt: der Friede mit Frankreich sei gewiss, und die Franzosen hätten sich gegeben d. i. den alten Despotismus wieder angenommen; wir hätten also in Frankreich nichts weiter zu schaffen, und wären darum jetzt auf dem Wege nach Hause. — Mir kam das Ding gleich spanisch vor, weil ich nicht begreifen konnte, wie eine Nation,

SECHZEHNTES KAPITEL

welche einen 10ten August und einen 2ten, 3ten und 4ten September mit Schrecken gehabt und gefördert hatte, sich hätte geben können, zumal da die Armee, welche sie hatte demütigen wollen, damals selbst gedemütiget, und ihr also nicht mehr fürchterlich war, auch es nicht mehr werden konnte. Ich teilte meine Bedenklichkeiten einigen Männern im Regimente mit, welche auch Selbstdenken gelernt hatten, und diese gaben mir, nachdem ich ihnen alle meine Gründe vorgelegt hatte, Recht. Besonders erinnere ich mich der guten und geraden Einsicht des Herrn Leutnants von Drygalsky, der schon, ehe wir aus dem Lager bei Hans aufbrachen, einen Einfall der Franzosen in Deutschland mit mir gleichsam als gewiss vermutete. Es wurde uns zwar stark widersprochen, aber, leider; bald erfuhr man, dass wir uns nicht geirrt hatten. Überhaupt muss man bemerken, dass der Preußische Offizier sich es erlaubt, über dergleichen öffentliche Gegenstände selbst frei zu denken, und sich nicht scheut, seine Gedanken auch zu sagen, gesetzt auch, er vermute eben nicht viel Gutes. Der Östreicher ist hierin anders gesinnt: der glaubt steif und fest, sein gnädigster Kaiser müsse halt gewinnen: der sei halt unüberwindlich! – Und so was macht sicher und lehrt nicht raffinieren!

Den vierten Oktober war ein ganz abscheulicher Marsch. Wir waren schon sehr früh aufgebrochen, aber der jämmerliche Weg hinderte das Geschütz, vorwärts zu kommen: also mussten wir den ganzen Tag, bis in die späte Nacht unterwegs bleiben, und uns von dem unaufhörlichen kalten Regen bis auf die Haut netzen lassen. Spät in der Nacht, ungefähr nach zehn Uhr, kamen wir auf dem Platze bei Besancy an, wo wir unser Lager schlagen sollten, oder vielmehr, es kam nur ein großer Teil unsrer Armee dort an: denn gar sehr viele waren zurück geblieben, teils weil sie nicht mehr fort konnten, teils auch, weil sie sich in der stockfinstern Nacht verirrt hatten.

Hier sah ich ein grässliches Schauspiel. Der Packknecht des Herrn Leutnants von Baschwitz war vor Mattigkeit in einen Weinberg gekrochen, und dort eingeschlafen. Ein Offizier vom Regimente Woldeck

SECHZEHNTES KAPITEL

ritt eben auch da durch, und sein Pferd trat dem armen Kerl auf die Brust, dass ihm das Blut zum Munde herausquoll. Wahrscheinlich hatte der Offizier diesen Unfall nicht bemerkt. Der Packknecht wurde unter unaufhörlichem Jammern eine Strecke vorwärts getragen, um ihm Hilfe zu schaffen; aber vergebens: es fehlte an Wagen, worauf man Kranke hätte legen können. Man setzte ihn also ab, und ließ ihn unweit dem Wege liegen, wo er wahrscheinlich gestorben ist; wenigstens hat man ihn nicht mehr gesehen.

Ein anderes Unglück traf auf demselben Marsche einen Artilleristen, dem beide Beine durch das Umwerfen einer Kanone zerschmettert wurden: auch dieser ist im Kote liegen blieben, und gestorben. —

Den Tag nach diesem scheußlichen Marsche war Ruhetag: man musste nämlich Halt machen, um den zurückgebliebnen Leuten Zeit zu lassen, sich wieder zu sammeln. Hier sah man das erste Mal Viele ohne Gewehr und Patrontasche ankommen. Die armen Leute hatten schon vollauf Mühe, nur ihren Körper fortzuschleppen, warfen also die Waffen weg, unter deren Last sie sonst hätten erliegen müssen. Einige schmissen sogar ihre Tornister fort. Der König selbst hat auf diesem jämmerlichen Rückzuge allen Soldaten, die er durch Hunger, Kälte, Regen und Ruhr abgemattet, und wie Skelette gestaltet, einzeln unterwegs antraf, den Rat gegeben, ihr Gewehr wegzuwerfen, mit dem Zusatz: er wollte ihnen schon wieder andere schaffen. Eben dieses rieten den abgematteten Kriegern alle Generale und Offiziere, in deren Busen noch Menschlichkeit rege war.

An diesem Ruhetage nahm Herr von Mandelsloh mich mit in das Dorf Besancy, um einigen Vorrat aufzusuchen, der jetzt äußerst selten geworden war. Ich war hier so glücklich, das Haus eines ehrlichen Bauers, durch des Herrn von Mandelsloh nachdrückliches Verwenden, gegen die Anfälle der Soldaten vom Regimente Woldeck vor der Plünderung, und dessen Scheune vor dem Furaschieren zu schützen; und dieses versüßte mir nachher die Beschwerlichkeit des äußerst kotigen Weges, wenn ich so ging und dachte an das: homo homini lupus[1]. —

---

[1] Aus der *Asinaria* des Plautus: »Der Mensch ist des Menschen Wolf.« Bekannt gemacht hat den Satz Thomas Hobbes (1588–1679), der ihn seinem Werk *De Cive* (1642) voranstellte, in dem er postuliert, im Naturzustand der Menschen herrsche ein ständiger Krieg aller gegen alle.

SECHZEHNTES KAPITEL

Der Soldat im Lager ist gewöhnlich lebhaft und munter: er singt, und treibt sonst allerlei, um die Zeit hinzubringen, und das Lästige zu vergessen. Aber in den Lägern, welche wir, besonders auf dem Rückzuge aus Frankreich, aufschlugen, herrschte Totenstille: kein lautes Wort hörte man, wenn nicht hie und da einer fluchte, oder mit seinem Kameraden zankte. Freundlicher Zuspruch war ganz außer Mode. —

Von da marschierten wir einige Tage hinter einander, oder vielmehr wir wateten durch Wasser und Kot bis auf den 9ten Oktober. — Wegen der gewaltigen Wege und des beinahe immer anhaltenden Regens konnte man nur ganz kleine Märsche von 3, 4 höchstens 5 Stunden machen, und doch brach man jedesmal mit dem Tage, oft auch noch vor Tage auf, und marschierte bis zur sinkenden Nacht. Kamen wir dann endlich an den Ort, wo das Lager sein sollte, so wurden die Zelte aufgestellt, freilich nicht so, wie bei der Revüe zu Magdeburg oder zu Berlin, sondern, wie man nur konnte. Oft legten sich die Soldaten aus mehrern Zelten zusammen in Eins, und ließen die andern unaufgeschlagen im Kote liegen.

Waren die Zelte aufgeschlagen, so gings in die Dörfer nach Stroh und Holz, und nach Futter für die Pferde: beiher wurde mitgenommen, was noch da war, und die entflohnen Einwohner nicht vergraben oder versteckt hatten. Alle Dörfer, bei denen die Armee gestanden hatte, wurden wüst und öde. Fand man in den Gärten noch Gemüse, so machten die hungernden Soldaten sie sich zu Nutze und kochten sie zum Kommissfleisch. In diesen Gegenden gibt es starke Bienenzucht: aber die Bienenstöcke, welche in den Dörfern, die wir passierten, anzutreffen waren, wurden alle verdorben und beraubt. Manche Soldaten wurden dabei oft so von den Bienen zerstochen, dass sie ganz unkenntliche Larven hatten. Der Anblick dieser im Gesicht und an den Händen dickgeschwollnen Bienenstürmer hat Manche lachen gemacht.

Das Elend wurde täglich größer: die Wege wurden immer schlechter, und die Mannschaft, wie die Pferde, matter und kränker. Von Hans an bis nach Luxembourg war der Marsch der Preußen mit toten Pferden

SECHZEHNTES KAPITEL

wie angefüllt: alle fünf Schritte lag so ein Tier, entweder schon tot oder doch dem Tode nahe. Manche hatte man auch, weil sie gar nicht mehr ziehen konnten, laufen lassen und sie dem Hungertode preis gegeben. Vielleicht haben nach unserm Abzuge die Bauern sie aufgefangen oder aus Mitleid getötet. Es war wirklich ein schrecklicher Anblick, so viel armes Vieh da herum liegen zu sehen, das zum Teil noch lebte, und über deren Körper Wagen, andre Pferde und Menschen quatschten. Aber für Pferde durfte man damals kein Mitleid haben: man konnte es nicht mal für Menschen! —

Die Kranken — mir schaudert noch die Haut, wenn ich an das Übermaß all des Elends denke, welches unsre armen Kranken auf dieser verfluchten Retirade überstehen mussten! — Die Kranken also mehrten sich jeden Tag, so, dass endlich kaum Fuhren genug zu haben waren, sie wegzubringen. Das Übel, welches unser Heer so schrecklich zerstörte, war, wie wir wissen, besonders die Ruhr: es lagen aber auch sehr viele an Gicht und andern arthritischen Zufällen. Die Ruhr mehrte sich durch den Notgenuß des unreifen Obstes und Weins.

Unsre Läger sahen bei unserm Aufbruch auch hier noch immer aus, wie Begräbnistätten, oder wie Spitalhöfe. Die ekelhaften blutigen Exkremente machten einen scheußlichen, und die da und dort liegenden Kranken und mit dem Tode erbärmlich Ringenden einen schrecklichen Anblick. Jeden Tag hatte ich den deutlichsten Beweis für meinen alten Satz: dass der Mensch — nach unsrer jetzigen bürgerlichen Einrichtung — eigentlich wie bestimmt sei, lasterhaft und unglücklich zu werden, und dass wenigstens gewisse Vorschriften der Moralphilosophie sich jetzt oft nicht anwenden lassen, folglich jetzt nichts weniger, als allgemein sind.*)

Wie viel lasterhafte Menschen und wie viel Elende und Unglückliche hat der jetzige Krieg gegen die Franzosen nicht schon gemacht! Und doch ist der Krieg

2 Mary Wollstonecrafts (1759–1797) bahnbrechende Schrift erschien in 2 Bänden 1793–1794.

*) Was Rousseau in dieser Rücksicht, den Künsten und Wissenschaften zur Last gelegt hat, ist bekannt: aber die Engländerin, M Wollstonecraft, sah tiefer und richtiger. Die Gedanken und Äußerungen dieses philosophischen Weibes verdienen in mehr als einer Rücksicht die Beachtung aller Männer, welchen Menschenwohl warm am Herzen liegt. Man findet sie in der *Rettung der Rechte des Weibes, mit Bemerkungen über politische und moralische Gegenstände*[2], — Aus dem Englischen mit Anmerkungen von Salzmann. Man sehe nur die ersten Kapitel des ersten Bandes durch, um selbst zu sehen, ob ich zu viel sage.

SECHZEHNTES KAPITEL

3 Hugo Grotius (1598–1645), schrieb mit *De Jure belli ac pacis libri tres* (1625) ein Grundlagenwerk des Völkerrechts.

4 Nebensächlichkeiten

5 Karl Wilhelm Jerusalem (1747–1772), Johann Gottfried Herder (1744–1803) und Jakob Christoph Iselin (1681–1737)

6 Samuel von Pufendorf (1632–1694) gilt als Vater der Vernunftrechtslehre; *De jure naturae et gentium libri octo* beschäftigte sich mit Natur- und Völkerrecht und erschien 1672.

7 Samuel Georg Edward Warrens *Trakimor, oder das goldene Land* erschien in der deutschen Übersetzung von Christian Friedrich Sintenis in zwei Bänden 1787 und 1788. Von Sintenis selbst stammen die *Briefe über die wichtigsten Gegenstände der Menschheit*.

) 198 (

8 eine Maßnahme gegen

selbst, laut aller Bücher über theologische und philosophische Moral, von Hugo Grotius[3] bis auf Göchhausens hochadlige Schriften, kein Laster für sich, ja, er muss wohl noch eine edle Handlung sein nach den hohen und vielen Lobsprüchen, die wir in unsern Dedikationen, Gedichten und Predigten auf die Helden antreffen. Die Laster und das Elend, welches der Krieg mit sich bringt, sind freilich Accidenze[4], wie die Herren Jerusalem, Herder, Iselin[5] und andre große Männer sprechen. Aber es sind doch Accidenze, welche aus dem Wesen des Kriegs selbst fließen, folglich davon unzertrennlich sind. Da nun der Krieg nicht nur nicht unerlaubt, sondern sogar in gewissen Fällen Pflicht ist (nach Grotius und Pufendorf[6]): so muss man oft aus Pflicht etwas unternehmen, wovon Elend und Laster unzertrennlich sind, ja, wodurch beide vermehrt und da, wo sie noch nicht sind, notwendig erzeugt werden. Folglich hat die Natur, oder das, was sonst diese gegenwärtige Einrichtung der Dinge gemacht hat, sehr übel für das menschliche Geschlecht gesorgt, indem sie uns Pflichten auferlegt, deren Erfüllung Elend und Laster verbreitet, und uns zur Erfüllung andrer Pflichten, und zum Genuss der gemeinschaftlichen Güter unfähig macht. — Das sind freilich abscheuliche Wahrheiten, aber es sind doch Wahrheiten, welche sich leider bei der Betrachtung solcher abscheulicher Gegenstände, wie der Krieg ist, von selbst aufdringen. Ich will sie nicht weiter ausführen, und wünsche allen meinen Lesern, dass sie durch eigne Erfahrung nie davon mögen überzeugt werden.*) Kants philosophischer Entwurf zum ewigen Frieden wäre freilich das beste Präservativ[8] dawider: aber dieser philosophische Erlöser der Welt predigt jetzt noch in der Wüste. —

Die Toten, welche im Lager gestorben waren, sind dort liegen blieben, und man überließ ihr Begräbnis den Franzosen, welche allemal über die Stellen uns nachzogen, wo unsre Läger gestanden waren. Diese, ob sie gleich als Franzosen unsre Feinde hätten sein sollen, hatten doch als gutmütige Menschen, Mitleid mit unserm Elende, und

) 197 (

*) Um die Wichtigkeit dieses Wunsches, nach der ganzen Abscheulichkeit des Krieges, näher kennen zu lernen, lese man die II. B. des goldnen Romans: *Trakimor*[7], S. 157 u. ff.: dann den Aufsatz über den Krieg im Zweiten Teil der *Briefe über die wichtigsten Gegenstände der Menschheit*, S. 147 ff. Wen hier nicht schaudert und dies nicht antreibt, mit ganzer Seele in meinen Wunsch einzustimmen, ist mehr als Unmensch.

SECHZEHNTES KAPITEL

[9 »Was sind wir!«]

bedauerten die armen Unglücklichen, die so jämmerlich um ihr Leben kommen mussten. Als ich im Jahr 1794 im Sommer, auf Robespierre's Befehl, zu Mâcon im Gefängnis saß, sprach ich mit einem Chasseur, welcher zur Zeit unsrer Retirade bei der Armee des Generals Dumouriez gewesen, und unsrer Armee mit nachgezogen war. Dieser versicherte mich, und ich konnte es gar leicht glauben, dass sie mehrmals Halbtote angetroffen hätten, zurückgelassen von den Preußen in ihren Lägern. — Dass man wirklich Tote unbegraben liegen ließ, entschuldigt unsere damalige Lage: dass man aber auch unvermögende lebendige Menschen dahin liegen ließ, war doch schrecklich und grausam! Der König hat von dieser Barbarei gewiss nichts gewusst, vielleicht wussten es nicht einmal die hohen Generale: aber einzelne Offiziere hätten es wissen müssen, und diese hätte man zu schwerer Verantwortung ziehen sollen. Doch — wo kein Kläger ist, da ist auch kein Richter; und wer verklagt gern seinen Hauptmann? — Dass indes dieser Anblick den Franzosen gedient hat, sich in ihrem Abscheu gegen alles, was Monarch und Monarchie heißt, noch mehr zu befestigen, lässt sich denken, und der Chasseur erzählte mir sehr viel davon.

Auf den Wagen, worauf die Kranken transportiert wurden, fehlte es an aller Bequemlichkeit: die armen Leute wurden drauf geworfen, wenn sie sich nicht selbst noch helfen konnten, wie man die Kälber auf die Karren wirft, und damit war es dann gut. Niemand bekümmerte sich, ob so ein Kranker etwas unter dem Leibe oder dem Kopfe hatte, ob er bedeckt war, oder nicht: denn die, welche sich um dergleichen hätten bekümmern sollen, waren meistens selbst krank, und hatten kaum Kräfte genug, sich fortzuschleppen. Starb einer unterwegs, so warf man ihn von dem Wagen auf die Seite, und ließ ihn unbegraben liegen. Oft warf man noch Lebende mit herunter, die dann aufs jämmerlichste im Schlamme verrecken mussten*). Meine Leser müssen hier nicht an Übertreibung denken: ich würde, wenn ich auch noch abscheulicher schilderte, doch lange nicht genug

*) Verrecken ist freilich ein sehr unedles Wort: es passet aber vollkommen, die Todesart unsrer Brüder auf dem Rückzuge aus Frankreich zu bezeichnen. Quid sumus![9] —

SECHZEHNTES KAPITEL

sagen.*) Auf allen Dörfern blieben Kranke zurück, die denn meistenteils aus Mangel an Pflege und Nahrung jämmerlich umkamen.

10 Das Werk Bernhard Sebastian Naus (1766–1845) (*Geschichte der Deutschen in Frankreich und der Franzosen und Deutschland und angrenzenden Ländern*) erschien 1794.

*) Man sehe auch noch: *Geschichte der Deutschen in Frankreich*, von Nau[10], Band zwei S. 191.

Siebzehntes Kapitel.
Fortsetzung des vorigen.

Den 8ten Oktober musste der Befehl gegeben werden, die Dörfer in der Gegend auszuplündern. Viele unsrer Leute glaubten, das sei die Folge eines geringen Angriffs der Franzosen auf die Östreicher, und meinten, dass man auf diese Art jenes Unrecht (man denke doch!) durch Plünderung der armen Bauern rächen wollte. Allein dieser Gedanke war falsch: denn bloß der große Mangel an Nahrung für Menschen und Vieh, und besonders für das Hauptquartier, nötigte den Herzog von Braunschweig, diesen sonst menschenfreundlich denkenden Fürsten, die Ausplünderung von etwa neun Dörfern zu befehlen, welche auch durch mehrere Bataillons Infanterie und Husaren ausgeführt wurde.

 Der Herzog hatte zwar befohlen, dass man strenge Mannszucht halten, und beim Plündern niemand beleidigen sollte. Aber man bedenke, ob ein solcher Befehl wohl, als zur rechten Zeit gegeben, angesehen werden könne? Einem Soldaten, welcher plündern soll, welcher in Feindes Landen zu sein glaubt, welcher seit zwei Monaten alles Elend ausgestanden hat, und darum vor lauter Erbitterung grollsinnig einher schleicht, dem will man befehlen, beim Plündern menschlich zu sein? Aber die Herren waren es auch nicht im geringsten: die Pferde, Ochsen, Schweine, Hühner, Gänse, kurz, alles, was man nur von Vieh finden konnte, sogar Hunde, trieb man zusammen. Dann nahm man aus den Dörfern, was nur noch zu nehmen war, besonders den ungedroschnen Weizen für die Pferde, und prügelten die Bauern und die Weiber, welche nicht noch entflohen waren, gar jämmerlich. Es waren aber zu der Zeit wenige noch entflohen, weil sie glaubten, Preußen und ihre Nation habe einen friedlichen Traktat abgeschlossen, und erstere zögen als ihre Freunde jetzt zurück. Man hat für gewiss versichert, dass bei dieser Plünderung mehrere Bauern totgeschlagen oder totgehauen seien; und ich mag dieses gar nicht in Zweifel ziehen: ich weiß, wie sehr unser Volk litt, und wie sehr es eben darum gegen die Franzosen, die ein großer Teil noch immer als die Urheber alles ihres Unglücks ansah, aufgebracht war.

) 202 (

Alle Furage, alles Gemüse usw. wurde am Hauptquartier zu Conconvoix in Empfang genommen. Darüber entstand ein gräuliches Murren, besonders unter den Husaren, welche nun nichts für ihre Pferde zu füttern hatten: dieses Murren aber legte sich, als man ihnen versprach, sie den andern Tag abermals plündern zu lassen.

Es war wirklich sonderbar anzusehen, wenn ein Bauer, dem sein Pferd oder seine Ochsen, Kühe usw. genommen waren, ins Lager kam, und sich beschwerte. Man befahl ihm, das entwendete Stück Vieh aufzusuchen, führte ihn aber nicht dahin, wo er es hätte treffen können; und traf er es von ungefähr, so schwor gleich ein Husar oder sonst jemand Stein und Bein zusammen, dass sich der Bauer irrte, und dann musste dieser abfahren, auch wohl, wenn er sich nicht gleich fügte, noch eine Tracht Hiebe mit nach Hause nehmen. Doch muss ich dem Herzog und dem General Kalkreuth nachrühmen, dass sie entwendetes Vieh einige mal wirklich haben zurückgeben lassen.

Am 9ten Oktober wurde also abermals geplündert oder, wie man es nannte, furaschiert. — Mir ist nicht selten der Gedanke eingefallen, dass, wenn die Franzosen das dortige flache Land auf fünf Meilen im Umkreise zerstört und die Dörfer abgebrannt hätten, die Preußische Armee in die äußerste Hungersnot geraten wäre. —

Um diese Zeit fing man auch an, die Munitionswagen zu verbrennen und die Kanonen einzugraben. Viele unsrer Offiziere haben, vor übertriebner Ehrbegierde, dieses zwar nirgends gern eingestanden, und ich habe selbst einige dreist behaupten hören, dass die Preußen niemals Kanonen eingegraben hätten, und dass es Lästerung sei, ihnen dergleichen Schuld zu geben. Aber dieser Einrede ungeachtet, muss ich hier bekennen, und jeder Augenzeuge wird es mit mir bekennen, dass diese Sage ihre Richtigkeit hat. Eben in der Gegend von Conconvoix wurde eine Haubitze versenkt und hernach mit toten Körpern überdeckt, damit das Grab der Haubitze für ein Grab menschlicher Leichname angesehen, und von den Franzosen nicht untersucht werden mochte. In der Folge sind aber, um einer Pest vorzubeugen, von den Franzosen alle Leichen der Preußen in tiefe Löcher vergraben worden; und da haben sie denn alles eingegrabne Geschütz entdeckt und zu ihrem Gebrauch umgegossen.

Die meisten Soldaten leerten auch ihre Patrontaschen aus, und warfen die Patronen weg; und dieses war ihnen um so weniger zu verdenken, da schon alles Pulver durch die anhaltende Nässe ganz verdorben, und unwirksam geworden war. Ich selbst habe meine Munition weggeworfen, und bin bis Monthabauer ohne alle Munition gegangen.

Am 10ten kamen wir bei Lauremont ins Lager, aber man konnte hier kein Stroh bekommen, uns drauf zu legen: die Dörfer waren schon vorher durch die Kavallerie von allem Stroh beraubt worden. Wir mussten daher auf der bloßen nassen Erde in den Zelten herum liegen; und da es noch obendrein die Nacht stark regnete, und das Wasser auch hier wieder in unsre

SIEBZEHNTES KAPITEL

Zelte eindrang, so brachten wir abermals eine ganz abscheuliche Nacht hier zu.

Die Märsche an den folgenden Tagen waren alle gleich abscheulich: die Pferde stürzten schrecklich zusammen, und konnten das Geschütz nicht mehr fortbringen. Da man aber dasselbe nicht alle vergraben wollte, so mussten die Kavalleristen ihre Pferde dazu hergeben. Dies geschah, und die Reuter, welche hatten absitzen müssen, warfen nun ihre Gewehre auch weg: und so sah man Karabiner, Pistolen, Sättel und Kürassiersäbel häufig im Kote herumliegen.

Am 13ten Oktober war ein noch schrecklicherer Marsch. Wir konnten kaum in einer Stunde 200 Schritte vorwärts kommen: so ganz abscheulich war der Weg, und so sehr hielt uns die Artillerie und Bagage auf. Als wir bis auf den Abend gegangen, oder vielmehr gekrochen waren, erreichten wir endlich die Stelle, wo wir lagern sollten. Aber kaum hatten wir abgelegt, als wir sofort Order bekamen, vorwärts zu marschieren. Der kaiserliche General Hohenlohe hatte seinen Abmarsch von Stenay verfrüht, und dadurch unsre rechte Flanke entblößt.

Man marschierte fort bis des Nachts um elf Uhr, oder vielmehr, die Leute tappten herum in der stockfinstern Nacht, bis man endlich in einem Hochwalde Halt machte. Hier standen wir nun bis den 17ten ohne Zelte, weil die Bagage unmöglich hatte vorwärts können. Kaum waren einige elende Zelte für den König und die Prinzen aufzubringen. Es regnete diese ganze Zeit über erbärmlich, und unsre Armee befand sich in den kläglichsten Umständen. Die hohen Eichbäume wurden abgesägt, gespalten und verbrannt. Die Feuer waren zwar auch hier höllisch groß, doch aber kaum hinlänglich, uns zu erwärmen. Ich entsinne mich nicht, jemals in einer elendern Lage gewesen zu sein.

Wir fanden auf den Feldern einige Kartoffeln, welche denen, die sie fanden, zur Nahrung dienten. Aus den Dörfern wurden auch noch einige Lebensmittel herbeigeschafft: auch schlachtete man das noch vorhandene Vieh, und teilte das Fleisch unter die Soldaten.

Es wurde während unsers Stillstands im Walde alles angewandt, das Geschütz und die Wagen fortzu-

SIEBZEHNTES KAPITEL

bringen: man ließ noch mehr Kavalleristen absitzen, und ihre Pferde vor die Kanonen spannen.

Ein Korporal kam hier ganz krumm nach dem königlichen Zelte, und sah wegen seiner Ruhr aus, wie ein Gerippe. Der König stand da, und sah mit mitleidig-gebeugtem Blick dem übergroßen Elende seines Volkes zu. Als er den Unteroffizier erblickte, sagte er zu ihm: Wie geht's, Alter?

UNTEROFFIZIER Wie Sie sehen, Ihre Majestät, schlecht!
KÖNIG Ja wohl, schlecht! dass Gott erbarm! (lange Pause) Die Spitzbuben!
UNTEROFFIZIER Ja wohl, die Spitzbuben, die Patrioten!
KÖNIG Ei was, Patrioten! Die Emigranten, das sind die Spitzbuben, die mich und euch ins Elend stürzen. Aber ich will's ihnen schon gedenken!

So sah also der gutmütige König jetzt besser ein, wer ihn missleitet hatte. Er hatte das nämliche schon dem Monsieur (dem Grafen von Provence) und dem General Clairfait zu Hause gesagt. Ihr habt, waren seine Worte, mich alle beide hintergangen: diesmal will ich euch noch aus der Not helfen, worin ihr stecket, aber ihr sollt an mich denken. *)

Diese Gesinnung des Königs, welche nur zu gut gegründet war, — ward nun auch die der ganzen Armee, und jeder Preuße hasste alle Emigrierten mit dem größten Recht von der Welt. Ihren lügenhaften und herrschsüchtigen Vorstellungen hatten wir all unser Elend ursprünglich zu danken. —

*) Nau im angeführten Buche, S. 185.

Verdun wurde indessen am 14ten Oktober dem General Kellermann von uns wieder übergeben. Ob die Franzosen die dabei gemachten Bedingnisse gehalten haben, ist eine Frage, die Herr von Beulwitz in dem Magazin der neuesten Kriegsbegebenheiten in Rücksicht der Kranken verneinet. Ich halte die Nachrichten dieses braven Offiziers, den ich selbst kenne, und dessen Rechtschaffenheit ich eben so sehr, als seine Kenntnisse schätze, für wichtig, und eben daher will ich in einem der folgenden Kapitel meine Bemerkungen darüber anbringen.

SIEBZEHNTES KAPITEL

Den 17ten Oktober brachen wir aus dem Walde von Chatillon—einer ehemals schönen, jetzt aber gänzlich zerstörten Abtei—auf, und marschierten vorwärts auf Longwy zu. Auch dieser Marsch war, wie alle vorhergehende und folgende, abscheulich.

Das Gewehr, welches unsre Kavalleristen weggeworfen hatten, machten sich an diesem Tage die zusammengerotteten Bauern zu Nutze, fielen unsern Nachtrab an, schossen einen Husaren tot, und nahmen andere noch gefangen. Die Bauern wollten sich wegen ihrer ausgeplünderten Dörfer, und wegen ihres geraubten Viehes rächen. Ces mâtins de prussiens, riefen sie, payeront de leurs têtes nos vache et nos oignons[1]; und damit schossen sie los. Die Arrieregarde[2] der Preußen kam dadurch in große Unordnung. So sehr war unser Mut und Ansehn gesunken, dass elende Lotharinger Bauern uns angreifen und zerstreuen konnten. Aber die französischen Husaren befreiten unsre Gefangnen aus den Händen ihrer Bauern, und schickten sie uns zurück.—Dieser Umstand ist zwar an sich geringfügig, er dient aber doch, die traurige Lage zu beweisen, worin sich damals unsere Armee befand. Hätten die Franzosen uns damals ernstlich angegriffen, als wir im Walde bei Charillon standen, ich glaube, wir wären verloren gewesen.

Dass aber selbst die Franzosen unsere damalige Lage genau gekannt haben, erhellet aus Folgendem. Eine Hessische Patrouille wurde von einer Französischen attakiert. Die Hessen wehrten sich verzweifelt, doch wurde ihr Offizier, Herr Leutnant von Lindau, gefangen. Der General Dillon schickte diesen Braven an den Landgrafen zurück, mit einem Schreiben, welches ich, seiner Merkwürdigkeit wegen, hier einrücke:

»Ich habe die Ehre, Seine Durchlaucht, dem Landgrafen von Hessen-Kassel, den Leutnant Lindau zurückzuschicken. Aus dem Zeugnis, das ich diesem Offizier habe geben lassen, werden Sie ersehen können, dass die allezeit große, allezeit großmütige französische Nation eine schöne Tat zu schätzen weiß, und auch an ihren Feinden Tapferkeit hochschätzt. Ich ergreife diese Gelegenheit, Seiner

---

[1] »Diese preußischen Schelme werden unsere Kühe und unsere Zwiebeln mit ihren Köpfen bezahlen!«

[2] Nachhut

Durchlaucht einige Gedanken vorzulegen, welche Vernunft und Menschenliebe eingeben. Sie können nicht in Abrede sein, dass eine ganze zusammengenommene Nation das Recht habe, sich diejenige Regierungsform, die sie für ratsam hält, zu geben, und dass folglich kein Privatwille, den Willen der Nation hemmen könne. Die freie und auf ewig ganz unabhängige französische Nation, hat ihre Rechte wieder an sich genommen, und ihre Regierungsform abändern wollen: das ist in wenig Worten der Inbegriff desjenigen, was in Frankreich vorgeht. Seine Durchlaucht von Hessen-Kassel haben auch ein Corps Truppen nach Frankreich geführt. Als Fürst opfern Sie ihre Untertanen für eine Sache auf, die Sie nichts angeht, und als Krieger müssen Sie die Lage einsehen, worin Sie sich jetzt befinden. Sie ist gefährlich für sie: Sie sind umringt: ich rate Ihnen, morgen früh den Rückweg nach ihrem Lande anzutreten, und das französische Gebiet zu räumen. Ich will Ihnen die Mittel verschaffen, sicher an den französischen Armeen vorbeizukommen, die sich verschiedner Posten, wo Sie durch müssen, bemächtiget hat. Dieser Antrag ist freimütig: ich verlange eine kategorische und förmliche Antwort. Die französische Republik entschuldigt einen Irrtum: Sie weiß aber auch einen Einbruch in ihr Gebiet und die Plünderung desselben, ohne Erbarmen zu rächen.

Dillon

N. S. Ich sende Ihnen diesen Brief durch meinen Generaladjutanten Gobert, der auf Ihre Antwort warten wird. Ihre Beschleunigung ist dringend notwendig: ich bin im Begriff, zu marschieren.«

Dieses Schreiben beweist hinlänglich, dass Dillon die üble Lage der deutschen Völker genau kannte. Das Schreiben war aber in einem Tone abgefasst, welcher einem Fürsten, wie der Herr Landgraf von Hessen

SIEBZEHNTES KAPITEL

ist, unmöglich gefallen konnte. Nachdem also dessen Inhalt durch einen Zufall bekannt geworden war, so wurde auf Befehl des Landgrafen ausgesprengt: es sei erdichtet, oder doch wenigstens nicht in die Hände Seiner Durchlaucht gekommen, noch weniger aber habe er es beantwortet. — General Dillon erfuhr dieses, und ließ nun unter seiner Bürgschaft das Schreiben, nebst der Antwort, welche auf Befehl des Herrn Landgrafen darauf gegeben, und freilich eines auf seine Fürsten-Ehre höchst eifersüchtigen Mannes würdig war, durch den Druck und durch Zuschreiben an Preußische Generale bekannt machen.

Ich überlasse es meinen Lesern, die hierher gehörigen Anmerkungen selbst zu machen — einmal über unsre damalige Lage, dann über den offnen und edlen Republikaner-Sinn, und endlich über die diplomatischen Kunstgriffe des Dünkels, der Macht und des Schlendrians.

Achtzehntes Kapitel.
Fortsetzung. Ankunft auf deutschen Boden.

Es war schon, ehe wir die Standquartiere verließen, befohlen worden, dass man besonders für gutes Schuhwerk der Soldaten sorgen, und hinlänglich dazu mitnehmen sollte, um die abgehenden gleich wieder ersetzen zu können. Aber unsre Herren hatten so für sich auskalkuliert, dass der ganze Krieg wohl nur ein Vierteljahr dauern könnte, und waren eben darum auch in Befolgung dieses Befehls sehr nachlässig gewesen. Die Folgen der Fahrlässigkeit in einem so äußerst wichtigen Punkte zeigten sich bald. In der ganzen Armee fingen die Schuhe, bei dem scheußlichen Rückzuge aus Champagne, auf einmal so an zu reißen, dass beinahe kein einziger Soldat gutes Schuh-

ACHTZEHNTES KAPITEL

werk noch hatte. Sogar die Offiziere trugen zerrissne Stiefel, und die armen Packknechte gingen vollends gar barfuß.

Es war schändlich anzusehen, wie die Preußen da ohne Schuhe durch den Kot zerrten und ihre Füße an den spitzigen Steinen blutrünstig aufrissen. Viele hatten ihre zerrissnen Schuhe auf die Gewehre gehängt, andere trugen sie in der Hand manche hatten Lappen und Heu um die Füße gewickelt, um sie vor den kleinen scharfen Steinen zu sichern.

Freilich wurde befohlen, dass alle Soldaten, welche das Schuhmacher-Handwerk verstünden, und deren es bei allen Regimentern gibt, arbeiten, und die zerrissnen Schuhe wieder ausbessern sollten. Aber da war was auszubessern! Es fehlte ja bei den meisten an Leder, Hanf und Pech! Überdies denke man sich einen Schuster, der im Schlamme und in der Kälte arbeiten soll! Unser Hauptmann gab zwar sein eignes Zelt für die Schuhmacher her, und ließ sie darunter arbeiten, nur damit sie Platz haben sollten; und doch fehlten in unsrer Kompagnie die Schuhe eben so sehr als in andern. Der Feldwebel Gruneberg hatte immer seine wahre Not, wenn er die Wache kommandieren sollte: von vier Mann hatten allemal drei keine Schuhe, und konnten doch barfuß nicht aufziehen! Marschieren durfte man wohl barfuß, aber nicht barfuß auf die Wache ziehen!

Der schlechte Zustand des Schuhwesens machte mehr scharfe meuterische Reden bei der Armee rege als selbst der Hunger. Die Soldaten klagten laut; und brachen in Äußerungen aus, welche zu jeder andern Zeit wären bestraft worden; aber auf einem Rückzuge, wie unser Rückzug aus Frankreich war mussten unsre Offiziere schon schweigen, und die Leute murren und schimpfen lassen nach Belieben.

Bei der östreichischen Armee war es eben nicht besser: da hatten die meisten auch keine Schuhe, und liefen barfuß. Auch die Herren Emigrierten mussten barfuß mit herumpatschen, eben jene große Herren, welchen kurz vorher die Koblenzer, Wormser, Bingner und andere Schuster die Schuhe nicht leicht und niedlich genug machen konnten!

ACHTZEHNTES KAPITEL

Wie die Schuhe, so war auch die ganze übrige Montur: ein Haufen herumziehender Zigeuner sieht eben so reinlich und so ganz aus, als damals wir Preußen. Man besang uns sogar in einem Schimpfliede.

Ich habe oft in deutschen Büchern gelesen, dass die französischen Volontärs oder Sanscülotten, elend seien gekleidet gewesen: das ist sehr wahr: aber kein Deutscher hätte über den schlechten Aufzug der fränkischen Volontärs spotten sollen, da die Herren Preußen ja auch zigeunermäßig genug aus Frankreich zogen, und die Herren Östreicher und Messieurs les Emigrés nicht minder. Hierin waren wir ihnen einst ja gleich; aber wann in ihren Taten? Und Taten machen den Mann; nicht die Kleidung.

Doch es ist Zeit, meine Erzählung fortzusetzen.

Also —

Nachdem wir den 18ten gerastet hatten d. i. stille gelegen waren, weil alle unsre Wagen im Kote waren stecken blieben, so brachen wir am 19ten wieder auf, und schleppten uns noch zwei gute Stunden ins Lager dicht bei Longwy. Man hatte die schlechten Zelte weggeworfen, und Brot und Bagagewagen zurückgelassen; und doch waren kaum so viel Pferde da, als erfordert wurden, die wenigen Wagen weiter zu bringen, die uns noch übrig waren.

Der Flecken Longuion war von den Kaiserlichen, so wie alle andre Orte ihres Durchmarsches in selbiger Gegend, aufs abscheulichste geplündert worden. Auch hatten einige unwürdige Menschen dieser stolzen Armee, die aber ihren Stolz mehr durch Aufschneiderei und Härte gegen Wehrlose, als durch Siege über den bewaffneten Feind zu nähren gewohnt ist, sich an den Einwohnern vergriffen, und sie aufs schändlichste misshandelt. Sie hatten auch Feuer angelegt, und selbst die Eisenhütten zu Longuion in Brand gesteckt.

Ich muss es nochmals erinnern, was nicht zu oft erinnert werden kann, dass man die von den deutschen, besonders von den östreichischen, und nachher von den englischen Truppen, und die von dem Auswurf aller Nationen, von der Armee der Emigrierten, begangnen Gräuel vor Augen haben müsse, wenn man von

ACHTZEHNTES KAPITEL

dem Betragen der Franzosen in der Pfalz und anderwärts ein richtiges Urteil fällen will. Und doch ist an diesem richtigen Urteil für jetzt, wie für die Zukunft, überall sehr viel gelegen, sowohl in Rücksicht auf den Nationaldünkel, als in Rücksicht auf die Moralität nach dieser oder jener Regierungsform.

Bei Longuion war die Passage weit abscheulicher noch, als alle abscheuliche Passagen, welche wir bisher gehabt hatten. Der Kot ging bis an die Knie, und hin und wieder musste man durch Wiesen gehen, welche wie ein See unter Wasser standen. Tote Pferde und tote Menschen lagen in Menge unten an einem Berge, über welchen der Marsch ging: denn da hatte man die ganz Toten und die halb Toten von den Wagen herabgeworfen, um diese zu erleichtern. Es wurden hier abermals viele Wagen verbrannt, weil man sie durch den Morast nicht bringen konnte.

Gegen Nacht kamen wir endlich müde und hungrig bei Longwy an. Ich hatte hier so meine eignen Betrachtungen, welche ich meinen Kameraden mitteilte. Heute, sagte ich, ist der 19te Oktober: am 23ten September haben wir Longwy in Besitz genommen, und hofften damals so leicht, wie Longwy, ganz Frankreich zu erobern: und schon jetzt müssen wir Longwy zurückgeben, und haben Spott und Schande und unersetzlichen Schaden von unserm Einmarsch in Frankreich! So sehr hat sich unser Stolz und Manifesten-Anspruch in acht Wochen demütigen müssen! Ich bedaure hierbei keinen mehr, als unsern gutmütigen König wegen der vielen Opfer, die er an Geld, Menschen und Vieh den Emigrierten gebracht hat, nicht nur ohne Nutzen für jetzt, sondern auch mit, wer weiß, wie noch langem Verlust für die Zukunft. Ach, Preußens Ehre geht mir nahe, und vielleicht zittern wir bald vor denen, die sonst vor uns zitterten!! So sprach ich damals, und bald hieß es im ganzen Regiment: Laukhard ist ein Patriot, ein Franzose! Und doch hat – die Folge wird es zeigen – es wohl schwerlich jemand mit den Preußen besser und ehrlicher gemeint, als Laukhard.

Es geht aber überhaupt so! die Leidenschaften der Menschen wollen geschmeichelt sein, sonst ist es

ACHTZEHNTES KAPITEL

nicht recht. Wer einem Kranken sagt, dass er sterben werde, dass er gefährlich daniederliege, macht sich den Kranken und dessen Freunde zu Feinden. Selbst Locke, der große Locke ward böse über seinen Arzt, als er ihm sagte, dass er nicht 24 Stunden mehr leben würde. Es kann wahr sein, sagte der Philosoph; aber mir hätte er es doch nicht sagen sollen. Überhaupt

[1] *Die Horen*, von Goethe und Schiller zwischen 1795 und 1797 herausgegebene Zeitschrift

) 218 (

> Sollen wir freudig horchen und willig gehorchen, so musst du
> Schmeicheln! Sprichst du zum Adel, zu Fürsten, zu Königen: allen
> Musst du Geschichten erzählen, worin als wirklich erscheinet,
> Was sie wünschen! *)

*) *Horen*[1] Erster Band S. 3.

Freilich was sie wünschen! denn gerade dieses glauben sie am ersten, und sind dadurch am leichtesten zu berücken. Dies lehrt die neuere Geschichte, leider, bis zu Tränen. Die Emigrierten, ganz in die empfohlne Hofkunst eingeweiht, stellten den großen Herren die Eroberung und Unterdrückung Frankreichs so leicht, und so bald tunlich vor, dass es ihnen gelang, den gutmütigen König von Preußen und den Kaiser in den schrecklichen Krieg zu verwickeln, der eben jenes Elend über Deutschland brachte, welches ehemals ein ähnlicher Krieg des Darius und Xerxes über Persien und überhaupt über ganz Asien gebracht hat. Man kann leicht dartun, dass die Eroberung von Persien durch Alexander den Großen eine Folge der Unternehmungen der alten Persischen Tyrannen gegen die Freiheit der Griechen war: und so wissen unsre Herren gar nicht, was sie wollen, wenn sie drauf bestehen, Frankreich einen König jetzt wieder aufzudringen. Das freie Griechenland würde Persien niemals erobert haben; aber ein Griechischer König konnte dieses tun, und tat es. Wird einst Frankreich einen Alexander haben, so ist Deutschland seine Eroberung! Dies merke man sich in Wien und in Regensburg.

) 219 (

Man wird daher, nach so vielen harten Erfahrungen, doch endlich einmal klug werden, und einsehen,

ACHTZEHNTES KAPITEL

> 2 Johann Heinrich Jung, genannt Stilling (1740–1817) konservativer pietistischer Mediziner, Schriftsteller, Wissenschaftler, Mitarbeiter an Schirchas Zeitschrift »Eudämonia«, damals Professor für Ökonomie, Kameral- und Finanzwissenschaften in Marburg.

dass die aristokratisierenden politischen Kanngießer, die nach Emigrantenart alles, Groß und Klein, gegen Frankreich aufhetzen, die ärgsten Feinde der Großen, und ihrer Untertanen waren, und noch sind, und dass die braven Männer, welche den Großen und dem Publikum die Augen öffnen wollten, allerdings als ihre ersten und wahren Freunde einer Bürgerkrone wert sind. Es kommt hierbei nichts an auf gehässige Namen von Patrioten, Demokraten, Jakobinern u. dgl.: es kommt nur auf Wahrheit an, und diese Wahrheit – wer sagte sie? Ein Schirach, ein Girtanner, ein Göchhausen, ein Jung[2], ein Reichard in Gotha; oder –? Doch ich will nur weitererzählen!

Am 20ten war Ruhetag, und wir erhielten aus dem Magazin von Longwy Fleisch, Wein, Branntwein und Zwieback. Das war denn wieder zum ersten Mal gehörig gegessen, und gelabt!

Hier wurden auch die Soldaten wieder munter: denn nun hieß es: noch einen Marsch, und wir sind aus Frankreich! Die guten Leute bildeten sich ein, dass, wenn sie nur aus Frankreich wären, alles Elend gleich ein Ende haben würde, und bedachten nicht, dass der Same zu unbeschreiblichem Unglück, welches in der Folge auf unser liebes Vaterland fallen musste, schon ausgestreut war, und schon Keime gewonnen hatte.

Mein Hauptmann schickte mich nach Longwy, um einiges für ihn bei einem Tischler machen zu lassen. Ich suchte in dem dort angelegten Preußischen Lazarette einen meiner Freunde, fand ihn aber nicht, aber das Lazarett hatte ich Gelegenheit genauer zu beobachten. Ich werde in einem eignen Kapitel von dem unbeschreiblichen Elende reden, das in den Preußischen Lazaretten damals herrschte, und lasse also hier weg, was ich in der Mördergrube zu Longwy gesehn habe.

Der Tischler war ein gescheiter Mann, und sprach von den Angelegenheiten der Zeit recht artig und bescheiden; aber sein Schwager, ein Gerber, welchem die Preußen sein Leder genommen und nicht bezahlt hatten, räsonierte bitter und schalt auf die Preußen derb, noch derber aber auf die Östreicher. Ich remonstrierte dem Menschenkinde, dass es unklug sei

ACHTZEHNTES KAPITEL

auf die Preußen zu schimpfen, da sie noch Longwy in Besitz hätten. »Wie, erwiderte er, was haben die Preußen in Besitz? Aus Gnade und Barmherzigkeit lassen wir sie hier durch, und da dürfen sie sich nicht dick machen! Ich will den sehen, der einem Franzosen ein Haar krümmen sollte: der würde schön ankommen, wär es auch Euer Braunschweig selbst. Es ist nicht mehr, wie's vor sechs Wochen war.« Ich merkte, dass der Mann Recht hatte, und zuckte die Achseln.

Sonntags den 21ten Oktober verließen wir das Lager bei Longwy, und marschierten aus dem französischen Gebiete ab.

Ehe ich dieses Kapitel schließe, will ich den Leser noch auf eine Bemerkung aufmerksam machen und die ist: dass gerade zu der Zeit, als die verbündete Armee ihre Operationen gegen Frankreich betrieb, die französische Nation ihre monarchische Staatsform in eine republikanische veränderte, und dass eben diese Veränderung im Manifeste des Herzogs von Braunschweig, und in dem Anfall der deutschen Armee auf Frankreich, ihren Grund gehabt hat; dass folglich eben die Mittel, welche dienen sollten, dem Könige, Ludwig XVI. seine alte despotische Gewalt wieder zu erringen, gerade diese Gewalt zernichtet, und den Grund zur nachherigen Hinrichtung dieses Fürsten gelegt haben.

Hieraus folgt nun unwidersprechlich, dass eben der Krieg der fremden Potentaten gegen Frankreich die Freiheit dieses Reichs gegründet hat, dass folglich diese Freiheit so lange bestehen muss, als der Krieg währt: denn im Kriege liegt ja ihre Entstehung, oder der zureichende Grund ihres ersten Daseins. Da nun, wie aus der Geschichte aller Zeiten erhellt, die Freiheit im Kriege (wie Plutarchus sagt) allemal Enthusiasmus ist, Enthusiasmus aber entweder erst mit seinen Helden zu Grunde geht, wie dort mit Leonidas und seinen braven Brüdern bei Thermopylä, oder seinen Feind mutig besiegt, wie im Miltiades bei Marathon: so ist es nicht nur eine gefährliche Sache, den Krieg mit einem freigewordenen Volke fortzusetzen, wie die Begebenheiten von 1792, 93, 94, 95 und 96, nebst der Geschichte der Griechen, Schweizer, Niederländer und Nordamerikaner beweisen, sondern es ist auch selbst für das Interesse der Könige eine höchst absurde, zweckwidrige Sache: denn eben dadurch, dass man das freie Volk bekriegt, macht man es aufmerksamer, einiger, mutiger, trotziger, folglich tapferer, kräftiger, selbstständiger, und zum Widerstande fähiger – die andern Folgen nicht einmal mitzuzählen, wie da sind, dass die Herren Potentaten sich vergebens erschöpfen, sich der Beschimpfung und Verachtung preisgeben, dadurch selbst bei ihren Untertanen immer mehr an Ansehn verlieren, lächerlich werden, ja, nach und nach bei ihnen den Gedanken und den Mut erregen, es der bekriegten aber freien Nation nachzumachen, und sich von der oft beschimpfenden und widersinnigen Vormundschaft eines Menschen zu befreien, der wohl leicht selbst mehr als sie eines Vormunds zuweilen noch bedürfte. u. dgl.

Frankreich hat das alles klar und mächtig bewiesen, wenn gleich einige politische Queerseher ihres Gleichen haben weiß machen wollen: dass Belladonna und die Guillotine die französischen Soldaten die Gefahren habe verachten und den Feind überall tapfer angreifen machen. Aber wehe über das Hirn dieser armseligen politischen Schlucker! Tyrannei soll tapfer machen!! – Braver Moncey, und du ehrwürdiger Dampier, edler Beaurepaire, und all ihr würdigen Verteidiger eures Vaterlandes gegen so viel Feinde, – Ihr, deren Blut für das hohe Kleinod der Freiheit verspritzt ist, Ihr also habt euer Leben aufgeopfert aus Furcht vor der Guillotine? Das können nur die Philosophen, die Höflinge und die Minister zu Schilda glauben! Aber ein Mensch, der Menschenverstand hat, und nur etwas historische Kenntnisse besitzt, hat hier andre Gedanken: er denkt, dass Druck und Drang von inkompetenten oder despotischen Richtern notwendig Freiheitssinn erzeugt; dass Krieg diesen Freiheitssinn vermehrt, und bis zum Enthusiasmus erhebt, und dass dann eine freie Nation wenigstens so lange frei sein muss, als der Krieg währt, oder als sie noch befürchten kann, dass man ihr die Freiheit rauben wolle. Dieses ist eine goldne Wahrheit, die allen wah-

ACHTZEHNTES KAPITEL

[3 »Das Ergebnis ist der Lehrer der Dummköpfe.« (Der Satz ist allerdings nicht von Cicero, sondern von Livius, *Ab urbe condita* 22, 39, 10).]

ren Weisen längst eingeleuchtet hat, und endlich auch noch denen in England einleuchten wird, von welchen Cicero weissagt, wenn er spricht: Eventus stultorum magister[3]. Man hat das ja schon gesehen!

Was hoffte man nicht alles im Juli 1792! Man hoffte, dass Frankreich sich sofort ergeben d. i. den König als souverän wiederanerkennen würde. Man rückte deswegen so schlecht vorbereitet an. Allein je näher die Gefahr für Frankreich erschien, desto mehr hob sich jener Freiheitssinn, der den Republikanern allein eigen ist. Die grässlichsten Blutszenen machten den Anfang. Man denke an den 10ten August! Die Alliierten erobern Longwy und Verdun, und siehe da in Paris den Auftritt vom 2ten September! Endlich erklärt sich, die Nation für frei, und setzt ihren König gänzlich ab, und das gerade damals, als man zu einem entscheidend sein sollenden Treffen Anstalt machte. Ergo hat ja der Krieg selbst, und zwar der Krieg allein, den Gedanken der Nation rege gemacht: »wir wollen frei sein, und für unsre Freiheit leben oder sterben!« —

Neunzehntes Kapitel.
Anmerkungen über eine Relation des Herrn Hauptmanns von Beulwitz.

Als die Festung Verdun den Franzosen wieder übergeben wurde, so blieb noch ein preußisches Lazarett daselbst zurück, und Herr von Beulwitz, damals von dem Schenkischen Bataillon, erhielt das Kommando über dieses Spital. Was er da hat ausstehen müssen, hat

NEUNZEHNTES KAPITEL

1 (gemeinen) Volk

2 von Gesetzes wegen

3 bewirtet

4 »Es ist noch nicht aller Tage Abend!«

er ganz artig beschrieben und unter dem Titel: »Mein Aufenthalt in Verdun im Herbste 1792: ein kleiner Beitrag zur Darstellung des damaligen französischen Nationalcharakters« in dem Magazin der neusten Kriegsbegebenheiten (Band III. S. 226–277 und Band IV. S. 241–312.) aufgestellt.

Herr von Beulwitz hat in Verdun viel erfahren, aber dass er die üble Behandlung, welche ihm von dem dortigen aufgebrachten Jan Hagel[1] widerfahren ist, benutzt, um den damaligen französischen Nationalcharakter danach zu schildern, daran tut er wirklich zu viel. Ich muss mich näher erklären.

Die Preußen hatten bei ihrem Aufenthalte in Verdun zwar keine groben Exzesse in der Stadt verübt, aber auf dem Lande, in den Weinbergen, Gärten und Feldern hatten sie sich etwas sehr unsäuberlich benommen, und hier und da recht deutliche Spuren ihrer Beutemacherei hinterlassen. Dieses und dann auch das, was in der Stadt schon vorging, machte die Preußen eben nicht sehr beliebt. Es ist auch überhaupt der Natur der Sache gemäß, dass man den Feind unsers Volkes nicht liebt, zumal wenn er allerlei unternimmt, woraus man sehen kann, dass er unberufen den Herrn spielen und Gesetze geben will. Verdun war ganz passiv gewesen vor der Ankunft der Preußen. Das System des Mirabeau hatte ruhigen Eingang gefunden, und man hatte gar nicht nötig gehabt, jemanden pour la loi[2], wie man sagte, einzustecken, oder gar hinzurichten, wie in Metz und an andern Orten. Nachdem aber der König von Preußen Verdun weg hatte, so zerstörte er zwar die Einrichtung nicht völlig, aber er gab doch so viel Befehle aus eigner Macht, dass man wohl sah, er wolle einstweilen Ludwigs XVI. Stelle einnehmen. Es war vieles vorgefallen, womit die Bürgerschaft eben nicht sehr zufrieden sein konnte. Man hatte in Verdun einige Bürger eingesteckt, und sie mit Stockschlägen regaliert[3], weil sie die weiße Kokarde nicht hatten tragen wollen, und gesagt hatten: qu'il n'étoit pas encore soir pour tous les jours![4] – Schon genug, um in Verdun nicht gut Preußisch sein zu können!

Außer diesem muss man nicht vergessen, dass Verdun wegen der schnellen Übergabe durch Nyont an

) 226 (

) 227 (

NEUNZEHNTES KAPITEL

die Preußen, gar übel bei dem Konvente angeschrieben war, und dass nun gleichsam das Interesse der Bürger es erforderte, durch Härte gegen den Feind ihren Patriotismus zu beweisen. Diesen Umstand führt Herr von Beulwitz selbst an, und er verdient es. Man weiß ja, dass gleich nach dem Ausmarsche der Preußen aus Frankreich das System schärfer ward und dass die Guillotine gleich mehr zu tun bekam. Es war damals zwar noch kein Robespierrischer Rigorismus, doch aber konnte es schon jemanden zu schaffen machen, wenn man ihn wegen eines Einverständnisses mit dem Feinde der Republik anklagte oder in Verdacht hatte.

Daher geschah es denn, dass der Pöbel in Verdun die zurückgebliebenen Preußen beleidigte, und dass Männer, welche hätten helfen und schützen sollen, dazu stillschwiegen, aus Furcht, als Aristokraten und Begünstiger der Feinde angesehen zu werden. Herr von Beulwitz ist größtenteils vom Pöbel und von den Sansculottes beleidigt worden: aber der Pöbel ist aller Orten Pöbel, zu Berlin und zu Frankfurt am Main, wie zu Verdun und zu Paris. Man denke nur, wie der Jan Hagel zu Frankfurt die Klubbisten von Mainz[5] behandelt hat! Also wegen des Pöbels wären wir aufs Reine.

Herr von Beulwitz sagt am angeführten Orte S. 229: die Einwohner von Verdun hätten sich erdreistet, noch bei Anwesenheit der Preußischen Truppen, die Nationalkokarden aufzustecken. Aber das war doch wohl keine Beleidigung für die Preußen! Diese mussten ja Verdun der französischen Konstitution wieder überlassen, und folglich hatten die Einwohner auch das Recht, die Kokarden wieder zu tragen, woran man den Anhänger der Konstitution erkennt, und dies gleich, sobald die Herrschaft der Konstitution wieder eintrat.

Er klagt sehr über den Maire der Stadt, Citoyen Câret Fils. Ich glaube gern, dass Caret nicht allzu höflich gegen ihn gewesen ist: aber sein Betragen hatte in dem Betragen der Preußen gegen ihn seinen hinlänglichen Grund. Caret war sehr übel behandelt worden: man hatte ihm sogar mit 50 Stockschlägen gedroht, wenn er nicht denjenigen herbeischaffen würde, welcher ei-

) 228 (

---

5 die Mitglieder des Mainzer Jakobinerklubs

nige Tage nach der Einnahme einen Preußischen Offizier des Abends auf der Straße erschossen hatte. Man denke sich deutsche Feinde und einen französischen Maire, und urteile dann, was dieser Mann während der Anwesenheit der Preußen habe ausstehen müssen, und wie sehr Widerwillen und Rachsucht in ihm müsse gekocht haben!

Ich will gern glauben, dass die preußischen Kranken und besonders Herr von Beulwitz, von den durchmarschierenden Volontärs und andern Truppen oft sind angetastet worden. Aber ist das wohl ein Wunder? Die Leute waren damals alle höchst aufgebracht; und dann muss ich gestehen, dass das Andenken an das Koblenzer Manifest, und der Anblick der Dörfer und der Städte, wodurch diese Leute eben gekommen waren, und welche die Deutschen kurz vorher ruiniert hatten, sehr unvorteilhaft für die Preußen auf sie wirken musste. Die Sache ist klar, und bedarf keiner weitern Erörterung.

Über die Desertion kann ich mich nicht wundern, vielmehr wundere ich mich, dass nicht noch weit mehr Preußen desertiert sind. Ihre damalige Lage war eben nicht sehr erbaulich, und da sie diese durchs Weglaufen verbessern konnten, so ist das eben nicht unnatürlich.

Den Witz des General Lingueville findet Herr von Beulwitz beleidigend. Lingueville hatte zu ihm gesagt: es schiene ihm, dass das nicht mehr die alten Preußen wären, welche sich ehedem so berühmt gemacht hätten. Der Aide de camp[6] erwiderte: »O ja, mein General, es sind wohl noch die alten Preußen, aber es sind nicht mehr die alten Franzosen!« Linguevilles Rede ist nicht beleidigend, und die Antwort des Adjutanten enthält ja ein wahres Lob auf die Preußen! Sollte das Herr von Beulwitz nicht gefühlt haben?

Die 13 Emigrierten, welche im Spital zu Verdun gefunden wurden, verloren hernach ihr Leben (nach S. 249) auf der Guillotine. Da man dieses leicht vermuten konnte, indem man die scharfen Gesetze der französischen Nation gegen die Emigrierten kannte, so hätte man diese armen Leute fortschaffen sollen, und sie dadurch dem Tode entziehen. Es sind gar viel

NEUNZEHNTES KAPITEL

[7 Oh heilige (Einfalt)!]

Emigrierte durch die Nachlässigkeit der deutschen Truppen den Franzosen in die Hände gefallen, und haben als Hochverräter an ihrer Nation ihr Ende auf dem Blutgerüste gefunden.

Dem General Dupuch lässt Herr von Beulwitz alle Gerechtigkeit widerfahren, wird aber böse, dass der Kommissär Chuppi, der Sohn eines Schusters (wie wenn der Sohn eines Schusters nicht eben so gut, wenn nach neuerer Erfahrung nicht noch besser, eine militärische Stelle bekleiden könnte, als ein Herr von!) dem General zugeordnet worden ist. Wenn ich nicht sehr irre, so ist Dupuch schon 1793 hingerichtet worden, wegen Verräterei: da war es denn doch sehr ratsam, ihm einen Mann zuzuordnen, welcher, wie Herr von Beulwitz selbst gesteht, voller Eifer für die entstehende Republik glühte.

Die Guillotine nennt auch Herr von Beulwitz S. 255 die Mutter der französischen Republik. O sancta—[7]! Er erzählt, dass wenigstens 15 Minuten wären erfordert worden zu den Vorbereitungen zum Kopfabschlagen. Ich habe nachher gewiss weit mehr guillotinieren sehen, als Herr von Beulwitz: aber so viel Zeit kostete das Anbinden etc. nie: das Haar wird auch nicht immer abgeschnitten. Das Beil soll auch den Kopf niemals ganz abgeschlagen haben: der musste nachher noch mit einem Messer abgekratzt werden. Vielleicht war das in Verdun so; aber die Köpfe, die ich in Lyon und anderwärts habe abschlagen sehen, fuhren schnell genug in den Kasten, und brauchten nicht erst mit Messern abgemetzelt zu werden.

Dass auch damals die Sansculottes nicht so ganz ohne alle Disziplin waren, beweiset die Genugtuung, welche Herr von Beulwitz wegen einer Beleidigung erhielt, die er S. 259 ff. beschreibt. So erhielt er auch seine gestohlnen Pferde wieder, und die Diebe wurden hinlänglich bestraft. Nicht so immer bei uns!

Überhaupt ist der ganze sonst schätzbare, und schön geschriebne Aufsatz des Hern von Beulwitz nichts weniger als ein Beitrag zur Darstellung des damaligen Nationalcharakters der Franzosen. Diesen Nationalcharakter darf man in einer Stadt nicht suchen, welche erst seit einigen Tagen vom Feinde geräumt ist, und worin ein feindlicher Offizier auf Kommando zurück bleibt. Hätte Herr von Beulwitz sich die Mühe genommen, die Gesinnungen der Bürger für ihre eigne Sache zu untersuchen, so würde er uns vielleicht einen fruchtbarern und vollständigern Beitrag haben liefern können, als jetzt, da er gerade nur das Betragen der Franzosen gegen ihn und seine Leute schildert. Das ist sonnenklar, und daher halten die gründlichen und bescheidnen Bemerkungen eines gefangenen preußischen Offiziers aus Dijon, welche Herr von Beulwitz zu widerlegen zwar unternimmt, aber nicht widerlegt, noch immer ihren Wert. Kurz, hätten wir die Franzosen humaner und sanfter behandelt, hätten wir ihre Felder nicht verheert, ihre Dörfer nicht verwüstet und ihre Leute nicht misshandelt, so würde wahrscheinlich auch Herr von Beulwitz ein besseres Schicksal in Verdun gehabt haben.

Übrigens bekenne ich, dass ich diese wenigen Anmerkungen über den Aufsatz des Herrn Hauptmanns bloß deswegen gemacht habe, um ihm zu beweisen, dass ich ihn für das halte, was er ist, für einen braven, rechtschaffnen und getreuen Offizier, der eben so liebenswürdig wegen seines vortrefflichen Herzens, als schätzbar wegen seiner Talente und Kenntnisse ist. Selbst sein Aufsatz ist seiner würdig, gereicht aber der französischen Nation mehr zur Ehre als zur Schande, und beweist, dass der Hauptmann ein billiger und — einige Tiraden ausgenommen — auch ein unparteiischer Richter ist, ganz von einem andern Charakter, als der elende Herr von Schirach und alle andern Skribler und Sudler von der politischen Apokalypse und Hermandade[8].

Noch eine kleine Nutzanwendung aus dem Vorhergehenden für Soldaten und ihre Befehlshaber möchte hier nicht am unrechten Orte stehen. Nämlich:

1) Im Glücke seinen Feind nie zu misshandeln, um im Unglücke von ihm das wieder zu erwarten, was im Glücke wir ihm leisteten: denn das Heute mir, Morgen dir, ist das Stichblatt aller menschlichen Dinge, zumal der politischen; und — wie man in den Wald hineinruft, so schallt es zurück.

2) Aufhetzerei gegen den Feind durch Manifeste, Predigten, Zeitungen, Gedichte, Schimpferei und dergleichen bezahlt der Feind mit gleicher Münze, und beide Teile erschweren sich dadurch die Erreichung dessen, warum sie kriegen – den Frieden.

3) Alle Garnison- und Feldpredigten sollten durchaus militärisch-praktisch sein, und das Hauptthema der christlichen Moral nach Vernunft und Erfahrung einschärfen, um zur Zeit des Krieges den Menschen und die Menschlichkeit über den Nationalen und die Politik nie zu übersehen. Man gewinnt hierdurch auf der einen Seite das doppelt, was man auf der andern vielleicht nur im Scheine verliert. Denn Zahn um Zahn, auch außer Reih' und Glied, erbittert, und der Erbitterte denkt nicht daran: dass man Andern das tun und nicht tun solle, was man von ihnen in der Art sich wieder wünscht. Die Rheingegenden, zumal Frankfurt – doch, die weitere Entwicklung ist ja handgreiflich![9] –

) 234 (

) 235 (

9
Es kursierten damals viele Berichte und Gerüchte über das rücksichtlose Betragen der auf deutsches Gebiet vorgedrungenen Franzosen.

Zwanzigstes Kapitel.
Ankunft auf deutschem Boden. Lager bei Luxemburg.

Unsre Armee kam den 21ten Oktober auf deutschen Boden zurück, aber auch hier hatte das Elend und die Not noch kein Ende. Wir lagerten uns in den Kot, und zwar ohne Lagerstroh, und doch sollten wir hier auf Ordre stehen bleiben!

Am ersten Ruhetage, den 22ten, desertierten einige Soldaten vom Regiment Woldeck. Man setzte ihnen nach, weil man ihre Spur wusste, aber die Nachsetzenden mochten sich wohl etwas zu weit verlaufen haben, und über die Grenze gekommen sein. Genug, sie stießen auf eine französische Patrouille, welche sie angriff und gefangen nahm. Einer von ihnen kam dabei ums Leben, und die andern wurden nach Longwy, welches den folgenden Tag gänzlich geräumt wurde, überbracht, aber bald zurückgeschickt, jedoch mit dem Vermelden des französischen Generals: dass man künftig, wenn wieder so ein anomalisches Verfolgen der Deserteurs statthaben sollte, die Nachsetzer nicht als Preußen, sondern als Störer der allgemeinen Sicherheit und Ruhe ansehen, und als solche behandeln würde. Das war freilich derbe, und dient als Wink über die Qualität unseres Rückzugs. —

Unser Lager stand dicht an einem Dorfe, wohin wir gingen, um uns Kartoffeln, Birnen und andere Lebensmittel einzukaufen: denn im Lager war noch immer Mangel an allem, sogar an Brot. Der Pfarrer des Dorfes hatte besonders gute Birnen, die er selbst ausgab, und das Geld dafür einnahm. Ich ging hin, konnte aber wegen der Menge nicht zum Herrn gelangen. Als mir nun die Zeit lang ward, rief ich ihm auf Latein zu, er möge mir doch auch Obst geben für Geld und gute Worte. Mein Latein tat treffliche Dienste: denn Seine Hochwürden gaben mir nicht nur Birnen und Kartoffeln genug und ohne Geld, sondern speisten mich noch obendrein mit Speck und Weißbrot, und tränkten mich mit Wein. Das war ein herrlicher Tag für mich, desgleichen ich seit langer Zeit nicht gehabt hatte! Der geistliche Herr sprach viel mit mir, auch über die Religion, und meinte, die Franzosen müssten allerdings zu Grunde gehen, da sie keine rechten Priester mehr hätten, und ein Land ohne kanonisch geweihte Priester nicht bestehen könnte. Navita de ventis![1] —

Auch in diesem Lager war das Wetter abscheulich, denn es regnete beinahe noch immer ohne Unterlass: aber der Gedanke, dass wir doch wieder auf deutschem Boden wären, versüßte den Meisten alles Elend, und stellte ihre Munterkeit einigermaßen wieder her. Man hörte wieder frohere Gespräche, und die armen Teufel von Soldaten freuten sich, dass sie bald wieder in ihre Heimat kehren würden. Mir schien diese

---

[1] Properz, *Elegien* II, 1, V.43: »Der Seemann erzählt von den Winden (und der Bauer von Stieren, der Soldat zählt seine Wunden auf und der Hirte seine Schafe)«.

Hoffnung schlecht gegründet, ob es mir gleich nicht ganz unglaublich vorkam, dass der König von Preußen mit den Franzosen habe Frieden machen können. Ihre Nachsicht mit uns auf unserm Rückmarsche schien mir dies zu bestätigen. Man wollte damals sogar die Artikel dieses geheimen Friedens wissen, aber es ging hier wie aller Orten: die politischen Kanngießer wissen alles, nur das nicht, was die Hauptsache ist, und — sehen vor lauter Bäumen den Wald nicht.

Den 24ten kamen wir bei Luxemburg an, wo wir bis den 29ten stehen blieben. Hier erholten wir uns wenigstens wieder mit Essen und Trinken, obgleich das Wetter auch hier schrecklich und abscheulich war. Wir waren indes an das schlimme Wetter schon gewöhnt, und da wir hier in diesem Lager hinlänglich zu essen haben konnten und hatten, so waren wir wenigstens wieder munterer als vorher.

Die Luxemburger brachten uns allerlei Viktualien, auch Branntwein und Wein ins Lager, und ich hatte Gelegenheit, einige mal in diese schöne Stadt zu wandern, und mir daselbst einen guten Tag zu machen. Bisher hatten die Soldaten wenig kaufen können, weil nichts zu kaufen da war, und so konnten sie ihre Löhnung aufsparen, und hatten daher alle Geld mehr als gewöhnlich. Aber im Lager bei Luxemburg war das Geld bald alle; indes man hatte Ersatz dafür. Es ist eine herrliche Sache, wenn man sich nach ausgestandner großer Not und Mangel endlich einmal wieder sättigen und pflegen kann!

In diesem Lager wurde nun auch die Nachricht allgemein bekannt, dass der General Custine in Deutschland eingefallen wäre, und Mainz erobert hätte. Daraus schlossen nun die Verständigern, dass der Krieg noch kein Ende haben würde; und unser ganzes Volk wurde mit Schreck und Entsetzen erfüllt: die Fortsetzung des Krieges, besonders eines Krieges gegen die Franzosen, war in den Augen der klügern Preußen nun das höchste Übel.

Ehe ich weitergehe, möchte ich hier fragen: ob es nicht ratsamer gewesen wäre, wenn die Preußen damals die Niederlande besetzt, und diese gegen Dumouriez tätiger beschützt hätten, als hernach die Kai-

) 238 (

serlichen es konnten? Das deutsche Reich war zwar von Custine angegriffen, aber der Einfall, den man von Dumouriez zum Voraus sehen konnte, war, wegen der Nähe an Frankreich, wichtiger, als die Gefahr, welche Deutschland bedrohte. Doch hier ist der Ort nicht, diese Sache politisch und militärisch zu untersuchen! Mir kommt es aber noch immer so vor, dass wenn es damals schon entschieden war, den Kriegsplan gegen Frankreich noch fortzusetzen, man die Niederlande besser hätte beschützen müssen.

In Luxemburg hatte ich eines Tages einen Zank mit einem Kaiserlichen Unteroffizier, einem recht argen, politischen Kanngießer, welcher gradezu im Weinhause behauptete: die Preußen hätten falsch gespielt. Unser Streit erhitzte sich so, dass wir bald handgemein geworden wären — wenn ich gleich recht gut wusste, dass unsere Leute eben das von den Östreichern behaupteten. — Schon damals also waren die Gemüter der Östreicher und der Preußen, durch gegenseitige Beschuldigung und Verdacht, voneinander entfernt, und diese Animosität hat sich hernach immer noch vermehrt. Die Vermutung einsichtiger Männer, dass eine Allianz zwischen dem Hause Östreich und Preußen nicht Bestand haben könnte, bestätigte sich also schon damals mehr als zu sehr.

Für meine Person hatte ich indes hier ziemlich gute Zeit: denn ich hatte Geld, und konnte mir das Nötige einkaufen. Mein rechtschaffener Bispink hatte mir durch einen Soldaten-Boten auch Wäsche geschickt, und so war ich im Stande, mich hier zu reinigen, und wenigstens sauberer zu kleiden, als so mancher Andere, der vor Schmutz und Ungeziefer starrte.

Am 29ten Oktober brach endlich unsre Armee von Luxemburg auf. Es war eben wieder ein abscheulicher Tag, kalt und nass, wie wir so viele schon gehabt hatten. Die Zelte ließ man größtenteils liegen, weil sie ganz unbrauchbar geworden waren, und was man davon noch mitnahm, musste man doch hernach bald wegwerfen, weil alles vermorscht war. Die Zeltstangen wurden alle nebst den Kampierpfählen und anderm Geräte rein verbrannt; auch manche Kessel und dergleichen wurden weggeworfen.

ZWANZIGSTES KAPITEL

Der Weg von Luxemburg bis Trier war so elend, als irgendeiner in Frankreich gewesen war. Unterwegs lagen wir zwar in den Dörfern und durften uns nicht mehr in Schlamm und Wasser auf dem freien Felde herumsudeln: aber da wir immer gar zu dicke gelegt wurden, so fehlte alle Bequemlichkeit. Auch konnte man, da jene Dörfer von allem Vorrat entblößt waren, nur selten einmal Kartoffeln bekommen.

In Trier langte unser Regiment erst Nachmittags um vier Uhr an: es war aber nicht möglich, für alle Soldaten Quartiere in dieser Stadt aufzubringen: es drängte sich hier gar zu viel Volk zusammen. Alle Kompagnien waren in dem traurigsten Zustande, und erst am folgenden Tage sammelten sie sich gehörig: sehr viele Bursche waren wegen ihres elenden Schuhwerks zurückgeblieben, und andre konnten wegen des Durchfalls, und andrer Krankheiten sich nur mit Mühe voranschleppen.

Ich selbst kam erst den andern Tag Nachmittags zur Kompagnie. Ich hatte ungefähr drei Märsche ohne Schuhe barfuß gehen müssen, und so waren meine Füße verdorben, und sehr aufgeschwollen. Ich machte daher auf einem kaiserlichen Dorfe Quartier bei einer alten Witwe, deren Tochter mich sehr gut verpflegte. Die Alte konnte nicht mehr fort, die guten Leute verlangten für alles nicht mehr, als 4 Behmen. Sie würden mir auch diese lassen, sagten sie, wenn sie nicht Öl in Trier holen müssten *) Die guten Leute!

Meine Füße wurden immer schlimmer, und ich musste mich von Trier bis Binningen, einem unweit Koblenz gelegnen Badischen Städtchen, mit fahren lassen. Der ganze Rückmarsch durchs Trierland war eben so elend und noch elender, als unser Hinmarsch gewesen war. Sogar gesellte sich jetzt noch der Spott der Einwohner zu dem Elende, welches uns drückte. Es ist wirklich eine penible Sache für einen Soldaten, in einem Trupp zu sein, der besiegt, oder mit einer langen Nase, vom Feinde zurückkommt: er muss sogar vom Jan Hagel Spott einstecken; und der Jan Hagel im Trierlande wusste seine Grobheiten so satirisch und so beißend einzurichten, dass er dem Jan Hagel in unsern fliegenden Blättern nichts nachgab.

2 Schmuggel

*) Die Steuer sollte da im Östreichischen herum alles verteuern: und so halfen sich die armen Leute auch hier durch Contrebandiren[2] im Auslande.

ZWANZIGSTES KAPITEL

[3 Abenteurer]

Vinningen ist ein schöner Flecken an der Mosel, wo der beste Moselwein wächst. Der Ort ist ganz lutherisch; und eben deswegen sind die Einwohner, weil alles rundum mit Katholiken besetzt ist, in einer üblen Lage. Sie müssen immer in ihrem Neste konzentriert bleiben: niemand heiratet ihre Mädel, und niemand zieht zu ihnen: deswegen ist auch das ganze Vinningen eitel Schwager, Schwägerin, Schwiegervater und Schwiegermutter.

Ich dachte, wir würden hier Rasttag halten, da aber der Abmarsch gleich auf den andern Tag befohlen wurde, ich indes noch nicht gehen konnte, so musste ich mich zu den Kranken und Maroden gesellen, welche die Menge in mehrern Schiffen nach Neuwied gefahren wurden. Hier wollte ich meinen Freund, den Herrn Magister Schellenberg, besuchen, er war aber verreiset.

Ich traf hier einen Aventurier[3] aus meiner Gegend an, den Sohn des verstorbenen Amtmanns Rupp von Jugenheim unweit Mainz. Dieser Mensch lief schon mehrere Jahre in ganz Deutschland herum, gab sich allerhand Namen und Würden, und betrog und prellte, wo er nur konnte. Seine Prellereien betrafen nicht allein Gastwirte und Kaufleute; sondern auch vornehme Männer, sogar Fürsten. Auf meiner letzten Rückreise nach Halle erfuhr ich, dass er endlich wegen eines großen Betruges, wobei große Männer kompromittiert waren, eingesteckt sei. Damals war Herr Rupp, als kurpfälzischer Regierungsrat in Neuwied, und zehrte auf gute Rechnung.

Von Neuwied ging ich über Koblenz allein nach Faltern immer zu Fuße, wenn gleich jämmerlich, weil die Kranken von hier aus keinen Wagen weiter hatten, und ich mich nicht dazu verstehen wollte, mich in die Mördergrube zu Koblenz, das ist, ins Lazarett, zu legen.

) 243 (

) 244 (

Ein und zwanzigstes Kapitel.
Beschreibung der Feldlazarette.

Die unendlichen Krankheiten, besonders die Ruhren, welche unser unglückliches Militär auf diesem unseligen Feldzuge befielen, machten die Anlegung vieler Feldlazarette nötig. Zu Grandpré, Verdun, Longwy, Chatillon, Luxemburg, Trier, Koblenz, Wesel, Neuwied, Usingen, Frankfurt am Main, Höchst, Homburg, Friedberg, Gießen und noch an viel mehr Orten waren preußische Feldlazarette, welche alle mit Kranken vollgestopft waren. Ich habe mehrere dieser Mördergruben selbst beobachtet, und was ich da gesehen habe, will ich dem Leser ehrlich mitteilen, jedoch mit dem Bedinge, dass der zu delikate Leser dieses Kapitel überschlage.

EIN UND ZWANZIGSTES KAPITEL

Ich hörte, dass mein Freund, der Unteroffizier Koggel, zu Longwy im Lazarette krank läge: ich wollte ihn also besuchen, und ging hin und hinein, ohne von der Schildwache angehalten oder nur über etwas befragt zu werden. Dieses ließ mich gleich anfangs nicht viel Ordnung im Lazarette selbst erwarten. Aber wie entsetzte ich mich, als ich gleich beim Eingange alles von Exkrementen blank sah, und nicht einmal ein Fleckchen finden konnte, um unbesudelt hinzutreten. Der gemeine Abtritt reichte für so viele ruhrhaften Kranken unmöglich zu, auch fehlte es den meisten an Kräften, ihn zu erreichen, und Nachtstühle sah ich beinahe gar nicht. Die Unglücklichen schlichen also nur bis vor die Stube, und machten dann alles hin, wo und wie sie konnten. Es ist abscheulich, dass ich sagen muss, dass ich sogar tote Körper in diesem Unflate liegen sah.

Ich schlüpfte schnell durch ins erste beste Zimmer, aber da drängte sich mir auch sogleich ein solch abscheulicher mephytischer[1] Gestank entgegen, dass ich hätte mögen in Ohnmacht sinken. Es war der Duft viel ärger, als wenn man ein Privet[2] ausräumt, oder über einen vollen Schindanger des Sommers geht. An Räuchern dachte man gar nicht; auch wurden die Fenster niemals geöffnet, und wo hie und da eine Scheibe fehlte, da stopfte man die Öffnung mit Stroh und Lumpen zu.

Das Lager der Kranken war dem Vorigen ganz angemessen: die meisten lagen auf bloßem Stroh, wenige auf Strohsäcken, und viele lagen gar auf dem harten Boden. An Decken und andere zur Reinlichkeit dienliche Dinge war vollends nicht zu denken. Die armen Leute mussten sich mit ihren elenden kurzen Lumpen zudecken, und da diese ganz voll Ungeziefer waren, so wurden sie von diesem beinahe lebendig gefressen.

Ich stand da, und wusste nicht, was ich vor Mitleid und Ärger sagen sollte. Ich fragte endlich nach der Krankenpflege, erfuhr aber, dass hier außer ein bissel Kommissbrot nichts vorfalle. An Arznei fehlte es beinahe ganz!

Ich wollte, wie man weiß, den Unteroffizier Koggel sehen, aber weder Feldscher noch Krankenwärter

---

1 atemberaubend (nach Mephitis, der Göttin der Schwefelquellen)

2 Abtritt

) 245 (

) 246 (

konnte mir sagen, in welchem Zimmer ich ihn treffen könnte. So sehr fehlte es an aller besondern Aufsicht! Sogar hörte ich einen sagen: »Wen hier der Teufel holt (er wollte sagen: wer hier stirbt), ist geliefert: kein Guckuck frägt weiter nach ihm.« *)

Voll Ekel und Abscheu ging ich fort, und verwünschte das Schicksal der Krieger, welche bei einer eintretenden Krankheit oder Verwundung in solche Mordlöcher gesteckt, und so schlecht verpflegt werden, dass sie ihr Achtgroschen-Leben elender aufgeben müssen, als das elendeste Vieh.

Aber bald bedachte ich, dass dort in Longwy vielleicht die Not selbst eine solche elende Lage der armen Leute nötig machte. Ich wusste, dass der König Befehl gegeben hatte, die Kranken gut zu behandeln, und für ihre Wiederherstellung, und wenn es des Monats 1000 Taler mehr kosten sollte, gehörig zu sorgen. Ich beschloss daher, mehrere Feldlazarette zu untersuchen, um ein richtiges Urteil darüber fällen zu können.

Ich tat dies schon in Trier; aber da sah ich noch mehr Gräuel! Die Lazarette waren eben so schmutzig, die Pflege eben so elend, und die Lagerstätten eben so abscheulich, als in Longwy. Außerdem mussten noch vom 30ten bis zum 31ten Oktober mehr als 280 Kranke in Trier unter freiem Himmel auf der Gasse liegen bleiben: in den Hospitälern war für sie kein Platz mehr, und niemand wollte sie in die Häuser aufnehmen, weil es allgemein hieß: die Preußen hätten die Pest. Es krepierten, ja, es krepierten diese Nacht mehr als 30 auf der Gasse. Seht Menschen, soviel gelten Eures Gleichen im Kriege! —

Die andern Lazarette, die ich weiter sah, waren alle von dieser Art. — Woher kommt aber dieses schreckliche Übel, wodurch der König, oder vielmehr der Staat,

*) Dass dies im Ganzen wahr war, lehrt folgende Anekdote. In der Gegend von Mansfeld erfährt eine Mutter mehrerer Kinder, ihr Mann sei im Lazarette verstorben. Nicht mehr im Stande, ihre Kinder allein zu ernähren, klagt sie ihre Not einem Gevatter und Befreundeten ihres Verstorbenen. Dieser durch Mitleid gerührt, und aus Freundschaft gegen den als tot Erschollnen, erbietet sich, sie zu heiraten, und dann mit ihr für ihre Kinder zu sorgen. Man schreibt um den Totenschein, erhält ihn, und die Heirat geht vor sich. Über Jahr und Tag steht die Mutter an der Waschwanne, hört Pochen an der Tür, geht hin, und — Gott, mit welcher Bestürzung! — erblickt ihren als totbescheinigten Mann an einer Krücke als Krüppel. Bist du's? — Ist's dein Geist? — Er war's — hört, was vorgegangen war, lobt den braven, mitleidigen Gevatter, lässt von der Arbeit zu sich rufen, umarmt ihn mit Tränen und langer stummer Rührung, kommt endlich zu Worten, dankt ihm wegen des guten, christlichen Werkes an seiner Frau und Kindern, wünscht ihm Glück zu dem Besitz seines guten Weibes, tut Verzicht auf sie, und bittet: man wolle ihn als Krüppel, sein Leben bei ihnen hinbringen und ihnen in ihren Hausarbeiten nach Vermögen helfen lassen. Herzlich gern! — Und so leben diese Guten in Fried und Einigkeit jetzt beisammen. Ich weiß der Beispiele von dieser Art mehrere: und nun denke man! — nein, man fühle!

EIN UND ZWANZIGSTES KAPITEL

so viel Leute verliert? Denn in diesem Feldzuge sind sehr wenig Preußen vor dem Feinde geblieben, aber mehrere Tausend sind in den Hospitälern verreckt, deren meiste man gewiss hätte retten können, wenn man ihnen gehörige Pflege hätte können oder wollen angedeihen lassen?

Der Hauptfehler der Preußischen Lazarette ist, wie mich dünkt, in der Anlage selbst zu suchen. Die Aufseher sind lauter Leute vom Militär, ohne angemessne Erfahrung und Kenntnisse, und meist lauter solche, die sich da bereichern wollen. Ihre Besoldung ist schlecht, und doch kommen sie, wenn sie auch nicht lange darin sind, und blutarm hineinkamen, allemal mit vollem Beutel heraus. Es muss also an der Subsistenz der Kranken defraudirt[3] und die ganze Einrichtung so konfus und unordentlich gemacht oder geführt werden, dass man die Defraudation nicht so leicht entdecken kann.

Bei dergleichen Einrichtungen pflegt alles zusammenzuhängen, und für den gemeinschaftlichen Vorteil gemeinschaftliche Sache zu machen. Selten findet sich ein Mann von Rechtschaffenheit, der seinen Einfluss zur Verbesserung tätig machen möchte; und wenn er sich findet, so wird er bald unterdrückt. Herr von Soyacziusky, Leutnant bei unserm Regimente, wollte einige gute Anstalten in Frankfurt für das Lazarett durchsetzen, aber er hatte so viel Verdruss dabei, dass seine ohnehin schwache Gesundheit noch mehr dadurch litt, und er bald verstarb. Er besuchte uns einst bei Mainz. »Nun, Herr Leutnant, fragte ich ihn, wie schlägt Ihnen das Lazarett zu?« »Ach, war die Antwort, die Fickfackereien, die ich da sehen muss, und nicht hindern kann, bringen mich noch um!«

Dem Könige wird freilich genug angerechnet; aber für die Kranken wird das wenigste verwendet. Ich habe gesehen, dass Feldschere und Krankenwärter den Wein fortsoffen, der für die Kranken bestimmt war, und die guten Essenzen selbst verschluckten. Zwei Menscher in Koblenz, welche den Feldscherern zur Liebschaft dienten, verkauften den Reis aus dem Hospital, und die Kranken mussten hungern. Zu Frankfurt am Main kaufte man Reis, Graupen, ge-

[3] betrogen, hinterzogen

EIN UND ZWANZIGSTES KAPITEL

dörrtes Obst und dergleichen im Spital sehr wohlfeil. So war es auch in Gießen.

Um nun den Betrug nicht so sehr sichtbar zu machen, geht alles mysteriös und unordentlich in den Lazaretten zu.

Die Krankenwärter sind Soldaten, welche bei den Kompagnien nicht mehr fortkönnen, alte steife Krüppel, die sich zum Krankenwärter schicken, wie das fünfte Rad am Wagen. Diese, deren teilnehmender Menschensinn durch den militärischen Korporalssinn abgestumpft ist, lassen den armen Kranken eine Pflege angedeihen, dass es eine Schande ist. Dass sie sich mit den Feldscherern und den andern Meistern, die in den Lazaretten etwas anzuordnen haben, allemal einverstehen, versteht sich von selbst! denn auf die geringste Vorstellung des Feldschers oder eines andern Vorgesetzten, würde der Herr Krankenwärter weggejagt. Ein Oberkrankenwärter, wie ich sie in den französischen Hospitälern zu Dijon und anderwärts gefunden habe, ist gar nicht da.

Für Reinlichkeit, dieses erste Hauptstück der Krankenpflege, worauf mehr ankommt, als selbst auf die medizinische Verpflegung, wird so wenig gesorgt, dass ich Kranke weiß, denen die Hemden an dem Leibe verfault, und sie selbst von den Läusen dergestalt zugerichtet worden sind, dass sie tiefe Löcher am Leibe hatten. Freilich sollen die Krankenwärter entweder selbst waschen, oder waschen lassen, aber das geschieht nicht. Ferner sehen die Stuben aus, wie die Spelunken; und der mephytische Gestank verpestet die Luft aufs abscheulichste. Wer in eine solche Krankenstube hereintritt, verliert den Appetit zum Essen wenigstens auf einen Tag.

Die Feldschere, oder wie man sie seit einigen Jahren nennen soll, die Chirurgen, sind meistens Leute, welche gar wenig von ihrem Handwerke inne haben, und daher das Elend in den Spitälern durch ihre Unwissenheit und Unerfahrenheit noch vergrößern. Für die Besetzung der Regimenter durch Oberchirurgen ist ziemlich gut gesorgt, ob es gleich auch da Leute gibt, welche nicht viel mehr wissen, als jeder gemeine Bartkratzer. Die Generalchirugi sind Männer von Ein-

) 251 (

EIN UND ZWANZIGSTES KAPITEL

sicht und Verdienst; aber die gemeinen oder Kompagniechirurgen sind größtenteils elende Stümper, die bei ihren Lehrherrn nicht mehr gelernt haben, als rasieren und aderlassen, beides elend genug noch obendrein. Wer freilich sein Brot sonst verdienen kann, und nicht für das kindische Vergnügen ist, in Uniform einherzuschreiten, und ein Spießding an seiner Pfuscherseite herzuschleppen, wird sich hüten, für den geringen Gehalt, den so ein Mensch zieht, den beschwerlichen Feldscherdienst bei einer Kompagnie zu übernehmen. Herr Thede hat dieser Leute Elend und Unwissenheit lebhaft genug geschildert; und dieser Schilderung wird jeder gern beistimmen, der unsre Herren nur ein wenig näher kennen lernt.

Bei unserm Regimente zeichnete sich besonders einer durch Unwissenheit, Grobheit, Naschhaftigkeit, Unreinlichkeit und Faulheit aus. Man war von dem großen Elende dieses Freundes unterrichtet, und doch blieb er vor wie nach, was er war! —

In die Feldlazarette nimmt man zwar dann und wann die geschicktesten, welche man noch bei den Regimentern findet, aber eben dadurch entblösset man die Regimenter ihrer brauchbarsten Wundärzte. Was kann aber Einer von dieser Art allein ausrichten, sobald ihm alle übrigen Mitoffizianten entgegen sind, oder entgegen handeln!

Ob man aber gleich, der Regel nach, nur brauchbare Ärzte in die Feldlazarette nehmen sollte, so geht doch hier auch sehr vieles nach Gunst, und so werden sehr viel elende, unwissende, traurige Wichte angestellt.

Die Oberchirurgi, welche die Aufsicht über die Lazarette führen, können teils jeden Kranken nicht selbst untersuchen und behandeln, wegen der Menge, teils sind sie dazu zu kommode oder zu delikat. Sie schauen daher nur dann und wann, und zwar nur so obenhin, in die Krankenstuben, lassen sich vom Feldscher, sehr oft auch nur von dem Krankenwärter referieren, verordnen dann so was hin im Allgemeinen, werfen — um sich respektabel zu machen — mit einigen fehlerhaften lateinischen Wörtern und Phrasen umher, überlassen hierauf alles den Unterchirurgen, und gehen – in Offiziersgesellschaften, l'Hombre zu spielen, oder sich sonst zu vergnügen.

Mir sind ganz schändliche Beispiele bekannt geworden, wie selbst Oberchirurgi die medizinische Pflege deswegen vernachlässigten, weil sie das Geld, das für Arznei, Essig, Wein und dergleichen bestimmt war, an die Offiziere, die in den Lazaretten als Inspektoren angestellt waren, verspielt hatten, und folglich diese Sachen nicht mehr kaufen konnten. Die Offiziere hätten freilich nach ihrer Pflicht darauf inquirieren, und den Chirurgus zur Herbeischaffung der Arznei anhalten sollen: aber eben sie hatten ja das Geld gewonnen, welches sie, im Fall das Ding zur Sprache gekommen wäre, hätten herausgeben müssen: sie schwiegen also, und die armen Leute waren geprellt.

Zwei und zwanzigstes Kapitel.
Noch über das Elend in den Feldlazaretten.

Meine Leser müssen es zu gute halten, dass ich von den preußischen Feldlazaretten etwas mehr anbringe, als man sonst in dieser Biographie erwartet hätte. Ich bin Soldat gewesen, und habe das Elend mit angesehen, welches meine Brüder in diesen scheußlichen Mordklüften ertragen mussten. Ich möchte also gerne, so viel als in meinen Kräften steht, zur Verbesserung dieses abscheulichen und schrecklichen Unwesens beitragen. Vielleicht liest etwa ein Mann von Gutsinn und Einfluss meine Schrift, und lernt daraus diese Gattung menschliches Elendes näher kennen, und hilft es vielleicht bei einem künftigen Feldzuge lindern. Vielleicht lesen einige, die dereinst über Lazarette die Aufsicht führen oder in denselben als Feldschere oder

ZWEI UND ZWANZIGSTES KAPITEL

Krankenwärter dienen sollen, dieses Buch und lernen sich schämen, und ihre Schuldigkeit, welche nirgends heiliger sein kann, als hier, besser beobachten. Und wenn dieses sein sollte, so hätte ich für leidende und von den Ihrigen verlassne Menschen mehr Nutzen gestiftet, als mancher Postillenschmierer, oder Geister- und Dogmen-Krämer.

So ungeschickt die preußischen Feldscherer gewöhnlich zu sein pflegen, so wenige sind noch obendrein in den Spitälern angestellt: zwei, drei solcher äskulapischen Büffel sollen eine Anzahl von 200, 300 und mehrerer schwerkranker Personen pflegen, wie dieses in dem jetzigen Kriege gar oft der Fall war.

Ich kam einst nach Bingen am Rhein ins dortige Hospital, um die bei der Belagerung von Mainz Blessierten und Krankgewordenen aufzunehmen. Auch hier lief mir die Galle gar ärgerlich über. Da lagen Leute, die schon seit vier und mehr Tagen hierhergebracht, und noch nicht verbunden waren. Dem einen war der Arm, dem andern der Fuß entzwei geschossen, usw. und die Leute jammerten, dass einem die Brust vor Teilnahme beklommen ward. Aber die Herren Feldschere und die bübischen Krankenwärter sprachen den armen Leuten nur mit Flüchen und Verwünschungen zu. Kann ich was dafür, hörte ich einen Feldscher fragen, dass Ihr blessiert seid? Ich wollte dass dem Teufel die Kugel in den A— gefahren wäre, so hätte ich jetzt keine Schererei mit Euch. Ich will Euch schon verbinden; aber warten müsst Ihr! Sakkerment, ich habe mehr zu tun! — Und damit ging der Bube zur Tür hinaus. Ich sagte zum Krankenwärter Müller, vom Hallischen Regimente: das sei doch abscheulich: ob denn das so geschehen dürfte? Er antwortete mir: die Feldschere wären nun einmal nicht anders, besonders dieser; der sitze den ganzen Tag im Wirtshause zum wilden Mann und trinke. Ich gleich hin, und fand den unmenschlichen Firlefanz wirklich bei einer Flasche Wein. Ich setzte mich ihm gegenüber, und redete ihn an. Herr Chirurgus, sagte ich, wie können Sie aber die armen Leute so unverbunden liegen lassen? die Kerls jammern einen ja in der Seele!

ZWEI UND ZWANZIGSTES KAPITEL

ER Hab heute schon Sechse verbunden; will auch einen Augenblick Ruhe haben!
ICH Aber wenn ihre Kranken so schrecklich leiden, und obendrein den kalten Brand befürchten müssen: so müssten sie, denk ich, bis sie ihnen Hilfe geschafft haben, gar nicht an Ruhe denken!
ER So? Wer nicht warten will, mag hinlaufen!
ICH Ja, wenn das die armen Leute könnten, dann wollt' ich's Ihnen verdenken, wenn sie nicht längst aus dem Mordloche gelaufen wären!
ER Mordloch? Herr, das ist zu viel gesprochen! Wenn ich das dem Offizier sage, kommt der Herr in Arrest: versteht mich der Herr?
ICH O ja, ich verstehe den Herrn, und sehe wohl, dass der Herr ebenso bösartig als unwissend ist: versteht mich der Herr auch?
ER Tausend Sakkerment: ich glaube gar, der Herr will mich tuschiren[1]! Weiß der Herr, wer ich bin?
ICH O ja, ich weiß und sehe, dass der Herr weiter nichts ist, als ein gefühlloser Bartkratzer. Wenn uns die Franzosen unsre Feldschere vorgeschlagen hätten, um unsere Truppen durch sie zu ruinieren, so hätten sie uns keine angemessnere geben können, als der Herr ist.
ER (aufstehend) Nun, ins drei — — Namen, der Hacke will ich schon einen Stiel machen, oder mein Name soll nicht ehrlich sein! Ich gehe hin, und sags dem Offizier: der soll mir schon Satisfaktion schaffen!

Er ging wirklich, aber dabei blieb es auch. Ich indes blieb ruhig: denn ich traute keinem Offizier zu, dass er dem Unmenschen Recht hätte geben sollen. — Nun, was fühlen meine Leser? Doch erst noch weiter!
 Da man in Verpflegung der Lazarettkranken schon ohnehin sehr ökonomisch zu Werke geht, und da noch obendrein jeder von dieser Subsistenz das Seine ziehen will, so kann man leicht denken, dass die Diät der armen Kranken sehr schlecht sein muss.
 An zweckmäßige Einrichtung der Speisen wird gar nicht gedacht, noch weniger an deren zweckmäßige Verteilung. Etwas elende Brühe, Brühe größtenteils, die kaum ein Windspiel fressen möchte, ist die Suppe,

[1] antasten

worin dann und wann ein bissel Graupen, Mehl, Grütze oder Brot getan wird. Die Krankenwärter wissen alles schon so einzurichten, dass nicht Ein Auge Fett darauf zu sehen ist, und dass die Brühe aussieht und schmeckt, wie die elendeste Jauche.

Das Fleisch in den Lazaretten ist schon das elendeste, das man finden kann, und nicht selten stinkt es schon und hat Maden gezogen. Dieses elende Luder wird nun auf die elendeste Art zurechtgemacht, ganz unsauber in die Kessel geworfen, und oft kaum halb gargekocht. Ebenso steht es mit dem Zugemüse: und was für Zugemüse? Ein wenig Reis und Gerste, nebenbei auch Rüben, Kartoffeln, Linsen, Erbsen, Bohnen und dergleichen für todkranke Menschen! —

»Wer in den Lazaretten nichts zuzusetzen hat, muss drin krepieren« ist ein so bekannter Satz bei der preußischen Armee, dass jeder Soldat entweder durch eigne Erfahrung, oder doch durch die Erfahrung vieler Anderer davon überzeugt ist, und an dessen Wahrheit im Geringsten nicht zweifelt. Das mag aber doch eine treffliche Einrichtung sein, wo der kranke Feldsoldat Geld haben muss, um im Lazarette, wo seine Gesundheit, die er für seinen Herrn zugesetzt hat, hergestellt werden soll, nicht Hungers zu krepieren! — Ich kenne Feldschere, welche sich Geld geben ließen, damit sie dem gebenden Kranken die nötige Hilfe leisten mögen, und welche den, der nichts geben konnte, liegen und krepieren ließen.

Aufsicht über die Kranken selbst fehlt ebenso, wie die über die Feldschere und Krankenwärter. Sie können beinahe tun, was sie wollen. Daher saufen sie denn Branntwein, fressen Heringe und was sie sonst haben können, und machen durch diese üble Diät die wenige Hilfeleistung an sich noch vollends vergeblich.

Von den vorfallenden Diebereien in den Lazaretten mag ich gar nicht reden. Genug, wer etwas hineinbringt, muss wohl darauf Acht haben, dass es ihm nicht von den Krankenwärtern oder von den andern Kranken gemauset wird.

So sehen die Feldlazarette der Preußen aus: aber die der Östreicher sind um kein Haar besser! Auch da herrscht der nämliche Geist, die nämliche Unordnung,

ZWEI UND ZWANZIGSTES KAPITEL

der nämliche Mangel. — Und hieraus lässt sich nun erklären, warum so viele Menschen in den Hospitälern so elend umkommen, und warum die Armeen durch diese Mordlöcher so schrecklich leiden! Ich bin weit entfernt, den Monarchen und deren Generalität Mangel an Fürsorge für die armen Kranken Schuld zu geben. Ich kenne die Befehle, wenigstens des Königs von Preußen, in dieser Hinsicht, und weiß, dass dieser gutmütige Fürst nichts väterlicher wünscht, als Hilfe für Leidende. Die Schuld fällt auf die allein, oder gewiss vorzüglich, welchen der König die Sorge für die Hospitäler in vollem Zutrauen aufgetragen hat: Wie schändlich aber wird dieses Zutrauen missbraucht! Der König kann die Lazarette unmöglich selbst nachsehen, und muss sich auf Andre verlassen — und diese Andere—? Hier ist eine Tatsache, welche viel Licht über diesen Umstand verbreiten kann.

In Gießen war ein Hospital für die Preußen angelegt, in welchem es ebenso kauderwelsch[2] zuging, als in den übrigen anderwärts. Dem Herrn Professor Müller wurde aufgetragen, eine Nachricht von dem Zustande dieses Hospitals dem Publikum vorzulegen. Herr Müller, ein sonst gelehrter Mann und glücklicher Arzt, ließ sich, Gott weiß, von wem, die Augen blenden, und verfertigte eine Nachricht, worin er, gegen seine eigene bessere Einsicht — denn er müsste ja sonst blind gewesen sein! — die Einrichtung des Gießer Hospitals lobte, und demselben Vorzüge zuschrieb, welche nie irgendein preußisches Hospital gehabt hat.

Herr Müller mag mir diese Kritik nicht übel nehmen! Ich verehre seine Kenntnisse, und schätze sein Herz; aber eben diesen Kenntnissen und diesem guten Herzen hätte er die Schande nicht zufügen müssen, eine Relation auszustellen, die nichts weniger als wahr war, und die ihn bei jedem besser Unterrichteten damals sehr zweideutig erscheinen ließ. Es hätte ihn doch befremden müssen, dass man ihm zumutete, als Professor der Arzneikunde ein Zeugnis über eine Anstalt auszustellen, die er schon tadeln musste als Mann mit nur gesunden Augen! Und doch lobte er sie als Professor der Medizin, folglich als Mann in seinem Fache; kompromittierte sich aber dadurch nicht we-

2 unverständlich

ZWEI UND ZWANZIGSTES KAPITEL

nig, und schadete mehr als tausend und übertausend Unglücklichen.

Dieses wird Herr Müller jetzt vielleicht selbst einsehen. Denn wenn zum Beispiel der König durch einen Zufall, der freilich selten, aber doch nicht ganz unmöglich gewesen sein mag, von der heillosen Zucht in den Lazaretten gehört hätte, so hätte es ja geschehen können, dass er gewisse Leute zur Verantwortung ziehen ließ. Diese gewissen Leute konnten aber das Testimonium eines Herrn Müller, Professors der Medizin zu Gießen, vorzeigen; der Monarch konnte dem Relator³ glauben und so war ein Hauptweg, dem Unwesen zu steuern, abermals versperrt. – Und wenn auch der Fall nicht eintrat, aber jemand sonst willens war, das Oberkriegskollegium auf die Mängel der Lazarette merksam zu machen: so musste er als kluger Mann es unterlassen, weil er voraussehen konnte, dass Müllers Zeugnis gegen alle Beschwerden deckte, und gleichsam der Schutzbrief aller Teilnehmer war und blieb, es ungehindert forthin zu treiben, wie vorher. – Wenn Herr Müller das alles bedenkt, so geht er vielleicht in sich, und bekennt, dass er damals, wer weiß aus welchen Ursachen, eine ungegründete Nachricht von unsern Lazaretten gegeben und sich dadurch am menschlichen Geschlecht gröblich versündigt habe.

Sed Medici non possunt dicere verum⁴, sagt Juvenalis, und dabei wird es auch in diesem Falle leider wohl bleiben!

Wenn aber einige Ärzte die Wahrheit nicht gern bekennen, so bekennt sie ein Anderer, wenn gleich in einer andern Rücksicht; und so einen finden wir an dem Verfasser der *Schilderung der jetzigen Reichsarmee, nach ihrer wahren Gestalt*⁵.*) Auch dieser klagt sehr über das Elend in den Lazaretten auch bei den Reichstruppen.

»Man fürchtet sich bei diesen, schreibt er S. 186 ff., vor den Spitälern ebenso sehr, wie bei den Preußen und Östreichern, und das aus demselben Grunde, weil man denkt, dass ein Mensch, der in so ein Kurierloch geschleppt wird, allemal auch, bei einer sonst unbedeutenden Krankheit, Gefahr laufe, nimmermehr wieder herauszukommen.«

3 Überbringer der Botschaft

4 »Aber Ärzte können nicht die Wahrheit sagen.« (Das Zitat ist bei Juvenal nicht zu finden.)

5 Einmal mehr eine Schrift, die Laukhard selbst verfasst hat. Auf seinem Rückweg von Frankreich nach Halle war er für kurze Zeit auch Soldat der Reichsarmee.

*) Nebst Wirken über Deutschlands künftiges Schicksal. Kölln bei Peter Hammer, 1796.

ZWEI UND ZWANZIGSTES KAPITEL

»Es ist doch schrecklich, fügt er hinzu, dass man für das Leben und die Gesundheit der Menschen so wenig Sorge trägt, und vornehmlich solcher Menschen, die man so nötig hat im Kriege! Aber der Soldat ist bei uns, und sogar von seinen eignen Vorgesetzten meist überall zu sehr verachtet, als dass man im Ernste für ihn und seine Erhaltung sorgen sollte.

Die Schuld davon liegt einmal an sehr vielen Soldaten selbst, und dann an unserer hergebrachten, militärischen Verfassung. Was nirgends taugen will, läuft zu den Soldaten, oder wird ihnen zur Züchtigung übergeben. *) — Selten bessern sich diese Leute, ja, sie werden durch den Umgang mit noch Mehreren ihres Gleichen gewöhnlich ärger, besonders im Felde, wo ihnen, um die Überläuferei durch Strenge nicht zu fördern, manches übersehen wird, was man in der Garnison streng ahnden würde.

*) Bei der Reichsarmee, die keine bestimmten Cantons u. dgl. hat, wie die Sachsen und Preußen.

Sie betragen sich also oft nicht wie Menschen, sondern wie unvernünftiges, wildes Vieh, treten ihre Menschenwürde mit Füßen, und erregen bei ihren Vorgesetzten sehr oft den Wunsch, ihrer mit guter Manier je eher je lieber los zu werden.

Fällt nun einer von diesen in eine Krankheit, oder wird er verwundet, und dann dem Lazarette zur Kur übergeben: wie kann so ein Mensch bei jemanden den Wunsch rege machen, ihn wieder zu seiner Gesundheit zu verhelfen, oder ihn zu heilen? Wer weiß, wie sehr lange schon er seinen Vorgesetzten oder den Chirurgen zur Last gewesen ist, um ihm das ewige Leben nicht längst zu wünschen! Diese also hätten die schlechte Behandlung, die ihnen in den Lazaretten widerfährt, großenteils selbst verschuldet, und fänden dann, dass es geht, wie mans treibt — zur Warnung für sich auf die Zukunft, und zum Beispiel für Andere auf immer.

Eine andere Ursache der schlechten Behandlung der Soldaten in den Lazaretten liegt in unsrer hergebrachten militärischen Verfassung. Unsere meisten Soldaten sind wie passive Maschinen, Söldner, oder auf altdeutsch, Landknechte, bestimmt, um nach den

ZWEI UND ZWANZIGSTES KAPITEL

Winken ihrer Fürsten Länder zu erobern oder Andern erobern zu helfen, oder zur Erringung irgendeiner Donquixotiade von Heldenschaft Leib und Leben aufzuopfern. Sie sind also großenteils Menschen, welche dumm oder niederträchtig genug sind, auf ihre persönliche Subsistenz Verzicht zu tun, und sich gegen einen Blutsold als ein sachliches Werkzeug zu verdingen, die Rechte anderer Völker willkürlich zu verletzen und dadurch den Despotismus mit zu verbreiten, oder auf den Thron zu heben, oder in ihrem eignen Vaterlande ihn fernerhin zu sichern. *) Ein Mensch aber, der auf seine Menschenrechte, Würde, Pflicht und Bestimmung Verzicht tut, der nicht wie der jetzige Franzose, als aktiver Vaterländer, bloß zu den Waffen greift, um seine Nation und deren Rechte gegen jeden ungerechten Machtanfall zu verteidigen, — der wirft sich in den Kot: und wer kann ihn achten?

Hiezu kömmt, dass die Oberleute den Mann, der stirbt, oder als Krüppel verabschiedet und aufs Herumbetteln fortgeschickt wird, nicht zu ersetzen verbunden sind, und also sich wenig oder gar nicht darum bekümmern, wenn ein Soldat, nach dem schönen und gewöhnlichen Ausdruck vieler Herren Offiziere, verreckt, krepiert, vom Teufel geholt wird; oder als ein unversorgter Krüppel zur Schande des Herrn und des Korps, dem er gedient hat, im Lande herumfährt, bettelt oder stiehlt und in allen Schenken über seinen Dienst flucht, und auf seine ehemaligen Vorgesetzte derbe loszieht.« —

Was der angeführte scharfsinnige Verfasser, für eine gewisse Klasse von Lesern, vielleicht zu viel oder zu wenig angibt, wird man dereinst in einer kleinen Schrift über die wahre Würdigung des Soldaten und des Soldatenstandes durch eine genauere Bestimmung berichtigt finden: ich fand aber dem ungeachtet für gut, seine Meinung über die Ursache der schlechten Behandlung der Soldaten in den Lazaretten hier mit seinen eignen Worten ganz anzu-

---

6
Dessen Autor, der spätere Bestsellerautor August Heinrich Julius Lafontaine (1758–1831), war als Feldgeistlicher beim Frankreichfeldzug der Alliierten dabei. Bispink versuchte damals über ihn, Laukhard freizukaufen bzw. auszutauschen. Der vierbändige Roman erschien 1795–1796.

7
Zum ewigen Frieden. Ein philosophischer Entwurf, Kants Altersschrift, erschien 1795.

*) »O lebte Tacitus noch, und sähe jetzt eine Deutsche Armee, vor der Rom sonst zitterte, — er würde ausrufen: Schande für Deutschland! Das sind keine Teutonen mehr: — Die fechten um Sold, nicht mehr für Freiheit und Vaterland!« — Man sehe *Leben und Taten des Freiherrn Quincitius Heymeran von Flaming* Zweiter Teil S. 261, Berlin bei Voß.[6] —»Bei der Verdingung der Truppen eines Staats (oder eines Fürsten) an einen andern, gegen einen nicht gemeinschaftlichen Feind (z. B. der Hessen, Braunschweiger und Hannoveraner gegen Nordamerika u. s. w.) werden die Untertanen als nach Belieben zu handhabende Sachen gebraucht und verbraucht (und nicht behandelt als selbstständige Personen nach unveräußerlichen Rechten.)« — So Kant im philosophischen Entwurf *zum ewigen Frieden*, S. 8.[7]

ZWEI UND ZWANZIGSTES KAPITEL

führen, um auf die Quellen dieses großen Übels diejenigen von jeder Seite mehr merken zu machen, deren Pflicht oder Wunsch es mit sich bringt, diese Quellen für die Zukunft entweder zu reinigen oder zu verstopfen. Findet man in des Verfassers Meinung Einiges, was auf diese oder jene Art hierzu dienen kann: so war es der Mühe wert, sie hier mit aufzustellen, und ich bin der Nachsicht sachkundiger Leser ohne Weiteres wohl gewiss; irre ich aber in dem einen oder andern: so veranlasste ich wenigstens eine genauere und ausgebreitetere Prüfung einer Sache, an deren richtiger Behandlung dem Fürsten als Fürsten eben so viel liegen muss, wie seinen Untertanen als Menschen.

Jetzt finde ich nur noch nötig, noch eine Erinnerung zu dem vorigen hinzuzufügen, und diese besteht darin: dass man jede Sache, die man nach Belieben und ohne vielen Aufwand leicht und bald haben kann, eben darum meist gleichgültig behandelt *). Und dies scheint mir eine von den Hauptursachen mit zu sein, warum man sich die Gesundheit der Soldaten, zumal der fernerhin für ihren Beruf unbrauchbaren; so wenig ernstlich angelegen sein lässt. Ob man aber hieran politisch und moralisch recht tue, mögen die entscheiden, welche wissen, wie sehr viel bei jedem Militär darauf ankomme, die unbrauchbar gewordenen Krieger stets so zu behandeln, dass die noch brauchbaren an ihnen nicht lernen, sich fein klug zu schonen, und alles das zu meiden, wodurch sie eben so unglücklich werden können, als ihre abgenutzten traurigen Vorbilder.

8
Das in drei Bänden 1778–1781 anonym erschienene Buch war zwar von einem Königsberger geschrieben worden, aber nicht von Kant, sondern von dessen Freund Theodor Gottlieb Hippel (1741–1796).

9
Die wahrscheinlich von Heinrich Bispink stammt, siehe Anmerkung zu S. 87

) 267 (

) 268 (

*) »Wenn die Fürsten spielen, ich meine, Krieg führen, sagt irgendwo Friedrich der Zweite, so sind die Menschen ihre Nieten; und wenn diese zu Hunderttausenden verloren gehen, so werden weder die Menschen, noch die Fürsten klüger. Sie spielen immer von neuem; und von neuem fehlt's nie an Nieten.« — So machte Friedrich d. G. als Philosoph selbst auf ein Menschenspiel aufmerksam, das er als König, nicht minder tapfer mitspielte!« — *Schilderung der Reichsarmee*, S. 195. — »Allein das Menschengeschlecht, sagt Kant im Dritten Teil der *Lebensläufe nach aufsteigender Linie*[8], S. 432, sucht alles auf dem unrechten Wege, und das kommt, weil es nicht zusammenhält: da es nicht Gott (dem Urheber der Moral) treu ist, wie kann es Menschen den Urhebern der Politik treu sein? Gott hat alles dabei getan und den Menschen den Trieb der Geselligkeit so gar tief ins Herz gelegt; allein noch stoßen sie sich von einander. Wie sehr in weitem Felde liegt nicht alles, und wie nahe könnt' es liegen, wenn Gottes Wille geschähe!« — Wohl denn uns, wenn der Wille einiger Menschen es dereinst nicht mehr hindert, dass alle Menschen Gottes Willen tun! — Man erwäge die Note auf der XXI. S. in der Vorrede zu der *Sammlung erbaulicher Gedichte*[9] usw.

Drei und zwanzigstes Kapitel.
Faltern, Monthabauer, Limburg u. s. w.

In Faltern hatte ich ein gutes Quartier, aber eine sehr schlimme Nacht. Ich lag mit einem Scharfschützen, Namens Seydling, bei einem braven Schlösser, der uns mit gutem Essen und Wein labte, und dann ein gutes Bette besteigen ließ. Der Schütze hatte die Ruhr im höchsten Grade, wollte aber, weil er die abscheulichen Feldlazarette kannte, in keins derselben. Des Nachts kam ihm das Stuhlgehen an: da er aber ein sehr abergläubiger Mensch war, so fürchtete er sich vor Gespenstern, und getraute sich nicht, die Treppe

DREI UND ZWANZIGSTES KAPITEL

herab in den Hof allein zu gehen. Er weckte mich also, und bat, dass ich ihn doch begleiten möge. Ich tat es, wiewohl etwas unwillig, über seine kindische Furcht. Kaum aber waren wir wieder im Bette, als mein Seydling von neuem nötig fand, auf den Hof zu gehen: ich schlug ihm die Begleitung ab, und schalt seine pinselige Furcht, die einem Soldaten gar übel anstehe. Aber der gute Kerl machte lieber seine Notdurft in die Kammer, worin wir lagen, als dass er hinabgegangen wäre. Zur Strafe für diese Unart ließ ich ihn lange nicht wieder ins Bette, und drohte ihm, ihn zu verklagen, wenn er am folgenden Morgen nicht gleich alles wieder rein machte. Er versprachs und hielt Wort.

Früh um halb Sechse wurde schon Marsch geschlagen: denn es war Befehl zum Aufbruch gekommen: die Franzosen hatten unsre Leute aus Limburg gejagt, und man befürchtete, sie möchten weiter herunter dringen. In Limburg waren zwar mehrere Preußen geblieben, aber sie hatten doch auch gezeigt, dass sie sich nicht ungerochen überfallen lassen. In Frankreich hätte so ein Überfall böse Folgen haben können, aber in Deutschland war er nicht so gefährlich. Die Husaren waren an dem Überfalle Schuld gewesen, weil sie nicht hinlänglich patrouilliert hatten: aber auch diese verteidigten sich nachher brav. Die Franzosen legten den Limburgern eine kleine Brandschatzung auf, und zogen ab.

Unser Regiment marschierte den 10ten November nach Montabaur, einem ganz mit Pfaffen und Klöstern angefüllten trierischen Städtchen; ich aber konnte wegen meiner Füße nicht nachkommen, musste daher in einem Dorfe, Neuhäusel, über Nacht bleiben, und mir da ganz allein bei einem armen Grobschmied Quartier machen. Der Grobschmied und seine Frau waren brave Leute, die mir viel Gutes taten und mich wegen meiner sehr angeschwollnen Füße herzlich und teilnehmend bedauerten.

Den folgenden Tag schlich ich nach Montabaur, wo man mich noch gar nicht vermisst hatte: so sehr war man noch der Unordnung gewohnt.

Hier trug man sich damals mit einer schändlichen Geschichte. Ein Emigrant hatte sich längst vorher mit

DREI UND ZWANZIGSTES KAPITEL

einem Mädchen aus der Stadt, von guter Herkunft, bekannt und beliebt gemacht. Die Vertraulichkeit ging so weit, dass das Mädchen endlich schwanger ward. Der Emigrant – ein französischer Graf – war unterdessen mit seinen Spießgesellen mit nach Champagne gezogen; und so war die Gute der Schande und der Verzweiflung überlassen. Schon vor uns war er aber mit den übrigen Emigrierten nach Koblenz zurückgekommen, wo er wahrscheinlich auch hübsche Bekanntschaften mag gehabt haben. Als das Mädchen seine Rückkehr dahin erfuhr, machte sie sich auf, und erinnerte ihn an sein Versprechen, sie zu heiraten. Aber der Niederträchtige hatte dazu jetzt keine Ohren, jagte sie fort, und verfolgte sie noch mit Schimpfreden. Die Unglückliche getraute sich nun ihren Eltern und Bekannten nicht mehr unter die Augen zu kommen, und begab sich nach Andernach zu ihrer Mutter Schwester. Diese nahm sie aber nicht auf, sondern drohte ihr noch obendrein, sie einstecken zu lassen, wenn sie sich unterstehen würde, noch eine Stunde in Andernach zu bleiben: sie sei eine Vettel, welche die Familie beschimpfe usw. Nun geriet das arme Mädchen in Verzweiflung, und ersäufte sich im Rhein. Man fand ihren Körper einige Tage hernach weit unter Andernach: sie war seit sechs Monaten schwanger. – Diese und ähnliche Begebenheiten haben nicht wenig beigetragen, die schon damals so verhassten Emigranten noch verhasster zu machen.

Als wir den folgenden Tag von Montabaur weg und näher nach Koblenz zu rückten, wurden die Schuhe aller Regimenter nachgesehen von einigen vom Könige dazu bestimmten Majoren, welche allen Obersten, Majoren und Hauptleuten erklären mussten, dass Seine Majestät durchaus verlangten, dass den Leuten gute Schuhe gegeben werden sollten, welches nun eher geschehen könnte, als vor kurzem. Aber auch dieser gewiss ernstlich und gutgemeinte Befehl ist doch auch nur zum Teil befolgt worden: denn so lange ich wenigstens bei der Armee gewesen bin, hat man für Schuhe und Montierung nicht so gesorgt, als man hätte sollen und können: und dass auch dieses während der folgenden Feldzüge nicht geschehen sei, habe ich nachher von Andern erfahren.

DREI UND ZWANZIGSTES KAPITEL

Die Regimenter wurden sehr aus einander gezogen, und in die Gegenden an der Lahne in Kantonierung gelegt[1]. Das Dorf, worin unsre Kompagnie lag, hieß Edelborn. Weit und breit habe ich nichts roheres und abergläubigers angetroffen, als die gemeinen trierischen Bauern, und doch liebten sie ihren Erzbischof nicht, und waren der neufränkischen Revolution gar gewogen. — Da wir hier eine Zeitlang blieben, so konnten die, welche Freunde der Reinlichkeit waren, ihre Sachen wieder in guten Stand setzen. Bei Ems wurde der Lahnpass stark besetzt, weil man da einen Überfall von Seiten der Franzosen befürchtete.

Custine hatte indessen, zur Schadloshaltung seiner Nation, nicht nur jenseits des Rheins gehauset; er hatte auch Frankfurt weggenommen, die Saline bei Friedberg zu Nauheim geplündert, und dem Fürsten von Weilburg starke Kontribution aufgelegt: aber die Bauern und Bürger waren überall verschont worden, und eben diese Schonung machte, dass diese Leute die Franzosen eben nicht für gar zu schlimm hielten. Damit aber der Fortgang der fränkischen Waffen nicht noch weiter um sich reißen möge, beschloss unser König, sobald es möglich sein würde, die Gäste über den Rhein zurück zu treiben, und ihnen die besetzten Plätze wieder wegzunehmen. Aber unsere Leute waren zu müde, zu sehr abgemattet; man musste also Halt machen, und sie ruhen lassen; auch musste frische Munition herbeigeschafft werden: denn die, welche wir mitgenommen hatten, war, wie ich mehrmals gesagt habe, völlig verdorben.

Endlich am 25ten November brachen wir auf und zogen nach der Lahn zu auf der Frankfurter Straße. Die Wege waren hier zwar gut, das Wetter aber kalt und die Luft rau und voll Schnee. Auf diesem Marsche haben wir abermals sehr viel ausgestanden, und nicht wenig Not gelitten an Lebensmitteln. Es sollte aber einmal vorwärtsgehen; und so gestattete man uns nicht einmal einen Rasttag.

Den 29ten kamen wir vor Homburg an der Höhe, mussten aber, weil alles sich dahin zusammengedrängt hatte, die Nacht unter freiem Himmel zubringen. Es war sehr kalt und windig, und Holz fehlte: man

1 einquartiert

) 273 (

) 274 (

ging daher in die nahen Dörfer, holte heraus, was von Holz da war, und machte starke Feuer. Eins dieser Dörfer, welches mit französischen Kolonisten besetzt ist, und dem Landgraf von Hessen-Homburg gehört, wurde bei dieser Gelegenheit sehr übel mitgenommen. Am 30ten November erhielt unser Regiment in Homburg Quartier, und ich bei dem Schulmeister der französischen Kolonie. Dieser Mann war, wie beinahe alle französischen Kolonisten, aus angeerbtem Widerwillen gegen den ehemaligen französischen Thron, ganz enthusiastisch für die neue Verfassung Frankreichs eingenommen. Als er merkte, dass ich derselben auch nicht abgeneigt war, so hatte ich seine ganze Gunst. Früh am andern Tage kam ein Bekannter des Schulmeisters, ein Schuster, der mich mit zum Frühstück nahm, und mir versprach, dass er mich, wenn ich Lust hätte, ins Land der Freiheit zu treten, sicher und unentgeltlich nach Frankfurt bringen wollte, von woher ich gar leicht über den Rhein, und wohin es mir beliebte, weiterkommen könnte. Ich weiß wahrlich nicht recht zu sagen, warum ich dieses gewiss gut gemeinte Anerbieten damals nicht annahm: ich glaube, dass ich es noch angenommen hätte, wenn wir länger in Homburg geblieben wären: denn damals war ich des ganzen Soldatenlebens wegen der Soldaten-Gräuel recht herzlich müde. Allein noch in selbiger Nacht um 10 Uhr wurde Marsch befohlen, und wir brachen wirklich nach Frankfurt auf.

Vier und zwanzigstes Kapitel.
Einnahme von Frankfurt am Main. Folgen davon.

Der Herzog eroberte am 2ten Dezember die Stadt Frankfurt am Main. Ich habe dieser Wiedereroberung nicht mit beigewohnt; ich überlasse es also meinen Lesern, die davon noch nicht echt unterrichtet sein mögen, anderwärts selbst Auskunft darüber einzuholen. Einer Bemerkung kann ich mich jedoch hier nicht enthalten.

Custine, dessen sonderbares Benehmen man durch van Heldens Briefe in Girtanners *Politischen Annalen*[1] ziemlich kennen lernt, hat dem Nationalkonvente zu

VIER UND ZWANZIGSTES KAPITEL

Paris eine falsche, meist unbegründete Nachricht von dem Betragen der Frankfurter Bürger gemacht, indem er sie beschuldigte, dass sie, während der Wiedereroberung, drei Bataillons Franzosen mit gewissen, dazu besonders gemachten Messern ermordet hätten. Das tat Custine, um sein Versehen der Frankfurter Bürgerschaft zuzuschieben. Aber obgleich der Bericht des Custine hier und da falsch ist, ja, obgleich van Helden und einige seiner Offiziere, durch ihren Unwillen über Custine, und die Lage ihrer Gefangenschaft, vielleicht auch durch ihre Unwissenheit in diesem Punkte bestimmt, Custinen widersprachen, und die Frankfurter zu rechtfertigen schienen: so ist doch auch gewiss, dass der Bericht, welchen die Frankfurter zu ihrer Verteidigung an den Konvent nachschickten, auch nicht ganz richtig ist, und es sind, wie mir selbst Frankfurter Augenzeugen erzählt haben, und ich erst noch vor kurzem auf dem Weidenhofe zu Frankfurt hörte, viele Barbareien selbst von Bürgern, folglich nicht allein von Handwerksburschen, gegen die Franzosen verübt worden. Auch habe ich von der damaligen Frankfurter Besatzung Einige in Frankreich gesprochen, welche eben dieses versicherten: und so lässt sich die Furcht erklären, in welcher die Frankfurter seit jener Zeit vor einem neuen Besuche der Republikaner schwebten, wie auch die starke Kontribution, welche diese nachher eintrieben. Hieraus mag denn jeder Nichtsoldat lernen, dass es zur Zeit des Krieges sehr klug ist, den Feind nie zu insultieren oder zu reizen, weder durch Handlungen, noch durch Worte, geschrieben oder gesprochen.

 Unser Bataillon wurde nur gebraucht, um die Franzosen bei Eschersheim wegzutreiben, wo sie noch um zwei Uhr Nachmittags Stand hielten. Bei dieser Aktion haben wir einen Kanonier und vier Mann eingebüßt. Die Franzosen ließen uns das Dorf bald über: denn ein panischer Schrecken schien sie ergriffen zu haben.

 Nun war Frankfurt wieder im Besitz der Deutschen, und unser Regiment rückte Abends um 10 Uhr in Vilbel, wo wir 14 Tage stehen blieben.

 Frankfurt war, so lange die Franzosen darin waren, von diesen wenig oder gar nicht gekränkt worden;

VIER UND ZWANZIGSTES KAPITEL

und wenn Custine, zur Entschädigung für unsere Invasion nach Frankreich, nicht eine so starke Kontribution gefordert hätte, so würde die Stadt noch Vorteile von seiner Gegen-Invasion gehabt haben. Aber dennoch war gleich nach der Wiedereinnahme auf einmal alles wieder deutsch, was vorher französisch in Frankfurt gewesen war! Sogar die Markörs[2] auf den dortigen Kaffeehäusern markierten auf Deutsch; die Mamsellen hießen Jungfern, ohne es jedoch immer zu sein; aus Toilette ward Putztisch, aus Pique Schippen, aus Cœur Herz und aus Carreaux Eckstein usw. Dieses läppische Zeug sollte, wie viel Anderes von eben der Art, Beweis des deutschen Patriotismus sein, und die Frankfurter trieben es, bis sie endlich selbst Preußische Offiziere französisch sprechen hören, wo sie sich denn schämten, und die Jungfer wieder in Mamsell umtauften usw.

Die Frankfurter Zeitungen, besonders die Reichs-Ober-Postamts-Zeitung – denn in dem Einen Frankfurt kommen mehrere heraus – waren während des Aufenthalts der Franzosen in Frankfurt ganz auf ihrer Seite, und nahmen alles dienstwillig auf, was Custine, van Helden, und andre dem Publikum mitteilen wollten. Es stehen daher auch selbst von Custine und Böhmer viele grelle Aufsätze in diesen Zeitungen, besonders das berüchtigte Proklama an den Landgrafen von Hessen-Kassel, worin er aufs gehässigste benannt und angegriffen wird. Die Herren Zeitungsschreiber waren aber keineswegs von den Franzosen gezwungen worden, so oder so zu schreiben; Custine hatte ihnen vielmehr ausdrücklich sagen lassen: dass, wenn man seine Aufsätze nicht für wahr hielte, oder sonst Anstand nähme, sie einzurücken, man sie immerhin hinlegen könnte. Sobald aber die Preußen Frankfurt inne hatten, lautete das Ding aus einem andern Tone: die Zeitungsschreiber erklärten einhellig in ihren ersten Blättern, dass sie von den Franzosen gezwungen, und aus Furcht vor der Guillotine (ohe!) eins und's andre gegen ihre Überzeugung und gegen ihren deutschen Patriotismus – gerade als wenn ein deutscher Zeitungsschreiber deutschen Patriotismus haben könnte! – in ihre öffentlichen Blätter aufgenom-

[2] Kellner

men hätten, welches den Neufranken zu favorisieren schiene: nun aber, da diese Tyrannei aufhörte, würden sie sich auch als wahre deutsche Patrioten zeigen usw.

Wer aber die Zeitungsschreiber nur von Ferne kennt, der weiß gar wohl, dass dieses saubere Volk samt und sonders allemal den angestimmten Ton nachstimmt, und dass es ihnen um nichts weniger zu tun ist, als um Wahrheit und Publizität. Wenn aber übrigens die Verbreitung der gröbsten und gefährlichsten Lügen zu Gunsten der deutschen Armeen, und schamloses, hämisches Herabsetzen der feindlichen – Beweise des deutschen Patriotismus sind, so muss ich den Frankfurter Zeitungsschreibern das Lob zugestehen, dass sie große Patrioten sind.

Ich befand mich indessen ganz erträglich im Flecken Vilbel, ging einige mal nach Frankfurt, meine Verwandten und Freunde dort zu besuchen, und genoss bei diesen Gelegenheiten allemal ein Vergnügen, welches mir seit meines Abschiedes aus Halle ganz unbekannt geworden war. Mit meinem Wirte in Vilbel hatte ich manches Gespräch, politischen Inhalts, erfuhr aber kein Wort zum Nachteil der Franzosen: überhaupt wurde damals das Betragen derselben allgemein gerühmt. Sie gingen mit den Landleuten friedlich um, fluchten und schalten nicht, forderten nichts umsonst, und zahlten alles mit barem Gelde. Freilich hätten sie die Herren, die Pfaffen, Edelleute und Fürsten mitgenommen; aber die meisten Bauern und Bürger waren Vielen von eben diesen Herren schon lange nicht gut, und freuten sich, dass auch sie einmal gezüchtiget worden waren.

Custine hatte auf der berühmten Salzsiederei Nauheim eine sehr große Menge Salz vorgefunden, und beschlossen, es zu verkaufen, um durch dessen Ertrag die französische Republik dafür in etwas zu entschädigen, dass der Landgraf von Hessen, dem eben dieses Salzwerk gehört, in Frankreich mit eingefallen war, und sich in die Angelegenheiten einer Nation mischte, die ihn eben so wenig angingen, als die National-Reform in Polen. Custine traf also die Verfügung, dass nur Hessische Untertanen das Salz gegen einen

VIER UND ZWANZIGSTES KAPITEL

Schein von ihren Schulzen, dass sie wirklich Hessen wären, für die Hälfte des gewöhnlichen Preises erhielten. Ich habe keinen Bauer dieses Benehmen Custine's je tadeln hören, aber in kleinern und größern Schriften nannte man es – Salzdieberei! Sonderbar aber, dass die Väter aller dieser Schriften nachher nicht auch ein Wörtchen fallen ließen von Landdieberei, und an Sachsens Schicksal im siebenjährigen Kriege gar nicht mehr dachten, noch weniger an die hergebrachte Verfahrungsart aller Kriegführenden Mächte, nach welcher sie sich berechtigt dünken, Gleiches mit Gleichem zu vergelten.

Gleich nach der Einnahme von Frankfurt ließ der Prinz von Hohenlohe die Gebirgsfestung Königstein angreifen: das Städtchen unten am Fuße litt gar sehr bei dem Bombardement, aber die Festung selbst nichts: diese musste erst lange nachher durch Hunger zur Übergabe gezwungen werden.

Nirgends hatte man die Franzosen besser und freudiger aufgenommen, als in den Mainzischen Dorfschaften am Main. Man muss nämlich wissen, dass die dortigen Leute gewaltig steif noch päpsteln, dabei aber von der wahren Beschaffenheit der Neufränkischen Händel gar nicht unterrichtet waren. Sie glaubten daher, die jetzigen Franzosen würden das Spiel bei ihnen wieder spielen, was die ehemaligen dort herum spielten, wenn sie Krieg im Reiche führten, d. i. alle Ketzer zur Römischen Religion zwingen. Also sahen sie im Geiste schon das ganze Darmstädter, Weilburger und Anderer Land, an welches sie grenzen, zum wahren Glauben durch die Franzosen gezwungen. Als aber die garstigen Leute bei ihrer Dahinkunft sich um nichts weniger bekümmerten, als um die verschiedenen Abstiche im An- und Ausputzen der Gehirn-Idole: so sah man verächtlich von ihnen weg, hasste sie, und dies um so mehr, je greller ihnen ihre Pfaffen den Gräuel der Neufränkischen Einrichtung beschrieben und verdammten.

) 282 (

Der Pastor von Wickert, einem Dorfe zwei Stunden von Mainz, hatte sich hierin vorzüglich ausgezeichnet. Er hatte in der christlichen Lehre unter andern auch die große Wahrheit abgehandelt, dass man ohne Beichte nicht selig werden könne, dass aber die Beichte bei einem ordentlich geweihten Priester geschehen müsse, weil, wer bei einem apostatischen oder gar unrecht geweihten beichte, ein Sakrilegium beginge, und dann, wenn er stürbe, geradezu zur Hölle hinabführe, und ewig verdammt würde. Nachdem er diese wichtige Wahrheit ausführlich bewiesen hatte, so fragte er die Kinder also, und dies (man bewundere seine Tauben-Einfalt und Schlangen-Klugheit!) in Gegenwart einiger Franzosen:

PASTOR Sage mir mein Sohn, haben denn die jetzigen Franzosen ordentliche Priester?
JUNGE Das weiß ich nicht.
PASTOR Nein, mein Kind, die haben sie nicht: denn ihre Priester sind nicht von rechten Bischöfen geweiht, folglich sind sie Beliaskinder[3] und keine Priester. Was sind also ihre Sakramente?
JUNGE Gotteslästerung und Gottesschändung.
PASTOR Schön, mein Kind! Wenn also ein Franzos seinem Priester beichtet, was begeht er?
JUNGE Eine Todsünde.
PASTOR Recht so! Wenn nun so ein Franzos stirbt, wo fährt er hin?
JUNGE Zum Teufel in die Hölle.
PASTOR Wofür sind denn die Franzosen zu halten?
JUNGE Für böse Christen, für Ketzer.
PASTOR Ja, wollte Gott, dass sie nichts ärgers, als böse Christen, als Ketzer wären! Sie sind noch viel mehr: Sie sind veruchte, exkommunizierte und überteufelte Teufel, die sich an der heiligen Kirche versündigt, das Evangelium verleugnet, die Sakramente geschändet, die Heiligen gelästert und sogar die Mutter Gottes verspottet haben. Aber sie werden ihren Lohn schon bekommen: der Herr wird sie ausrotten, wie die Rotte Core[4] usw.

Einige französische Soldaten, Deutsche von Geburt, hatten diese Possen mitangehört, und sie ihren Kameraden wieder erzählt. Diese wurden über des Pfaffen unbesonnene Frechheit rasend, liefen hin ins Pfarrhaus, und würden den geistlichen Herrn da gleich her-

---

3 Nach Belial, dem Gegenspieler Gottes, siehe 2 Kor. 6,15 und Miltons *Paradise Lost*.

4 siehe 4. Mose, 16,31

VIER UND ZWANZIGSTES KAPITEL

genommen haben, wenn dieser nicht gleich nach der Kirche zu einem echt geweihten Saufbruder nach Wallau gegangen wäre. Sie passten ihm daher im Felde auf, und stellten ihn, als er zurückkam, zur Rede. Der Herr Pastor, von Wein erhitzt, ward aber grob, und erklärte, dass er von dem, was er an heiliger Stätte lehrte, keiner gottlosen Rotte, wie sie und alle Franzosen wären, Rechenschaft zu geben hätte. Die Ungläubigen ergriffen ihn indes, und wackelten ihn, trotz seiner überseligen Rechtgläubigkeit, wacker herum. Da aber nur wenige Franzosen damals in Wickert lagen, so wurden die Täter bald entdeckt, und von ihrem Offizier mit Prison[5] bestraft. Wahrscheinlich wollte der Offizier einen Bauernaufstand verhindern: denn diese sind, um in solchen Fällen still zu sitzen, von den Privilegien ihrer Pfaffen zu gut unterrichtet; und die Pfaffen ermangeln noch weniger, den löblichen Satz des Kirchenrechts: siquis suadente diabolo percusserit clericum[6], und wie es weiter heißt, zu ihrem Vorteil fein hübsch zu erklären.

---

[5] Gefängnis
[6] Wer auf Anraten des Teufels einen Geistlichen schlägt (soll verflucht sein)

) 285 (

Fünf und zwanzigstes Kapitel.
Die Winterquartiere oder Quasi-Winterquartiere.

Die Preußischen Truppen wurden dort in der ganzen Gegend am Main und am Gebirge in die Winterquartiere verlegt. Unser Regiment bezog Höchst, Nied und Griesheim: unsre Kompagnie lag in Nied ganz allein mit den Beckerknechten, und ich hatte meine Wohnung bei einem recht braven Manne, dem Fischer Rhein. Dieser Mann war protestantisch, und konnte gar kein Ende finden, wenn er von den Bedrückungen anfing, womit man im Mainzischen die Protestanten verfolgt hätte. Es geht, wie ich merke, in diesem Ländchen eben so arg zu, wie in der Pfalz oder auch wohl noch ärger. Jeder schlechte Kerl, der nur katholisch ist, gelangt dort zu Ämtern und Ehren, und kein Protestant, und wäre er noch so ehrlich und noch so geschickt, wird je befördert.

Ich wunderte mich sehr über dieses Unwesen, und erwiderte: dass ja doch der Kurfürst, selbst in Mainz, Protestanten angestellt habe. Aber Rhein stach mir den Star: »Man wollte, sagte er, tolerant scheinen; daher hat man Einige, aber doch nur solche Protestanten angestellt, welche Aufsehen gemacht hatten und das gerade nur in Mainz.« An allen andern Orten, fügte er hinzu, sei und bleibe der Katholik im Alleinbesitz aller Gunst und aller Rechte, und der Protestant habe immer das Nachsehen. Das möge, fuhr Rhein fort, noch hingehen: dass man aber allemal dem Katholiken Recht gibt, wenn er gleich handgreiflich Unrecht hat, und dass der Protestant beim sonnenklarsten Rechte dennoch allemal verlieren muss, das ist abscheulich. Rhein hat mir mehrere Fälle dieser Art mitgeteilt, welche ich indes hier übergehe. Dergleichen Dinge aber beweisen hinlänglich, dass man sich eben nicht sehr wundern müsse, wenn die Franzosen in der Pfalz und im Mainzerlande bei den Protestanten mehr Eingang gefunden haben, als bei den Katholiken: denn wer ist wohl gern wegen seiner Meinungen, Religion und dergleichen in seiner bürgerlichen Existenz zurückgesetzt und geneckt?

Diesen Umstand beliehen doch die ja in Acht zu nehmen, welche, aus der größern Anhänglichkeit der dortigen Protestanten an die Franzosen, haben folgern wollen: der Protestantismus an sich führe zum Aufruhr, wenigstens mehr als der Katholizismus. Dies heißt Ursache und Wirkung verwechseln, und jemanden das Brandlöschen übelnehmen, dessen Haus wir erst selbst in Brand steckten! Doch hierüber dereinst ausführlicher in einer andern Schrift; oder man vergleiche Frankfurt und Mainz in dieser Rücksicht vor der Hand so, wie es in der Vorrede zu der mehrmals erwähnten *Sammlung erbaulicher Gedichte* — S. LXXXV geschehen ist. Und dann: was war Frankreich? —

FÜNF UND ZWANZIGSTES KAPITEL

[1 kirchlichen Pfründen]

Dass Ein Teil der Katholiken am Rhein dem alten Staatssysteme damals treuer blieb, machte weniger ihr Kirchensystem, als die vielen, reichlich und bequem nährenden Präbenden[1], oder Faultiersstellen, deren heilige Früchte sie entweder selbst schon zogen, oder für ihre Brüder, Vetter u. dgl. zum Troste ganzer Familien erwarteten. Man sah dies ja aus den Hauptgründen mit, welche man öffentlich an den Tag gab, um die Leute da herum von dem Franzosen-Systeme abzuhalten. Schafft ihr, hieß es darin, euren Kurfürsten, das hohe Domkapitel, den Adel, die Klöster u. dgl. ab: was soll, was kann aus all den Tausenden werden, welche von denselben Brot, Ehre und Bedienung haben? *) — Doch, wie gesagt, davon zu einer andern Zeit!

Am 6ten Januar 1793 schlugen die Preußen die Franzosen bei Hochheim, und von dieser Zeit an wurde Hochheim von unsern Truppen besetzt. Die gefangnen Franzosen wurden mit Trommeln und Pfeifen durch die Dörfer und Städte bis nach Frankfurt gebracht; und dem Jan Hagel stand es aller Orten frei, diese Gefangnen mit Schreien und Schimpfen zu insultieren. Die Frankfurter, eine äußerst neugierige und faselhafte Nation, zogen ihnen zu mehrern Tausenden entgegen, und begleiteten sie mit unbändigem Geschrei und Jubel bis in die Stadt. Einige schmissen sogar mit Steinen und Kot auf sie. *) Ich war selbigen Tag gerade in Frankfurt bei meinem Freunde, dem Herrn Dambmann, und ärgerte mich recht sehr über den Unfug, den der vornehme und geringere Frankfurter Pöbel an den Kriegsgefangnen beging. — Herr Dambmann, Herr Hofrat Stiehl, Herr Prediger Sussenbeth und mein Vetter, der Kaufmann Dietsch, erwiesen mir damals sehr viele Freundschaft, und dieses machte, dass ich Frankfurt den Winter über von Nied aus fleißig besucht habe. Dank noch einmal den guten Seelen!

*) Wie wenn die alle alles das, womit sie so herrisch großtun, nicht erst selbst von uns hatten! — sagte mir einst ein katholischer Kaufmann, der sich über den Trubel des Rheinischen National-Convents mit mir unterhielt. »Was aus all den Tausenden werden soll? fuhr er fort: je nun, was aus den übrigen wird, die ohne Präbenden, Bedienungen und Hofbrot ihr Auskommen im Schweiße ihres Angesichts verdienen. Für diese kann man unbesorgt sein: aber nicht so für das Auskommen der einigen Hunderte, die ihr Herrenwesen auf Kosten des Schweißes von mehreren Tausenden treiben!

*) Das Gerücht von der Misshandlung dieser und meist aller nachherigen französischen Kriegsgefangnen ist nicht nur bis zu ihrer Armee, sondern auch bis zu allen Departements, die ich nachher besucht habe, gedrungen. Die Wirkung davon lässt sich denken und mich dünkt, man hat sie erfahren, und erfährt sie noch. Aber wahrlich, die Franzosen sind gutmütig und groß; und dies wird die Nachwelt gerechter erkennen, als viele von uns.

FÜNF UND ZWANZIGSTES KAPITEL

In Nied lernte ich zwei schnurrige[2] Menschen kennen, den katholischen Schulmeister, und einen Schneider, der zugleich Branntweinbrenner war. Der erste war ehedem Husar gewesen, hatte nachher fromme Gedanken bekommen, und war Einsiedler geworden. Als aber der Kurfürst alle Einsiedeleien aufhob, ging auch seine Klause zu Ende. Seine Landsleute die Nieder-Bauern, nahmen ihn zum Schulmeister an, er behielt aber trotz des Befehls des Vikariats seinen Habit oder die Kutte bei. Der andre war protestantischer Religion und ein guter Freund des Schulmeisters, und beide arbeiteten schon lange gemeinschaftlich an der Vereinigung der Protestanten und Katholiken. Sie sitzen daher, wenn sie sonst nichts zu tun haben, beisammen, untersuchen die Unterscheidungslehren beider Kirchen, und schließen bei jeder: »Man könne sie ohne Schaden fahren lassen, und müsse dieses tun, um der Kirche ihre Einigkeit wieder zu verschaffen.« —

Ich habe einige mal ihren Disputationen beigewohnt und bemerkt, dass sie allemal damit endigten, dass das Korpus der Lehren, so wie diese jetzt wären, schlechterdings nicht die Lehre der wahren oder der katholischen Kirche sein könnte: diese sei allgemein, das heißt, habe lauter solche Lehren, welche von jedermann ohne Unterschied angenommen, und nur von Narren oder Bösewichtern verworfen werden könnten. Dies sei so die Religion des ehrlichen Mannes, und darin fände sich kein Papst, keine Transsubstantiation, keine Beichte, keine Messe und dergleichen das seien lauter Zusätze, die niemand bänden, gesetzt auch, sie seien wahr: denn es könne in der Theologie manches wahr sein, das doch bei weitem nicht zur Religion gehörte. —

Die Leute räsonierten so unrecht nicht, aber daran taten sie unrecht, dass sie die Katholiken mit den Protestanten vereinigen wollten. Da sie mit diesem Vereinigungsplane schon lange um gingen, so mussten sie notwendig den Pfaffen, sowohl der Katholiken als der Protestanten, oft vor den Kopf stoßen, und daher hatte besonders der gute Schulmeister Händel mit den geistlichen Herren zu Höchst. Als die Franzosen dahin

2 drollige

kamen, waren beide recht froh, und dachten, nun sei es Zeit, ihren Plan auszuführen. Sie warfen sich also öffentlich zu Aposteln der christlichen Freiheit auf, und wollten wenigstens in ihrem Zirkel Eine Herde unter Einen Hirten zuwege bringen. Aber die baldige Retirade der Franzosen machte ihrem Apostolat ein Ende; sie hofften aber dennoch immer dass noch in Zukunft etwas zu machen sein dürfte. Ich war anfänglich bei beiden gut gelitten, weil ich auf die Franzosen nicht schimpfte, und auch, wie sie, alle theologische Katzbalgereien für Lumpendinge erklärte. Als ich aber anfing, überhaupt unvorteilhaft von ihrer heiligen Grille zu sprechen, so sank ich bei ihnen sehr, und sie wurden viel zurückhaltender. Das war mir auch nicht sehr unangenehm: denn nun durfte ich ihre langen Predigten von der Religionsvereinigung, und der Katholisation der Christenheit nicht mehr so anhören, als zuvor.

Das Regiment von Thadden hatte noch immer bessere Winterquartiere, als die meisten andern. Zu Wickert, Wallau, Delkenheim, Mosbach, Wiesbaden und an allen Orten von Hochheim bis nach Höchst war alles so stark überlegt, dass in einem Hause oft 20, 30 und mehrere Mann Quartier hatten. Unser Dienst war indes sehr geringe, wenn man die lästigen Kommandos, die nach Hochheim gegeben wurden, und die ich selbst viermal mitgemacht habe, davon ausnimmt. Bei diesen Umständen erholten sich unsre Soldaten auch nach und nach und gelangten wieder zu ihrer ehemaligen Munterkeit.

Die Bürger zu Halle, durch Privatbriefe, welche in unzählbarer Menge, wegen der Postfreiheit, dahin geschrieben wurden, von dem Elende und dem Mangel der Soldaten unterrichtet, ließen sich durch eine Gutmütigkeit von besonderer Art – bewegen, dem Regimente von Thadden, welches schon seit 1665, also schon über 122 Jahre, in ihrer Stadt in Garnison gelegen hatte, ein Präsent von Branntwein, Speck und Tobak zu schicken. Der Wille an sich war gut und löblich; nicht so das Werk: denn der Branntwein war verdorben, weil er in unreine Gefäße gefüllt war, und der Tobak war scheußlich: der Speck aber war zu genießen.

FÜNF UND ZWANZIGSTES KAPITEL

[3] Spießbürger
[4] Schmähschrift

Besser hätten die Hallenser immer getan, wenn sie den Soldaten das zusammengebrachte Geld geschickt hätten. Wenigstens wären dann weder sie, noch wir geprellt worden; und an Fuhrlohn hätte man vieles erspart.

Ein lustiger Bruder machte auf dieses Geschenk ein Gedicht in Knittelversen, welches sogar gedruckt wurde. Es war aber ein sehr massives Ding, welches unter der Aufschrift: Danksagung der Soldaten vom Thaddischen Regiment an die hallischen Philister[3] — lauter Sarkasmen auf die Hallenser enthielt. Ich würde mich schämen, hier auch nur eine Strophe davon anzuführen. Es kam bald nach Halle, und erregte, als etwas ganz Unerwartetes, nicht wenig Aufsehen. Ein gewisser Mann in Halle verfiel auf mich, und gab meine Wenigkeit in einer Klage an unsern General geradezu als Verfasser an. Ich weiß nicht, was den guten Mann berechtigt haben mag, sich als Sprecher für Halle aufzuwerfen! — Allein da man bei den Soldaten eben nicht gewohnt ist, einer solchen Sache wegen, Untersuchung anzustellen, so wurde die Klage hingelegt, und blieb ohne alle Rücksicht. Die Hallenser haben es indes recht gut gemeint, und dieser guten Meinung wegen gebührt ihnen aller Dank der Soldaten, und auch der meinige: denn auch ich habe Anteil an ihren Gaben gehabt. Ich erkläre ihnen daher, dass ich das Pasquill[4] — denn das ist es allemal — nicht gemacht habe, und das mag ihnen genug sein.

Erst auch in Vilbel konnte ich wieder einmal an meinen redlichen Bispink schreiben. Seit unsers Einmarsches in Frankreich war mir auch diese, mir sonst so angenehme, Beschäftigung, ihm und einigen andern erprobten Freunden, welche sich aber jetzt leider auf sehr wenige beschränken, von meinen Umständen Nachricht zu geben, gänzlich vergangen. Herr Bispink antwortete mir bald wieder, schickte mir auch wieder Geld, Kleidungsstücke und Wäsche. Ich habe seit dieser Epoche bis auf meinen Übergang nach Frankreich sehr oft an diesen Braven geschrieben, und hatte keine angenehmere Beschäftigung, als seine Briefe zu lesen, und einige für ihn aufzusetzen. Er unterhielt mich mit Nachrichten über die gelehrte Welt, teilte mir manche Gedanken- und Trostreiche Stelle aus ältern und neuern Schriftstellern mit, und ließ es an guten und brüderlichen Winken selten ermangeln.

Sechs und zwanzigstes Kapitel.
Fortsetzung des vorigen.

Die Lügen über unsre und der Franzosen Lage wurden so allgemein bei uns, dass man alle Tage widersprechende Nachrichten hörte, welche von kurzsichtigen müßigen Köpfen erfunden, und von andern ebenso verschraubten Märchenbrütern verbreitet, und geglaubt wurden. Ich widersetzte mich immer, so viel an mir war, diesen elenden Erdichtungen, und suchte meinen Bekannten nach meiner Einsicht, wahrere und gründlichere Vorstellungen von den verschiednen Verhältnissen beizubringen, welche ich damals zwischen uns und den Franzosen bemerkte. Da ich bei diesen Gelegenheiten manches Wort zu Gunsten der Neufranken, ihrer Konstitution und des Mutes ihrer Soldaten fallen ließ, so wurde ich auch jetzt wieder allgemein Patriot genannt, und für einen Anhänger der Franzosen ausgeschrien. Aber, wie ich schon oben sagte, meine Vorgesetzten, besonders der Herr Major von Wedel und

SECHS UND ZWANZIGSTES KAPITEL

der Herr Hauptmann von Mandelsloh waren einsichtige, brave Männer, welche selbst einsahen, dass unsre Lage so gut eben nicht, und die der Franzosen bei weitem nicht so schlimm war, als man sie in den Zeitungen ausschrie. Sie ermahnten mich daher, nur behutsamer im Reden zu sein, und jedesmal zu untersuchen, mit wem ich zu schaffen hätte. Dieser Rat war klug, und ich habe ihn auch meistens befolgt; aber dann und wann riss mich das Feuer der Dispüte, und meine Überzeugung dennoch so hin, dass ich sogar in Wirtshäusern öffentlich die Partei der Franzosen nahm: doch habe ich meiner Freimütigkeit wegen bei den Preußen eben keine unangenehmen Folgen empfunden. Die preußischen Offiziere, ich wiederhole es, haben überhaupt mehr Einsicht und Freimütigkeit, als die der anderen Truppen. Ich kenne deren viele, und besonders habe ich den jungen Grafen von Herzberg auf diesem Feldzuge kennen lernen, welcher damals (1792) noch Generaladjutant bei dem Regiment von Schönfeld war. Es gibt wohl wenig junge Männer, welche mit so vieler Einsicht und wirklich gelehrten Kenntnissen, einen so liebenswürdigen Charakter verbinden, als dieser. Er ist ein großer Kenner der Geschichte in ihrem ganzen Umfange, aus welcher er sehr treffende praktische Schlüsse auf die neuen Begebenheiten zu ziehen weiß. Mit innigstem Vergnügen hörte ich ihn die ehemaligen republikanischen Vorfälle in Griechenland, Rom, der Schweiz, Holland und Amerika mit den neuen Auftritten der fränkischen Revolution vergleichen, diese vollständig aus jenen erklären, und richtige Prognostika für die Zukunft aufstellen. Außer der Geschichte und der Mathematik, welche sein Lieblingsstudium ist, hat sich der Herr Graf auch in den alten und neuen Sprachen und in der schönen Literatur umgesehen; aber sein edler Charakter, sein äußerst humanes, liberales Wesen und seine Teilnahme an allen Schicksalen seiner Brüder macht, dass man in ihm—nicht den geschickten Offizier, sondern den würdigen guten Menschen sieht, liebt und verehrt. In Gesellschaft und im Gespräche mit diesem biedern deutschen Manne vergaß ich mehr als einmal auf den beschwerlichsten Märschen von Koblenz nach Frankfurt, dass es mir übel ging.

SECHS UND ZWANZIGSTES KAPITEL

Unter anderm Tross, welcher, um etwas zu verdienen, der Armee nachgezogen war, befand sich auch eine Bande Marionettenspieler, welche dort herum den hohen und niedern Pöbel mit Fratzen amüsierte. Das Meisterstück dieser Bande, deren Direktor der Sohn des ehemaligen Mainzischen Hofrats Schott war, war eine Farce, betitelt: der betrogne Custinus (Custine). In diesem Dinge beging Custine mit seinem Bedienten, dem Hanswurst, allerhand Gräuel! Da sah man Morden, Brennen, Sengen, Notzüchten, schwangern Weibern den Bauch aufschneiden usf. Hierauf erschien ihm ein Engel, und ermahnte ihn, Buße zu tun, und den Rosenkranz zu beten: Custine aber lässt den Engel zur Türe hinausschmeißen: eben dieses widerfährt dem Tode. Endlich kommt der Teufel, macht burr, burr, und zerreißt den Custine in tausend Fetzen. Dieses elende Zeug, und mehreres von derselben Art, dessen Gegenstand aber allemal die Franzosen waren, wurde in Frankfurt, Höchst, Rödelheim und an andern Orten häufig gespielt, und von Herren und Damen, von Mamsellen und Huren beklatscht und belacht, bis endlich einige Herren Generale, worunter auch Herr von Thadden war, das Unanständige dieser öffentlichen Beschimpfung eines feindlichen Generals und seiner Nation fühlten, und den Spaß verboten. Die Marionettenspieler ließen nun den Custinus, und legten sich aufs Zotenreien, welches ihnen nicht minder einbrachte.

Seitdem wir Koblenz und Verdun verlassen, zum ersten Mal verlassen hatten, hatten unsre Leute, so wie unsre Offiziere, sich um das liebe Frauenzimmer wenig bekümmern können, aber jetzt, nachdem sie sich nach und nach erholt hatten, regte sich auch das Geschlechts-Bedürfnis wieder bei ihnen, und dazu fanden sie in und um Frankfurt Nahrung genug. Dem Hochweisen Magistrate dieser Reichsstadt muss man es zwar nachrühmen, dass er die Hurerei unter dem Schutz der Gesetze nicht so erlaubt, wie z. B. Berlin, wo noch 1792 eine Verordnung, die Lohnhuren betreffend, herauskam: aber dem ungeachtet hat es in Frankfurt an feilen Schwestern niemals gefehlt. Seit der Emigrantenzeit war auch dort in der ganzen Ge-

SECHS UND ZWANZIGSTES KAPITEL

gend das Sittenverderben sehr eingerissen und das Frauenzimmer, welches ohnehin in den Rheingegenden fürchterlich verliebt ist, hatte nun alle Scham und Scheu abgelegt, und war für jeden. Frankfurt war besonders der Sammelplatz feiler Menscher von hohem Kaliber und niedrer Ordnung, wie man sie haben wollte, von sechs Kreuzern an bis zu sechs Talern Rheinisch. Auf den Dörfern liefen auch Nymphchen dieser Art in Menge herum, welche meist aus dem Darmstädtischen hinkamen: selbst Bauernweiber und Bauernmädel machten sich kein groß Gewissen daraus, einem lüsternen Kerl aus der Not zu helfen.

Aus diesem liederlichen Wesen entstanden nun häufige venerische Krankheiten, welche bisher lange unbekannt bei uns gewesen waren, und gaben den Feldscheren, welche sich seither nur mit der Ruhr und dem Durchfall beschäftiget hatten, neue Arbeit.

) 300 (

Bei keinem Stande ist das Sprichwort: ein ander Städtchen, ein ander Mädchen, mehr wahr, als bei den Soldaten: wo nur 100 Mann vier Tage liegen, gibt es gewiss schon 25 Soldatenschätzchen, freilich lauter leichte, verdorbne Ware, aber doch auch mitunter solche, welche wohl auf etwas Besseres, als auf einen Kerl in der Uniform, hätten Anspruch machen können. In den Rheingegenden hatten die Emigranten, und nach ihnen die Patrioten, das schöne Geschlecht schon vorbereitet und zugestutzt, und so war es unsern Leuten gar leicht, Liebschaft anzuzetteln, wo sie nur wollten. Die Herren Hauptleute sehen dergleichen gern: denn es hindert gewöhnlich die Desertion, wenn es dieselbe auch nicht dieselbe gleich zuweilen befördert, indem Bursche und Liebchen mit einander abfahren. Bei den Preußen ist das indes der Fall nicht so oft, wie bei den Östreichern: denn bei diesen hält das Heiraten härter. Daher laufen auch weit mehr Östreicher mit ihren Liebchen von dannen, als Preußen. In den Ordonanzhäusern kann man den Beweis davon augenscheinlich finden.

Aber warum sollte der Soldat sich nicht auch einen Zeitvertreib mit dem Frauenzimmer machen, da er große Herren es nicht besser machen sieht, sogar ganz große Herren! In Frankfurt laufen noch auf die Stunde

SECHS UND ZWANZIGSTES KAPITEL

Histörchen von allerlei Art herum, worunter auch einige nicht sehr erbauliche sind, besonders die von einer gewissen reichen und schönen Mamsell, welche aus bloßer Eitelkeit – denn weder Liebe noch Eigennutz konnte sie bewogen haben, die traurigen Reste einer rüstigen Konstitution zu genießen – also aus bloßer Eitelkeit einem jungen, reichen und schönen Liebhaber, mit dem sie versprochen war, und von dem sie aufs zärtlichste geliebt wurde, Hörner aufsetzte. Ob man alle Frauenzimmer durch Wollust verführen könne, weiß ich nicht: dass aber alle der Eitelkeit und dem Eigennutz weichen, davon belehrt uns, außer der alten und neuen Geschichte, die tägliche Erfahrung. –

Dass die verliebten Späße unsern Herren die Beutel derb geleert haben, versteht sich von selbst. Den Schönen zu gefallen, mussten Bälle gegeben und andre Lustigkeiten angestellt werden; und damals durfte kein Herr Offizier, wie zu Halle, mit 12 Gulden zu Balle kommen: das Ding kostete ungleich mehr. Wer überhaupt dort herum brillieren wollte, musste schwer Geld haben.

Die Herren Regimentsquartiermeister müssen öfters den Offizieren aushelfen, wenn die Kasse leer ist. Der königliche Befehl will freilich, dass sie keinem Offizier etwas vorausgeben, und wenn sie es tun, sie sich hernach nicht an den Gehalt des Offiziers halten sollen. Dennoch können die Herren Regimentsquartiermeister ihren Regimentsoffizieren allemal, ohne Gefahr angeführt zu werden, Geld vorstrecken. Freilich müssen sie ihre Leute kennen: denn mancher Offizier würde sich des königlichen Privilegiums bedienen, einige Wochen in Arrest gehen, und den Quartiermeister prellen. Aber ein ehrliebender Offizier tut so was nicht, und der Quartiermeister ist seiner Zahlung wegen in Sicherheit. Da aber doch die Sache immer gesetzwidrig ist, so wissen die Herren sich auch gegen die Gefahr der Verantwortung dadurch zu sichern, dass sie sehr starken Abzug machen, so oft sie Geld vorschießen: denn eigentliche Interesse[1] mögen sie doch nicht fordern.

Ein Offizier wurde von Herrn Ruff zu Höchst zu einem Ball nach Frankfurt eingeladen. Der Offizier hatte nicht so viel Geld, als hierzu erfordert wurde, er

[1] Zinsen

SECHS UND ZWANZIGSTES KAPITEL

schickte also seinen Bedienten zum Regimentsquartiermeister, welcher zwei Stunden davon war. Er hatte ihm eine Quittung auf 20 Taler mitgegeben, und der Bediente brachte ihm 3 Friedrichs d'Or, oder damals 17 Taler. 6 Gulden. Ich war eben in der Schnallenfabrik, wo Herr Ruff Faktor ist, als der Bediente zurückkam. »Nun das geht noch, sagte der Offizier, heute zieht mir der Quartiermeister doch nur 2 Talern 18 Gulden an 20 ab: neulich hat er mir, hols der Teufel, 4 Talern an 20 abgezogen.«

Es versteht sich, dass durch diese Ökonomie die ökonomischen Umstände mancher Offiziere sich merklich verschlimmern, die der Quartiermeister sich aber sehr bessern. Wenn daher letztere einmal eine Schlappe bekommen, so bedauert sie keine Seele.—

Da ich in jener Gegend vorzeiten sehr bekannt gewesen war, so kamen viele Leute zu mir, und unter diesen manche, welche bloß die Neugierde antrieb, einen Menschen zu sehen, welcher bisher die Rolle eines Aventüriers[2] gespielt hatte, und diese Rolle vielleicht noch länger und bedeutender in Zukunft spielen würde. Dass mir diese Besuche allemal höchst unangenehm waren, wissen die, welche mich kennen. Von meinen neuen Bekanntschaften, die ich während meines Aufenthalts zu Ried machte, war mir keine lieber, als die mit Herrn Ruff, Faktor der berühmten Schnallenfabrik zu Höchst: ein junger einsichtsvoller Mann, der mir sehr viel angenehme Stunden gemacht hat. Er hat mir auch einen Vorschlag getan, der vielleicht zu meinem Glück hätte ausschlagen können, aber ich traute meinen Kräften zu wenig, als dass ich ihm hätte folgen mögen.

Dem Herrn Amtmann Keil von Rödelheim, dem Herrn R. Rat Buff, dem Bruder der durch den Tod des armen Werthers so berühmten Lotte *) und dem Herrn Jung, Pfarrer zu Praunheim, danke ich hier nochmals öffentlich für die Freundschaft, die sie mir, ihrem alten Universitätskumpan, erwiesen haben. Ich hatte sie in Gießen und Halle sehr genau gekannt, und freue mich, dass es ihnen wohl geht. Wer besonders eine Frau hat, wie Herr Keil, kann sich Glück wünschen.

2 Abenteurer

*) Madam Charlotte Wilhelmine Kästner, geborne Buff in Wetzlar.

Sieben und zwanzigstes Kapitel.
Fortsetzung des vorigen.

Die Hinrichtung des armen Ludwigs XVI. verbreitete, sobald sie bekannt wurde, und das wurde sie sehr bald, in der ganzen Armee anfänglich Schreck und Unwillen gegen ein Volk, welches sogar seinen König hätte hinrichten können. Nun, hieß es, kann es den Franzosen nicht mehr gut gehen, nun muss Gottes Zorn und Rache sie verfolgen: man wird das bald genug sehen! – In allen Gesellschaften, in allen Wirtshäusern und Schenken wurde von nichts gesprochen, als von der abscheulichen Hinrichtung des armen Königs von Frankreich. Aber je mehr man von dieser ungewohnten Trauerszene sprach, je mehr man das Grausende derselben ruminierte[1], desto mehr verschwand das Grässliche derselben, und die ruhige Untersuchung darüber folgte auf die Deklamationen. Viele meinten, die Franzosen müssten doch wohl Ursache gehabt haben, so was vorzunehmen: es müssten doch auch gescheite und gewissenhafte Leute in Paris sein. –

---

[1] widerkäute

SIEBEN UND ZWANZIGSTES KAPITEL

<small>2 Juvenal, *Satire* X, V.112: »Zum Schwiegersohn der Ceres (= zum Gott der Unterwelt) steigen ohne Mord und Blut (eigentl. »vulnere«, Wunden) und eines trockenen (= unblutigen) Todes nur wenige Könige und Tyrannen hinab.«

3 Strafvorschriften</small>

Während dieser Epoche war ich einst im Schwan, einem Gasthofe zu Höchst, mit Herrn Ruff. Das Gespräch kam von Ludwig XVI. auf die je hingerichteten Könige. Ich sprach, dass ihrer nur drei bekannt wären, welche durch das Gesetz seien hingerichtet worden: Agis von Lacedämon, Karl I. von Großbritannien und Ludwig XVI von Frankreich. Tausend Monarchen seien zwar ermordet worden nach dem bekannten Spruch des Juvenalis:

Ad generum Cereris sine caede et sanguine pauci
    Descendunt reges, et sicca morte tyranni;[2] *)

<small>*) Sat. X.</small>

mir sei aber doch kein Exempel von gesetzlich hingerichteten Königen weiter bekannt, als von den drei angegebenen. Was den Lacedämonier belangt, fuhr ich fort, so war der ein Untertan der Gesetze, und folglich auch der Pönalverordnungen[3]. Seine Hinrichtung war zwar höchst ungerecht, denn Agis war unschuldig, aber es war doch keine Frage in jener Republik: ob man den Vorsteher derselben, welchem man sehr uneigentlich den Namen König gab, hinrichten könnte, sobald er nach den Gesetzen des Todes schuldig wäre erkannt worden. Zu Lacedämon wurde Agis durch ein altes Gesetz verurteilt, und nicht durch eine Verordnung, welche erst bei einer Volksrevolution wäre gemacht worden.

König Karl I. in England, wurde zwar unter gerichtlicher Form getötet, aber die, welche sich über ihn zu sprechen erkühnten, waren nicht die englische Nation: es waren die Anhänger Cromwells, und seiner Partei. Die Nation hatte diese Fraktion nicht als eine Vertreterin ihrer Rechte aufgestellt, folglich konnte dieselbe auch nicht das Todesurteil über Karl I. sprechen; ihr Spruch war folglich ungerecht; und so schuldig dieser Prinz auch sein mochte, so war doch seine Ermordung eine grausame Ungerechtigkeit, und ein schrecklicher Eingriff in die Rechte des englischen Volkes. Aber mit Ludwig XVI., fuhr ich weiter fort, scheint mir das Ding ein ganz anderes Bewandnis zu haben. Der Nationalkonvent oder die Nationalversammlung vertrat wirklich die ganze Nation, und hatte

SIEBEN UND ZWANZIGSTES KAPITEL

folglich das Recht, Gesetze zu machen, ohne jemand, selbst den König nicht ausgenommen, um Rat zu fragen. Dieses Gesetz, dass das Volk, durch die Nationalversammlung repräsentiert, eine Änderung in der Regierungsform machen könnte, hatte selbst der König angenommen und sanktioniert. Von nun an war also die Souveränität des Königs aufgehoben d. i. er wurde dem Gesetz, oder allen aus dem Rechte der Natur und der Menschheit hergeleiteten und herzuleitenden unmittelbaren Regeln des öffentlichen Gouvernements unterworfen.

Ludwig XVI. war also damals, was eigentlich jeder wahre König nur sein sollte, gesetzlicher Verwalter der Nationalkraft nach dem Nationalwillen, oder nach den Gesetzen, welche die Nation selbst entworfen und gutgeheißen hatte. Verwaltete er nun sein Ober-Staatsamt nach dem allgemeinen Staatswillen, so tat er seine Pflicht, und war des Gehorsams, der Ehre und seiner Besoldung bei der französischen Nation sicher und wert: denn jetzt erfüllte er den National-Kontrakt und war das, was er nach demselben der Nation zu sein, feierlich geschworen hatte. Handelte er aber dawider, besoldete er nach der Zivilliste[4], wie man ihn beschuldiget, die rebellischen Emigrierten, und war er mit den Feinden der Nation gegen die Nation sogar einverstanden:—so war er der erste, der den National-Kontract brach, der sich selbst seiner Vorzüge nach demselben, verlustig machte, der als der ärgste Meineidige und Hochverräter an der Nation dieser für seine gesetzwidrige Handlungen verantwortlich blieb; der also den National-Repräsentanten es zur Pflicht machte, ihn vor ihr Gericht zu ziehen, die Nation vor ihm zu sichern, seine Handlungen zu untersuchen und seine Vergehungen, nach dem Nationalwillen, zu bestrafen.

Ich weiß zwar recht wohl, setzte ich hinzu, dass 1789 ein Gesetz in Frankreich gemacht ist, nach welchem der König unverletzbar sein sollte: allein dieses Gesetz könnte allemal, wie jedes andere, geändert und abgeschafft werden, sobald die Nation, als die eigentliche und rechtmäßige Gesetzgeberin, einsah, dass es dem öffentlichen oder allgemeinen Wohl zuwider war. Hie-

[4] dem für den Monarchen bestimmten Betrag im Staatshaushalt

SIEBEN UND ZWANZIGSTES KAPITEL

raus ergibt sich nun von selbst, dass Ludwig XVI. vor das Gericht des Nationalkonvents gehörte, und die einzige Frage wäre noch aufzulösen: ob er wirklich Staatsverbrechen begangen habe, welche den Tod verdienten, um auch seine Hinrichtung vollkommen zu rechtfertigen. Ich will dem armen Ludwig keine Verbrechen Schuld geben, denn ich habe die Akten seines Prozesses nicht gelesen *): aber behaupten muss ich, dass der Konvent das forum competens[5] war, wovon er gerichtet werden musste; und da dieser die Nation vertrat: so wissen die, welche von einer Appellation an das Volk reden, nicht recht, was sie wollen.

[5] zuständige Behörde

*) Man wolle es nicht aus der Acht lassen, dass ich dies im Winter 1793 vortrug: folglich von dem noch nicht Gebrauch machen konnte, was ich nachher in Frankreich über Ludwig XVI. erfuhr.

Überhaupt: ob ein Volk seinen Souverain richten könne, fügte ich zum Schluss hinzu, scheint sogar zu den despotischen Zeiten der römischen Kaiser kein Problem gewesen zu sein. Der römische Senat, oder die Repräsentanten des römischen Volkes erklärten den Claudius Nero für einen Feind des Vaterlands und bestimmten ihn zum Tode. Nero entging der gesetzlichen Hinrichtung durch eine Entleibung. Man sehe den Suetonius über Nero. Vespasianus, Neros Nachfolger, billigte dieses Verfahren des römischen Senats, welches sein Sohn Domitianus beinahe selbst erfahren hätte. Die Deutschen haben Karl, den Dicken, abgesetzt, und kein Kluger hat es misbilligt. Die Dänen forderten von ihrem Christian dem Zweiten Rechenschaft, und setzten ihn ab. — Kurz, die Geschichte, wie der gesunde Menschenverstand lehrt, dass bei jeder wohl und rechtmäßig eingerichteten Menschenregierung der Regent seinen Untergebnen verantwortlich bleiben muss, indem es wider die Pflicht eines jeden und aller sein würde, sich unbedingt und wider das natürliche Recht zur Freiheit jemanden zur willkürlichen Behandlung ohne alle Rücksprache zu unterwerfen *).

Ich ließ mich damals noch weitläufiger über diese wichtige und zu der Zeit sehr interessante Materie aus. Ein Offizier von der Kavallerie, ein Rittmeister, saß in einiger Entfernung von mir und schien eben auf meine Reden nicht sehr zu merken. Einige Tage hernach kam ein

*) So sprach ich damals, und dass ich recht gesprochen habe, lehrt jetzt auch der *Antimachiavel oder über die Grenzen des bürgerlichen Gehorsams*, von Professor Jakob, (Halle in der Rengerschen Buchhandlung, zweite Aufl. 1796) nebst dessen *Auszug aus Sidneys Betrachtungen über die Regierungsformen* (Erfurt, bei Vollmer, 1795).

SIEBEN UND ZWANZIGSTES KAPITEL

Reiter und bat mich, zu seinem Herrn nach Rödelheim zu kommen. Hier fand ich meinen Rittmeister, den ich nicht nennen will, um ihn nicht in den Verdacht der Jakobinerei zu bringen, nebst noch einigen andern Offizieren. Diesen Herren musste ich mein ganzes System, so wie ich mir es damals geformt hatte, weitläufig bei einem Glase Rheinwein erklären. Sie schienen mit meiner Behauptung und Auseinandersetzung zufrieden, nur warnten sie mich, behutsam damit zu sein: denn von preußischer Seite, meinten sie, müsse man sich wenigstens noch immer stellen, als wenn man schrecklich böse auf die Buben wäre, welche ihren König hingerichtet hätten usw. – Unsere Armee hatte, wie ich schon gesagt habe, an allem entsetzlichen Verlust gelitten, besonders an Mannschaft. Der Verfasser der *Briefe über unsern Feldzug* berechnet den Verlust eines einzigen Regiments (Pack 4. S. 136 ff.)[6] und gibt ihn vom 14ten Juli 1792 bis den 1ten März 1793 auf 369 Tote an. Dieses Regiment hatte aber, wie ich weiß, unter allen beinahe noch am wenigsten gelitten. Geht man nun die ganze preußische Armee gegen die Neufranken durch, so kann man sich ungefähr einen Begriff von dem ungeheuren Verluste machen, welchen diese Armee innerhalb zehn Monaten gelitten hat.

Man musste daher schlechterdings die Regimenter wieder suchen vollzählig zu machen, und dazu wurden die jungen Leute von den Depots genommen. Diese Depots sind, so zu sagen, die Pflanzschulen der Regimenter, und dienen zugleich zum Unterbringen der Soldaten, welche nicht mehr dienen können. Diese Einrichtung war vor der Regierung des jetzigen Königs unbekannt, und hat sowohl ihre Vorteile, als ihre Nachteile.

Die Depots reichten nicht hin, den Regimentern alle abgegangne Mannschaft zu verschaffen, doch aber ersetzten sie den Abgang ziemlich. Beiher ist es aber auch unbeschreiblich, welch schlechtes Zeug von den Depots zu den Regimentern geschickt wurde. Dass man im Kriege annimmt, was man haben kann, ist eine alte bekannte Sache. Diese Leute werden dann bei den Depots gar nicht so gezogen, wie es eigentlich der Dienst erfordert: sie exerzieren schlecht, und

6 Dieser Band hat höchstwahrscheinlich Franz Heinrich Bispink zum Autor.

SIEBEN UND ZWANZIGSTES KAPITEL

sind an Disziplin wenig gewöhnt. Kommen sie nun zu den Regimentern, so wollen sie das Depotswesen fortsetzen, und da man das nicht zugeben kann und sie schärfer hält, so reißen sie aus, und laufen dahin.

Recht eifrig sorgte unser König für anständige Kleidung des Heeres, und für Wiederanschaffung aller verdorbener und zu Grunde gegangener Gerätschaften. Auch wurden die Pferde wieder ersetzt, welche teils auf dem Feldzuge geblieben, teils den Winter über so zahlreich nachkrepiert waren.

Schade war es für unsere Leute, dass die neue Montur gerade erst den Tag vor dem Abmarsch ausgegeben wurde: denn die alte konnte man doch nicht mitnehmen, und zum vorteilhaften Anbringen war keine Zeit mehr: man musste sie also an die Juden verkaufen, wie man nur konnte.

) 313 (

Als unsre Leute wieder gekleidet, und mit ihrem Zubehör hinlänglich versehen waren, so schien es, dass sie wieder neuen Mut bekommen hatten. Nun sind wir gekleidet, hieß es, jetzt können wir die Franzosen nur wieder angreifen. Aber die Klügern unter uns meinten, dass die neuen Röcke auch wieder alt werden würden, und dass man die Gewehre wohl abermals von sich werfen könnte. Das Ende eben des Jahres 1793 hat diese traurige Weissagung wahrgemacht.

Man vergebe mir, wenn ich hier der Regendeckel erwähne! Man hat bei der Armee Maschinen von Leder, womit man die Schlösser an den Gewehren bei schlechtem Wetter bedecken, und doch schießen kann. Sie sind eine Erfindung eines preußischen Offiziers, womit sich dieser bei dem verstorbenen Könige sehr beliebt gemacht haben soll. Aber diese Maschinen haben so viel Unbequemes, dass man sich derselben bisher noch nicht bedient hat, auch wahrscheinlich niemals bedienen wird; und doch mussten dieses Jahr überall neue gegeben werden, weil die alten alle zerbrochen oder verloren waren. Das hat sehr viel Geld gekostet und doch— nichts geholfen. Der Bursche, welcher dergleichen unnützes Geräte mit herumschleppen muss, ist nur geplagt, und es wäre, selbst nach dem Geständnis aller Offiziere, besser, diese Dinge gar nicht mehr zu haben.

) 314 (

SIEBEN UND ZWANZIGSTES KAPITEL

Ich muss meine Leser um Verzeihung bitten, dass ich von unsern Winterquartieren so viel und doch so wenig vollständig erzählt habe: Ich weiß das alles recht gut selbst: weiß, was ich ausließ, weiß auch, was ich noch mehr hätte auslassen können. Da ich aber kein Zeitungsschreiber bin, so liegt mir die Pflicht der Vollständigkeit nicht ob, und als mein eigner Memorist[7] habe ich die Wahl, welche Begebenheit ich der Erzählung wert halte, und welche nicht. Es ist hier gar vieles relativ. —

Ich hatte diesen Winter über keine Not gelitten: einmal hatte ich durch die Großmut des Herzogs Friedrich von Braunschweig doppeltes Traktament[8], und dann hatte Herr Bispink mich reichlich mit Gelde versehen, wobei er, weil die Post in Halle kein bares Geld zur Armee annahm, eben so viel Mühe, als Kosten gehabt hat. Der Leser wird noch in der Folge sehen, dass ich auf der ganzen Erde niemandes Schuldner mehr bin, als dieses rechtschaffnen Mannes.

Mein bester Zeitvertreib diesen Winter über, in der immer gut geheizten Stube meines Wirtes, war Lesen und Schreiben: letzteres bestand in allerhand Aufsätzen, welche ich an meinen rechtschaffnen Bispink schickte, und welche er unter den Materialien seiner eignen Lebensgeschichte, nebst den Bahrdtianis, unter der Überschrift: Laucardiana noch aufhebt. Es ist eine herzerquickende Sache, etwas aufs Papier zu setzen, was ein uns teurer abwesender Freund lesen wird; und ein noch größeres Vergnügen ist es, es dereinst, nach überstandenen tausend Gefahren, selbst wieder zu lesen. — Für meine Leserei sorgte Herr Faktor Ruff: er gab mir Bücher, so gut er sie hatte — und er hatte recht gute —. Auch borgte er für mich einige, welche er nicht hatte, z.B. David Humes *Geschichte von England*[9]. Dieses kostbare Werk habe ich den Winter über fleißig gelesen, und nicht wenig Gescheites daraus gelernt. Darf ich hier eine Anmerkung machen, Leser, über das Lernen aus der Geschichte?

Man arbeitet heutzutage an historischen Systemen, und unter andern an einem, welches von dem Gedanken ausgeht: dass das Menschengeschlecht immer und immer in seiner Kultur und Verbesserung vorwärts-

---

[7] Biograph
[8] Sold
[9] Die sechsbändige *History of Great Britain* (1754–1762) des schottischen Philosophen und Aufklärers (1711–1776) galt als Klassiker aufgeklärter Geschichtsschreibung.

schreite, usw. Dieses hat besonders der französische Bürger Condorcet[10] zu behaupten und zu beweisen gesucht, und nach Kants Idee unter den Deutschen zu gleicher Zeit Herr Pölitz[11]. Herzerhebend sind freilich solche Versuche immer; aber wohl leicht auch mehr idealisch, als historisch wahr.

Durch sie wird die Geschichte weiter nichts als eine Darstellung des minder kultivierten Menschengeschlechts; und je weiter man in derselben zurückgeht, desto gotischer[12] erscheint dieses. Es findet folglich keine andre Vergleichung der ältern Zeiten mit den neuern Statt, als die, welche sich von dem Geringern zum Größern machen lässt. Es fallen folglich alle analogischen Schlüsse weg, welche man von den alten Begebenheiten auf das machen kann, was unter unsern Augen vorgeht: denn wir sind mehr kultiviert, als man sonst war, haben mehr Gewandtheit der Kräfte usw. Allein eben die analogischen Schlüsse von alten Begebenheiten auf neuere sind die Philosophie der Geschichte, die wahre echte historische Weisheit, und ohne sie ist die Geschichte ein bloßer Zeitvertreib, und dient dem Kenner bloß zu kritischen Untersuchungen. Dieses scheint mir aus dem System des Condorcet und des Herrn Pölitz zu folgen: es macht die Geschichte und ihr genaueres Studium überflüssig, und zwingt den Geschichtsschreiber, nur für das Vergnügen seiner Leser zu sorgen. Kurz, die Begebenheiten werden einer allgemeinen Idee nachgemodelt, und erhalten eine wächserne Nase. —

Die Geschichte beweist überdies den ewigen Zirkel der Dinge. Kultur und Barbarei folgen aufeinander wechselweise, zum Beweise des großen Satzes: dass nichts neues geschehe unter der Sonne! Daher ist sie auch die ergiebigste Quelle aller moralischen und politischen Bemerkungen, und der rechte magische Spiegel, woraus der denkende Kopf weissagen kann für die Zukunft. Doch wo gerate ich hin! Ich will meine Begebenheiten erzählen, und schweife in Behauptungen aus, die mir die Ungnade der Herren Rezensenten, welche sich nun einmal für gedachte Systeme erklärt haben, notwendig zuziehen müssen.

---

10 Marie Jean Antoine Nicolas Concordets fortschrittsgläubiger *Entwurf eines historischen Gemäldes der Fortschritte des menschlichen Geistes* erschien 1795, die deutsche Übersetzung ein Jahr später.

11 Karl Heinrich Ludwig Pölitz, *Moralisches Handbuch oder Grundsätze eines vernünftigen und glücklichen Lebens: als Beitrag zu einer populären Philosophie für unser Zeitalter* (1794)

12 hinterwäldlerischer

Acht und zwanzigstes Kapitel.
Unser Zug über den Rhein.

Den 21ten März brachen wir endlich auf, und marschierten abwärts, um den Rhein bei Kaub zu passieren. In Wiesbaden, wo wir Rasttag hielten, lernte ich den Herrn R. Rat Neidhardt kennen, einen trefflichen Mann, und gelehrten Philologen, welcher sich mehr mit der griechischen und römischen Literatur, als mit der Juristerei abgibt, und doch im Rufe eines großen Rechtsgelehrten steht, weil er die kauderwälschen Gesetze des dort noch immer geltenden justinianischen Gesetzbuchs oder Gesetzkompilation, nach Vernunft und Billigkeit anzuwenden weiß. Dieser brave Mann hat mir einen recht guten Tag gemacht.

Von Wiesbaden bis Kaub muß man eine Strecke von Hessenland durchwandern, wo auch das Elend des

ACHT UND ZWANZIGSTES KAPITEL

1
siehe Anmerkung zu S. 25

2
Eine Hand reibt (= wäscht) die andere

3
traktieren, abfüllen

Landmannes allen Glauben übersteigt, und wo die Leute an nichts genug haben, als – an Holz. Herr von Göchhausen weiß in seinen *Wanderungen* *) S. 57. ff. und sonst hin und wieder, gar vieles von der Liebe der Hessen gegen ihren Landgrafen aufzutischen: Aber das ist mit der gnädigen Erlaubnis des Herrn Exleutnants auch nicht von ferne wahr. Die Hessen dort, wo ich war, klagten einhellig alle über Bedrückungen und insbesondere über das übertriebne Soldatenwesen; und wenn man je in einem Lande über den Landesfürsten frei *räsonieren* kann, ohne von Bürger oder Bauer beeinträchtigt zu werden – Ein hessischer Amtmann handelt freilich nach dem: manus manum fricat!² – so ist es in Hessenland.

*) *Meine Wanderungen durch die Rhein- und Maingegenden im Februar, 1794.* 1

Herr von Göchhausen haben wahrscheinlich den hessischen Bürger S. 62., der vielleicht ein Jägerbursche war, in einer Kneipe angetroffen, und ihm, damit er Dero gnädiges aristokratisches Quergewäsche geduldig anhören möge, tüchtig mit Schnaps aufwichsen³ lassen. Da hat denn der schlaue Bursch gemerkt, was bei Seiner Gnaden saß, und hat, wie billig, in den Ton mit eingestimmt, den Seine Gnaden angaben. Ich muss aber die Ehre haben, zu sagen, dass noch im vorigen Jahre, nach dem Frieden der Hessen mit den Franzosen, ein gewisser Mann durch Hessen reiste, und in einer Schenke unweit Hersfeld einkehrte, wo er einige Krüge Bier geben ließ, welche er mit zwei Bürgern aus Hessenland trank, und dabei einen ganz demokratischen und obendrein noch sarkastischen Ton absichtlich anstimmte. Den Augenblick stimmten beide Hessen ein, und hielten ihrem Landgrafen solche Elogen, bei denen dem Herrn Exleutnant die Ohren, auf Ehre, gellt hätten. Wenn ich bald wieder durch Hessen reise, will ich des Herrn von Göchhausens Wanderungen mitnehmen, und dann gibts in den hessischen Gasthöfen gewiss was zu lachen usw..

Kaub ist eine alte rostige Stadt, und gehört dem Kurfürsten von Pfalzbaiern. Sie ist berühmt wegen ihrer Schiefergruben und besonders wegen des dortigen guten Weinwuchses. Die Einwohner zu Kaub sind aber grobe, ungeschliffene Menschen, sprechen eine

) 319 (

) 320

ACHT UND ZWANZIGSTES KAPITEL

4
Das pfälzische
Bacharach

Sprache, ärger als die Hundsrücker, und hassen einander gar mächtig wegen der Verschiedenheit ihres Glaubens. Die Preußen, welche bei Lutheranern einquartiert waren, hatten es gut: diejenigen aber, welche bei Katholiken lagen, wurden von diesen als Ketzer angesehen und schlecht behandelt. Es gibt aber unter den Weibsleuten zu Kaub, wie überhaupt dort in den gebirgigen Gegenden, ganz artige Gesichter.

Bei Bacharach war eine Schiffbrücke über den Rhein geschlagen, die wir passierten. Eine andere war bei St. Goar, aber wegen der Franzosen konnten wir diese zum Übergehen nicht benutzen. Auch hätten sie uns bei Bacharach den Weg versperren können, wenn sie aufmerksam genug gewesen wären. Aber unser Glück wollte, dass sie in den Gebirgen die Pässe nicht besetzten, durch welche unser Zug notwendig gehen musste: und so kamen wir binnen einigen Tagen glücklich auf die Höhen jenseits des Rheins.

Bacharach ist eben, wie Kaub, eine uralte schmutzige Stadt, und eben so berühmt wegen ihres vortrefflichen Rheinweins. Gleich neben der Stadt stand vorzeiten die Residenz der alten Pfalzgrafen am Rhein, und eine Strecke unten, mitten im Fluss, steht auf einer Insel ein Wachtturm, welcher den Namen, die Pfalz, noch führt, und sonst der Witwensitz der Pfalzgräfinnen war. Der verstorbene Heidelberger Rektor Andreä hat eine lesenswürdige Abhandlung, *Baccaracrum palatinum*[4] geschrieben, worin der Liebhaber der Altertümer und der Naturgeschichte manches zu seinem Unterrichte und Vergnügen finden kann.

Ich kann mir es noch nicht recht erklären, warum die Franzosen uns so ganz ungehindert über den Rhein gehen, und bis Kreuznach und Stromberg vorrücken ließen. Es war wohl bloß Sorglosigkeit ihrer Anführer, und gar zu großes Zutrauen des Generals Neuwinger auf seine Schanze bei Kreuznach und auf die Postierungen bei Stromberg und Bingen. Bei Stromberg und Bingen kostete es den Preußen wenig Mühe, die Franzosen wegzujagen: ein panischer Schreck hatte sie einmal befallen.

Der Leutnant Govin vom Bataillon Schenk, jetzt Wedel, den ich von Halle aus persönlich kannte, ver-

ACHT UND ZWANZIGSTES KAPITEL

⁵ Nach Florus, *Epitome*: »Es wäre ein äußerst schöner Tod gewesen, wenn er für das Vaterland gefallen wäre.«

lor unweit Stromberg sein Leben. Er hätte sich durch die Flucht oder durch Ergebung an die Franzosen retten können, aber er wehrte sich, bis er der Übermacht erlag. Selbst der Feind hat von diesem jungen Helden mit Achtung und Bewunderung gesprochen. Ich erzählte lange hernach die bewiesene Tapferkeit dieses Offiziers in Gegenwart eines französischen Hauptmanns in Lion, und der sagte: Une belle mort, vraiment! mais plus belle encore, s'il, avoit peri pour une meilleure cause, oder: Wahrlich, das war ein schöner Tod; aber er würde schöner sein, wenn der Offizier für eine bessere Sache gestorben wäre – gerade wie es von dem Tode des Catilina heißt: pulcherrima equidem morte, si pro patria occubuisset[5] : Doch dieses ohne Vergleich! Catilina war ein Feind seines Vaterlandes; Govin ein getreuer Verfechter der Ehre seines Königs!

Bei Kreuznach an der Nahe oder Nohe wichen die Franzosen bald, so sehr sich auch Neuwinger bemühte, sie zum Stehen zu bringen. Er selbst wurde gar sehr und gefährlich mit Säbelhieben verwundet, und fiel so in unsre Hände. Unsre Husaren konnten dieses Generals Tapferkeit und unerschrocknen Mut nicht genug rühmen, meinten aber doch, wenn er ein Franzose gewesen wäre, so hätte er wohl so brav nicht getan, aber ein Deutscher, das wäre eine andre Sache! Die guten Husaren lernten aber noch vor dem Ende der diesjährigen Kampagne auch die Franzosen kennen!

Neuwinger wurde nach Stromberg gebracht, und daselbst sogar wider seinen Willen verbunden und recht gut besorgt. Unser König, der jede Tugend schätzt, er finde sie an Freund oder Feind, befahl, dass man den braven Neuwinger, das waren seine eignen Worte, ebenso behandeln sollte, als wenn Er es wäre. – Custine hat diesen Mann hernach zu Paris angeschwärzt, und besonders den Verlust der Kreuznacher Schanze ihm zugeschoben; aber selbst der Konvent hat Neuwingern das Verdienst um ihr Vaterland eingeräumt.

Unser Regiment hatte den 28ten März in Stromberg Ruhetag. Stromberg ist eine alte, unansehnliche Stadt, worin man an hellem Tage den Hals brechen kann: so bergig, klippig und uneben ist alles. Das dort ste-

ACHT UND ZWANZIGSTES KAPITEL

hende alte Schloss, woselbst sich die Franzosen postiert hatten, war ehedem der Sitz des Fust von Stromberg[6], welchen mein Landsmann, der Hofgerichts-Rat Mayer, durch ein treffliches Schauspiel unsterblicher gemacht hat, als eine gewisse historische Sudelei den braven Hermann Riedesel je machen kann. Doch zum Schreiben dicker Bände gehört oft weit weniger Genie, als zu Einer Szene in einem guten Drama.

Während unsers Aufenthalts in Stromberg hätte ich meinen Bruder sprechen können, welcher nur eine halbe Stunde davon, zu Seiffersbach, Pfarrer ist. Aber wenn meine Leser wissen, was ich von meinem Verhältnisse gegen ihn im andern Bande dieses Werkchens gesagt habe, so können sie die Ursache leicht erraten, warum ich weder zu ihm ging, noch ihm von meiner Nähe Nachricht geben ließ. Ich zweifle nicht, dass man mir dieses inoffiziöse Benehmen vergeben wird.

Die von einem panischen Schrecken ergriffnen Franzosen flüchteten sich von Kreuznach nach Alzey zu: bei Wendelsheim, eben dem Orte, wo ich geboren bin, holten unsre Husaren sie ein, und jagten sie weiter. Es liegen dort herum viele Franzosen, aber auch mehr als ein Preuße begraben.

Ich übergehe alle Vorfälle, wodurch wir Meister des ganzen Rheinstroms in so kurzer Zeit geworden sind: sie sind hinlänglich beschrieben, und in allen Zeitungen so sehr ausposaunt worden, dass selbst Preußen, die dem ganzen Katzenjagen beigewohnt hatten, lächelten, wenn man Kleinigkeiten z. B. die Bagatelle bei Odernheim, den winzigen Anfall auf dem Rindertanz unweit Steinbockenheim, das Plackern[7] bei Flonheim und dergleichen für große signalisierte Viktorien[8] ausgab. Man muss aus dergleichen Dingen nicht viel Aufhebens machen, weil sie es nicht verdienen, indem sie nichts entscheiden, und doch immer Menschen kosten.

Die Franzosen zogen sich in aller Eile zurück, und warfen auch noch mitunter ihre Gewehre und anderes Geräte weg. Sie waren schlecht angeführt, hatten keinen Plan *) und konnten auf alle Fälle —

---

6 Ein rheinischer Adeliger und einstiger Komtur der Johanniter, den 1782 das Schauspiel Jacob Maiers *Fust von Stromberg: ein Schauspiel in fünf Aufzügen mit den Sitten Gebräuchen und Rechten seines Zeitalters* wieder bekannt machte.

7 Plackerei

8 Siege

*) Die Beweise davon findet man in Dumouriez' Leben, und dann noch viel anderes zum Aufschluss über das Missglück der Franzosen in ihrem ersten Feldzuge am Rhein.

ACHT UND ZWANZIGSTES KAPITEL

[9 große Reden hielt]

nichts verlieren. Blieb ihnen nur Mainz, oder konnten sie es dereinst entsetzen, so mussten die Preußen alle wieder über den Rhein, und die Franzosen waren wieder Meister des Stroms und des ganzen Landes.

Unser Regiment, welches zu keiner eigentlichen Attacke gekommen war, ob es gleich, wie die andern alle, dem Feinde mit nachrennen musste, kam den 30ten März nach Framersheim, wo wir über Nacht blieben. In diesem Orte ist mein Vetter Laukhard Pfarrer, eben der, welcher ehedem mit Doktor Bahrdt zu Heidesheim in Verbindung gestanden war. Ich war recht froh, diesen ehrlichen Mann, der sich immer als mein Freund bewiesen hatte, wieder zu umarmen. Er lebt recht glücklich mit einer schönen, ehrwürdigen und vernünftigen Frau, welche den Beifall aller unsrer Compagnie-Offiziere, besonders meines Hauptmanns, des Herrn von Mandelsloh, in allen Ehren erhalten hat. Sie strafte mich im Scherze, dass ich in meinen Beiträgen zu Dr. Bahrdts Lebensbeschreibung ihren Vater, den Superintendenten von Dürkheim, Bahrdts Vorfahr, Lucerner genannt hätte, da doch sein Name Luerne gewesen wäre. Als ich ihr aber sagte, daran sei nicht ich, sondern der Korrektor Schuld, so gab sie sich zufrieden. Sie bewirtete meinen Hauptmann, dessen Compagnie-Offiziere und mich sehr vornehm und köstlich.

In Framersheim hatte ich ehedem mehrmals gepredigt, und da ich fixweg perorirte[9], was ich in einem alten oder neuen Kanzeltröster auswendig gelernt hatte, dabei auch stattlich auf die Kanzel schlug, und nicht aus dem Buche ablas, so hatte ich mich bei den Leuten dort in nicht üblen Kredit gesetzt. Als sie nun hörten, dass ich bei den Preußen sei, und in ihrem Orte Quartier habe, kamen sie haufenweise zu mir, begafften mich, und wunderten sich höchlich: »dass ein so grausam, so abscheulich und entsetzlich gelehrter Mensch könnte Soldat sein!« Ein alt Mütterchen drückte mir herzlich die Hand, und sagte: »ach lieber Herre, was hat er mei'm Hans Kaschper ä erschrecklich hübsch Leichpredig gehall! Eich dank ehm noch tausendmol devor.« Ich bin auch bei diesen guten Leuten recht vergnügt gewesen.

Neun und zwanzigstes Kapitel.
Was vor der Belagerung von Mainz herging.

Der König hatte zu Alsheim am Alt-Rhein, unweit Gundersblum, sein Quartier genommen, nachdem sich der französische General Houchard endlich auch von Alzey wegretiriert hatte: denn nun hielt man sich vor den Franzosen ganz sicher. Allein es stand noch ein Haufen bei Oppenheim, welcher zu Custines Armee gehörte, und in der Nacht vom 30 zum 31sten März durchbrechen und eine Anzahl von Kostbarkeiten aus Mainz nach Landau bringen wollte. Als sie vollends erfuhren, dass der König von Preußen

NEUN UND ZWANZIGSTES KAPITEL

[1] nachlässig

sein nur schwach besetztes Hauptquartier in Alsheim habe, so wurden sie voll Mut, und beschlossen, dasselbe anzugreifen, und den König gefangen zu nehmen. Diese Absicht hätten sie auch erreichen können, wenn nicht Merlin, der Repräsentant, dem General Blou das Kommando genommen hätte. Dadurch nämlich entstand Zwist unter den Nationalgarden und Linientruppen, wie die französischen Truppen damals und noch lange hernach hießen; und dieser Zwist verdarb den ganzen Plan. So stark die Franzosen anfänglich auch marschiert waren, so laß[1] wurden sie jetzt und ließen sich auch noch zu einer Kanonade gegen eine in aller Eile bei Hangen-Wohlheim aufgeworfnen Batterie verleiten, und drangen nicht vor. Sie hatten aber auch nicht Raum, sich auszudehnen, und wichen sehr bald nach Mainz zurück, ob sie gleich 8000 Mann stark gewesen sein sollen, da gewiss noch keine 2000 Preußen, alles mitgerechnet, gegen sie da waren.

) 328

Bei diesem gefährlichen Anfall bewies sich unser König, wie sich ein König beweisen muss, der Soldaten im Kriege anführt. Bei der Nachricht, dass er überfallen sei, erblasste er zwar etwas, und sagte: Hm, hm, das ist doch des Teufels! Aber sogleich gab er Befehle zur Verteidigung, und zwar so treffend, und anwendbar, dass seine Anstalten den erwünschten Erfolg haben mussten. Das Regiment Wolfrath, oder die braunen Husaren haben sich bei dieser Gelegenheit besonders gut ausgezeichnet: Die Franzosen aber haben auch nicht viel Verlust gehabt.

Wir lagen indessen in guter Ruhe in den Dörfern, und erfuhren erst den andern Tag, in welcher Gefahr unser König gewesen war. »Gott, was wäre das ein Unglück gewesen, sagte ein Offizier ganz laut, wenn der König wäre gefangen worden!« Ein alter Major erwiderte hierauf: »Wer weiß auch, Herr Leutnant, obs ein großes Unglück gewesen wäre! Wäre der König gefangen und nach Landau gebracht worden, so hätte der Krieg in kurzem ein Ende. Wer weiß, ob die Fortdauer desselben nicht noch tausend Elend über Deutschland und über die ganze Welt bringt!« Der gute Mann hatte nicht übel gesprochen.

) 329

NEUN UND ZWANZIGSTES KAPITEL

Den 31ten bezogen wir Kantonierungsquartiere, und unser Regiment kam in Oppenheim zu liegen. Oben auf dem Berge wurden von drei Regimentern die Zelte aufgeschlagen, aber nicht belegt: nur eine Wache blieb bei diesem Scheinlager.

Man denkt leicht, dass ich sehr zufrieden war, nach Oppenheim zu kommen, wo ich mehrere Bekannte, und Freunde hatte, besonders den Herrn Pfarrer Braun, den ich ehedem in Halle unter meine ganz speziellen Freunde zählen konnte. Der brave Mann kam unserm Regimente, bloß um mich zu sprechen, bis beinahe Gundersblum entgegen, und bat mich aufs dringendste, gleich bei meinem Eintritt in seinen Wohnort ihn zu besuchen. Das konnte ich erst den andern Tag, aber das war denn auch ein Festtag für mich, wie ich dort deren mehrere gehabt habe! Durch Pfarrer Braun lernte ich auch den Herrn Inspektor Abbeg von Lampertsheim kennen. Wenn mehrere Männer, wie diese beiden, in der Pfalz wären, ich söhnte mich, wie ich glaube, mit der reformierten Geistlichkeit dort am Rhein ganz wieder aus. Ich wüsste nicht, was ich darum gäbe, dass Pastor Braun das Betragen der Franzosen – Doch wir sind und bleiben deswegen doch Freunde.

Weil ich so nahe an meinem Geburtsorte war, wollte ich einmal dahin gehen und meine gute Mutter besuchen. Es war zwar aufs schärfste verboten, jemand aus den Kantonierungsquartieren heraus zu lassen weiter als eine halbe Stunde: allein mein Hauptmann wirkte mir die Erlaubnis, meine Mutter zu besuchen, bei dem General Wolfframsdorf aus, und ich lief noch in der Nacht, so dass ich gegen zwei Uhr in Wendelsheim ankam. Ich hatte den Schulmeister Forcher herausgepocht, um von diesem zu erfahren, wo meine Mutter wohl wohnte. Diese ehrliche Haut und mein ehemaliger Kumpan bei meinen Jugendstreichen war herzlich froh, dass er mich wiedersah, und begleitete mich zu meiner Mutter. Die gute Alte konnte anfänglich vor Tränen nicht reden, als sie aber der Sprache wieder mächtig ward, bewies sie mir ihre Freude über meinen Besuch durch tausend Manieren. Auch meine alte Tante lebte noch. Man erstickte mich beinahe mit Fragen; und wenn ich alles hätte erzählen und erklären sollen, was man wissen wollte, ich glaube, ich hätte 14 Tage bleiben müssen.

Meine Mutter hatte meine Lebensgeschichte gelesen, und da war ihr denn besonders aufgefallen, dass ich da so öffentlich hingeschrieben hätte, dass mein Vater nach seinem Tode spuken ginge. Ich machte ihr begreiflich, dass die Schande dieses Märchens gar nicht auf den braven Vater fiele: denn dieser ginge eben so wenig spuken, als Samuel, Lazarus, der Jüngling zu Nain, oder selbst Christus der Herr jemals nach ihrem Tode gespukt hätten: kein vernünftiger glaube an Gespenster: die Schande falle vielmehr auf den Pfarrer Schönfeld zu Wendelsheim, welcher aus Feindschaft gegen seinen würdigen Vorfahr und aus Dummheit solche närrische Spukerei ausgebrütet hätte. Hiermit schien die gute Frau sich zu beruhigen. Bei dieser Gelegenheit erkundigte ich mich auch nach unsern alten Dorfgespenstern, und hörte zu meiner großen Erbauung, dass der Schlappohr, der alte Schulz Hahn, das Muhkalb, der feurige Mann, der Sanktornus und alle andre Gespenster ihr Unwesen noch immer so gut trieben, als vorzeiten; ja, bei der Invasion der Franzosen sollte der Schlappohr sogar am hellen Tage sichtbar gewesen sein. So finster ist's noch in der Pfalz, selbst unter Protestanten!

Meines Vaters Bibliothek, und alle seine Briefschaften hatte mein Bruder sich zugeeignet, doch hatte er meiner Mutter versprechen müssen, im Fall ich dereinst das eine oder das andere davon haben wollte, er mir es verabfolgen lassen würde. Übrigens habe ich mich sehr gefreut, dass ich meine Alte in gutem Wohlstande und ohne alle Sorgen der Nahrung antraf. Gebe der Himmel, dass es ihr gutgehen mag, bis an ihr Ende!

Meinen ehrlichen Stuber zu Flonheim habe ich auf dem Rückwege besucht, und von seinen Töchtern, besonders von Mamsel Dortchen, gewaltige Vorwürfe hören müssen, weil ich einmal geschrieben hatte, dass das Pfälzer Frauenzimmer dem Weinsaufen stracks ergeben sei.

Meine alte, damals schon 87jährige Tante begleitete mich wohl eine gute halbe Stunde, und weinte bittere

NEUN UND ZWANZIGSTES KAPITEL

Tränen, als sie mich verließ: sie hat mich hernach in Alzey nochmals besucht. Ich vergebe herzlich gern der guten Tante, dass sie mich so schlecht erzogen hat: ihre Affenliebe gegen mich hat sie dazu verleitet.

Mein Vater hatte ehedem dem Grafen Emmerich von Leiningen-Gundersblum 800 Gulden Rheinisch geliehen. Der Graf hatte sich hernach erschossen, und sein Herr Nachfolger, Graf Friedrich, wurde auf Betrieb seines Vetters, des Herrn Grafen, hernach Fürsten von Leiningen-Dachsburg, der Regierung unfähig erklärt, und als ein Wahnsinniger eingesperrt. Unter den Verbrechen, deren man ihn beschuldigte, war besonders, dass er die heil. Jungfrau, im Wilden Mann zu Oppenheim, eine Hure genannt, und vom Kaiser verächtlich gesprochen hätte. Die wahre Ursache der Regierungsunfähigerklärung aber war, dass Graf Friedrich eine Rheingräfin von Grumbach heiraten wollte, und der Herr Graf von Leiningen-Dachsburg dann Nachkommen und Verlust der Erbschaft befürchtete. Daher wusste er die Sache so einzuleiten, besonders durch Vorsprache seines Freundes, des Kurfürsten von der Pfalz, dass der Graf eingesteckt wurde, und bald darauf, Gott weiß, an welcher Krankheit, oder an welchem Tränkchen im Gefängnis starb.

Mein Vater wendete sich schon damals an den neuen Regenten von Gundersblum, welcher als Erbe die Schulden des Grafen Emmerich hätte zahlen müssen: aber er erhielt kein Geld, weil Rühl, eben der Rühl, welcher die hl. Salbungs-Flasche für die Könige von Frankreich zu Rheims 1794 zerbrochen und sich 1795 zu Paris erschossen hat, ihm bedeutete, dass die beiden Grafschaften, Gundersblum und Heidesheim, noch im Prozess lägen, und sein Herr eher nichts bezahlen könnte, bis er im rechtlichen Besitz derselben sein würde. Endlich verlor der Fürst—denn er hatte sich befürsten lassen—seinen Rechtshandel gegen die sogenannten Linanges d'Italie, welche nun Herren zu Gundersblum und Heidesheim wurden. Mein Vater forderte jetzt von diesen sein Geld, und da ers nicht erhielt, verklagte er sie zu Wetzlar: aber in Wetzlar bleiben alle Prozesse hängen, wie bekannt ist. Meine Mutter setzte den Prozess der ihr viel kostete, freilich

NEUN UND ZWANZIGSTES KAPITEL

<small>2 juristisch eröffnen (um sie dann versteigern zu lassen)

3 Anspielung auf Laukhards ersten, aus Zensurgründen nie publizierten Roman *Magister Weitmaul*, siehe dazu das Nachwort dieser Ausgabe S. 382.</small>

fort, sie gewann aber nichts, das heißt, sie konnte die mandata sine clausula oder die Befehle ohne Kraft, nicht wirksam machen. Daher wendete sie sich nun durch mich an die Preußen und würde auch ohne Zweifel ihr Geld, welches sich nun seit 1760 mit den Interessen auf eine ziemliche Summe beläuft, erhalten haben, wenn die Preußen jenseits des Rheins alles hätten ruhig machen können. Aber so war auch auf diesem Wege für sie keine Hilfe.

Indessen ist das Geld doch noch nicht verloren: denn bleiben die Gegenden jenseits des Rheins in den Händen der braven Franzosen, wie es immer wahrscheinlicher wird, so müssen, nach dem Gesetz der Republik, alle Schulden der ci-devant Herren richtig bezahlt werden, weil sie keine Güter durchaus nicht eher publizieren² lassen, als bis alle darauf haftende Schulden bezahlt sind.

Eine wahre Freude machte mir auch Herr Simon, Pfarrer zu Dahlheim bei Oppenheim, durch seinen Besuch mit seiner schönen braven Schwester. Dieser ist noch einer von den wenigen soliden Männern in der Pfalz, welche das Herz haben, anders zu denken, als es in der Augspurgischen Konfession, oder im Katechismus steht. Ehedem war Simon einer meiner vertrautesten Freunde, und wusste um alle meine Historien, ohne sie jemals zu meinem Nachteile zu benutzen. Ich habe ihn auch in Dahlheim besucht, und recht selige Stunden bei ihm zugebracht.

Eines Tages saß ich in einem Hause der Apotheke gegenüber, als ein Mensch, den ich nach seinem Anzuge für einen Pfaffen hielt, herauskam. Zwei gutgekleidete Männer standen auf der Gasse, und einer davon fing an: »Seht doch da, wer ist das?

B Ei, kennen Sie den nicht!
A Nein: mein Seel‹, ich kenn' ihn nicht.
B Sonderbar! Der ist ja doch weit und breit bekannt genug: Das ist ja der Magister Weitmaul von Udenheim!
A Ist das der Magister Weitmaul, von dem Laukhard so viel schreibt³?
B Freilich: aber Laukhard hätte von dem Generalwindsack noch mehr sagen sollen: der Kerl hätt' es

verdient. Es ist doch ein Generalwindbeutel und des heiligen römischen Reichs Obermärchenträger«.—Die Herren gingen weiter, und unterhielten sich wahrscheinlich noch von den Windbeuteleien des Magisters Weitmaul.

Wenn meine Leser sich aus dem ersten Teile dieses Werkchens noch erinnern, dass Wagner, Pfarrer zu Udenheim, unweit Mainz, sonst Magister Weitmaul im ganzen Lande zubenahmt, mein Hauptantagonist ehedem war, so können sie leicht denken, dass dieser kurze Dialog mich nicht wenig ergötzt habe.—In der Pfalz hat von meiner ganzen Geschichte nichts mehr gefallen, als das, was sich von und über Magister Weitmaul darin befindet. So war er: und so sind einmal die—Pfälzer!—

Dreißigstes Kapitel.
Klubbisten-Jagd jenseits des Rheins.

Das Wort Klubbist, so fern ich es brauche, hat eine zweifache Bedeutung. Ich merke dieses an, wegen der künftigen Vollständigkeit des deutschen Wörterbuchs. Einmal im engern Verstande bedeutet es ein Mitglied irgendeines Klubbs also einer zur Verbreitung der französischen Grundsätze von Freiheit und Gleichheit errichteten Volksgesellschaft. Im weitern Sinne bezeichnet es jeden, der dem neufränkischen Systeme hold ist, oder ein Verteidiger irgendeines Menschenrechts. Im letzten Sinne hat also das Wort Klubbist mit den Wörtern Demokrat, Jacobiner, und andern ähnlichen, beinahe gleiche Bedeutung.

DREISSIGSTES KAPITEL

Wir lernten dieses Wort, das in England jedes Mitglied einer geschlossnen Gesellschaft ebenfalls anzeigt, erst am Rheine kennen, nachdem wir vom Mainzer Klub nähere Nachricht einzogen. Wie verhasst die Klubbisten bei den Preußen größtenteils gewesen sind, lässt sich leicht denken.

Ich bin überzeugt, es würde unserm guten Könige niemals eingefallen sein, Jagd auf Klubbisten zu machen, wenn nicht übelgesinnte, herrschsüchtige, rachekochende, hämische Menschen, deren es dort über dem Rhein nur gar zu viele gibt, auf eine recht teuflische Art ihre Mitbürger und Landsleute denunziert hätten.

Man weiß, dass gleich nach Custines Ankunft in Mainz die ganze dortige Gegend — Kurpfalz ausgenommen — durch den Repräsentanten Merlin[1] und seine Anhänger, besonders durch Georg Forster[2], zur Teilnahme an einer neuen Verfassung entweder beredet oder gezwungen wurde. Man musste, man mochte wollen oder nicht, zur Freiheitsfahne schwören, Freiheitsbäume errichten, und sich bis dahin dem neuen System gemäß organisieren. Ich verabscheue diese präzipitierte[3] Organisation so sehr, als der ärgste Aristokrat, und weiß, dass eben diese viel Unglück über jene Länder gebracht hat, und dass besonders Georg Forsters hitzige Afterpolitik vorzüglich Schuld am Verderben so Vieler gewesen ist. Dieser sonderbare und überreife Mann schien ordentlich zur Geisel der Mainzer und überhaupt der Rheinländer geboren zu sein. Es gab unter den Klubbisten in Mainz wirklich große Männer, aber auch rasende! Die Vornehmen der letztern waren Georg Forster, Wilhelm Böhmer[4], Pape[5] und noch einige, welche durch ihre Freiheitswut, alles unter und über kehrten, und dem ganzen Lande großes Elend zuzogen. Doch das alles gehört nicht hierher, und darum sei es verschoben.

Man hatte dem Könige den Wisch eines Mainzer Klubbisten gezeigt, mit der Überschrift: An Friedrich Wilhelm Hohenzollern. — Der gütige Monarch lachte darüber, und legte das unsinnige, kindische Geschwätz ruhig auf den Tisch[6]. Aber nachher hat man dem Könige stärker zugesetzt, und auf alle Weise

) 338 (

) 339 (

---

[1] Merlin de Thionville (1762–1833), französischer Revolutionär, der in Mainz eine revolutionsfreundliche Verwaltung durchsetzen sollte

[2] Der Welterkunder, Philosoph, Wissenschaftler und Revolutionär Georg Forster (1754–1794) war Mitglied des Mainzer Jakobinerclubs und als Vizepräsident des Konvents führendes Mitglied der Revolutionsregierung.

[3] plötzlich hereingebrochene

[4] Georg Wilhelm Böhmer (1761–1839), der — wie Laukhard — von Johann Salomo Semler gefördert worden und von Karl Friedrich Bahrdt stark beeindruckt worden war. Er war zeitweise Sekretär des französischen Generals Custine und führendes Mitglied des Jakobinerclubs.

DREISSIGSTES KAPITEL

gesucht, ihn wider die Klubbisten aufzubringen. Von allen Seiten her kamen Libelle[7] und Denunziationen, welche entweder an den König selbst, oder an unsre Generale gerichtet waren. Die Herren Grafen, Fürsten, Edelleute, Dompfaffen und dergleichen in der dortigen weiten Gegend ermangelten nicht, seiner Majestät vorzustellen, wie die infamen Kerls, die Klubbisten, die Rechte der Fürsten zernichtet und allerhand demokratischen Unfug getrieben hätten. Sie forderten daher im Namen aller deutschen Fürsten den König auf, die beleidigte Hoheit zu rächen. Der König, umgeben von rechtschaffnen, einsichtigen Männern, versicherte Anfangs, dass er sich mit dergleichen Untersuchungen nicht befassen könnte. Aber die Herren verlangten ja auch keine gesetzliche Untersuchung, sondern faktische militärische Prozeduren!

Sie steckten sich daher, nebst ihrem aristokratischen Anhange, hinter die preußischen Offiziere, ja, sogar hinter Unteroffiziere und Soldaten, und ließen die Demokraten oder die Klubbisten (denn das war ihnen alles eins) gegen alle Form Rechtens, nach welcher auch der ärgste Bösewicht erst gehört, und dann nach den Gesetzen gerichtet werden muss, militärisch ängstigen und verfolgen. Wie barbarisch man hierbei verfahren sei, mögen einige Beispiele von der ersten Jagd auf die armen Klubbisten in der Pfalz lehren.

Der Löwenwirt in Wendelsheim, Namens Brandenburger, wurde wegen seines Reichtums und Ansehens damals zum Maire[8] erwählt, als Georg Forster und seine Kommissarien dort herum Freiheitsbäume errichten ließen. Brandenburger beredete sich nun mit dem damaligen Schulzen Hahn, und versprach, so viel es möglich sein würde, für das Interesse des Grafen zu sorgen, weil man doch nicht wisse, was aus der Sache werden würde. Das war nicht sehr jakobinisch. Als aber am Karfreitage, den 29sten März, die braunen Husaren dort ankamen, denunzierten einige Bauern, welche den Brandenburger schon lange hassten, bei dem Husaren-Leutnant: der Leutnant aber, welcher mehr zu tun haben mochte, befahl den Bauern, sich zum Teufel zu scheren. Er ritt darauf nach Erbesbudesheim, und ließ einen Wachtmeister

5
Friedrich Georg Pape (1763–1816) früherer Mönch und dann Revolutionät, war aus dem radukalisierten Straßburg nach Mainz gekommen und dann zweitweise Präsident des Mainzer Jakobinerclubs. Er war auch Herausgeber der revolutionären *Mainzer Nationalzeitung*.

6
Das mit »Dein und aller Könige Feind« unterzeichnete Schreiben stammte wohl von Pape.

7
Schmähschriften

8
Bürgermeister

) 340 (

) 341 (

DREISSIGSTES KAPITEL

mit ungefähr zwölf Mann im Dorfe, um zu patrouillieren. Die Schlingel von Bauern wendeten sich nun an den Wachtmeister und dieser – man denke doch! – erklärte das Haus des Brandenburgers für plünderungsfähig, und nahm ihn selbst in Verhaft. Man fing wirklich an zu plündern, aber nicht sowohl die Husaren, als vielmehr die Bauern, bis endlich ein redlicher Husar, der gerechter und menschlicher dachte, als sein Herr Schlingel von Wachtmeister, seinen Säbel zog, und bei hunderttausend Schock Teufel versicherte, dass er dem ersten, besten den Kopf spalten würde, der noch einen Fuß zum Plündern ins Haus setzen würde. Wer war froher, als die Frau des Brandenburgers: – sie hat mir das alles selbst erzählt. – Sie drückte und küsste den ehrwürdigen Husaren, und bat ihn, ihren Mann doch zu befreien, der schon nach Budesheim NB! von Bauern abgeführt war. Der Husar besann sich kurz, und bat den Wachtmeister, ihn nach Budesheim zu schicken, wohin eben doch eine Ordonanz reiten müsste. Ungern, aber doch willigte der Wachtmeister ein, weil ihn seine Übereilung schon reute, und der Husar versprach, reinen Mund zu halten. Dieser ritt flugs dahin. Kurz darauf kamen noch andere Husaren ins Dorf, und plünderten den Keller des Brandenburgers noch mehr. Freilich konnten sie allein nicht viel Wein trinken, aber die Bauern halfen ihnen, und was nicht gesoffen wurde, trugen diese nach Hause, so dass Brandenburger an seinem Weinlager wenigstens 200 Taler Schaden gelitten hat. Man lese weiter, und erstaune!

Brandenburger wurde nach Budesheim, eine halbe Stunde von Wendelsheim gebracht, und da als ein Erzjakobiner in die Hände eines preußischen Husarenoffiziers abgeliefert. Er war fast halb tot von den vielen Schlägen und Stößen, die ihm die Bauern unterwegs gegeben hatten: denn diese glaubten gewiss, dass er wenigstens gehenkt werden müsste. Er beschwerte sich bei dem Offizier, welcher ihm mit zorniger Stimme antwortete: »Halt's Maul, verfluchter Patriot, oder ich lasse dich gleich aufknüpfen! Weißt du Spitzbube, dass ich dich kann in Stücken zerhauen lassen, wenn ich will?

DREISSIGSTES KAPITEL

Brandenburger schwieg.

OFFIZIER Rede, Hundsfott! Glaubst du, Kanaille, dass ich dich kann hängen lassen, wenn ich will?
BRANDENBURGER Herr Offizier, ich bin unschuldig. Lassen sie mich zum König führen, — lassen Sie meine Sache untersuchen! Ich weiß, dass ich für unschuldig erklärt werden muss! Ich habe nichts getan, das einer solchen barbarischen Behandlung würdig wäre.
OFFIZIER Der Kerl räsoniert noch! Den soll ja das heilige Wetter erschlagen! Allons Unteroffiziere, Stöcker los!

Die Unteroffiziere gehorchten, und fingen an loszuschlagen, als gerade der ehrliche Husar, und der katholische Pfarrer des Ortes, Herr Hoffmann, *) nebst dem erwähnten Schulzen Hahn hereintraten. Der Pfarrer, durch die barbarische Prügelei aufgebracht, trat mit entschlossnem Mute den Offizier an, und sagte zu ihm: »Aber Herr Leutnant, was machen Sie da? Können Sie es verantworten, dass Sie einen unschuldigen Mann zerprügeln lassen?

*) O könnt' ich diesem Biedermanne eine Ehrensäule errichten! Ich habe seiner im ersten Teile, als eines Feindes des Aberglaubens, gedacht: hier sehen wir ihn als edlen Menschenretter!

OFFIZIER Wer ist der Herr?
HOFFMANN Ich bin der katholische Geistliche von hier. Ich habe heute verschiedene preußische hohe Offiziere bei mir zu Hause gehabt — das waren Männer von Empfindung und Menschenliebe.
OFFIZIER Herr, was will Er aber hier?
HOFFMANN Einen Unschuldigen retten, welcher —
OFFIZIER (erbost) Himmel tausend Sakerment: ist der Spizbub‹ da nicht ein Klubbist, ein Patriot, ein verfluchter, verdammter, ein — ein —? (spuckt aus.)
HOFFMANN Herr Schulz, reden Sie! Welches Zeugnis geben Sie dem Brandenburger?
SCHULZ HAHN Herr Leutnant, ich bezeuge vor Gott, dass Brandenburger unschuldig ist: man hat ihn mit Gewalt zum Maire gemacht, und als Maire hat er nichts getan, was dem Interesse unsers Rheingrafen zuwider wäre: mit einem Wort, ich und er waren ein-

verstanden, bis die Sache auf einen oder andern Weg gehen würde.

OFFIZIER (beschämt) Unteroffiziers, geht nur!

HOFFMANN Sehen Sie, Herr Leutnant, wie Sie Sich übereilten! Wenn das der König, oder nur ihr General wüsste! Sie, als Kriegsmann, sollten bloß im Fall der Not die exekutive Gewalt unterstützen helfen, und handeln gegen die konstitutive Gerechtigkeit! Brandenburger ist kein Untergebner von Ihnen, und doch behandeln Sie ihn militärisch exekutivisch! Brandenburger ist unschuldig, und doch bestrafen Sie ihn ohne Verhör und Verteidigung! Heißt das nicht die aristokratische oder monarchische Anarchie mit der demokratischen vertauschen wollen? Das ist der Wille ihres Monarchen gewiss nicht. Ihr Monarch ist gütig und gerecht: Sie aber, als der Diener seiner Macht, zeigen ihn als einen gekrönten Würg-Engel, der Gewalt vor Recht ergangen wissen wolle. Als Mann von Delikatesse für die Ehre ihres Monarchen, sollten Sie vorsichtiger und gerechter verfahren, zumal in so politisch-kritischen Tagen, wo die Diener der Monarchen die Klugheit haben sollten, die an ihnen gerügten Fehler eher zu vermeiden als sie zu wiederholen. Was würde Ihr König sagen, was über Sie verfügen, wenn die ganze Dorfschaft ihn mit einer Klage gegen Sie anginge und auf Genugtuung bestände? Doch es mag darum sein: wir wollen nicht klagen; aber wir wünschen zu wissen: Ist Brandenburger jetzt frei?

OFFIZIER (unwillig immer auf- und abgehend) Er kann in Dreiteufels Namen sich an den Galgen scheren!

HOFFMANN Kommt Kinder! (zum Husaren) Komm alter braver Schnurrbart! Komm, trink ein Glas Wein mit mir! Du bist ehrwürdiger, mehr Mensch, als mancher General und Erzbischof!«

Man muss wissen, dass der ehrliche Hahn, sobald er erfahren hatte, dass Brandenburger nach Budesheim in Verhaft gebracht sei, dahin lief, und, weil er sich nicht traute, den Offizier allein anzugehen, den Pfarrer Hoffmann bat, sich des armen Unschuldigen anzunehmen. Dieser rechtschaffne Mann war auch sofort dazu erbötig. Unterwegs begegnete ihnen der alte

DREISSIGSTES KAPITEL

Husar, welcher ihnen erzählte, was in Wendelsheim vorgefallen war.

Brandenburger kam zu Hause, und fand seinen Keller—ausgeleert. Er überreichte nachher eine Bittschrift dem Grafen von Kalkreuth, worin er sich über die barbarische Art beschwerte, womit man ihn und sein Haus behandelt hatte. Der Adjutant des Grafen gab ihm aber die tröstende Antwort: »Es ist Krieg!«

In Flonheim wurde Diel, ebenfalls ein begüterter Gastwirt, als Klubbist angegeben, von den Preußen geprügelt, beraubt, und seine hübsche Frau—auf die schändlichste Art missbraucht.

In Wöllstein, einem schönen großen Flecken, war die Untersuchung gegen die Klubbisten noch schärfer. Dieser Flecken gehört teils dem Kurfürsten von Mainz, teils dem Fürsten von Nassau-Saarbrücken. Viele von den Bürgern hatten, teils aus Unwissenheit, teils verleitet, teils, um größern Übeln zu entgehen, an der Klubbisterei Teil genommen, wurden nun angegeben, und von den Aristokraten und Preußen aufs schrecklichste misshandelt. Einer wurde auf der Stelle mit Stockschlägen ermordet, und drei andere starben einige Tage nach der huronischen[9] Behandlung.

Ähnliche Auftritte gab es in der Rheingrafschaft, im Weilburgischen, Speyrischen u. s. w.

Die winzigen Monarchen in der Pfalz—den einzigen Fürsten von Nassau-Weilburg ausgenommen—die Fürsten von Leiningen, von Usingen, der Bischof von Speyer, die Beamten des Kurfürsten von Mainz, die Rheingrafen zu Grehweiler und Grumbach, und noch viele solcher Sultane jenseits des Rheins machten nun, unter dem Schutz der Preußen, Jagd auf Klubbisten, verfolgten und drängten sie bis aufs Blut. Nur noch einige Beispiele von den vielen, welche zu beschreiben wären—bis zum Entsetzen.

Mein Freund, der redliche Pfarrer Leopold von Ungstein bei Dürkheim an der Haard, ein Mann, dessen heller Kopf schon daraus abzunehmen ist, dass er, als lutherischer Pfarrer, das Herz gehabt hat, sein Mädchen zu heiraten, ob es gleich katholisch war, hatte bei dem Einfall des Custine in Deutschland, und der darauf erfolgten Revolution in der Pfalz, ver-

---

9 barbarisch, grausam (nach den Huronen, einem nordamerikanischen Indianerstamm)

DREISSIGSTES KAPITEL

10
Der 1776 gegründete Freimaurer-Orden, der Illuminaten, dem u. a. Adolph Freiherr Knigge, Johann Wolfgang Goethe und Adelige wie Carl August von Sachsen-Weimar angehörten, wollte tatsächlich politische Prozesse beeinflussen, weshalb ihm immer wieder staatsumstürzlerische Verschwörungen nachgesagt wurden; 1784/1785 wurde er verboten und aufgelöst.

11
demokratischer Eid

12
Laukhard gießt schon in Band 1, S. 86 f. seinen Spott über Klevesahl aus

13
Der aufklärerische Historiker Ernst Ludwig Posselt (1763–1804) war Autor der *Geschichte der Teutschen für alle Stände*.

14
Wohl Carl Wilhelm Brumbey (1756–1828), der Autor der *Gesänge frommer Empfindungen* (1790)

schiedne Grundsätze geäußert, welche Göchhausen und Compagnie für Jakobinismus oder Illuminaterei[10] ausgeben. Er hatte seinen Bauern selbst auf der Kanzel geraten, sich in die Zeit aus Klugheit zu schicken, und das sogenannte serment démocratique[11] zu leisten, um schon einen Fremden nicht mit Gewalt, zu ihrem größern Nachteil, zum Maire zu bekommen, oder sich feindseligen Handlungen nicht länger auszusetzen, oder gar von Haus und Hof vertrieben zu werden, und dergleichen. So lange Custine jene Gegenden behauptete, ging es gut, und Leopold hatte keine Anfechtung; aber kaum waren die Preußen da, so forderte der Großinquisitor des Fürstentums Leiningen, Herr Klevesahl, Superintendent zu Dürkheim, ehemals zu meiner Zeit Professor der Philosophie in Gießen, wo ihm die Studenten, wegen seiner großen Armseligkeit, den Beinamen Bararraphus gaben[12], der Nachfolger des Doktors Bahrdt, der aber gerade so neben Bahrdten unter den Superintendenten zu Dürkheim paradiert, wie ein Schirach neben Posselt[13] oder ein Brumbey[14] neben Schulz[15], ehedem in Gielsdorf. — Klevesahl, ein grober, aufgeblasener, unwissender und katechismusmäßiger Pfaffe, von welchem ich noch einiges anfrischen werde, denn ich selbst habe das pecus campi[16] in seinem Hause gesehen — also Meister Klevesahl, der Großinquisitor, forderte, dass nun der Jakobinismus des Pfarrers Leopold sollte untersucht werden. Leopold aus Furcht, verkannt und eingesteckt zu werden — denn der sanftmütige Großinquisitor Klevesahl hatte hierauf angetragen — flüchtete nach Landau zu dem damaligen Kommandanten Gillot, welcher ihn aufnahm, und mit Pässen nach Straßburg versah. Ehe er aber dorthin abging, erhielt er von seiner guten Frau ein Schreiben, dass sie mit dem Fürsten geredet, und dieser ihr versprochen habe, ihren Mann wenigstens nicht einzustecken. Leopold kam nun zurück, wurde aber suspendiert, und sein Prozess ging an. Er musste Kaution stellen. Der Pfarrer Braun von Dürkheim erhielt den Auftrag, die geistlichen Verrichtungen in Ungstein ad interim[17] zu übernehmen. Leopold wendete sich an den Herzog von Braunschweig, und dieser menschenfreundliche Fürst brachte es endlich

) 348 (

) 349 (

DREISSIGSTES KAPITEL

dahin, dass man ihn wiedereinsetzte. Der Prozess hat ihm aber mehrere tausend Gulden gekostet!

Pfarrer Chelius von Ilbesheim war auch mit unter denen, welche sich zum Systeme der Neufranken gleich anfangs bekannt hatten. Er war selbst ein Vertrauter des Generals Wimpffen[18] und Georg Forsters[19]. Bei der Ankunft der Preußen packte er auf, und ging nach Landau und von da nach Straßburg, wo er die Stelle eines Kriegskommissärs übernahm. Sein Haus wurde geplündert und seine Frau, ein junges hübsches Weib, aufs ärgste misshandelt. Kaum ließ man ihr so viel, dass sie sich decken und nach Alzey flüchten konnte. Hier nahm sich Herr Walther, der Alzeyer reformierte Pfarrer, ihrer an, ließ sie bei sich wohnen und pflegte ihrer wie Bruder. Wahrscheinlich ist sie nach der schimpflichen Retirade der Deutschen aus jenen Gegenden, wieder zu ihrem Mann gekommen, und wahrscheinlich haben die Franzosen sich gegen meinen Freund, den rechtschaffnen Walther, gut benommen wegen der Sorge für die Frau eines Mannes, der sein Glück ihrem Systeme opferte.

Pfarrer Heres von Bechtheim, ein Vertrauter Bahrdts, und der dortige Amtmann Sussemiehl, einer von den wenigen Juristen in der Pfalz, die das Hirn nicht erfroren haben, waren auch unter den Klubbisten: Sussemiehl hatte sogar die Lieferung für Custine übernommen. Sie gingen beide nach Frankreich, nahmen aber ihre Weiber mit. Was sie hinterlassen mussten, fiel den Plünderern in die Hände.

Wer den Hirten hat, hat die Herde, dies ist die Maxime, deren Befolgung das Befremden mindert: warum auf dem Lande am Rhein gerade die ansehnlichsten Klubbisten Pfarrer waren, oder Amtleute und Wirte. Dass aber protestantische Pfarrer, und überhaupt Protestanten, wie oben berührt ist, am ersten und meisten demokratisierten, lag teils an dem tiefen Gefühl, wie despotisch man sie immer und überall behandelte, und dann an der größern Gewandtheit und Klugheit, sich in Zeit, Ort und Personen zu schicken, welche Gewandtheit man umso mehr lernet, je mehr man geneckt, und je ärger einem das Auskommen erschwert wird. Alle Grasfressenden Tiere, wie Gänse,

15
Johann Heinrich Schulz (1739–1823) war ein lutherischer Pfarrer, dessen Entlassung durch den preußischen König wegen Verstoßes gegen das Religionsedikt viel Staub aufgewirbelt, viel Widerstand erfahren und zu erheblichen Turbulenzen geführt hatte.

16
Vieh des Feldes (in der Studentensprache ein Neuling an der Universität)

17
einstweilen

18
Der französische Revolutionsgeneral Freiherr Felix von Wimpffen (1744–1814) gehörte eher der gemäßigten Fraktion der Revolutionäre an und stellte sich später gegen die radikalen Revolutionäre.

19
siehe die Anmerkung zu S. 245 (Orig.)

DREISSIGSTES KAPITEL

[20 sagenhaft reicher antiker König]

Schafe und Kühe, sind dumm und träge; aber der Fuchs ist schlau, weil er wacker raffinieren muss, um sein Federvieh ergiebig zu haschen. Wer von Krösus[20] Schätzen reichlich hat, dessen Einsicht und Gewandtheit steht der Einsicht und der Gewandtheit der aus Not, wegen der übrigen christlich versperrten Nahrungswege, herum schachernden Israeliten gemeinhin nach. Freilich, was gar keine Anlage hat, bleibt meist, was es ist; und daher schreibt sich das einzige Verdienst des Vegetierens bei so vielen armseligen protestantischen Pfarrern in der Pfalz auf ihren noch armseligern Pfarren, die nur einem Taugenichts oder Dummkopf schmecken können.

Die weitern Gründe, warum auch manch sonst heller, braver Rheinländer demokratisiert hat, enthält ein Stück von dem Gespräche, welches ich mit Herrn Köster, Pfarrer zu Niederfaulheim, einem Vetter von mir, dessen ich im I. Teil gedacht habe, führte, als er mich während der Blockade von Mainz besuchte. Was bewog sie denn, fragte ich ihn, den Neufränkischen Grundsätzen beizutreten?

KÖSTER Nicht ihr Glanz, auch nicht ihre Neuheit, eben so wenig ihre Kühnheit und Größe: aber, wenn es unsern Fürsten erlaubt war, sich durch die Flucht zu retten: warum sollte es uns nicht erlaubt sein, uns durch Klugheit zu retten? Und bloß Klugheit war es, dass ich und tausend Andere uns lieber fügten, als uns unnützer Weiser necken, oder gar ohne Sack und Pack fortjagen ließen. Freilich, wenn wir, wie unsre Herren, Geld und Kredit genug gehabt hätten, um nach ergriffner Flucht unser Brot und unsere Bequemlichkeit überall zu finden; und wären uns, wie ihnen, Land und Leute zu Gebot gestanden, um unsere Wohnungen und unsern gewöhnten Wohlstand aus ihrem Beutel und Ertrag dereinst wiederherzustellen: o dann wäre es für die Meisten Torheit gewesen, sich durch Flucht nicht eben so zu retten, wie sie. Aber hier, lieber Vetter, lag der Knoten, und Schande wars für die Klubbisten-Profose, dass sie auf diesen Knoten so wenig Rücksicht nahmen! Retten mussten wir uns einmal selbst, so gut es ging: denn unsere Herren ließen uns im Stich, und

DREISSIGSTES KAPITEL

21 Eine »zurückgelassene Sache« bzw. eine Sache, die »dem gehört, der sie zuerst an sich nimmt«; beides Begriffe aus dem römischen Recht

22 erfolgreich zu beanspruchen, Rückgabe zu erreichen

23 öffentlichen Bündnisse

hatten an unsern Schutz vorher beinahe gar nicht gedacht, so dass es einem mäßigen Haufen Franzosen eine Kleinigkeit war, eine Hauptreichsfestung, die Festung Mainz, nebst der angrenzenden Gegend, ohne vielen Widerstand in Besitz zu nehmen. Wir waren wie eine res derelicta, und die ist, wie die Juristen sagen, primo occupanti[21]. Die Franzosen, als feindliche Eroberer, maßten sich, zum Ersatz für die Invasion in ihr Gebiet, des Heldenrechts an, hoben die Herren-Verfassung auf, und führten eine neue, nach ihrer in Frankreich, ein: und nun hatten wir nur die Alternative: entweder als durch Eroberung in Besitz genommenes Volk uns unter der Gewalt und den Verfügungen der neuen Besitzer zu fügen *) oder als standhafte Anhänger der Herren-Verfassung uns als Rebellen zur Schanzarbeit abführen zu lassen, oder unser Vermögen für die Republik konfisziert werden zu sehen, und dann als Bettler auszuwandern. Hätte also Keiner sich fügen sollen oder wollen: so wären alle beraubt und vertrieben worden; und was hätte einem Landesherrn an einem verwüsteten und Menschenleeren oder verarmten Lande dann noch groß liegen können! Fügte man sich aber, und nahm man neu eingeführte Stellen an: da blieb man bei dem Seinigen, verhütete Anarchie, beugte der Besetzung der öffentlichen Stellen durch raubgierige Bösewichter oder Unkundige der Landessitten und dergleichen vor, hielt die öffentliche Ordnung, ungestörte Geschäftigkeit und den davon abhängenden Wohlstand aufrecht: und Volk und Fürst waren gerettet, wenn es den letzteren gelang, ihr okkupiertes Land zu vindizieren[22].

Sie können — fuhr mein Vetter fort, den ich nicht unterbrach, weil alles, was er vortrug, sich hören ließ, — mir sagen: Die Rheinländer hatten kein Recht, ihre pacta publica[23] aufzuheben, oder das

) 354 (

*) Hierin hatte mein Vetter, nach dem, was so geschieht, wohl nicht Unrecht; und ein Westpreuße kann den Beweis dafür a posteriori, der Zeit nach, wegen einer Parallele von der Fügung der Untertanen in Polen unter der neu eingeführten Verfassung für Südpreußen nicht gut leugnen, oder er müsste denken, wie der Verfasser von der *Untersuchung über die Rechtmäßigkeit der Teilung Polens*. (Warschau, 1795.) Denn die Franzosen hatten nach dem Kriegsrechte oder nach dem Rechte des Stärkern Recht, damals als Eroberer das in den Rheingegenden zu tun, was Preußen nachher in Polen tat; und wie Preußen mit Gewalt sich Gehorsam in Südpreußen erzwang, so erzwangen ihn sich die Franzosen in dem neuakquirierten Rheindepartement. Aber gerade die Preußen waren es, welche an den Klubbisten und andern neuorganisierten gehorsamen Untertanen des Neufränkischen Rheindepartements eben den erzwungenen oder freiwillig geleisteten Gehorsam bestrafen halfen, den sie in Südpreußen mit Gewalt noch erzwingen, und, wenn sie ihn erreicht sehen, gutheißen und loben. Wo ist hier politische Konsequenz? Was sagen hier die, welche vor lauter lieber Deutschheit, ihres pöbelhaften und unsinnigen Schnatterns über Frankreich kein Ende finden können!

) 355 (

254

Band zu lösen, wodurch sie an ihren Herren und dem Reiche gebunden waren: und hierin sollen Sie Recht haben, wenn Sie eine dauerhafte, ungezwungene und freiwillige Hebung oder Lösung dieses Bandes, ohne hinlängliche Ursache und gegenseitige Einwilligung, meinen; aber nicht, wenn das Gegenteil auch nur des ersten Punktes, wenigstens auf ein ad interim[24], statt hat. Und, lieber Vetter, wie konnte man fordern, dass wehrlose Untertanen das hätten hindern oder unwirksam machen sollen, was ihre wehrhaften Herren selbst nicht konnten, oder wenigstens nicht taten? Was verdiente der Hirt, der erst Wölfe herbeilockte, oder sorglos sie herankommen ließe, dann davonliefe, und nachher es den Schafen verargen wollte, dass sie eine gute Seite mit den Wölfen gemacht und dadurch sich gerettet hätten, und nicht sich den Wölfen so und so lange widersetzt hätten, bis sie von ihnen alle zerrissen oder zerstreut gewesen wären? Wer Anhänglichkeit und Gehorsam von Untertanen fordern will, muss sie vor der Lage hüten, worin ihnen beides unmöglich wird; und straft er hernach dennoch, so verfährt er nach dem Harpiensystem[25], und ist mehr als Tyrann. Ich hoffe, lieber Vetter, Sie und Vernunft und Recht auf meiner Seite zu haben, und nun möcht' ich wohl wissen, wie unsere Herren ihre Regentenklugheit bei der Mit- und Nachwelt retten werden, oder jene des Gegenteils überführen, welche das gewöhnlich linkische Benehmen der Fürsten, oder vielmehr ihrer Räte und Minister, zumal in dieser Zeit, als Grunds genug anführen, warum man den Herrenstand ganz und gar abschaffen solle, um für seine Sicherheit auf alle Zeiten und auf alle Fälle selbst zu sorgen, und diese Sorge nicht denen zu überlassen, welche in Friedenszeiten den großen Herrn spielen und sich füttern und hofieren lassen, zur Zeit der Gefahr aber davonlaufen, ihre Untertanen preisgeben, und sie hernach noch gar strafen, wenn sie sich, nach dem Rechte der Selbst- und Nothilfe, während der Zeit ihrer Verlassenheit, halfen, so gut es ging!

ICH Als Pastor wissen Sie, was die Mietlinge im Evangelium[26] sagen wollen; und das sind die Herren mit

---

24 einstweilen
25 raubtierhaft
26 Joh 10,11: »Ich bin der gute Hirte. Der gute Hirte lässt sein Leben für die Schafe. Der Mietling (= Lohnarbeiter Söldner, usw.), der nicht Hirte ist, dem die Schafe nicht gehören, sieht den Wolf kommen und verlässt die Schafe und flieht – und der Wolf stürzt sich auf die Schafe und zerstreut sie –, denn er ist ein Mietling und kümmert sich nicht um die Schafe.«

dem Krummstabe beinahe immer: diese also mögen immerhin abfahren. Für die übrigen aber ist eine vernünftige Konstitution, auf deren Exekution die Nation durch Volksstände aufmerksam mit wacht, noch ein Mittelweg.

PASTOR Konstitution? Du lieber Gott: wir hatten gar eine doppelte: eine des Landes und eine des Reiches; und doch — was halfen sie!

ICH Und eben, weil sie nichts halfen, bedürfen wir einer wirksamern und angemessnern; und diese, hoffe ich, wird die Zeit herbeiführen: nur Geduld! —

Als ich ihn fragte: ob er nicht gehofft oder gefürchtet hätte, dass wir oder jemand anders über kurz oder lang das Land reinigen und alles auf den alten Fuß zurückbringen würden, sagte er: das wohl, aber gewiss nicht auf lange. Sie kennen die Franzosen: ihr Enthusiasmus hat keine Grenzen, und ihr Enthusiasmus geht jetzt auf Freiheit oder Tod. Sie wissen aus der Geschichte, dass ein Volk frei ist, sobald es frei sein will. Und nun ein Volk, wie die Franzosen! Vetter, sie sind wie die Kiesel: je mehr Schläge, desto mehr Funken! Geben Sie Acht: sie läutern sich, konzentrieren sich, kommen zurück und stürmen halb Europa!

Genug, Köster, ein heller einsichtiger Mann, sah damals schon ein, dass die Franzosen wieder vordringen und alles zerstören würden, was die Preußen und Östreicher dort auch machen mochten. Er hatte sich aber in die Zeit geschickt. Weil er also gefürchtet hatte, es möchten ihm wegen seiner Klubbisterei, denn so hieß, wie ich schon gesagt habe, aller Schein von Anhänglichkeit am französischem Systeme, Händel gemacht werden, so vertraute er sich dem General von Wolfframsdorff, erklärte ihm alle Umstände, und dieser sonst eben gegen Klubbisten nicht gutgesinnte Offizier, sagte ihm: er möge nur ruhig sein, er habe ganz und gar nichts zu befürchten.

Ich weiß nicht, ob ich meine Behauptung, dass Herr von Wolfframsdorff ein Feind der Klubbisten gewesen sei, beweisen soll. Ein Beispiel ist mir bekannt, welches ihm eben nicht viel Ehre macht. Hier ist es!

DREISSIGSTES KAPITEL

Als der unglückliche Kanonikus Winkelmann, gewesener Maire zu Worms, dessen traurige Geschichte hinlänglich bekannt ist, durch Oppenheim geführt wurde, so wurde er dem General Wolfframsdorff, welcher da das Kommando hatte, vorgestellt. Dieser fuhr den guten, würdigen Winkelmann, den jeder Vernünftige bedauerte, wie rasend an, und bediente sich der niedrigsten Ausdrücke, sprach von verfluchten französischen Patrioten, die gehenkt, gerädert usw. werden müssten. Und doch hatte der König dem unglücklichen Winkelmann Schutz versprochen! Solche eigenmächtigen, gesetzwidrigen Auftritte sind empörend, und reizen den Feind allemal noch mehr gegen uns selbst. Ich verstehe gar nicht, was für Ursache man gehabt haben mag, den Feind und dessen konstituierten Anhang durch unedle Behandlungen seiner Gefangenen, durch niedriges Schimpfen und kleinliches Spotten, noch mehr aufzubringen! Die üblen Folgen von diesem Benehmen hat man leider auch bald empfunden. Mich wundert, dass mein guter Braun auch hierauf keine Rücksicht genommen hat! Doch es ist Zeit, dass ich meine andere Erzählung fortsetze!

Ein und dreißigstes Kapitel.
Belagerung der Festung Mainz.

Wenn ich dieses Kapitel so überschreibe, so bin ich keineswegs gesonnen, eine vollständige Beschreibung von der Belagerung dieser Festung zu liefern: das ist schon von Andern geschehen, freilich immer so oder so, und selten ausführlich, und noch seltener zuverlässig. Ich für mein Teil erzähle hier, was mich betrifft; und über die Begebenheiten selbst mache ich nur hie und da Anmerkungen, welche dem Leser, wie ich hoffe, nicht missfallen werden, wenn er sonst Einsicht und Kenntnis von militärischen Operationen hat.

Ich habe einmal einen ganz närrischen Grundsatz, nach welchem ich überall und in allen Stücken zu Werke gehe. Ich glaube nämlich, dass jeder Mensch, dem die Natur Augen, Ohren und Nase gegeben hat, darum mit seinen Augen auch sehen, mit seinen Ohren auch hören, und mit seiner Nase auch riechen müsse, und dass er fremder Sinne nicht nötig habe, wenn seine eignen noch in brauchbarem Stande sind. Gern rede ich mit Männern von Erfahrung und Kennt-

EIN UND DREISSIGSTES KAPITEL

nissen, aber das ist auch alles: ich lasse mir von Keinem etwas aufbinden oder aufdringen. Ich weiß, dass die größten Feldherren von Agamemnon an bis auf den Herzog von Braunschweig und den Prinzen von Coburg gewaltige Schnitzer begangen haben im Kriege, Schnitzer, worüber sich jetzt der geringste Korporal wundert. Daher habe ich folgenden Grundsatz niemals als unumstößlich annehmen können: Was dieser oder jener große General tat, das war recht getan: Denn sonst müsste ich ja auch die Belagerung von Mainz für ein Meisterstück halten; und das war sie doch wohl nicht!

Was die Herren Philosophen betrifft, die allein weise sind, wie sie meinen: so bin ich überzeugt, dass Marcus Tullius[1] recht hat, wenn er spricht: es sei nichts so abgeschmackt, das nicht dieser oder jener Philosoph behauptet habe. Und die Theologen! — Wahr und wahrhaftig, käme Christus zurück, er machte es den meisten von ihnen, wie ehedem den Schriftgelehrten und Pharisäern; und sie, verwerfe er ihre symbolischen Bücher, kreuzigten ihn ohne Erbarmen von neuem! Ich gehe demnach meinen Gang für mich — unbekümmert um den gebahnten Gang Dieses oder Jenes, er heiße Held, Philosoph, Theolog, Sultan oder Papst. Ist mein Gang nicht der rechte Gang: je nun, so ist er wenigstens der Gang, den ich mir wohlbedächtig wählte, und dies — weil Freiheit und Selbstständigkeit das höchste Gut auf der Welt sind, oder zu sein scheinen. —

Wir rückten am 14ten April ins Lager vor Mainz, welches aber nur von weitem, jenseits des Rheins, über eine starke Stunde, beinahe gegen zwei Stunden, eingeschlossen wurde. Es war an einem Sonntage; und der Pöbel, groß und klein, aus der ganzen dortigen Gegend kam heran, uns und unser Lager zu besehen. Unter diesen waren viele meiner Bekannten, welche sich bemühten, mir ihre Anhänglichkeit und Freundschaft zu beweisen.

Lange standen wir ziemlich ruhig. Man machte zwar hie und da einige Schanzen zur Verteidigung, hatte aber noch kein Geschütz, um einiges von Erfolg gegen die Festung vorzunehmen.

[1] Cicero

EIN UND DREISSIGSTES KAPITEL

2
Francois Ingnace Ervoil D'Oyre (1739–1799), der französische General, der Mainz verteidigte

3
Philippe-Antoine Merlin (1754–1838), Revolutionspolitiker, der zeitweise Mitglied des Direktoriums war

4
spitzfindiger Wortverdreher

Das preußische Hauptquartier der Belagerung war in Marienborn, und Herr Graf von Kalkreuth führte das Oberkommando über die ganze Belagerung. In Mainz kommandierte d'Oyré[2], ein Mann von vielen militärischen Kenntnissen und zweckmäßiger Tätigkeit. Dieser Mann hat sich gegen das Ende des Jahres 1794, durch Herrn Bispinks Vermittlung, um mich selbst sehr verdient gemacht, wie ich in der Folge erzählen werde. Der Repräsentant Merlin von Thionville – denn es gibt noch einen von Douay[3] – war nach Mainz geschickt worden, um da das Interesse der Frankenrepublik zu besorgen. Dieser Merlin ist ein fataler Rabulist[4], welcher gern alles nach seinem Kopf geformt hätte, wenn nur d'Oyré die Hände dazu hätte bieten wollen. Er schien ganz gewaltig patriotisch gesinnt zu sein, und war doch, wie es scheint, die Hauptursache, dass Mainz so bald erobert oder vielmehr übergeben wurde.

Die Mainzer-Besatzung war damals 18 000 Mann stark. Dieses war wirklich für eine Ausdehnung, wie damals die Mainzer Werke sie hatten, wozu noch Castel und die Petersaue, eine Rheininsel, und noch verschiedene andre Inseln zu der Zeit gehörten, viel zu schwach. Custine hatte hier einen argen Fehler begangen, dass er sich mit seinem Korps, welches nach Germersheim zog nicht in Mainz warf. Den Deutschen war es übrigens zu verzeihen, dass sie im Anfang der Belagerung nur langsam zu Werke gingen: es fehlte ihnen an Allem – an Geschütz und an Mannschaft. Damals, als wir anrückten, war unsre Belagerungsarmee am linken Rheinufer höchstens 16.000 Mann stark. Freilich kamen hernach, aber ziemlich spät erst, die Königlichen Garden, mehrere Bataillons kaiserlicher Truppen, dann Darmstädter und Pfälzer dazu, wodurch denn 37.000 Mann herauskamen.

An Reiterei hatten wir wirklich zu wenig: das Reiterregiment des Herzogs von Weimar, die Sächsischen Dragoner und Husaren waren jenseits des Rheins; und diese Kavallerie reichte, wie mich dünkt, nicht hin, besonders da die Sächsischen Husaren ihr Handwerk noch nicht recht verstanden. Man nehme mir das nicht übel, und die Herren werden jetzt wohl selbst einsehen, dass sich Husaren nicht sofort aus Drago-

) 363 (

EIN UND DREISSIGSTES KAPITEL

nern machen lassen, und dass zu einer ähnlichen Organisation etwas mehr nötig sei, als der Pelz und der Säbel. Deswegen hat man nachher noch Husaren von Wurmser hinzugenommen.

Das Wetter war während der ganzen Belagerung größtenteils gut und den Schanzarbeiten günstig, welche denn auch stark betrieben wurden.

Zu diesen Arbeiten brauchte man Soldaten und die Bauern aus der dortigen ganzen Gegend. Es ist, dünkt mich, für diesen Punkt im Kriegswesen noch sehr viel zu verbessern, und der Vorschlag Eines der Mitarbeiter an dem Magazin der neusten Kriegsbegebenheiten, ein stehendes Korps Arbeiter zu errichten, scheint mir nicht sehr Unrecht: denn sowohl die Soldaten, als die Bauern schicken sich zu solchen Arbeiten gar schlecht.

Der Soldat arbeitet überhaupt nicht gern. Wenn ich hätte arbeiten wollen, spricht er, wäre ich nicht Soldat geworden. Und wahrlich, ein Graben, woran 150 Mann zwei volle Tage arbeiten, kann in Einem gar füglich durch 30 oder 40 ordentliche Schaffer fertig werden.

Die Bauern sind bei militärischen Werken ebenfalls schlechte Arbeiter. Einmal sind die Leute immer gezwungen, und da schicken sie Kreti und Pleti, Kinder, Weiber, Mädchen, kurz alles, was nur gehen kann. Bei der Arbeit selbst wird entweder geflucht, oder gekackelt und wenig oder nichts ausgeführt.

Es scheint auch nicht sehr billig zu sein, den armen Bauern, welche ohnehin ihre liebe Not mit Lieferungen, Fuhren und dergleichen haben, auch noch die Last der Schanzarbeiten aufzulegen. Man bedenke, wie der arme Landmann bedrängt wird, wenn so ein Ungewitter in seiner Nähe schwebt, besonders die, welche auf 6, 8, 10 bis 12 Stunden von einer belagerten Festung zu Hause sind. Sollten sie aber demohngeachtet doch arbeiten, so sollte man den armen Leuten wenigstens Tagelohn geben. Ich habe bei Mainz und bei Landau arme Leute arbeiten sehen, welche in 24 Stunden nichts essen konnten, weil ihr Vorrat alle war, und sie keinen Kreuzer Geld hatten.

Dass man die armen Bauern bei solchen Arbeiten auch noch misshandelt, davon bin ich selbst Zeuge

EIN UND DREISSIGSTES KAPITEL

gewesen: dumme, unverständige Korporäle, und unmündige Offiziere schlugen die armen Leute, dass es eine Schande war.

Barbarisch ist es vollends, dass man Landleute da arbeiten lässt, wo Gefahr ist, verwundet oder erschossen zu werden. Gefährliche Arbeiten müssen bloß dem Soldaten, der einmal für dergleichen gefährliche Posten besoldet wird, überlassen werden: aber auch dieser müsste nebenher dafür belohnt werden. Überhaupt aber scheint der erwähnte Vorschlag zur Errichtung eines eignen militärischen Arbeiterkorps vom größten Nutzen, besonders bei Belagerungen zu sein.

Dass wir, während der ganzen Belagerung, sehr stark geplagt wurden, lässt sich denken. Tag für Tag beinahe im Dienste, und Nacht für Nacht fast in die Schanzen: das war freilich hart, aber wegen der überall zu schwachen Belagerungsarmee notwendig.

) 366 (

Einstens – es war in der Nacht vom 8–9ten Juni – fiel es dem Prinzen Louis, Sohn des Prinzen Ferdinand von Preußen, ein, einige Schanzen auf der Anhöhe oberhalb Zahlbach zu demolieren. Die Franzosen bedienten sich derselben, die Gegend um Bretzenheim unsicher zu machen, führten aber alle Abend ihre Kanonen heraus. Dieses wusste der Prinz nicht, und ihm war es doch eigentlich darum zu tun, die Kanonen zu vernageln, oder wegzuführen, und dann die Schanzen zu zerstören. Ich befand mich mit unter der Zahl der mitgenommenen Arbeiter. Wir griffen die Schanzen an, jagten die Besatzung, welche nichts weniger erwartete, als einen Anfall dieser Art, heraus, und machten dann alles der Erde gleich. Da wir sehr nahe unter den französischen Kanonen waren, so schadeten uns diese wenig. Dieser Coup hat der militärischen Geschicklichkeit und noch mehr dem Mute des Prinzen Ehre gemacht. Es war schon Tag, als wir abzogen, und wir würden übel weggekommen sein, wenn nicht erfahrene Offiziere, besonders der Herr Major von Griesheim, die schicklichsten Anstalten zur Retirade zu treffen gewusst hätte. Aber schon den andern Morgen um 9 Uhr bewiesen uns die flinken Franzosen, dass wir uns vergebens bemüht hatten: ihre Kanonen donnerten um diese Zeit schon wieder aus den frisch aufgeworfenen Schanzen.

) 367 (

Zwei und dreißigstes Kapitel.
Fortsetzung des vorigen.

Unter den vielen Besuchen, welche ich im Lager bei Mainz erhielt, war auch ein sehr unerwarteter, nämlich der von meinem Bruder. Man stellt sich vor, dass unsre Zusammenkunft eben nicht herzlich war: man denke an das, was ich im zweiten Teil über unsre brüderliche Liebe gesagt habe. Mein Bruder, um sich mit mir nicht vis-à-vis zu setzen, hatte noch einen Herrn und einige Frauenzimmer mitgebracht, worunter auch seine Liebschaft war, mit welcher er sich, wie ich ihm nicht verdenken kann, mehr abgab, als mit mir. Wir sprachen bloß über Angelegenheiten der Zeit, und vermieden alles, was uns auf unsre Familienangelegenheiten hätte leiten können.

Mein Bruder beschwerte sich unter andern sehr über das barbarische Betragen des Obersten Szekuly[1] in seiner Gegend, und auf dem Hundsrück. Er hatte meinen Bruder mit Hieben gedroht, hatte selbst die Bauern und andre Leute geprügelt, und von nichts als von Patrioten radotiert[2]. Dieser tollkühne Mann, dem

[1] Johann Friedrich Székely oder Szekuly (1739–1794), ein preußischer Militär

[2] dahergelabert

ZWEI UND DREISSIGSTES KAPITEL

[3 Vergil, *Aeneis* VI, V. 95: »Weiche nicht vor dem Unheil zurück, sondern gehe noch mutiger dagegen an.«]

man das Fleischerhandwerk seiner Vorfahren noch ansah, nahm, wo er konnte, beschenkte damit seine Leute, und führte unter deren dadurch willigem Beistand Einiges aus, das ihm Ruf erwarb, schickte aber auch — Man denke sich den unruhigen und ruhmsüchtigen Renommisten zu Pferde! — den Zeitungsschreibern das selbst zu, was er durch ihre Lügentrompete über seine Taten und sich ausposaunt wissen wollte. Er erwarb sich also einigen Soldaten-Ruf; aber den Ruhm der Menschlichkeit erwarb er sich nicht. Ich kenne einen vornehmen preußischen Offizier, welcher keine große Taten getan hat, weil ihm die Gelegenheit dazu abging, und weil da, wo er wirksam sein sollte, die Überlegenheit des Feindes ihn hinderte, etwas von Belang auszuführen. Heldentaten rühmten also die Zeitungen an ihm nicht, aber alle Landleute und Städter segnen ihn überall, wo er mit seinen Leuten gewesen ist: und dieser Edle heißt — Thadden.

Mein Bruder verließ mich nach einem Besuche von einer halben Stunde, und versprach, den folgenden Tag wieder zu kommen. Ich hoffte nicht, ihn wieder zu sehen, und doch hielt er Wort: ich hatte aber die Anstalt getroffen, dass man in meinem Zelte sagen musste, ich schliefe, und dürfte jetzt nicht geweckt werden. Er mochte merken, dass dieses absichtlich gesagt wurde, und führte sich ab. Nach dieser Zeit habe ich nichts mehr von ihm gehört. Auch meine gute Mutter, die mich bald hernach auch im Lager bei Mainz besuchte, erwähnte seiner mit keinem Worte: Sie wusste unser Verhältnis. — Es ist sehr traurig für mich, dass ich so isoliert in der Welt sein muss! Doch tu ne cede inalis, sed contra audentior ito![3] Ist gleich meine ganze Verwandtschaft, so zu sagen, für mich wie tot, so gibt es doch noch Männer, die es schmerzt, wenn mir es übel geht, und die sich mehr als brüderlich freuen würden, wenn wahres dauerhaftes Glück für mich noch möglich wäre. Das aber ist immer Trost für mich, und erleichtert mir die kummervollen Augenblicke, welche mir die Betrachtung meiner Schicksale und meiner verdüsternden Verirrungen verursacht, und welche weit häufiger sein würden, wenn ich nicht mit Fleiß, und so gut es gehen will, alle, leider, nichts

ZWEI UND DREISSIGSTES KAPITEL

fruchtende Betrachtungen entfernte, wodurch die Seele nur kränker wird. Ich habe durch vielerlei Zufälle, die mich betroffen haben, und in sehr verschiedenen Lagen, doch so viel gelernt, dass der Mensch nimmermehr ganz unglücklich ist, wenn er nur nicht selbst den Ursachen des ihn drückenden Übels nachspürt. Denn finden wir die Ursache davon in uns, so werden wir notwendig mit uns selbst unzufrieden, und dann gute Nacht Ruhe auf geraume Zeit: finden wir sie an Andern, so füllt sich unser Herz mit Zorn, Rachebegierde und andern unangenehmen Gefühlen, und wir sind ebenfalls unglücklich. Dies ist eine von meinen Lebens-Maximen, die freilich ihr Schiefes hat und etwas egoistisch ist; aber der Gerade geht ohne Krücken, und nur der Beinbrüchige bedarf ihrer, um durchzukommen, so gut es geht. Genug, für Patienten von meiner Art hatte jener wohl recht, welcher sagte:

Ich hab mein' Sach auf Nichts gestellt;
Drum kann mir's auch nicht fehlen.[4]

In der Folge mehr über diesen Gegenstand.

Die preußische, sonst so hochberühmte, Genauigkeit im Dienste hat bei Mainz ein gewaltiges Argument gegen sich bekommen durch den Überfall bei Marienborn. Die Sache ist bekannt;[5] also nur einige Bemerkungen!

Da das ganze Feld von Mainz bis an Marienborn voll hohen Getreides war, und da folglich Spione, ohne bemerkt zu werden, ganz nahe heranschleichen konnten, so hätte man sowohl am Tage als besonders bei der Nacht, vom Chaussee-Hause an bis nach Bretzenheim eine starke Wachtlinie ziehen sollen, und daselbst fleißig patrouillieren. Aber freilich, man fürchtete keinen Ausfall, und zog daher auch sogar ein Piket[6], welches gleich von Anfang der Blockade in die Kapelle zwischen Marienborn und Bretzenheim gestellt war, als unnötig und überflüssig ein. Jedermann, der von diesem Überfall gehörig unterrichtet ist, und nur einige taktische Kenntnisse hat, muss gestehen, dass dabei von unsrer Seite eine arge Nachlässigkeit begangen ist, wenn man auch annimmt, dass man sich durch

---

4 Die erste Verszeile ist von Goethe, aber der behält nur halb recht, denn der zweite Vers scheint von Laukhard selbst zu stammen.

5 Ein überraschender Überfall der belagerten Franzosen auf das Hauptquartier der Belagerer bei Marienborn wäre fast gelungen. Prinz Ludwig Karl von Preußen und der preußische General Kalkreuth entgingen nur knapp der Gefangennahme bzw. Ermordung.

6 kleine, stoßtruppartige Einheit aus besonders wackeren Grenadieren

keine Art von Furcht von der Sicherheit abbringen ließ, worin man in Absicht der Franzosen und ihrer Tätigkeit stand. Denn Furcht und Wachsamkeit ist im Kriege, zumal bei einer Belagerung, die Mutter der Sicherheit für sich und seine Plane. Um diesen Fehler von uns abzuwälzen, heißt es im ersten Band des *Magazins der neuesten Kriegsbegebenheiten* S. 60: »Der kommandierende General, Graf von Kalkreuth befahl, dass eine verhältnismäßige Anzahl Bauern in dieser Nacht vorangehen und das Getreide abmähen sollten; den Kavallerie-Feldwachten wurde sogleich angedeutet, diese Leute ohne Geräusch pas- und repassieren zu lassen, damit kein feindliches Feuer NB! auf sie gezogen würde. Die feindlichen Kolonnen (welche zum Ausfall bestimmt waren) wurden nun bei finstrer Nacht für diese Arbeiter gehalten, und so gelang es ihnen, unsere äußere Vorposten unentdeckt zu passieren.«

) 372 (

Jedermann sieht, dass hier ein Galimathias geschrieben ist: Denn wenn Kalkreuth wollte, dass Bauern das Getreide abmähen sollten: so hat er für diese Bauern gewiss auch eine militärische Bedeckung verordnet: denn auch auf sie musste Acht gegeben werden, damit keiner von ihnen, oder nicht jemand anders als Spion durch und in die Festung hereinschliche. Diese Bedeckung blieb dann gewiss in der Nähe der Bauern, und war also im Stande, heranschleichende feindliche Kolonnen von ihnen zu unterscheiden, und auf den ersten Anblick alles zu alarmieren. Ließ man aber die Bauern ohne alle Bedeckung hinziehen, so war das ein neuer Fehler, der den andern so wenig entschuldiget, dass er ihn vielmehr verdopple.

Die Vorposten sahen die Franzosen auch nicht für Bauern an, sondern für Soldaten, aber für Freunde, weil sie NB! das Feldgeschrei wussten, und es ordentlich angaben. Die Franzosen sind daher auch bis in Marienborn vorgedrungen, ohne dass man ihrer gewahr wurde; und wenn sie nur nicht so voreilig gewesen wären, so hätten sie leichter, als man wohl denken möchte, ihr Vorhaben ausführen, und die Generale, Kalkreuth, Wolfframsdorff und Mannstein, nebst

) 373 (

ZWEI UND DREISSIGSTES KAPITEL

dem Prinzen Louis, aufheben können. Lasst uns doch lieber gestehen, dass wir auch Menschen waren, und hier einen recht derben militärischen Schnitzer gemacht haben. Ich mag den ärgerlichen Vorfall nicht weiter analysieren. In allen Kriegen sind ähnliche vorgefallen, und die größten Helden aller Zeiten waren von solchen Fehlern nicht frei. Übrigens hat man die Wichtigkeit dieses Überfalls dadurch zu verringern gesucht, dass man unsern Verlust, der doch immer beträchtlich war, als ganz unbedeutend angab.

Der bei diesem Vorgang von den Franzosen als Wegweiser gebrauchte Gerichtsschreiber Lutze von Oberolm wurde aufgefangen, und einige Tage nachher am Chausseehause[7] aufgeknüpft. Er ging mit der größten Gleichgültigkeit zum Tode, und schlug den Beistand des katholischen Pfarrers von Oberolm aus. Merlin hatte ihn mit Gewalt zum Wegweisen gezwungen, wie dies nachher selbst mehrere Franzosen aussagten: und doch henkte man ihn als Spion! — Die Franzosen in Mainz hätten sich in dieser Rücksicht rächen können, aber sie handelten menschlich. Sie hatten einen Mainzer Professor, der, wie ich meine, Schaber hieß, als wirklichen Spion ertappt, und doch steckten sie ihn bloß ein, um sich vor ihm, während der Belagerung, zu sichern. Er saß überdies so leidlich, dass er, während er saß, so ein Ding von Tagebuch über die Mainzer Belagerung schrieb, und es nachher, nach der Übergabe herausgab. Indes wie die Henne, so das Ei — elend! Der arme Lutze hinterließ eine Frau mit fünf Kindern. —

Unsere militärische Strenge hielt aber nicht überall gleichen Schritt: denn als ein gewisser Leutnant auf dem rechten Rheinufer, wohin er auf die Mainspitze kommandiert war, das Unglück hatte, dass die Franzosen ihn in einer Redoute überfielen, und die Kanonen vernagelten, nachdem sie die Besatzung teils getötet, teils verjagt hatten, und als man diesen Überfall dem Leutnant vorzüglich Schuld gab, weil man einsah, dass bei größerer Wachsamkeit dergleichen so leicht nicht hätte geschehen können — denn die Preußen merkten die Franzosen nicht eher, als bis diese schon völlig in der Schanze waren — so wurde er deswegen nur mit

7 Dienstgebäude des Chausseewärters

) 374 (

ZWEI UND DREISSIGSTES KAPITEL

8 höchste preußische Tapferkeitsmedaille

9 durch das viele Lob derer, die ihn besitzen, unnütz gemacht wird

10 Das wichtigste Beutestück, das ein römischer Feldherr selbst vom Gegner erbeutet; die betreffende Liviusstelle ist indes nicht auszumachen.

11 Sold

12 dienstfertig hinterher wuselten

13 altgedienter Soldat, Veteran

vier Wochen Arrest bestraft! — Eben dieser Herr Leutnant erhielt hernach, als er bei einer ganz unbedeutenden Gelegenheit seine unbedeutende Schuldigkeit nicht ganz versäumte, den preußischen Orden pour le mérite[8], der freilich multitudine compotum laude frustratur[9], wie Livius über die spolia opima[10] sich ausdrückt.

Weil ich doch hier von Orden rede, so will ich zugleich der Medaillons gedenken, welche bei Mainz anfingen ausgeteilt zu werden. Es waren goldene und silberne Denkmünzen, mit der Aufschrift: Verdienst um den Staat, und sollten jenen Unteroffizieren und Soldaten zu Teil werden, welche sich besonders auszeichnen würden. Die Östreicher hatten schon seit dem Türkenkriege, wo Kaiser Joseph II. das Ding aufbrachte, dergleichen Medaillen, aber mit vermehrtem Traktament[11]: allein bei den Preußen bleibt ein so bezierter Achtgroschen-Mann, wie einst ein Soldat sich darüber ausdrückte, immer ein Achtgroschen-Mann wie vorher: da soll bloß die Ehre gelten, und das Verdienst belohnen.

Überhaupt haben diese Medaillons wenig genutzt, aber durch erregte Eifersucht und Uneinigkeit desto mehr geschadet. Es war dieses ganz natürlich. Mancher oder vielmehr die meisten erhielten die Medaillen aus Gunst; weil sie bei den Offizieren gut stunden, ihnen kalefakterten[12], u. dgl. wie der Majors-Bediente, der bald nachher doch zum Henker lief. Dieser Umstand brachte indes so viel zu Wege, dass die bemedaillierten Burschen von den Übrigen verachtet und gehasst wurden.

Man gab dem Dinge sogar allerhand unedle Beinamen; und noch jetzt in Halle mokieren sich sogar die Soldatenweiber darüber. So hörte ich noch neulich eine zu ihrem Kinde auf dem Arme sagen, als gerade ein Bemedaillierter ihr vorüberging: »Sieh Fritzchen, auch ein Kamerad mit einem Pfennig zur Semmel!«

In Frankreich gab man ehedem das Zeichen des langen Dienstes, und das war mit gewissen Vorteilen verknüpft. Ein solcher Ancien militaire[13] — denn so hießen die mit dem Zeichen beehrten Soldaten — durfte mit dem Stock nicht mehr geschlagen werden,

ZWEI UND DREISSIGSTES KAPITEL

so sehr dieses damals auch noch bei den Franzosen grassierte. Aber bei den Preußen sah ich Einige, trotz ihrem silbernen Medaillon, dennoch tüchtig durchprügeln: sogar Unteroffiziere mit dem goldnen Pfennig erhielten nach Umständen ihre derben Fuchtel. Der Orden pour le mérite und das Medaillon sind demnach keineswegs Beweis, dass der, welcher sie trägt, wirklich Verdienst besitze: sie zeigen bloß an, dass er, wer weiß wodurch, die Gunst seiner Vorgesetzten gehabt habe. Auch will Mancher von diesen durch den Schimmer seiner Untergebnen selbst gern mitschimmern.

Lange hatte unser Bataillon auf der linken Rheinseite gestanden; und rückte den 17ten Jun auf die andre Seite ins Lager unweit Bischofsheim, wo der damalige Oberste von Rüchel das Oberkommando hatte. Hier war unser Dienst weit schwerer und gefährlicher, als auf der linken Seite. Doch, ich würde wohl unrecht tun, wenn ich die Vorfälle alle erzählen wollte, von welchen ich hier Augenzeuge gewesen bin. Leser vom kriegerischen Handwerk mögen das alles anderswo suchen; und die übrigen werden sich mit dem begnügen, was ich der allgemeinen Aufmerksamkeit wert halte. Eine vollständige, aber unparteiische Beschreibung der Mainzer Belagerung haben wir ohnehin wohl schwerlich je zu erwarten. Ich sprach noch im verwichnen Sommer mit einem Ingenieur-Offizier der Östreicher, und dieser Mann, welcher mir Kenner zu sein schien, versicherte mich, dass auch aus der allergenauesten Angabe aller Operationen gegen Mainz wenig zu lernen, und noch weniger Ehre zu ernten sei: denn es seien unzählige Fehler vorgefallen, welche bei andern Gelegenheiten sehr viel Unglück über die Belagerer hätten bringen können usw. Ganz Unrecht schien mir der Ingenieur nicht zu haben: denn wenn ich so überlege, wie man gegen die Festung verfuhr, so dünkt mich selbst, dass man manche misslungne Versuche hätte ausführen können, wenn man die Sache selbst nur besser eingeleitet hätte.

Man wollte z. B. einmal ein tranchée[14] eröffnen, worüber ein emigrierter Ingenieur die Aufsicht hatte. Man beorderte eine gewaltige Menge Arbeiter, und eine eben so starke Bedeckung, hatte aber so elende Anstalten zur Versammlung der Arbeiter getroffen, dass die kaiserliche Bedeckung die Preußische für Franzosen in der finstern Nacht ansah, und auf sie feuerte. Die Preußen erwiderten das Feuer, und die Franzosen, dadurch aufmerksam gemacht, begrüßten beide mit Kartätschen und kleinen Kugeln. Hiedurch ward die Verwirrung allgemein: die Arbeiter schmissen das Schanzzeug, und die Bursche die Gewehre weg; viele verloren Hut und Säbel, und alles lief, um sich zu retten. Früh holten die Franzosen das deutsche Schanzzeug, und die weggeworfnen Flinten und Patrontaschen. Dergleichen Dinge sind mehrmals vorgefallen.

) 379 (

Drei und dreißigstes Kapitel. Noch über die Mainzer Belagerung.

Wir hatten unter andern schlimmen Posten auch die sogenannte Leimgrube, dicht an einer Rheininsel, zu besetzen. Diese Grube wurde von unsern Leuten bald die Mordgrube genannt, weil alle Tage Mehrere daselbst erschossen wurden: denn auf der Insel, welche nur durch einen schmalen Kanal davon getrennt war, stunden die Franzosen, und sobald sich nur einer von uns über den aufgeworfnen Damm mit dem Kopfe erhob, schossen sie so gewiss, dass sie ihm allemal das Hirn zerschmetterten. In diesem Mordloch liegen viele von den Unsrigen begraben: von unserm Bataillon allein büßten mehr als 30 Mann ihr Leben da ein.

Die Franzosen waren, wie gesagt, nur durch einen schmalen Kanal von unserm Posten getrennt, und sonach konnte man gegenseitig alles hören, was auf dieser oder jener Seite gesprochen wurde, wenn man nur vernehmlich sprach. Merkten nun die Deutschen, dass auch Deutsche unter den Franzosen waren, so ging sofort das Geschimpfe an, welches zuweilen viele Stunden immer im nämlichen Tone fortging, endlich bloß zum Spaße. Ich will für gewisse Leser einen solchen Schimpfdialog hier anführen, nur um zu zeigen, dass auch die kühnsten Ideen ohne Wirkung bleiben, sobald sie familiär werden, zumal Ideen vom Feinde.

PREUSSE Hör du, sakkermentscher Patriot, wirst du bald die Schwerenot kriegen?
FRANZOSE. Elender Tyrannenknecht, sag, wird dich dein Korporal bald lahm oder totprügeln müssen?
PR Du verfluchter Königsmörder!
FR Du niederträchtiger Sklav!
PR Ihr Spitzbuben habt euren König ermordet, und dafür müsst ihr alle zum Teufel fahren.
FR Wenn ihr keine Hundsfötter wäret, so würdet ihr es allen Tyrannen eben so machen! Wenn ihr das tätet, so wäret ihr noch Menschen, so aber seid ihr Tyrannensklaven, und verdient alle Prügel, die ihr bekommt.
PR Ihr habt noch alle eure Strafe vor euch. Die ganze Christenheit wird euch angreifen, und eure gottlose Taten bestrafen.
FR Lass sie doch kommen, die ganze Christenheit mit dem ganzen Heer des Teufels und mit der Armee des Erzengels Michael: wir fürchten uns nicht!
PR Aber Mainz müsst ihr hergeben: das soll euch der Teufel nicht danken.
FR Lass auch Mainz zum Teufel fahren: glaubt ihr denn, wir scheren uns um so ein Rackernest, wie Mainz ist? Da steckt noch alles voll Pfafferei und Adel. Aber so leicht sollt ihrs doch noch nicht kriegen.
PR Wenn ihr nur euren König nicht umgebracht hättet—
FR Kamerad, sei kein Narr! Es ist nun einmal so, und weils einmal so ist, dass wir keinen König mehr haben, so wollen wir auch dafür sorgen, dass weder euer König, noch der Kaiser, noch der Teufel uns einen wiedergeben soll.

DREI UND DREISSIGSTES KAPITEL

PR Aber wo kein König ist, da sind auch keine Soldaten—
FR O du armer Kerl du, wie räsonnierst du so dumm! Ja freilich, solche Soldaten gibt es dann nicht, wie du und deines Gleichen. Ihr seid Sklaven, leibeigne Knechte, die einen Tyrannen über sich haben müssen, der ihnen kaum halb satt zu essen gibt, und sie prügeln, spießrutenlaufen und krummschließen läßt, wenns ihm einfällt. Solche Soldaten sind wir nicht; wir sind freie Leute, republikanische Krieger.
PR Das ist aber bei uns anders; wir haben einen Herrn, dem wir gehorchen müssen.
FR Weil ihr gehorchen wollt. usw.

Solche Gespräche fielen oft zwischen unsern Leuten und den Deutschen unter den Franzosen vor, und man hatte seinen Spaß daran und lachte darüber. Ähnliche und noch derbere Ausdrücke über Tyrannen und Tyrannensklaven und dergleichen haben uns unsre Zeitungsschreiber, Journalisten und andere Zeitschriftsteller in ihren Auszügen aus den Volks- und Konventsverhandlungen der Franzosen, wie auch aus den Invektiven der englischen Oppositionspartei aufgehoben: und was hats geschadet! Der Mensch, im Durchschnitt, ist eine passive Gewohnheitsmaschine, der endlich—so lange es ihm bei heiler Haut nur halbwegs erträglich geht—sich an Mordszenen und den Zeitungsberichten darüber gewöhnt, ohne davon nur noch menschlich gerührt zu werden: warum denn nicht auch an Schimpfen und Brandmarken! Man muss die Menschen gar wenig kennen, wenn man glaubt, dass Schriftsteller auf sie bis zum Aufstand wirken können: dies ist nur der Erfolg von dem Harpiensystem der Fürsten oder ihrer Finanzminister. Eberhard und Tieftrunk[1] haben recht, wenn sie sagen: Fürsten seid gerecht: und eure Throne stehen unerschütterlich!

Wie gesagt, unsre Soldaten lachten über die Invektiven der Franzosen, und reizten sie oft dazu, bloß nur zum Spaß. Als endlich die öftere Wiederholung das Interesse daran schwächte, wurden sie gegenseitig sanfter, und nannten sich zuletzt gar Kamerad oder Bruder. Sie machten oft sogar Kartel unter sich[2], ver-

---

[1] Johann Heinrich Tieftrunk (1760–1837), deutscher Philosoph in Halle, der sich für einen aufgeklärten Absolutismus aussprach, und wohl Johann August Eberhard (1727–1779), ebenfalls Professor in Halle

[2] sie sprachen sich ab

DREI UND DREISSIGSTES KAPITEL

sprachen, sich nicht zu schießen, und traten sodann auf die Verschanzung, wo sie sich ganz freundschaftlich mit einander unterhielten.

Einmal hatte ein Soldat von unserm Regiment mit den Franzosen auf der Insel, auch auf die erwähnte Art, Kartel gemacht. Während desselben stellten wir den Weg durch das Wasser wieder her, der ganz unbrauchbar geworden war, und die Franzosen brachen ihr Wort nicht, sondern ließen uns unter ihren Augen den Weg ohne Hindernis ausbessern.

Herr von Rüchel versprach einmal einem Burschen einen Taler, wenn er den Franzosen, nach Kostheim zu, den bloßen Hintern weisen wollte. Herr von Rüchel war damals von Wein etwas bescheniert[3]. Der Bursche sagte ganz kalt: »Gern verdiente ich den Taler: aber es schickt sich doch nicht, den Feind so zu behandeln.« Herr von Rüchel, statt das zu fühlen, suchte flugs einen andern, welcher für den Taler, den Hintern entblößen, ihn den Franzosen hinweisen, und dazu rufen musste: »Hier leckt mich im A—, ihr hunz föttischen Patrioten! kommt her, leckt!« — Von diesem unanständigen Verfahren hat man sogar in Frankreich gesprochen. Auch ist es richtig, dass man durch dergleichen mehr sich als den Feind beschimpft. —

Anekdoten von dieser und weit ärgerer Art werden wir gewiss bald aus Frankreich mehr als zuviel erhalten. Ich weiß, dass Franzosen bei der Rheinarmee sich ein eignes Geschäft daraus gemacht haben, sich allenthalben nach dem Betragen der Östreicher und der Preußen zu erkundigen, und in ein eignes Buch das einzutragen, was zur Charakteristik von beiden dient. Ich habe ein Buch dieser Art in Händen gehabt; und kommt es heraus: wehe Manchem!

Unter andern misslungenen Versuchen auf die Festung war auch die Errichtung gewisser schwimmender Batterien, wozu, ich weiß nicht, welcher unerfahrne Mensch, den Anschlag gegeben hatte. Selbst unsre Offiziere erklärten das ganze Unternehmen für ein unausführliches Hirngespinst: allein einige Herren waren davon eingenommen (embêtés würde ich auf Französisch sagen) und es musste wenigstens ins Werk gesetzt werden. Aber leider, es ging schief: das

3 angetrunken

DREI UND DREISSIGSTES KAPITEL

⁴ Nach Horaz, *Satiren* II, 7, V. 82: »Wir werden geführt wie Holz an einem Faden, wie eine Marionette.«

⁵ Fortschrittliche Zeitschrift von Johann Andreas Georg Rebmann (1768–1824), in dessen zweitem Stück (1795), S. 153–165 Laukhard einen *Auszug eines Schreibens aus Dijon* hatte abdrucken lassen.

⁶ »In den deutschen Lagern bietet eine weidliche Fülle Huren den frommen Soldaten strahlende Freuden an.« Dichter bzw. Stelle nicht auffindbar.

ganze Ding fuhr den Rhein hinab, und wurde von den Franzosen an der Brücke aufgefangen. Sechs und siebzig Mann und mehrere Offiziere wurden gefangen. Die Franzosen behandelten alle recht artig, nahmen ihnen nichts, als ihre Waffen, ließen aber den Offizieren die Degen, und nachdem sie alle gut bewirtet hatten, brachten sie dieselben den andern Tag wieder zu den Preußen. Ein Offizier von uns wollte, dass man die französischen Soldaten, welche die gefangnen Preußen aus der Festung gebracht hatten, behalten und zu Kriegsgefangnen machen möge: aber der brave General Kalkreuth widersetzte sich diesem undankbaren und äußerst unanständigen Vorschlag.

Ehe ich meine Erzählung von der Mainzer Belagerung schließe, muss ich noch etwas von der Hurenwirtschaft im Lager anführen. Dass dahin von allen Orten her feile Dirnen heranschlichen, versteht sich von selbst: das ist in den Standlagern nicht anders. Schon zur Zeit des dreißigjährigen Krieges sagte jemand:

> Commoda germanis
> scortorum copia castris
> Praebet militibus
> gaudia clara piis. ⁶ *)

Ebenso war es in diesem Kriege bei Mainz. Bei unserm Regimente gab es eine ordentliche Hurenwirtschaft, das heißt, ein ordentliches Bordellzelt, worin sich vier Dirnen aufhielten, welche, um doch einen Vorwand zu haben, Kaffee schenkten, und dann jedem zu Dienste waren. Sie hatten sich förmlich taxiert, und

Lieschen, die schönste, galt	45	Kreuzer	
Hannchen —	—	— 24	—
Bärbelchen —	—	— 12	—
Die alte Katherine		— 8	—

Ein Pfaffe aus der dortigen Gegend besuchte mich eines Tages, und da ich von

*) Pius und dumm galt dem Dichter damals, in Beziehung auf die Deutschen, für eins. Er macht ihnen Vorwürfe, dass sie den damaligen Krieg gegen ihr eignes Interesse hätten führen helfen, und sagt, um ihr inkonsistentes und passives Wesen bildlich zu rügen: Ducimur ut nervis alienis mobile lignum. ⁴ Von den Deutschen zu unsrer Zeit heißt es im Dritten Stück des *Neuen grauen Ungeheuers*⁵ S. 129: »Hoher Sinn und Freiheit liegen nicht in unserm Charakter, wohl aber kleinliche Schmeichelei und niedrige Rachsucht. – Der Deutsche ist überall verächtlich geworden: der Franzose nennt ihn lourd Allemand, der Engländer German dogg, der Russe Iwan Iwanowitsch, und der Italiäner hat eine lächerliche Marke, die il Tedesco heißt. Warum? weil in allen diesen Ländern der Deutsche sich zu jedem Geschäfte brauchen ließ, wozu auch der unehrlichste Eingebohrne zuviel Ehre hatte. Alle Völker haben etwas für die Freiheit getan, nur der Deutsche nicht: im Gegenteil, wo es auf Unterdrückung ausging, waren deutsche Lohnknechte die Werkzeuge – in Amerika, usw.«

DREI UND DREISSIGSTES KAPITEL

<small>7 Gabe der Enthaltsamkeit

8 Juvenal, *Satiren* II, V. 23: »Der Aufrechte mag das Krummbein auslachen, der Weiße den Äthiopier: Aber wer könnte es aushalten, wenn sich die Gracchen (= Sozialrevoluzzer) über Aufruhr beklagen!«</small>

seiner Orthodoxie überzeugt war, so wollte ich doch auch eine Probe machen, ob er das donum continentiae[7] hätte. Ich führte ihn also ins Bordellzelt, und wir fingen an zu zechen. Nachdem sein Kopf nur etwas heroisch geworden war, ward schön Lieschen seine einzige Unterhaltung: er schäkerte mit ihr auf die unanständigste Art in Beisein der Soldaten, welche sich über den unverschämten Pfaffen teils ärgerten, teils freuten. Endlich ging er fort, und Lieschen folgte ihm — ins nahe Getreide. — Da hatt' ich denn neuen Zunder für meinen Hass gegen die gleisnerische Frömmigkeit aller orthodoxen Pfaffen, welche, wenn sie die Orthodoxie nicht erheucheln, meist durch die Bank ebenso große Ignoranten, als Sünder sind, nur dass sie den Schein scheinheiliger vermeiden.

> Loripedem rectus derideat, Äthiopem albus:
> Quis tulerit Gracchos de seditione querentes![8]

Unser Oberste, der Herr von Hunt, machte endlich dem Skandal des Bordellzeltes ein Ende, und jagte die Menscher fort: sie zogen darauf zu den Sächsischen Dragonern, wo sie ihr Wesen weiter trieben. Bei den andern Regimentern waren die Bordellzelte nicht minder. Ich war, damit ich doch auch wieder etwas von mir erzähle, die ganze Zeit der Mainzer Belagerung über munter und gesund, und freute mich meines Daseins erst recht, als ich sah, dass unsere Leute die Franzosen von Tag zu Tag näher kennen und höher achten lernten. Meine Zeit, die ich vom Dienste übrig hatte, vertrieb ich mit Bücherlesen und in der Gesellschaft meiner Freunde, deren ich eine Legion in jener Gegend habe. Alle Tage hatte ich Zuspruch, aber nicht allemal war mir der Zuspruch erfreulich. Viele kamen nur aus Neugierde, um den Kerl zu sehen, welcher so mancherlei Abenteuer bestanden hatte. Solche Menschen sind wirklich unerträglich, aber ich wusste auch allemal ihre Neugierde mit Sarkasmen abzuspeisen: mit Pfaffen sprach ich von der Pfafferei — nach meiner Art; mit Juristen kommendierte ich über die Hure Jurisprudenz, und den Medizinern erklärte ich das goldne Sprüchlein:

DREI UND DREISSIGSTES KAPITEL

Qui quondam medicus, nunc est vespillo Diaules;
Quod vespillo facit, fecerat id medicus.[9]

Hierdurch scheuchte ich die Eulen von mir. Aber allemal war mir es herzlich lieb, wenn ich so einen alten ehrlichen Bruder wieder zu sehen bekam, wie z. B. Herrn Stuber von Königsstetten. Das Schicksal dieses Mannes geht mir noch jetzt sehr nahe. Seine Frau nämlich ward, wie er mir im Sommer 1795, als ich bei den Schwaben Korporal war, schrieb, wegen der Bübereien und Bedrückungen der Kaiserlichen tiefsinnig[10]. Das mag doch ein großes, großes Elend sein!

Leser, welche hier einige Bemerkungen über die endlich erfolgte Übergabe der Festung Mainz an die Preußen, — über das Benehmen des Repräsentanten Merlin von Thionville und des Generals d'Oyré u. s. w. erwarten, können sie finden in den *Briefen eines preußischen Augenzeugen über den Feldzug des Herzogs von Braunschweig gegen die Neufranken*; und in diesen vorzüglich: denn was die andern Herren über diesen Punkt gesagt haben, ist, so weit ich ihre Schreiberei bis jetzt kenne, schief und parteiisch.

Genug, Mainz wurde am 23ten Juli 1793 an die Deutschen übergeben; aber, wahrlich, diese Übergabe war nicht so sehr die Folge der Deutschen Tapferkeit, oder der Not der Franzosen; als vielmehr Folge gewisser geheimer Unterhandlungen, bei denen Merlin vorzüglich interessiert war. Das Gesetz seiner Republik erlaubt erst dann die Übergabe einer Festung, wenn es ihr an den Lebensmitteln mangelt, oder wenn der Feind eine brauchbare Bresche geschossen hat. Keins von beiden war in Mainz der Fall, und doch ließ Merlin es fahren. Merlin hatte also offenbar gegen das Gesetz gesündigt; und daher nachher seine Schwindelei und Lügen in seinen Berichten über Mainzens Übergabe; daher das Entfernthalten der militärischen Geiseln, d'Oyré, Dupont und anderer, wie auch der bürgerlichen Geisel, oder der Klubbisten, welchen letztern er den so feierlich versprochnen Nationalschutz nicht einmal in der Kapitulation förmlich bewirkt hatte, und dies, um sich gegen ihre Beschwerden über seine Unterschleife, geheime Unterhandlungen und

---

[9] Martial, *Epigramme* I, 47: »Diaulus war früher ein Arzt, heute ist er Leichenträger; was er heute als Leichenträger tut, tat er früher als Arzt«.

[10] schwermütig

DREI UND DREISSIGSTES KAPITEL

11 Einwände

12 Gottlieb Wilhelm Eckhards *Bravourlieder der Preußen beym Feldzug wider die Franzosen* erschienen in Berlin 1793.

13 Eine von August Adolph von Hennings herausgegebene aufklärerische Zeitschrift. Siehe auch die Anmerkung zu Seite 125

dergleichen vor Robespierre zu sichern. Es wird bald die Zeit kommen, wo wir über alles das nähern Aufschluss nach Belegen erhalten werden: ich weiß das gewiss, und gehe darum weiter.

Man hatte unter den Preußen ausgesprengt, dass die Eroberung von Mainz die letzte Tat dieser Armee sein sollte. Ich glaubte das nicht, und zog mir durch meine Remonstrationen[11], wie gewöhnlich, allerlei Vorwürfe und Verdruss zu. Eben so viel Verdruss machten mir meine Kritiken über eine gewisse poetische Sudelei, Preußische Bravourlieder oder Bravourgesänge genannt: ich glaube, der Verfasser hieß Reichard[12]. Dummeres Zeug kann man schwerlich je finden: das ganze Ding war eine jämmerliche Dichterei von Schimpfwörtern und Drohungen über und an die Franzosen. Der Autor hatte mehrere Exemplare an unsre Offiziere geschickt, mit der Bitte, das Sudelzeug zur Aufmunterung und Anreizung des Muts gegen den Feind herum zu geben. Ich sah dem elenden Wisch, der ungefähr das in Versen war, was Göchhausens Wische in Prosa sind, bald, wie man spricht, auf den Magen, und kritisierte es derb. Da hieß es denn: »ja, so machts Laukhard!« usw. Aber zum guten Glück, wie Laukhard es hier machte, machten es alle Klugen.

) 391 (

Wie barbarisch man die Klubbisten behandelt habe, gleich nach unsrer Ankunft in die Rheingegenden, davon sprach ich oben. Mich grauet noch immer bei jedem Andenken an diesen Adels- Pfaffen- und Soldaten-Robespierrismus in Deutschland. Wer die Kannibalischen Greuelszenen, die dabei vorfielen, näher betrachten will, findet sie in den ersten Kapiteln der Rückerinnerungen auf einer Reise durch einen Teil von Deutschland — in dem zweiten Stück des *Neuen grauen Ungeheuers*, und in den Bittschriften im ersten Band von den *Annalen der leidenden Menschheit*[13]. —

Dass es unter diesen Unglücklichen Männer gab, wie vorzeiten Griechenland und Rom sie zur allgemeinen Bewunderung aufstellte, und dass es ihnen nicht an Mut fehlte, ihre und aller Menschen Rechte ungescheut, auch vor einer Regierung, in deren grausender Gewalt sie waren, laut zu behaupten, zeigen folgende Belege. *)

DREI UND DREISSIGSTES KAPITEL

I.

An die Kurfürstl. Mainzische Regierung in Erfurt.

»Wahrheit gegen Freund und Feind!«
Schiller.

Dass unsere, bei verschiedenen Gelegenheiten einer hohen Kommission gegen das Benehmen des Herrn Generals und hiesigen Festungskommandanten, Freiherrn von Knorr, in Ansehung unserer Verwahrung vorgetragene Beschwerden so ganz ununtersucht, so ungeglaubt und ohne Wirkung sein würden: konnten wir nicht denken, obschon es begreiflich ist, dass Wir gegen einen hiesigen Herrn General kein Recht bekommen können: wir wissen nämlich, dass bei dergleichen Fällen die Personen, nicht die Sache, in Anschlag genommen werden, weil es so herkömmlich ist. —

Wir sind auf die ungerechteste Art arretiert, auf eine unmenschliche Weise und zwar so misshandelt worden, wie es in Afrika und bei Ost- und Westindiens Wilden zu geschehen pflegt. — Das Alles noch nicht genug! Entweder auf Geheiß oder doch gewiss mit vollem Vorwissen einer Mainzer Regierung mussten wir (26 Wochen lang) eine Kerkereinsperrung auf Ehrenbreitstein ausstehen, die sonst Verbrechern erster Klasse, und in menschlichen Verfassungen nicht einmal zu Teil wird. Von einigen Einzelnen von uns wurde laut und mit einem durch solche Grausamkeit empörten Gefühle, bestimmt gefordert,

---

28 Die schottischen Aufklärer Henry Home (1696–1782) und Adam Smith (1723–1790)

29 Domitianus Ulpianus, römischer Jurist, gestorben ca. 228

---

*) Jede Regierung, welche die Gerechtigkeit gerecht verwaltet, darf die Publizität und folglich die Aushebung und Mitteilung wichtiger Aktenstücke nicht scheuen. Geschieht ihr zu viel: wohlan das Publikum hat auch Augen und Ohren für sie. Auch der größte Bösewicht steht unter dem Schutz der Gesetze; und wer Recht und Unrecht nach Rachsucht und Laune behandelt, verdient keine Schonung. Dadurch hat der Unrecht-Leidende, nach den Gesetzen des natürlichen Rechts- und Billigkeitsgefühls uns gleich auf seiner Seite. Smith beweist es in seiner *Theorie der moralischen Empfindungen*, und Home in seinen *Grundsätzen der Kritik*[28]. Warum steht man beim Behandeln der Menschen auch nach bürgerlichen Gesetzen, überhaupt so wenig auf die natürlichen! Dadurch verliert man auch bei der anscheinend gerechtesten Sache den Beifall der Billigen, und empört: und eben dies hat mir diese Belege verschafft. Dass sie durch keine gemeinen Hände gegangen sind, geben die Umstände. Die Zeit wird mehr lehren. — Ulpian[29] riet nicht umsonst, lieber einen Schuldige zu entschuldigen, als einen Unschuldigen zu verdammen: und was zu viel geschieht, ist über die Schuld, und fällt dem Richter anheim. Überhaupt frage ich mir: handelte die Mainzer und Trierische Regierung klug, dass sie in ihrer eignen Sache solche und soviel Blößen gab, oder geben ließ, wie wir hier sie sehen? — Wäre es nicht Pflicht für Recht und Würde gewesen — auch von allen nachteiligen Folgen einer aufgewiegelten Rachsucht die Gegengeißeln abgesehn — durch das nachherige Benehmen gegen die Klubbisten deren vorherige Klagen und Schilderungen über die erbärmliche Justizverfassung und Verwaltung geistlichen Staaten vor dem nahen und fernen Publikum zu widerlegen? — Hat sie jetzt die Wahrheit dieser Klagen nicht vielmehr öffentlich bestätigt? Oder haben die geistli-

DREI UND DREISSIGSTES KAPITEL

14 wohl gemerkt
15 Gegenseitigkeit

) 395 (

dass man uns den Prozess machen möge, um eines Lebens los zu werden, welches mit jedem Tage härter, ja, ein erneuerter Tod war. — Aber keine Antwort, keine Abänderung der schauderhaften Lage — das war die Folge.

Es ist wahr, dass wir hier (in Erfurt) viel weniger hart, als auf Ehrenbreitstein, gehalten werden; es ist aber auch wahr, dass erst hier wir legal erfuhren, dass wir unter der Rubrik von Französischen Geiseln verwahrt werden sollten *)

Wir wissen nicht, was für ein Reglement für die Behandlung der Geiseln existiere; aber das wissen wir, dass sie nicht als Verbrecher behandelt werden dürfen: wir wissen, was das Völkerrecht hier festsetzt: wir fühlen es leider zu sehr, dass man es uns hart entgelten macht, dass wir Grundsätzen anhingen, die man unsers Wissens mit Grundsätzen noch nicht widerlegt hat — nur es uns entsetzlich hart fühlen macht, dass Umstände, die Wir nicht herbeilockten — Eroberungen, gemacht von einer Nation, die selbige bekannte und mit Gut und Blut verteidigte — uns nicht nur zum Bekenntnis solcher Grundsätze aufforderten, sondern uns selbst nötigten, zu deren Ausübung zu schreiten, weil wir damals die Auswanderung nicht wählen mochten, wenn gleich die Eroberer sie uns frei ließen. — Und warum ließ der Wiedereroberer uns nicht eben das Recht einer freien Auswanderung, das sonst in jeder Rücksicht ein Naturrecht ist, und hier wegen des Reziproken[15] noch viele Billigkeit hätte erhalten sollen.

chen Gerichtsstellen ein kirchliches und über natürliches Privilegium, der bürgerlichen und natürlichen Gerechtigkeit Hildebrandisch zu trotzen? Kurz, ich wünschte, dass irgendein sachkundiger Mainzer oder Trierer, zur Ehre der allgemeinen Gerechtigkeit, diese Fragen ehrlich, kalt und unparteiisch prüfe und dadurch das Publikum in den Stand setze, selbst zu entscheiden, auf wessen Seite hier mehr Wahrheit und Recht sei. Sonst sind wir befugt zu denken: wer schweigt, sagt, ja! und dann Ach und Wehe über eine Justiz, die am Pranger stehen bleibt! Dann fragte man noch, wie es kam, dass die Neufranken, trotz ihres seltsamen Betragens, dennoch in dortiger Gegend soviel Anhang fanden, und vorzüglich unter den dortigen hellen Köpfen, die jede Unordnung um so balder wegwünschen mussten, je lebhafter, drückender und entehrender sie sie fühlten, sowohl für sich als für Andere, und dies ohne Hoffnung des Besserwerdens auf dem Wege Rechtens. Herren, die das nun tadeln, belieben erst zu überlegen: ob der mehr fehle, der den Grund zu einem Abfall und Aufstand despotisch legt, oder der durch die Folgen dieses Grundes wie im Strudel mit fortgerissen wird, und es für sich nicht heilsam oder gar unmöglich findet, gegen den Strom an zu schwimmen? Wer sein Haus vor Brand sichern will, muss nicht selbst Feuerbrände hineinwerfen, zumal bei vielem und ausgedörrtem Holze nicht. Auch Bienen haben ihre Stachel; und nun ergibt sich die Anwendung von selbst.

*) Erst den 1ten Nov. 1794. Von nun an erhielten sie täglich 6 Groschen, da sie vorhin (nota bene[14]) nach Abzug der Aufwartungs- und andern Kosten, täglich nur 1 Groschen 9 Pfennig erhalten hatten. So schwer hält es, Gerechtigkeit und Menschlichkeit in Pfaffen-Staaten zu finden. Wie billig rief Friedrich der Große ein Wehe über sie aus! — Dahlberg, der edle Dahlberg hätte gern geholfen; aber es stand nicht bei ihm, Menschen- und Völkerrecht zu ehren.

280

DREI UND DREISSIGSTES KAPITEL

Dass wir gar kein Verbrechen begangen hatten, indem wir völlig gesetzlich und nach der Grundverfassung Frankreichs gehandelt hatten, das wussten wir; ja, wir wussten es, dass kein unparteiischer Rechtsgelehrter uns etwas zur Last legen würde, dass selbst mit Recht uns kein Hindernis zu unserer etwa zu erfolgenden Auswanderung in den Weg gelegt werden konnte. Allein wir wussten auch, dass bei einer etwa erfolgenden Übergabe der Festung Mainz die kalte, unparteiische und rachlose Gerechtigkeit uns nicht zu Teil werden würde. Unter diesen Umständen wurden Geiseln von Mainz—Leute, die sich als Anhänger der vorigen Herrschaft bekannten—nach Frankreich geschickt, die in allem Betracht, aber auch einzig nur für die Ungerechtigkeit, die man an uns begehen würde, haften müssen. Die Franken nahmen die von uns ergriffne, gerechte Maßregel auf die Geiseln an, und haben so Sanktion der Sache gegeben.

Dieses und das Grundgesetz ihrer Verfassung: dass die ganze Nation die Rechte und Sicherheit eines jeden ihrer Bürger gegen auswärtige Angriffe mit all der Macht verteidigen werde, die die Nation in Händen hat, lässt uns, die wir gesetzlich Bürger dieser Nation sind, ungezweifelt hoffen, dass wir einst die gebührende Genugtuung erhalten werden und müssen.—Es sind demnach weit höhere Gründe, als die Gegengeiseln in Frankreich, die uns mit Mut beleben, um standhaft jeder Misshandlung entgegen zu stehen. Es kommt freilich darauf an, ob die Nation die nötige Kraft in Händen behalten wird; ihren gedachten Grundsätzen den Nachdruck zu geben. Sollte dies nicht der Fall sein:—was wohl möglich, aber nicht sehr wahrscheinlich ist—so würden wir ein Opfer unserer Grundsätze werden. Und hierin liegt eine Stärke, die über Misshandlungen weit erhebt!

Es würde ungerechter Vorwurf und daher große Beleidigung sein, wenn wir alles Zutrauen auf Ihre Gerechtigkeits- und Billigkeits-Liebe aufgeben, und uns den Gedanken erlauben wollten; als wenn Sie den Ausgang des Kriegs zur Norm gesetzt

DREI UND DREISSIGSTES KAPITEL

hätten, wie wir jetzt und künftig behandelt werden sollen: nein, so spielt man nicht mit Gerechtigkeit, wenn man uns gleich mehrmalen sagte: »wir möchten nur nicht vergessen, dass der Krieg noch nicht geendigt sei!« wie wenn wir je auf diesen Ausgang gepocht hätten – wie wenn Männer keine Stärke anderswoher nehmen könnten; als vom ungefähr! Wir sind vielmehr sehr in die traurige Vermutung versetzt, und in dieser bestärkt, dass der gegenwärtige Krieg einem Duelle auf Tod und Leben gleiche, der, leider, vielleicht keine zeitliche Auseinandersetzung vermuten lässt. —

Die Herrn Kommissarien Strecker und von Piper sind Zeugen, wie sich obgedachter Herr General teils bei Gelegenheit des Abnehmens der Bretter von zwei Fenstern, teils bei einer andern Gelegenheit benahm, damals nämlich, als diejenigen von uns, welche nach Vorschrift des Arztes Molken zur Kur tranken, um tägliche Bewegung zu diesem Behufe in freier Luft ansuchten: denn dieses Ansuchen, auch wiederholt, wurde abgeschlagen, und sogar gesagt: »Arrestanten gehöre keine Kur: wenn es auf ihn angekommen wäre, so hätte er sie nicht erlaubt.« — Die Herrn Kommissarien wissen es, wie unbillig, wie hart, wie ungerecht, wie alleinmachthaberisch sich der Herr General bei der Klagsache Levers darstellte: diese Herren und wir alle wissen es, dass der Herr General mehrmals sagte: »und ich tue es nicht! — Es geschieht nicht, weil — Ich nicht will!« —

Wir sind weit entfernt, Maßregeln zu tadeln oder lästig zu finden, die nicht nur zu unserer Verwahrhaltung, sondern auch dazu genommen werden, dass wir keine mündliche oder schriftliche Unterredung mit hiesigen Einwohnern oder andern Teutschen, ohne die gehörige Einschränkung und Aufsicht, haben dürfen, weil für den letztern Fall die Klugheit es rät, uns nicht zu trauen und zu befürchten, dass wir noch jetzt, wie ehemals unter der Franken-Regierung, unsere Grundsätze laut an Tag geben möchten. — So willig wir uns Befehlen und Einschränkungen unterwerfen, die mit der Vernunft

) 398 (

) 399 (

und den obigen Zwecken vereinbarlich sind, so
sehr fühlen wir die Härte und Ungerechtigkeit
solcher Einschränkungen, die sichtbarlich nur zu
unserer Plage und Herabwürdigung da sind. Das
Physische unserer Lage ist in sehr vielen Rücksichten hart; und wenn auch Gemütsstärke alles
übertragen macht: so kann sie doch das Gefühl der
Leiden nicht unterdrücken, am wenigsten dann,
wenn Willkür nur sprechen darf und ein Heer
zweckloser Neckereien auf uns stürmt, deren Ende
und Zahl nicht abzusehen ist, weil Laune keine
Grenzen hat. — Doch zur Sache!

Bei unsrer Ankunft (auf den Petersberg bei Erfurt)
wurde eine Separation in verschiedene Zimmer
und Lagerstätten mit Einigen von uns gemacht, die
nur ihren Grund in der ganz leidenschaftlichen
Empfehlung des Ehrenbreitsteiner Kommandanten
hatte. — Eben dieser Empfehlung hatten wir es
zu danken, dass wir zu Hirschfeld, wo uns das
hiesige Militär von der Preußischen Eskorte übernahm, ein Hundequartier erhielten, das wegen
seiner Enge — denn kaum konnten wir aufrecht darin
stehen, und nur krumm darin liegen — ein wahres
Marter-Lager war, von außen mit Brettern
und Wachen so verrammelt und besetzt, als wenn
wir Verbrecher von der verworfensten Klasse
gewesen wären. Auch von daher kam es, dass der
hiesige Herr General eine schöne Quantität
Ketten dem hiesigen Herrn Obristen von Taufenberg
nach Hirschfeld mitzunehmen befahl, mit dem
Bedeuten, uns solche bei dem geringsten Anstand
anlegen zu lassen. Sehr wahrscheinlich würden
wir mit einer solchen Grausamkeit heimgeschickt
worden sein, wenn nicht der Preußische Obristleutnant, Herr von Schwerin, dessen Andenken
wir wegen seiner ungeheuchelten Menschenfreundlichkeit auf immer verehren werden, es nicht
hintertrieben hätte, durch die Vorstellung: »dass wir
Menschen, vernünftigen Gehorsams gewohnt,
aber ungewohnt einer erniedrigenden Behandlung
wären.« Selbst dieser Herr von Schwerin riet
uns, dass im Fall wir Misshandlungen zu ertragen

haben sollten, wir uns geradezu an das Königliche Preußische Gouvernement in Mainz wenden möchten: denn er wüsste, dass man uns von dort aus mit aller Schonung behandelt wissen wolle; und es sei gewiss, dass unser auf Ehrenbreitstein ausgestandenes Elend unbekannt geblieben sei: sonst hätte man demselben abgeholfen: man möchte das nur nicht auf Rechnung des Königlichen Preußischen Gouvernements schreiben. –

Die sorgfältige Verbretterung der Fenster bei der ungewöhnlichen Höhe im dritten Stock dahier – bei überall bis an den Abtritt ausgestellten Wachen; noch mehr das Verbot, welches zwei Monate und noch darüber dauerte, niemals nahe an einem Fenster zu stehen, oder auf Stühle zu treten, um durch die geöffneten obern Fenster sehen zu können; ferner das beständige und lästige Begleiten einer Schildwache auf den Abtritt, wo doch gerade vor demselben ein Posten steht, der alles beobachten kann: – was waren diese Reglements anders, als Ersinnungen, uns wehe zu tun! Doch, die bei unsrer Ankunft uns durch den Auditeur vorgelesene Instruktion – sie sei abgefasst, von wem sie wolle – sagt es nur in andern Worten, dass wir alle die damals schon gegebnen Reglements als – Gnade – als Wohltaten und Begünstigungen ansehen müssten, und man erwarte es von uns, dass wir durch gutes Betragen beweisen würden, dass wir diese Wohltat zu schätzen wüssten.

Wir haben diese, wie noch mehr andere Erniedrigungen gefühlt und – sie gehörig gewürdigt. Nein, Gnade und Wohltaten nehmen Männer von unsrer Denkart nicht an: es muss ihnen alles wenigstens mit dem Namen von Recht gegeben werden: denn man versuche es wenigstens an uns Unterschriebene, ob wir aus Gnade leben wollen. –

Als wir uns äußerten: dass es dem größten Teil von uns hart falle, das monatliche Aufwartegeld zu bezahlen: so eröffnete der Herr General die Tür, als wenn er fortgehen wollte, sprach aber an der Türschwelle stehend und halb zur Wache sich wendend: »die Kleinigkeit müsst ihr bezahlen: auf

DREI UND DREISSIGSTES KAPITEL

Ehrenbreitstein habt ihr den Profos und Steckenjung auch zahlt (bezahlt)!« — Freilich, sollten die gegenwärtigen Soldaten hören und wissen, dass wir Leute wären, die schon von Profos und Stockjungen bedient worden! — Der Herr Obrist von Amelungs äußerte bei Gelegenheit nach seiner Manier — das heißt, in einem auffallenden, gebieterischen Ton —: dass wir, um das Barbiergeld zu sparen, die Bärte sollten wachsen lassen: das schicke sich ohnehin besser für Arrestanten, und dergleichen —

Diese und noch einige folgende Vorgänge zeigen klar: dass das hiesige Militär in dem Wahne stehe, oder etwa die Weisung habe, uns zum Teil als Verbrecher zu behandeln. Unter diesen Umständen fordern wir, dass man mit einer Inquisition vorschreite, ohne eben damit die Vorfrage einzuräumen: ob wir hier kompetente Richter anerkennen müssen.

Da endlich die Bewegung in freier Luft und zugleich die Entbretterung eines Fensters in jedem Zimmer, und zwar letzteres unter der Bedingung gestattet wurde, dass sämtliche Geiseln für ihr Geld eiserne Stangen vor diese zwei Fenster machen ließen: so fing man an, nebst diesem Lebensgenuss uns noch den Zusammentritt aus beiden Zimmern zu zulassen und die lächerliche Begleitung nach dem Abtritt einzustellen. — Mehrere von uns beschäftigten sich mit Musik, und die gewöhnliche Abenderholung war eine Art Konzert. Dies dauerte fort, bis Lever seine Beschwerden wegen erlittener mehrerer Kränkungen am 19ten vorigen Monats übergab. Eine hohe Regierung wird aus dem Inhalt dieser Beschwerden, und aus den beigefügten Beweisen, die an die Kurfürstliche Regierung in Mainz gestellt war, ersehen haben, dass Kränkungen von der Art nur von Leuten können ertragen werden, die entweder des Hudelns gewohnt sind[16], oder denen Verteidigung zum Verbrechen angerechnet wird, und die in dieser Hinsicht das Schweigen dem lauten, aber vergeblichen Anruf der Gerechtigkeit vorziehen. — Im Vorbeigehen wird hier erinnert, dass Lever auf vier Vorstellungen, worin er sich immer

16 gewohnt sind, schlecht behandelt zu werden

DREI UND DREISSIGSTES KAPITEL

auf Schutz und Anwendung gesetzlicher Ordnung berief, noch keine Antwort erhalten hat. –

Der Herr General schickte den hiesigen Herrn Auditeur, nebst mehrern Offizieren, um seinen Anstalten ein drohendes Gewicht zu geben, in die beiden Zimmer, Nummer 1 und 2, und ließ nach Ablesung der Lever'schen Schrift umfragen: ob wir Anteil an Levers Schrift und Sache nähmen? Metternich[17] sprach im Zimmer Num. 1 zuerst, und sagte: so sehr er auch zweifle, ob er unter diesen Umständen und vom Herrn General – der nur die Verwahrung zu besorgen, aber keine Jurisdiktion über uns auszuüben hatte, wie er vor einigen Wochen selbst erklärte, als er dem Lever sechs Bogen von seinen Schriften und Auszügen aus Tieftrunk, *Ardinghello*, Dahlberg[18] u. a. konfiszieren ließ – gefragt werden könne: so trage er doch kein Bedenken, seine Meinung zu äußern, und erkläre: dass, wenn Lever seine angeführten Beschwerden beweise, er dessen Ansuchen um Genugtuung unterstütze. Übrigens sei es unter Geiseln herkömmlich, dass Unternehmungen, die einer allein, oder mehrere Einzelne in ihrer Sache machten, auch bloß auf Rechnung der Unternehmer geschrieben werden müssten. Der Meinung Metternichs traten die übrigen mit ihren Unternehmungen bei. Es ward in wenig Tagen von dem Herrn General selbst Levern angedeutet: dass er bei den nächsten zwei Spaziergängen zu Hause bleiben, und stark bewacht werden sollte. Diese Ankündigung des Herrn Generals geschah in einer Hitze, die ihn auch noch zu dem Befehle verleitete, den er auf der Stelle der Wache gab: »Ich sage euch, den Lever nur streng bewacht, wenn die andern spazieren gehen, und in Zukunft nur raue Worte gegeben!« Auch wurde dem Herrn Offizier von der Inspektion angedeutet, bei der geringsten lauten Äußerung des einen oder des andern, denselben sogleich ins Stockhaus zu führen und kreuzweise schließen zu lassen!!! –

Wir äußerten bald dem Inspektions-Offizier, dem Herrn Fähndrich Buchholz: dass, im Fall Lever

---

[17] Mathias Metternich (1747–1825) Mathematiker, Publizist und Mitbegründer des Mainzer Jakobinerklubs. Nach der Rückeroberung von Mainz wurde er misshandelt und zuerst in Ehrenbreitstein, dann auf der Festung Petersberg bei Erfurt inhaftiert. Im Februar 1795 kam er frei.

[18] Zu Tieftrunk siehe Anmerkung zu S. 273. *Ardinghello oder die glückseligen Inseln* (1787) war ein sprachgewaltiger, sinnenfroher Briefroman Wilhelm Heinses (1746–1803), des damaligen Bibliothekar des Erzbischofs von Mainz; Karl Theodor von Dalberg (1744–1817), der auch freimaurerisch und schriftstellerisch tätig war. Er war Koadjutor des Erzbischofs und ab 1803 dessen Nachfolger. Heinse und Dalberg waren mit dem Hof vor der Revolution in Mainz nach Aschaffenburg geflohen.

DREI UND DREISSIGSTES KAPITEL

nicht mit den übrigen zum Ausgang zugelassen würde, auch wir übrige nicht ausgehen würden. Das hatte die Folge, dass in 13 auf einander folgenden Tagen kein Ausgang gestattet wurde. —

Die im Zimmer N. I. machten deshalb eine Vorstellung an den Herrn General, worin sie sich auf das an die fränkischen Kommissarien ausgestellte Zeugnis beriefen, in dessen Gemäßheit der wöchentliche Spaziergang wenigstens zweimal zugestanden sei, und forderten den Herrn General auf, baldige Abhilfe in diesem, wie noch in einigen andern Punkten, zu treffen, damit sie nicht genötigt sein möchten, ihre Klage lauter werden zu lassen. — Der Herr General erklärte: diese Schrift sei zwar sehr spitzfindig abgefasst; doch habe sie viel Schein von Wahrheit und Gerechtigkeit!!! — Alle in diesem Zimmer, nur Metternich nicht, waren unterschrieben: letzterer wollte nämlich, man solle noch eine kurze Zeit warten, und dann nicht zu einem Palliativ, sondern zu einem Mittel greifen, welches auf gänzliche Befriedigung oder gänzliche Unterdrückung unserer Forderungen gehe: denn es war damals schon alle vorhin gehabte Gemeinschaft in beiden Zimmern untersagt — Schildwachen mussten wieder auf den Abtritt begleiten — die in jedem Zimmer Verwahrten wurden allein zur Bewegung ausgeführt — die abendliche Unterhaltung mit Musik war gestört — der Gesang französischer Lieder war untersagt. Rompel[19] hatte auch in der Sache Levers, so wie überhaupt gegen einige harte Verfügungen zu laut und zu freimütig gesprochen; daher ihm auch die Separation mit zu Teil geworden sein mag.

Als am dritten Morgen nach der obigen übergebenen Vorstellung der Herr Offizier ankündigte, dass man sich bereithalten solle, nach etwa einer halben Stunde ausgehen zu können, so erklärte Metternich dass er nicht ausgehe, und so lange nicht ausgehen würde, bis vorerst gewisse Dinge ins Reine gebracht wären. Der Herr Offizier, der über diese Äußerung vermutlich Rapport gemacht hatte, kam in einer halben Stunde wieder, und sagte

[19] Heinrich Joseph Rompel (1746–1796), vormals Geistlicher, dann Mainzer Clubbist, der nach der Revolution in Ehrenbreitstein und Erfurt inhaftiert war. Nach der Haft floh er nach Frankreich.

) 406 (

) 407 (

zu Metternich in dem einen, und zu Levern und Rompel in dem andern Zimmer: dass sie sich sogleich ankleiden sollten, um anderswohin gebracht zu werden. Auf die Frage: wohin denn? antwortete derselbe: dass wir das schon erfahren würden: er habe keine Erlaubnis, es zu sagen. So wurden nun wir Drei in die untere Kaserne, in eben das Quartier gebracht, wo mehrere von uns sich schon die Verwahrung neben zwei angeblichen Spionen gefallen lassen mussten: und eben hier sind wir noch.

Wir haben hier nicht weniger, wohl mehr Gemächlichkeit, und ein gesunderes Quartier von zwei Zimmern, als oben im Klosterbau. Nur trafen wir beim Eintritt eine ziemliche Menge Flöhe an, die wie Ameisen an uns herumkrochen, und noch jetzt uns viel Ungemächlichkeit verursachen. Die so auffallende, diktatorische Wegführung von uns hat vermutlich, mit noch einer Dosis Anstiftung nach dem bekannten Calumniare audacter: semper aliquid haeret[20], zu einem sehr allgemein gewordenen Gespräche in der Stadt Anlass gegeben: dass Metternich und Böhmer[21] vor der Hauptwache Stockschläge bekommen hätten, und ein Dritter noch zu Spießruten verurteilt wäre, weil diese und noch andere hätten durchbrechen wollen.

Was hierüber die Bürger und angesehene Männer in der Stadt und in Hochheim gesprochen, und wie Einige derselben ihre Meinung gegen den Herrn General geäußert haben, wird noch zur Zeit verschwiegen. — Wir beklagten uns bei dem ersten Besuch des Herrn Commissarius von Piper über die unbillige Separation, über die Art, wie sie geschehen, und vorzüglich, dass die Willkür des Herrn Generals hier und zwar eigenmächtig zu seiner an uns selbst genommenen Satisfaktion entschieden habe; dass diese Separation uns dem Publikum in ein gehässiges Licht habe stellen müssen, und baten um eine rechtliche Untersuchung, worin uns gestattet werden möchte, eine faktische Darstellung unserer Kränkungen zu übergeben.

---

[20] »Nur fleißig verleumdet, dann bleibt immer irgendetwas hängen.« (sprichwörtlich nach Plutarch)

[21] siehe Anmerkung zu Seite 245

Diese Darstellung wäre nun hiermit gegeben; nur müssen wir noch bemerken, dass die strenge Aufsicht auf Druckschriften, die wir zur Lektüre oder zum Ankauf verlangen, und die doch als käufliche oder gangbare Ware geduldet werden, nur für den Herrn, der die Zensur darüber hat, ermüdend und sonst ganz ohne Zweck ist. Der einzige Fall, der eine vernünftige Billigung dieser Vorsicht denkbar macht, ist, wenn man glaubt, wir würden unsern Aufenthalt je wieder in einem Lande nehmen, wo Alleinherrschaft die Grundverfassung wäre, und da möchten wir aus Büchern Grundsätze entlehnen, die mit solchen Verfassungen unvereinbar sind. Allein diese Voraussetzung ist wohl, wo nicht für Alle, doch für den bei weitem größern Teil ganz unbegründet: und die, welche könnten hier bleiben wollen, würden die sogenannten verbotenen Schriften ohnehin wohl nicht lesen.

Auch glauben wir, dass unsere neulich an den Herrn General übergebne Denkschrift in Ansehung der uns gestatteten, aber wirklich lästigen Bewegung in der freien Luft, hier einen Platz verdiene: sie folgt also hier wörtlich.

P. P.
»Wir haben Ihnen schon einmal melden lassen, daß wir Unterschriebne durch einen Revers, worin einer für alle, und alle für einen zu haften versprachen, Sie sicher zu stellen, und uns von einem Zwange bei dem Spatziergange zu befreien gedachten, der uns mehr lästig, als die Erholung günstig sein kann. Wir verbürgen auf alles, was uns heilig ist, daß ein solcher Revers in Paris nicht nur angenommen, sondern eben die Kraft haben würde, welche das gegebne Ehrenwort der französchen Militär-Geißeln hier in Erfurt hat.

Entweder ist es Ernst, oder es soll dem Publikum nur so was gezeigt werden, was uns als gefährliche Waghälse darstellt, wenn man gewöhnlich vier, auch zuweilen fünf Posten ausstellt, wo noch der Korporal und der Offizier von der Inspection zugleich gegenwärtig sind, und dies alles auf einem

DREI UND DREISSIGSTES KAPITEL

bis auf drei Ausgänge an sich schon ganz gesperrten Platz, den Umfang der Festung noch unerwogen.

Da kein Verdacht erdichtet werden kann, als habe einer von uns je einen Schritt zu seiner Befreiung und Flucht gewagt, trotz aller Auslegungen unserer Handlungen: so können wir in keinem dieser Fälle die Rolle übernehmen, die man uns etwan vor dem Publikum will spielen lassen. — —

Da ferner der Platz der hiesigen Kaserne ein wahrer Kessel ist, ohne reine Luft, wenn kein Wind wehet; da er auf der einen Seite zum Ausklopfen der Deckbetten, und folglich den Flöhen gewidmet, auch mit Kindern angefüllt, und ohne Aussicht, also in keinem Fall geeignet ist, Erholung da zu haben: so müssen wir uns unter diesen Umständen alles weitere Ausgehen verbitten. Kann uns daher unter Ausstellung des obigen Reverses, und unter Begleitung eines Ober- oder Unteroffiziers nicht gestattet werden, auf der hiesigen Festung überall, wo sonst Leute gehen dürfen, auch die freie Luft durch einen sogenannten Spaziergang zu genießen: so werden wir nicht mehr wünschen, vor die Türe gelassen zu werden.

Dieses alles glauben wir aus dem Gesichtspunkte vorstellen zu dürfen, da unser Begehren sich in weit engern Schranken hält, als man diese eigentlich gegen Geißeln zu beobachten pflegt.

Wir hoffen nicht, daß man uns vorwerfen werde: Andere hätten mit eben dem und mit noch Wenigerm fürlieb genommen, und nähmen noch damit fürlieb: denn das Betragen Anderer kann für uns keine Regel werden.

> Petersberg d. 14ten Juli, 1794.
> Metternich,
> Rompel,
> Lever.«

DREI UND DREISSIGSTES KAPITEL

Der Herr General ließ uns hierauf sagen: »daß die Gestattung unseres Gesuchs von ihm nicht abhänge; daß er unsere Vorstellung der hohen Kommission vorlegen werde, und dieselbe dann weiter nach Mainz geschickt werden müsse, um darüber Verhaltungen abzuwarten.« —

Wir werden das wohl abwarten; wünschen aber, daß die Mainzer Regierung, oder wer sonst unsere Sache verwaltet, einmal aus dem Irrtum komme, als könne man sich gegen Gefangene, die nach ihrer Verfassung und Grundsätzen wohl beleidiget, niemals aber deswegen sträflich vor dem teutschen Richterstuhle werden können, alles erlauben, insofern man bei dem auch aufgereizten und nicht klar und unparteiisch sehenden Publikum nur Recht erhält.

Wir können keinen andern Weg zur Ausgleichung der vorhandenen Irrungen und zu einer erträglichen Lage für uns angeben, als daß man uns erlaube, monatlich einen getreuen Rapport an das fränkische pouvoir exécutif abzuschicken, worin wir getreu und wahr unsere Lage darstellen wollen, so dass eine hohe Kommission selbst die echte Eigenschaft des Rapports nicht verkennen wird. — Wenn von daher die Behandlung, die uns hier zu Teil wird, gebilliget, ja, wenn Winke von daher gegeben werden sollten, daß man sie noch mehr schärfen möge: so werden wir uns dieser Notwendigkeit ohne Murren unterwerfen. Wir sind so fest entschlossen, auf diesem Gesuch stehen zu bleiben, als wir umwankelbar sind, keinen Fuß auf französischen Boden zu setzen, wenn es einmal zur Geißelauswechselung kommen sollte, bis wir hinlängliche Genugtuung für alle ausgestandene Mißhandlungen und Ungerechtigkeiten werden erhalten haben.

        Feste Petersberg bei Erfurt,
        den 18ten Juli, 1794.
        Lever.
        Metternich.
        Rompel.

DREI UND DREISSIGSTES KAPITEL

An Hn. Coadjutor,
Freiherrn von Dahlberg in Erfurt.

Wenn wir Unterschriebene uns die Freiheit nehmen, Ew. — die anliegende, der hiesigen Regierung übergebene Denk- und Beschwerde-Schrift zu überreichen: so haben wir dabei den einzigen Zweck, die Sache zu Dero hohem Wissen gelangen zu lassen.

Wenn die französ. Republik ihre Existenz behauptet: so ist nichts gewisser, als dass unsere in Teutschland erlittene Misshandlungen einst zur Sprache und zur endlichen Genugtuung kommen werden: und in dieser Rücksicht scheint es allerdings nötig, dass unsere Lage auch den respektiven hohen Stellen dahier fördersamst bekannt werde. Wir sind weit entfernt, Hoch-Ihnen mit irgendeiner Bitte beschwerlich zu fallen. Was auch Hochdenselben Menschen- und Gerechtigkeits-Liebe in der Sache etwan zu tun raten mag: so wünschen wir doch mit allem verschont zu werden, was nur einer einstweiligen Ausmittelung gleich sieht. Nichts kann unsern Zustand dahier dauerhaft erträglich machen, als die Gewährung des in der Anlage gemachten Antrags. Wir sind u.s.w.

) 414 (

Petersberg, den 18ten Juli, 1794.
Lever.
Metternich.
Rompel.

II.

An die hohe Regierungs-Commission
in Erfurt.

Ich mache die Anfrage, ob ich auf meine Denkschrift vom 20ten, auf den Nachtrag vom 23ten und auf die Beweisschrift vom 25ten vorigen Monats Gerechtigkeit, in specie den anverlangten gesetzlichen Schutz gegen die Drohungen, Misshandlungen und

DREI UND DREISSIGSTES KAPITEL

Neckereien des Hn. Generals von Knorr erhalten werde oder nicht? Im letztem Fall wird mir das Recht, an den Hn. Coadjutor und an das königlich Preußische Gouvernement in Mainz eine verschlossne Vorstellung abschicken zu dürfen, nicht versagt werden. Wird auch dieses nicht gestattet oder verhindert, so behalte ich mir die Gerechtigkeit und Billigkeit auf jene Zeit vor, wo, um grad aus durchdringen zu können, mich keine künstliche Kluft von Schranken oder Schlagbäumen hindern wird; wo keine Einlasszetteln, keine Denkschrift und Vorstellungen nötig sein werden, um Menschen mit zwei Worten ihrer Pflichten zu erinnern: Seid gerecht! —

Feste Petersberg bei Erfurt,
den 11ten Juli, 1794.
Lever, aus Worms.

III.

Churfürstliche Mainzische Regierung!

Schon im Dezember vorigen Jahrs übergab ich eine Denkschrift an die kurfürstl. M. Regierung, worin ich, wenigstens für jetzt, soviel von meinem sequestrierten[22] Eigentum verlangte, als ich zu den unnachlässlichsten Bedürfnissen brauchte. Ich glaubte, Gründe dargelegt zu haben, die nicht aus der Luft gegriffen waren. Ich hatte noch den guten Glauben, dass Gesetzlichkeit doch noch wohl bestehen könne, obschon das Verfahren gegen mich und andere bei unsrer Gefangennehmung zu Mainz, und nachher während unsrer Gefangenschaft auf Ehrenbreitstein, Königstein und Erfurt mich überzeugen musste, dass bare Rache uns bisher verfolgte.

    Ich hatte es der Unterstützung meiner Mitgefangnen zu danken, dass ich auf Ehrenbreitstein kein

---

[22] beschlagnahmten

DREI UND DREISSIGSTES KAPITEL

Opfer des Hungers und der Nacktheit geworden bin: es war kein geringes Stück von Grausamkeit, dass man meinem Geschwister aufs schärfste untersagte, mich mit Geld zu unterstützen ... Soviel aber die Pflicht der Selbsterhaltung mir zu gebieten scheint, andere scheinbar erlaubte Versuche zu diesem Zwecke zu machen, als da ist — supplicando²³ wegen einer Zulage einzukommen, so sehr würde das wider die nämliche Selbsterhaltung streiten: denn ein durch Herabwürdigung erhaltenes Leben ist lange nicht von dem Wert, als der Tod, der der Entehrung trotzt.

Nicht ich kann und darf den Wahn bestärken, als wenn es Menschen gezieme, um Gnade zu kriechen, und Menschenwürde zum Fußschemel der Willkür zu entheiligen da, wo Rechte und Gesetze entscheiden sollten. Das Betragen der Tausende und Millionen, die anders handeln, kann für mich kein geltendes Beispiel sein, da ich — dem Himmel sei's gedankt! — aus jenen Verhältnissen ausgetreten bin, und nun nach den Grundsätzen der Menschenwürde handeln muss ...

Petersberg, den 27ten Jun, 1794.
Metternich, Französ. Geißel.

23 flehentlich bittend

) 417 (

IIII.

Churfürstliche Hochpreisliche
Regierung zu Erfurt!

Endlich ist das schon lang gefällte Strafurteil gegen Metternich vollzogen: er sitzt bei Wasser und Brot seit gestern Nachmittag fünf Uhr auf drei Tage im Stockhause, zwar seit einigen Tagen unpässlich, aber noch mutig genug, um dieses Ungemach zu erdulden. *) Die

*) Zur Ahndung des vorigen Aufsatzes, welchen die Mainzer Regierung, als zügellos und wider Ihre Würde, ihm zerrissen zurückgeben ließ. Und doch hatte eben diese Regierung sich im Dezember 1793 ungeahndet sagen lassen: »Dass an ihr der Ruf der deutschen Gerechtigkeit scheitere weil sie bei den grausamsten Misshandlungen der arretierten Geißeln, und bei mehrmaligem Anrufen mehrerer Mitglieder um Gerechtigkeit, sie schwiege und nichts entschiede, nichts linderte.« — Auf Ehrenbreitstein schrieb Metternich: »Gerechtigkeit, Gerechtigkeit, und wenns der Tod ist! Ich trotze allen Grausamkeiten, selbst dem Tode, wenn man Mut genug hat, die Hände in dieser Absicht nach mir auszustrecken!« — Lever schrieb: »Er könne das Maximum der vorsichtigen Weisheit, womit auch deutsche Regierungen sich auszeichnen wollten, nicht ergründen, und er wundre sich sehr, dass wenn die Klubbisten die großen Verbrecher wären, wie sie der Mainzer und andere Zeitungsschreiber dem Publikum beschrieben, sein Kopf noch auf seinem Rumpf stehe, und man mi der Inquisition nicht schleunigst vorfahre!« —

DREI UND DREISSIGSTES KAPITEL

24
Das Mainzer Jakobiner-Journal *Der Bürgerfreund* (26.10.1792–16.04.1793) wurde eigentlich von Mathias Metternich herausgegeben, Johann Dominik Meuth war mit Kaspar Hartmann Herausgeber von *Der Fränkische Republikaner. Eine Wochenschrift für die ganze Menschheit* (16.11.1792–15.02.1793).

ihm angetragne Hundekost hat er nach seinen Grundsätzen mit gebührender Verachtung ausgeschlagen, weil sie die Menschheit schändet, und den Charakter eines freien Bürgers entehrt.

) 418 (

Noch vor wenig Jahren war man bei dergleichen Strafen nicht so streng in Mainz. Selbst der Falschmünzer Hazfeld – der Herr Vetter des Friedrich Carls – erhielt dort seine standesmäßige Verpflegung im Arrest: aber der fränkische Staatsbürger soll in seinem engern Arrest nur Brot und Wasser haben! Freilich ist dieser nur Mensch, und jener von hohem Adel! Da liegt der Hund begraben, sagt Wieland. –

Wären unsere Pro-Memorien, Denk- und Schlussschriften vom 18ten, 21ten und 25ten Jun, vom 18ten Jul, vom 22ten und 27ten August, und vom 17ten und 22ten September l. J. nach Mainz, wie man vorgibt, wirklich eingeschickt, und dort, wie die Gerechtigkeit es fordert, nach der Gerechtigkeit gewürdigt worden; so würden unsere neuere Beschwerden nicht erfolgt sein, und dann auch nicht das Straf-Dekret.

Es ist ein bekannter Rechtssatz, dass mein Gegner kein Richter in meiner Sache sein kann, noch weniger die Erzfeinde der französischen Republik, ich meine die Mainzer Pfaffen. Gerechtigkeit ist alles, was wir zu fordern berechtigt sind; und wo Recht ist, muss auf der andern Seite auch Pflicht sein: das lehrte mich die Schule. – Gerechtigkeit ist alles, was wir zum letzten mal fordern. Den unter uns treffe die Rache der beleidigten Menschheit, der die Würde des Menschen vergisst, *) die beschwornen Grundsätze der Freiheit in der Gefangenschaft verleugnet, die menschliche Hoheit entheiliget und sich vor einem politischen Phantom erniedriget, indem er das die Schöpfung entehrende Wort Gnade in seinen Mund aufnimmt und das erbettelt, was jeder gerechte Regent nach den Gesetzen im Wege Rechtens zu geben schuldig ist.

) 419 (

*) Zielt auf Meuth, den Verfasser des *Bürgerfreunds*[24] zur Zeit der Custiniade, und auf Böhmer, der sich erklärt hatte, in Deutschland bleiben zu wollen, der Kollegen denunziert und eine Untersuchungs-Kommission verlangt, aber nicht erhalten hatte.

DREI UND DREISSIGSTES KAPITEL

[25 Friedrich Albrecht Grens (1760–1798) Journal für Physik erschien ab 1790, ein angesehenes Fachmagazin.]

Wir sind Weltbürger, Republikaner, französische Geiseln, nicht von jenen Viehmenschen, die ein deutscher Dichter besingt *) und von denen man fühllosen Gehorsam erzwingen kann. Dem Gesetz der Vernunft und dem allgemeinen Völkerrecht, das auch die ungesittesten Völker in Afrika zu verehren anfangen, sind wir Gehorsam, aber nicht den Menschen schuldig. —

*) Ihr, die zum Viehmenschen entwürdiget, Unmenschen, ihr trotzet noch jezt?
Ihr straft, wo ein Gedank' ertönt, Und erzwingt fühllosen Gehorsam? —
Mit Waffen in den Kampf Für Freiheit und für Recht!
Naht Bürger, naht; bebt Mietlingsschwarme, Entflieht, oder sterbt!

Voß.

Wo der Weg zur unparteiischen Justiz ganz versperrt ist, da tritt das Recht der Selbsthilfe und der Notwehr ein: und das ist hier der Fall, der dem hellsehenden Publikum ausführlich vorgelegt werden wird. — Ich erwarte alles und fürchte nichts, bestehe aber ein für allemal auf mein Recht. —

Petersberg d. 24sten Sept. 1794.
Lever, französ. Bürger u. Geisel. *)

V.

An die Kurmainzische Regierungs-Commission in Erfurt.

Als ich, um mir durch mich selbst eine Unterstützung zu verschaffen, ein Adagio oder Klagen der Klubbisten zu Ehrenbreitstein nebst Variationen für die Flöte verfertigte, wurde mir diese Arbeit von dem ehemaligen Commissarius, Hn. Regierungsrat Streker, in derben Ausdrücken verwiesen, und bedeutet: man habe solches nach Mainz eingeschickt. Ich habe dies mein Eigentum nie zurückerhalten.

Als Metternich in der nämlichen Absicht eine Abhandlung über Holz-Ersparnis für Prof. Grens *Journal der Physik*[25] bearbeitete, und sie der Commission übergab, erhielt er sie mit der Erklärung

*) Regierungsrat Streker nahm diese Unterschrift der Geiseln in der Mitte des Monats März noch übel auf, und gab Levern seine Briefe an die neufränkischen Volksrepräsentanten Merlin und Hausmann, nebst denen an Hn. Grafen von Kalkreuth mit dem Verweis zurück: dass es Arrestanten nicht gebühre, so zu schreiben. Als er einige Tage darauf die Atteste der Geiseln nach Frankreich forderte, fragte ihn Lever: Ob man sich fränkische Geiseln unterschreiben dürfe? Ja, freilich antwortete er, das sind Sie ja! — Da stand nun der inkonsequente Hofmann und Doktor der Rechte!

DREI UND DREISSIGSTES KAPITEL

26 großen Nichts

zurück: dass die Churfürstl. Regierung in Mainz hierauf erklärt habe, wie es Arrestanten nicht gebühre, Abhandlungen zu schreiben und solche in Druck zu geben. *)

Darf man fragen: welcher Lehrer des Menschen- und Völker-Rechts hat je behauptet, dass Geißeln—Arrestanten im eigentlichen Verstande seien? Und warum werden wir Arrestanten genannt, wenn wir Wahrheit schreiben und Gerechtigkeit fordern, aber französische Geißeln, wenn man ein Attestat von uns notwendig hat, um es nach Paris schicken zu können? Das ist eigentlich das Spiel, welches man nach dem eingedrungenen System von Konvenienz mit uns seit einem Jahr gespielt hat und noch ferner spielen will. Das ist das fürchterliche Resultat jenes politischen Grundsatzes, welchen allgemein bekannte Manifeste in ganz Europa verkündiget haben—Wer nicht mit uns ist, ist gegen uns. Die Zahl der letztern besteht aber aus Millionen Menschen und wird—man merke dies wohl!—bei der mit Gewalt unterdrückten Wahrheit, und bei den fortdauernden Leiden der Menschheit unermesslich werden.

Die Behauptung: Arrestanten oder Geißeln gebühre es nicht, ihr Schicksal durch ihre Talente selbst zu erleichtern—Abhandlungen zu schreiben—Wahrheiten durch die Publizität zu verbreiten—die Kultur der Nation und die Vervollkommnung der Wissenschaften zu befördern, ist gegen die Menschheit, gegen Vernunft und Recht, und begründet sich nur in dem grand Rien[26] der Politik zu Ende des 18ten Jahrhunderts.—

Wo die Wahrheit freien Lauf hat, da nehmen die Kenntnisse und Einsichten der Menschen täglich

*) Die höchsten Gerichtsstellen in Preußen denken anders, denken menschlicher. Es ist weltkundig, dass Dr. Bahrdt während seiner einjährigen Gefangenschaft auf der Zitadelle zu Magdeburg mit Erlaubnis der Regierung seine Lebens- und selbst seine Gefängnis-Geschichte schrieb, wie auch, außer Alvaro und Ala Lama, das Wort, deutsch gesprochen mit dem Ritter von Zimmermann. Das alles war für Bahrdts Ökonomie und mehr zur Unterhaltung als Belehrung, und doch gönnten die höchsten Gerichtsstellen in Preußen das eine dem Verfasser, und das andere dem Publikum, ohne die mindeste Beschränkung der Publizität und der Presse. Und eine Kurmainzische Regierung, die soviel von Patriotismus spricht, eine erzbischöfliche, die auch keine Spur von Christus-Sinn zu haben scheint, hält eine äußerst gemeinnützige Abhandlung für eine Arbeit, die einem Arrestanten nicht gebühre?—Gott behüte uns für solche Konvenienz-Richter!!! Ein Mehreres, was hiehin gehört, findet man in der Vorrede zu der *Sammlung erbaulicher Gedichte*—S. 82. ff.

27
Sultan Peter, der Unaussprechliche und seine Vezire. Ein politisches ABC (1794), Roman von E. E. A. von Göchhausen

zu: wo sie aber als Monopol taxiert und verkauft wird, und wo nur gewisse höchstprivilegierte Leute die Wahrheit allein sagen dürfen, da sinken die Wissenschaften, die Menschheit ist gedrückt, und Aberglaube und Barbarei fangen wieder an, das Volk zu beherrschen und elend zu machen, aber zum Nachteil der Fürsten selbst, wie dies die Geschichte der Menschheit überzeugend dartut. Der gute Fürst hat nie Ursache, die Wahrheit zu scheuen, und je freiern Lauf er ihr lässt, desto sicherer weiß er sich, und zeigt, daß er Einsicht und guten Willen genug hat, das Wohl seiner Untergebnen zu schätzen und zu fördern. Aber der schlechte, der kurzsichtige! — etc. etc. *)

Aufm Petersberg an Erfurt,
im Sept. 1794.
Lever,
französ. Geisel aus Worms.

*) In der mir mitgeteilten Abschrift stand hier am Rande: »Was an sich offenbar ist, und wenns noch so einleuchtend dargestellt würde, kann auf die gutmütigsten Fürsten, zumal wenn sie zu wenig selbstständig sind, nicht wirken, sobald ein Anhang von herrschsüchtigen, heuchelnden, oder schwärmenden Obscurations-Klubbisten ihnen den Gesichtspunkt verrückt, oder den Gesichtskreis vernebelt, um die Majestät ihrer Phantasie der Majestät des Staates ganz sachte, aber recht dichte anzuschmiegen, und nolens volens die eine durch die andere vor den Augen der ganzen vernünftigen Welt schrecklich zu prostituieren. Hr. Zimmermann in Hannover, Hr. Gruner in Jena, Hr. Jung in Marburg, Hr. Reichard in Gotha und Hr. von Göchhausen in Eisenach würden über die Beweggründe dieser hochheiligen Majestäten in Cognito und Incognito, die beste Auskunft geben können, wenn's der Mühe wert wäre, sich um die Collegen und Räte eines *Sultan Peter, des Unaussprechlichen*[27], auch nur einen Augenblick zu bekümmern.«

Vier und dreißigstes Kapitel.
Marsch von Mainz nach dem Gebirge.

Den 27ten Jul, Nachmittags, brachen wir von Mainz auf, marschierten die Nacht durch, und kamen den andern Morgen, früh um 8 Uhr, nach Alzey. Es war damals sehr heißes Wetter, und daher fand der General von Mannstein, welcher unsre Kolonne anführte, für gut, uns des Nachts gehen und am Tage ruhen zu lassen. Es war nicht sehr dunkel und guter Weg, wie die Wege in der Pfalz überhaupt sind; und so war diese Anstalt heilsam und löblich.

VIER UND DREISSIGSTES KAPITEL

In Alzey besuchte ich meinen Freund, den schon oben erwähnten Pfarrer Walther, einen sehr liebenswürdigen Geistlichen. Als ich wieder in mein Quartier zum Juden kam, hörte ich, dass ein Mädchen schon zweimal da gewesen wäre, welches mich in den Ochsen hätte rufen sollen, wo ein Herr mit mir zu sprechen wünschte. Ich lief hin, und fand in der obern Stube – meine mir ewig teure Therese! Das edelmütige Mädchen war allein; sie kam mir entgegen, und nahm mich bei der Hand. Ich konnte kein Wort herausbringen. Gott, sagte sie endlich, was habe ich Ihnen getan, dass sie, in Ihrer Lebensgeschichte, mich und meine Schwachheit gegen Sie, der Welt so öffentlich bekannt gemacht haben? Habe ich, hat meine Liebe das um Sie verdient?

ICH Sie sind ja nicht mit Namen genannt!

THERESE Was tut mein Familien-Name zur Sache! Sie hätten mich jetzt immer auch nennen können: Jedermann weiß doch, wen Sie mit Theresen meinen! Ihr Buch ist hier in jedermanns Händen, und wohin ich komme, liest man mir die Stellen über mich daraus vor. Doch, was hilft's! ich habe Ihnen vergeben.

ICH Gute, edle Therese!

THERESE Sie sind unglücklich, aber wahrlich nicht durch meine Schuld: wenn ich Sie hätte glücklich machen können: Sie wären es gewiss; aber ach, Sie haben Sich und mich auf immer unglücklich gemacht!

Nein, ich kann, ich will diesen Punkt nicht weiter berühren: Er zerreißt! – Thereschen war immer noch, wie ehedem, im Jahr 1775, das gutmütige, treuherzige, sanfte Mädchen. Ihr Gesicht war nicht viel verändert, doch waren die Züge auf demselben schwermütiger, und die Farbe etwas blässer. Sie wohnte damals noch in ihrem Geburtsorte. Ihr Vater, der redliche Amtmann, war längst gestorben, und nach dessen Tode hatte sie manche Freier gehabt, wie ich von andern hörte – Thereschen selbst rühmte sich der Freiereien niemals – hatte sie aber alle abgewiesen. Warum? Das weiß ich nicht. Genug von der Unvergesslichen! –

Gegen Abend besuchte mich auch meine alte Tante, mit welcher ich aber nicht viel sprechen konnte, weil wir bald marschieren mussten.

VIER UND DREISSIGSTES KAPITEL

Im Wirtshause zu Alzey hörte ich viele skandalöse Histörchen von dem geheimen Rat von Koch, sonst genannt der große Mogul, und von seinem Schwager, dem R. Rat Schlemmer. Solche Leute muss man in einem Lande anstellen, wie Koch und Schlemmer in Alzey, Schweikart in Kreuznach, Albertino in Bacharach, Fabel in Grehweiler, Vola in Flonheim, und wie das juristische Gesindel in der Pfalz, dort überm Rhein, mehr heißt, wenn man Volksaufstand befördern will. Dergleichen Schufte können den Untertanen alle Liebe zu ihrer Herrschaft und ihren Beamten fein hübsch beibringen. Die Leute in der Pfalz räsonierten entsetzlich, und lobten beinahe öffentlich das Revolutionssystem der Franzosen. Daher sahen auch die Preußen alle Pfälzer für Patrioten an; aber die guten Preußen wussten nicht, wo der Schuh die armen Pfälzer drückte: und hienach hätten sie sich doch erkundigen sollen, ehe sie zugriffen, schlugen und plünderten. — Gebe nur der Himmel, dass die Neufränkische Verfassung auch auf die gute Pfalz einen guten Einfluss haben möge! Und wenn nur die Justizverwaltung besser, die Duldung gemeiner, und Tyrannei der Minister, der Pfaffen und des Adels zerstört wird, so ist das reichlicher Ersatz für all das Unglück und den Schaden, den die Franzosen zur Wiedervergeltung — dem Lande zufügten. Herr Pastor Braun ist hier gewiss meiner Meinung.

Wir brachen, wie gesagt, auch hier des Abends auf und marschierten in der Nacht. Unser Bataillon kam nach Kerzernheim, wo der Geistliche Herr mein Vetter ist. Sein Hauslehrer war ein Kandidat, zu Tübingen im Kloster erzogen, der mich wegen der Ketzereien in meiner Lebensgeschichte vornahm, und mir haarscharf beweisen wollte, dass nur die in der hl. Schrift geoffenbarte Lehre die einzige wahre Religion ausmache. Als ich nun bei dem Worte Religion und hl. Schrift das anmerkte, was jeder Kluge und Sachkundige dabei nicht übersieht: so fuhr er schnell auf, und sagte mir recht barsch: »Herr, ich habe Sie sonst bedauert, und habe Mitleid gehabt mit Ihren Schicksalen, aber jetzt würde ich mich an Gott und an der gesunden Vernunft versündigen, wenn ich noch ferner gut von Ihnen denken wollte. Sie verdienen Ihr Schicksal: (heftiger) Ja, wahrlich, Sie verdienen es, und ich gönne es Ihnen von Grund meiner Seele.« Ich bedauerte den künftigen Lehrer der christlichen Sanftmut und Duldung, der, wie die meisten Pfaffen, den lieben Gott, und die gesunde Vernunft für einerlei mit seinen Träumen, Phantasien und Einfällen gehalten wissen wollte. Sonst schien mir der Herr Kandidat kein Feind des Frauenzimmers zu sein, und fleißig mit der Mamsell Tochter des Pfarrers zu—sympathisieren.

Auf dem Marsch von Tiefental nach Forst, am 28ten Juli, hatte ich bei Neuleiningen das Unglück, in der stockfinstern Nacht, meinen rechten Fuß zu vertreten, und musste daher auf einem Bauernkarren gefahren werden. Ein barmherziger Bruder von Deidesheim gab mir recht guten Spiritus, und in drei Tagen war mein Fuß wiederhergestellt. Diese Mönche stehen dort in der Gegend in sehr großem Ansehn, und sind mit Recht beliebt, wenn anders Mönche beliebt sein sollen. Sie sind gut fundiert, und wenden ihr meistes Einkommen auf die Pflege der Kranken, die in ihr Spital ohne Ansehen, selbst der Religion, aufgenommen werden, nur nicht die Venerischen, wahrscheinlich, weil diese Krankheit den Herren unbekannt oder ein Gräuel ist.

Forst ist ein sehr schönes Dorf, wo ein Wein wächst, der selbst dem Niersteiner oder Hochheimer nicht viel nachgibt, wenigstens ist er der beste in der ganzen dortigen Gegend. Von Forst aus besuchte ich meine Freunde in Dürkheim an der Haart, den Herrn R. Rat Laukhard, den Herrn Pfarrer Braun und mehrere. Ich sah auch da den vorhin erwähnten Superintendenten Klevesahl, der sich so weit herabließ, dass er mich armen preußischen Musketier eines Gespräches würdigte. Er war noch wie ehedem in Gießen, wohlgemästet, stolz, grob, unwissend und intolerant. Ich sprach mit ihm in Beisein des Marchese Lucchesini, so wie man mit einem Pfaffen von Klevesahls Art sprechen muss: und der Herr Marchese sagte mir hernach, dass er sich über meine Freimütigkeit gefreut habe. Der absurde Wicht sprach unter andern von seinem Vorfahr, dem Dr. Bahrdt und schimpfte: ich nahm, wie

VIER UND DREISSIGSTES KAPITEL

natürlich, Bahrdts Partei, rühmte seine guten Seiten und seine Verdienste; und mokierte mich sofort über die Dummköpfe, die Intoleranz, Unwissenheit und Stolz gleich stark verbinden, und so dem Menschengeschlechte immerhin schaden.

In Forst lernte ich einen sehr interessanten Mann kennen, den Rektor Simon von Neustadt an der Haart. Wenn mehr solche Schulleute in der Pfalz wären, so müsste das Schulwesen in selbigen Gegenden weit besser stehen. Herr Simon ist ein geschickter Philologe, ein heller Kopf, und dabei ein junger Mann von reinen, gefälligen Sitten. Über die französischen Angelegenheiten waren wir, nach Psychologie und Geschichte, ganz einerlei Meinung. Herr Simon machte mir wegen der Beschreibung, die ich im ersten Band meiner Lebensgeschichte von der Universität zu Heidelberg habe, und besonders wegen der Anekdoten von Dr. Heddäus einige Vorwürfe. Er beschrieb mir den Ehrenmann als einen sehr toleranten, braven, helldenkenden Gelehrten. Aber so gern ich erkanntes Unrecht zurücknehme, so kann ichs doch hier nicht: Denn noch im Oktober 1795, wo ich durch Heidelberg kam, fand ich bei neuer und genauer Erkundigung, die Sagen von Heddäus Intoleranz und kalvinistischer Rechthaberei und besonders von seiner Impertinenz gegen die Lutheraner noch immer in ungesegnetem Andenken.

Man hatte mich auch, wie ich in Forst hörte, und wie man mir hernach in Heidelberg bestätigte, wegen meiner Äußerungen über die Pfälzische Reformierte Geistlichkeit, und besonders über die Heidelbergische Quasi-Universität bei dem Herzog von Braunschweig verklagen und für die—Injurien Genugtuung fordern wollen. Die Herren trugen das Geschäft dem ehrlichen Kirchenrat Mieg auf, der aber die ganze Sache nicht nur ablehnte, sondern auch selbst ganz widerriet. Er hatte gemeint: ich hätte sie bei dem Publikum belangt, und nun müssten sie auch hier ihre Sache ausmachen, dabei aber nicht vergessen, dass Laukhard replizieren würde, und dass das Letzte alsdann ärger werden könnte, als das Erste. Der Unschuldige könne sich

) 431 (

VIER UND DREISSIGSTES KAPITEL

mit seiner Unschuld trösten, und der Schuldige – mit einem, Vater, ich habe gesündiget! bessern! – Die Herren können froh sein, dass noch Einer unter ihnen so gescheit war, als Herr Mieg: denn wenn sie geklagt hätten, so würden sie durch neue Tatsachen nur noch mehr sein beschimpft und belacht worden. Der Herzog von Braunschweig ist überdies viel zu klug, als dass er eine Klage von dieser Art hätte annehmen und eine Untersuchung darüber verfügen sollen. Genug, ich bin nicht verklagt, und bei meiner Durchreise durch Heidelberg, im Oktober 1795, auch nicht angehalten oder befehdet worden. Das zeigt denn doch noch von einigem bon sens[1] der Herren Heidelberger; und so mögen sie für diesmal, trotz allem, was ich von neuem über sie in Petto herumtrage, in Frieden sein und bleiben. Aber eins muss ich hier aufs Reine bringen, weil ich verbunden bin, die Ehre eines braven jungen Mannes zu retten, der meinetwegen in der Pfalz als eine Frau Base oder Klatschschwester verschrien ist.

Man glaubt daselbst durchgängig – ich hab's wohl an zwanzig Orten gehört – Herr Winkelblech aus Arnsheim, der von 1790 bis auf den Herbst 1791 in Halle studiert, und da meinen Unterricht benutzt hatte, habe mir die Nachrichten von der Heidelberger Universität und von der Pfälzer Pfafferei mitgeteilt. Man hat dieses überall ausgesprengt, und der gute Winkelblech ist deswegen sehr ins schwarze Buch gekommen. Man hat ihm gedroht, ihn bei dem Kirchenrat deshalb zu belangen. Aber ich erkläre hier öffentlich, dass die Quelle, woraus ich jene Nachrichten geschöpft habe, ganz und gar nicht Herr Winkelblech ist; vielmehr hat dieser, wenn ich manchmal so im traulichen Gespräche über die Pfälzer Bonzen und über die antiquissima Rupertina[2] loszog, sich im Ernste erhitzt, und die Apologie sowohl der Bonzen, als der Gelehrten-Zunft zu Heidelberg übernommen. Kurz, ich habe, was ich erzählte, teils selbst erlebt, teils von Leuten gehört, die Glauben verdienen, die ich aber den Herren in der Pfalz nicht nötig habe bekannt zu machen. Übrigens verspreche ich den Herren – damit sie doch sehen, dass auch mir das Suum Cuique[3] noch heilig sei – das, was ich von wirklicher Verbesserung der

---

1 gesunden Menschenverstand
2 die altehrwürdige Universität Heidelberg
3 Jedem das Seine

VIER UND DREISSIGSTES KAPITEL

Schulen in der Pfalz, besonders durch einige Schüler des Professors Wolff zu Halle, gesehen und erfahren habe, dereinst treufleißig anzugeben.

In Forst mussten wir Viktorisieren[4], oder das Gewehr einige mal losschießen, weil ein General unsrer Verbündeten einigen Vorteil über den Feind gewonnen hatte. Die Siege waren größtenteils unbedeutend, und so war denn auch das Viktorisieren – unbedeutend, und des Pulvers nicht wert. Die Franzosen mokierten und erbosten sich allemal darüber, und ihre Ehrbegierde wiegelte sie reger gegen uns auf; bei uns aber erregte es Verdruss und Murren, weil die Soldaten hernach ihre Gewehre für nichts und wieder nichts putzen mussten. Man sollte billig bis auf den Frieden warten, und dann zusehen, ob die Göttin Viktoria uns oder dem Feinde günstiger gewesen sei.

> Vosne velit, an me regnare Hera, quidve ferat sors,
> Virtute experiamur,[5]

sagt Pyrrhus von Epirus beim Ennius[6].

In Frankreich habe ich hernach oft die bittersten Sarkasmen über das Viktorisiren der Verbündeten hören müssen, und konnte sie nicht widerlegen, weil die Citoyens immer die wohlgegründete Bemerkung machten, dass ein und der andre winzige Vorteil über den Feind immer eine Kleinigkeit bleibe, so lange man nicht dauerhaften Nutzen daraus ziehen könnte: und von dieser Art wären die Vorteile der kombinierten Mächte nie gewesen. Wie gesagt, man hätte billig bis zum Frieden, oder bis zur gänzlichen Entkräftung der Franzosen warten sollen. Jetzt schossen wir heute Victoria, und in kurzer Zeit wussten wir vor Angst und Schrecken nicht zu bleiben!

In Forst hatte der Zöllner, welcher auch Krämer war, und Wein schenkte, eine lutherische Bibel. Er durfte sie zwar nicht öffentlich zeigen, denn sonst würden ihm die Pfaffen – Forst gehört dem Bischof von Speyer – ihre schwere Hand gewiss haben fühlen lassen. Der Mann war echtkatholisch, doch war ihm die lutherische Bibel deswegen lieb, weil er die ganze

---

[4] einen Sieg feiern
[5] »Ob Hera will, dass Ihr regiert oder ich, und was das Geschick erweisen wird, das lass uns der Tugend nach erproben.«
[6] römischer Dichter (239–169 v. Chr.)

) 434 (

VIER UND DREISSIGSTES KAPITEL

Französische Revo lution darin fand, und zwar in der Offenbarung Johannis und dem Propheten Ezechiel vorzüglich. Unsre Soldaten hatten ihm gesagt, dass ich so ein Stück von einem Studierten sei: er machte mir also seine Weisheit bekannt, und fragte mich um mein Gutachten. Da ich ihm aber nach meiner Einsicht antwortete, erboste er heftig, und sagte mir gerade ins Gesicht: dass er gar nicht verstünde, wie man so einen gottlosen Freigeist bei der Armee leiden könnte! Dann könnte freilich Gott der Herr kein Glück und Segen geben, wenn dergleichen abscheuliche Menschen, die gar nichts glaubten, und die Bibel für ein heilloses Schwärmerbuch hielten, bei dem Heere geduldet würden! — Ich schmunzelte, und ließ ihn nach dem praktischen Spruch[7]:

> Vergebens bleicht man einen Mohren,
> Vergebens straft man einen Thoren:
> Der Mohr bleibt schwarz,
> der Thor bleibt dumm.
> Sie bessern, ist nicht meine Sache.
> Ich laß die Narren sein, und lache:
> Das ist mein Privilegium.

[7] von Nikolaus Dietrich Giseke (1724–1765)

Fünf und dreißigstes Kapitel.
Niederkirchen. Maikammer.

Nach acht Tagen veränderten wir das Kantonierungsquartier, und unser Bataillon kam nach Niederkirchen, einem Speyerischen Dorfe, wo ich mein Lager bei einem Schuster bekam, welcher ein sehr possierlicher Mensch war. Seine Frau zankte und nörgelte den ganzen Tag, er aber lachte nur, wenn sie ihre Stimme fürbass hören ließ. Darüber erboste das Weib gewöhnlich so sehr, dass sie dem guten Kerl in die Haare fiel. Geschah dieses, so packte er sie an, und führte sie, mir nichts dir nichts, ordentlich zur Haustüre heraus, und schloss diese dann zu. »Warte Karnudi, du sollst nicht wieder 'rein!« war alles, was er hinzufügte. Darauf setzte er sich an seine Arbeit, und machte nicht eher auf, als bis die Tochter, ein Mädchen von 17 Jahren, ans Fenster kam und im Namen der Mutter Besserung und Gehorsam versprach. Das ging alle Tage so, und einige mal passierte es gar zu Mitternacht.

Von hier aus besuchte ich dann und wann den Pfarrer Leopold zu Ungstein. Dieser bekannte mir, dass er

FÜNF UND DREISSIGSTES KAPITEL

[1] Eine »Chrie« ist die Auslegung einer Spruchweisheit; welcher Antonius gemeint ist, ist unklar.

[2] mit allen erdenklichen Mitteln

die sogenannte Genugtuungslehre nirgends besser erklärt gelesen hätte, als in dem Bahrdtischen Roman — Pastor Rindvigius. Das mag wohl sein in Beziehung auf den Herrn Pfarrer: aber mich dünkt, dass das Dogmatisieren in einem Buche, wie Rindvigius ist — der schon deswegen dem Dr. Bahrdt zuzuschreiben wäre, weil darin einer Antonianischen Chrie[1] Meldung geschieht — wenig guten Eindruck machen müsse. Spotten über Torheiten und Fratzen tut in Romanen vortreffliche Wirkung, so wie das durch Handlung motivierte Aufstellen moralischer Wahrheiten: aber Dogmata — lassen sich da nicht recht behandeln. Löffler tat es an einem schicklichern Orte.

Auch hier erhielt ich Geld von meinem rechtschaffnen Bispink, welcher mich, wie man weiß, den ganzen Feldzug über, mit Geld und andern Notwendigkeiten immer brüderlich versehen hat. Seinem Briefe waren mehrere Rezensionen meiner Biographie beigeschlossen, welche ich, so sehr mich die Herren in Jena und Göttingen heruntergemacht hatten, doch mit Wohlgefallen durchlas. Ich konnte mir dieses leicht vorher denken, sagte es am Ende des zweiten Bandes ja auch vorher, und hatte nun das Vergnügen, zu sehen, wie die Erfahrung mein Urteil über den Ton und den Charakter der meisten Zunftgelehrten bestätigte. Dass ich nicht ruhmsüchtig bin, denk' ich, wird man meiner ganzen Lebensgeschichte ansehen: und so will ich mich allen Witzkumpans mit ihren fletschenden Zähnen und Federn auch hier ganz ergebenst neuerdings auf Diskretion ergeben, und ihre Rezensionen ohne alle Gegenrüge ruhig mit ins Makulatur wandern lassen. Übrigens danke ich den Herren, vorzüglich dem in der allgemeinen Literatur-Zeitung, den ich schon in Gießen an seiner Tatze längst erkannte, dass sie es der Mühe wert gefunden haben, die Aufmerksamkeit auf meine Wenigkeit per fas et nefas[2] vermehren zu helfen, und will ihnen nur noch sagen, dass man herzlich gelacht hat, als ich ihre Rezensionen im Wirtshause zu Dürkheim einer Gesellschaft von Offizieren und andern Kriegsbedienten vorlas. Kaltes Blut und guter Ton, meinte man, sei nicht die Sache aller Gelehrten.

) 438 (

FÜNF UND DREISSIGSTES KAPITEL

3
Die folgenden Verse des Volkslieds erklären die Kontrastierung mit Sachsen: »Der Sachsen-Mädchen Gaben / Besitz ich weiter nicht.«

Den 14ten August rückte unser Bataillon nach Maikammer, eine gute Stunde von Edinghofen, wo damals das Königlich Hauptquartier stand, welches vorher in Dürkheim gewesen war. Wir brachen Abends auf, marschierten durch Renstadt und kamen früh gegen 4 Uhr in Maikammer an.

Es war gerade das Fest der Himmelfahrt Mariä. Ich ging in die Kirche, bloß zum Zeitvertreib, und um die hübschen Gesichter der dortigen katholischen Mädchen anzusehen, welche bei der Andacht einnehmender werden sollen. Überhaupt hat jene Gegend auffallend schöne Mädchen, schönere wirklich als Sachsen. Die Pfalz, besonders am Gebirge, Schwaben und der Breisgau zeigen Gesichter, wie man sie in Sachsen selten antrifft.

Ich Mädchen bin aus Schwaben,
Schwarzbraun ist mein Gesicht —

dies hat gewiss jemand geschrieben, der wohl nie ein hübsches Schwabenmädchen gesehen hat.³ Die Schönen in Schwaben haben gewiss keine schwarzbraune Gesichter. Man frage nur unsre Herren Offiziere und Soldaten. — Dort oben am Gebirge hatten die Anbeter des Schönen noch den Vorteil, dass die Emigranten dahin nicht so wie an andre Orte gekommen waren; folglich waren die Mädchen noch unverdorben, und unsre Leute riskierten doch nicht, von ihnen gleich ins Lazarett zu wandern, wie dieses der Fall gar oft an andern Orten gewesen ist. Sonst sind die Mädchen dort herum, wie überhaupt in allen Weinländern, jovialisch, interessant, nehmen nichts übel, hassen alle Zeremonien, und sind durchaus keine Freundinnen von den Männern. Sie haben im letzten Stücke große Vorzüge vor den Mädchen in Sachsen, und verdienen die Achtung, und die Liebe der Männer in weit höherm Grade, als diese. Ein sächsisches Mädchen hängt sich leicht an jeden, der ihren Eigennutz und ihre Putzsucht befriedigen kann: für Geld und schönen Putz sind die meisten feil; aber ein Mädchen aus der Pfalz oder aus Schwaben — von denen rede ich freilich nicht, welche von den französischen Pestkindern, den Emigranten, vergiftet sind — liebt ihren Hans um Seinetwillen. Dort denkt man noch immer: ein braver

FÜNF UND DREISSIGSTES KAPITEL

⁴ Ovid, *Liebeskunst* II, V. 277: »Mit Gold macht man sich Amor geneigt.«

⁵ Jenseits

Kerl sei eines guten Mädchens wert: in Sachsen aber, und da herum, soll das Mädchen bloß dem gehören, der brav geben kann: auro conciliatur amor.[4] Hier ist Liebe—Kunst; dort—Natur.

Ich ging also in die Kirche, und sah dem Spektakel der Prozession, und der Weihe der Kräuter und Blumen zu, welche an diesem Tage für das ganze Jahr zur Verjagung der Gespenster, Hexen und alles Zaubers, wie auch der Krankheiten und andrer Übel geweihet werden. Während des Hochamts oder der feierlichen Messe, präsentierten die Bauern einige mal die Gewehre in der Kirche, nahmen sie nach Tempos bei Fuß, knieten nieder nach Tempos, zogen die Hüte nach Tempos ab, und setzten sie ebenso regelmäßig wieder auf: Alles während der Messe! Endlich bestieg der Kaplan die Kanzel, und ich erwartete nun auch eine ähnliche Predigt, voll katholischer Salbung, das heißt, eine magere, jämmerliche Abhandlung, über die unbefleckte Jungfrau, und ihre Himmelfahrt. Allein ich fand auf eine sehr angenehme Art, dass ich hierin geirrt hatte. Der junge Geistliche sprach kein Wort von der allerseligsten Jungfrau, sondern hielt mit vielem Anstand und Beredsamkeit eine Predigt über die Trostgründe, welche der Leidende aus der Hoffnung eines künftigen bessern Lebens schöpfen könnte. Er schränkte sich bloß auf die Unglücklichen ein: denn die Glücklichen, sagte er, sehnen sich nach dem Ziele ihres Daseins nicht, und bewies, dass dem mancher Trostgrund fehlen müsste, welcher an der Unsterblichkeit seiner Seele, und an dem künftigen Leben zweifelte. Ich muss gestehen, dass der Mann seine Sachen recht schön machte; und dieses Bekenntnis von meiner Seite muss um so unparteiischer scheinen, da ich schon seit langer Zeit Gründe zu haben glaube, auf alles Ultramundanische[5] nicht so recht zu rechnen, und das Meiste davon der Ungenügsamkeit der Menschen, und ihrer kaufmännisch spielenden Phantasie zuzuschreiben.

Nach der Kirche ging ich ins Weinhaus, wo mehrere Bürger sich versammelten. Ich rühmte hier den Herrn Kaplan öffentlich, fand aber, dass die Leute nicht sehr mit ihm zufrieden waren, und hörte, dass sein Herr

FÜNF UND DREISSIGSTES KAPITEL

6
Johann Joachim Spalding (1714–1804) und Georg Joachim Zollikofer (1730–1788), zwei aufgeklärte protestantische Theologen

7
Die fünfbändige *Charakteristik der Bibel* (1775–1782) des Hallenser Theologen August Hermann Niemeyer (1744–1828)

Pfarrer ihm gar nicht günstig sei. Den Bauern predigte der Mann nichts von alten Heiligen-Geschichten, Legenden und dergleichen und dem Pfarrer missfiel er deswegen, weil einige vornehme und einsichtsvolle Katholiken, sogar auch Protestanten, seine Predigten vorzogen. Alles dieses empfahl mir den Mann noch mehr, und ich suchte nun seine Bekanntschaft, welche gar leicht zu machen war, da er alle Tage ins Feld spazieren geht und ein sehr leutseliger Mann ist. Er hatte schon vorher von mir gehört, und nahm mich geradesweges mit auf seine Stube, zeigte mir seine Bibliothek, und sprach recht vernünftig sowohl über literarische Gegenstände, als über die Angelegenheiten der Zeit. Er war der erste katholische Geistliche, den ich sagen hörte, dass er noch viel Gutes von der Französischen Revolution auch für die Religion erwarte. Unter seinen Büchern fand ich Zollikofers und Spaldings *Predigten*[6], auch Niemeyers *Karakteristik*[7], u. dgl.

) 442 (

Um diese Zeit kamen viele Gesandten im Hauptquartier zu Edinghofen an, welche aber zum Teil in Maikammer logierten, weil es an Platz in Edinghofen fehlte. — Die Nähe des Hauptquartiers ist für die Armee allemal eine fatale Sache. Sie verteuert die Lebensmittel gar sehr, denn wer etwas zu verkaufen hat, trägt es hin, wo die Leute Geld genug geben können; und der arme Soldat kann mit seinem wenigeren Gelde zu Hause bleiben. In Maikammer war z. B. Milch genug, aber wir hatten große Mühe, etwas zu bekommen, weil sie alle ins Hauptquartier getragen wurde. Das war eine von den Ursachen, warum wir hier viele Not litten.

) 443 (

Eine andere Ursache schrieb sich vom Brote her. Ich weiß nicht, welcher gottlose Dämon den Vorschlag getan haben mag, dem Soldaten 6 Pfund Brot, welches doch nur auf drei Tage reichen sollte, auf vier Tage zu langen. Den Abgang auf den vierten Tag wollte man mit etwas Reis ersetzen. Wir bekamen auch Reis, hatten aber nun nicht hinlänglich Brot. Darüber wurde stark gemurrt und geflucht, und der Erfinder dieser Anstalt in den Abgrund der Hölle verwünscht. Wahrscheinlich war der Urheber einer von dem Kriegskommissariate, welcher bei dem Reishandel seine Beutel spicken wollte. — Und doch fragt man noch, warum wir vis-à-vis der Franzosen die Flügel hängen ließen! — Der Soldat muss sich satt essen, sonst ist's aus mit ihm: und wenn er vollends merkt, dass man ihm das verkürzen will, was man ihm schuldig ist, so fängt er an zu knurren, welches man ihm umso weniger verdenken kann, da dergleichen Verfügungen nicht vom Könige, sondern von gewissen Schurken abhängen, die sich auf seine und seiner Soldaten Kosten bereichern wollen.

Die Gesandten ließen sehr viel aufgehen, und besonders die der französischen Prinzen, welche, nebst ihren Leuten, eine unbändige Üppigkeit sehen ließen. Sie hatten ihre Mätressen mit; und ihre Bediente schlichen den Bauermädeln nach, kamen aber einige mal in Kollision mit unsern Soldaten, und der Buckel wurde ihnen derbe ausgegerbt.

Was die Gesandten eigentlich wollten? Je nun, man wollte einen Plan machen, wie von nun an, die Franzosen angegriffen, geschlagen und hernach regiert werden sollten: — auch, wie man Frankreich beschränken, und ein gut Stück davon reißen wollte und dergleichen — Man hatte aber die Rechnung auch hier, wie im vorigen Jahre, ohne den Wirt gemacht!

Eines Tages saß ich in einem gewissen Dorfe vor der Türe und rauchte mein Pfeifchen. Ein recht großer Herr ritt vorüber, grüßte mich, sprach mit mir — wir kannten uns schon lange — und da es heiß war, bat er um Milch. Ich rief die Hausfrau, und diese, weil es ein Herr mit einem Stern war, erbot sich, sogleich welche herzugeben. Der Herr stieg ab, und ging in die Stube. Die Hausfrau war recht derbe, ich meine im Physischen; der Herr schäkerte mit ihr immer traulicher, und befahl mir denn endlich, sein Pferd ins Wirtshaus zu führen, und mir da auf seine Rechnung eine Bouteille vom Allerbesten geben zu lassen. Ich verstand den Wink, und führte mich ab. Lange hernach kam der Herr ins Wirtshaus, lachte schelmisch, fragte mich: ob wir wohl Schwäger sein möchten, zahlte die Zeche, gab mir noch einen Laubtaler und dahin ritt er. Ich fragte hernach die Gefällige: wie ihr der Herr mit dem Stern gefallen hätte? Sie konnte des Lobens und Rühmens

FÜNF UND DREISSIGSTES KAPITEL

8
1793 erschienen

9
Mätresse Louis XIV., ab 1683 wohl in morganatischer Ehe seine zweite Gemahlin

kein Ende finden: da war's ein schöner, allerliebster Herr! usw. Endlich rühmte sie sich sogar der Vertraulichkeit, womit er sie beehrt hätte, und dergleichen. So sind die Weiber! meist eitle Dinger, und was ihrer Eitelkeit schmeichelt, ist ihnen willkommen. Was also Wunder, dass eine Bauernfrau, sogar eine katholische, die Umarmungen eines hohen, mit einem großen Stern prangenden Herrn für hohe Ehre schätzte, zumal da der Herr obendrein nicht geizig war! —

Ein andermal nahm mir ein ähnlicher Herr ein Buch aus der Hand, worin ich vor dem Wirtshause zu Maikammer las. Es war Bahrdts Nachlass, unter dem Titel: *Anekdoten und Charakterzüge aus der wahren Geschichte, für Liebhaber des Vademekums und ernsthafte Leser*[8]. Ich war gerade an der Stelle, wo es heißt: »Wäre der Hänseler unseres gottseligen Ludwigs ein Chapeau gewesen: so hätte der Herr Jesus die Ehre gehabt, von ihm zu einer Erscheinung vorgeführt zu werden. Eine Hure (die Maintenon[9]) hielt sich aber an ihres Gleichen (an die hl. Jungfrau.) Was ihm die Pfaffen sagten, glaubte er u.s.w.« S. 35.« — Der Herr las das gleich auch, lachte laut auf, und fragte, was ich vor das Buch haben wollte. Ich antwortete, dass es mir jetzt noch nicht feil sei, dass er es aber in einigen Tagen haben könnte: denn ich hätte mir vorgenommen, es dem Kaplan zu leihen. Ei was, erwiderte er, ich behalt' es, das ist ein exzellentes Buch! Hier nehm' er: und sofort warf er mir zwei Taler hin, und galoppierte mit dem Buche weiter. Dieses Buch ist nachher im Hauptquartier gelesen und belacht worden: sogar dem Könige hat der Prinz Louis daraus vorgelesen. — Und so kommt manches Mal durch einen Zufall etwas vor die Ohren der Fürsten, und stiftet da vielleicht Gutes. Man nehme dies merkwürdige Büchlein zur Hand; und meine Leser werden sich über diesen Zufall freuen, wie ich.

Einen recht festlichen Tag hatte ich, als mich der jetzt regierende Herzog von Pfalzzweibrücken, damals noch Pfalzgraf Maximilian, oder Prinz Max zu sich kommen ließ. Er logierte in Maikammer. Dieser menschenfreundliche Fürst ist ganz das Gegenteil von seinem verstorbenen Bruder, dem Herzog. Dieser war, was wir wissen, ein Freund der Jäger, der Jagdhunde,

) 446 (

) 447 (

der Frauenzimmer, der Katzen und der Eulen, aber ein Feind seiner Untertanen, und eben dadurch eine der Hauptursachen des Parteigeistes, der das arme Zweibrücker Land so elend gemacht hat.

Herzog Maximilian sagte mir, dass er von mir gehört habe, und mich gern persönlich kennen möchte. Ich musste mich niedersetzen, Wein trinken und erzählen. Ich erzählte ohne Winkelzüge, ganz frei, und rügte alles gerade heraus, was ich an dem Pfälzischen Wesen zu tadeln fand. Ich weiß es, fuhr ich fort, dass ich mit dem künftigen Kurfürsten von Pfalzbayern rede, und eben deswegen rede ich frei. Gott gebe, dass Ew. Durchlaucht die Wunden heilen mögen, welche ein anarchisch-aristokratisch-pfaffisch-despotisches Regierungssystem dem guten Vaterlande geschlagen hat! Der Herzog lächelte, wendete sich etwas zur Seite, kehrte dann wieder freundlich zu mir, und sagte: Wenn die Vorsehung mich dereinst regieren lässt, so sollen Sie gewiss nicht mehr so bitter zu klagen finden. — Man muss wissen, dass der Herzog mit Leuten, die er seiner Unterredung würdiget, nicht par Er oder Ihr spricht. Das tun nur die, welche die Menschheit und sich in Andern nicht zu ehren wissen, z. B. ein Klevesahl, Superintendent zu Dürkheim an der Haart, und dann gewöhnlich alle kurzsichtige, stolze und neugebackne Edelleute. — Der edle Fürst unterhielt sich lange mit mir, und nachdem ich mich beurlaubt hatte, erhielt ich von seiner Hand folgendes Billet, mit einem Goldstück: C'est pour soulager un peu Votre situation que je Vous prie de recevoir ce petit présent. Si un jour Vous trouvez que je puis Vous être utile, comptez sur l'amitié de Votre — Maximilien. *)

Als ich nachher nach Lindau kam, so konnten selbst die Republikaner, selbst der vortreffliche Brion, sich nicht enthalten, den Edelmut und die Gefälligkeit gegen Jederman zu rühmen, welche der Pfalzgraf während seines Aufenthalts in dieser Stadt — er war Oberster des Regiments ci-devant Alsace — durchgängig bewiesen hatte.

*) Um Ihre Lage ein wenig zu erleichtern, bitte ich Sie, diese Kleinigkeit anzunehmen. Kann ich Ihnen dereinst nützlich werden, so rechnen Sie auf die Freundschaft Ihres Maximilians.

Sechs und dreißigstes Kapitel.
Bistum Speyer. Dr. Bahrdt.

Es ist allemal meine Gewohnheit, wenn ich durch ein Land komme, mich nicht sowohl um dessen Produkte, und die Kleidungen der Einwohner zu bekümmern, als vielmehr nach der Art der Regierung zu fragen, und dann über den Wohl- oder Wehstand eines Landes mein Urteil zu fällen.

Die Produkte stehen in allen geographischen Notizen, aber von den Regierungen schweigen die Herren Geographen sehr weislich; doch wissen wir die Namen, und die Geburtstage, und dergleichen von allen Höchst-Dero—aus hundert und neun und neunzig Taschenkalendern und großen, dickleibigen genealogischen Handbüchern.

Ich hatte mir schon seit dem vorigen Jahre einen Hauptsatz so aus der Erfahrung gebildet, nach welchem ich so zu sagen a priori d.i. ohne weiter ins Einzelne zu gehen, von der Beschaffenheit der Landes-Regierungen urteilte. Mein Obersatz war dieser: Wenn in einem Lande das französische System leicht Eingang findet, so taugt die Regierung dieses Landes nicht viel. War nun das Land gar katholisch, so folgerte ich, dass die Regierung vollends gar nichts taugen müsse, und dies deswegen, weil sich diese Leute, nur durch die höchste Not gedrungen, entschließen können, ihrem heiligen Glauben Eintrag zu tun, und sich zu einem zu bekennen, der jenen ganz aufhebt.

Das war nun leider der Fall im Bistum Speyer, welches bisher von keiner Ketzerei war besudelt worden, wohin – die Reichsstadt Speyer ausgenommen, wo aber der Bischof nichts zu sagen hat – die Lehre des Luthers und des Calvins, welche doch das ganze umliegende Land, die ganze Pfalz und den Elsaß infiziert hatte, nicht hatte dringen können. Und doch ist da der französische Freiheitsbaum ohne alle Mühe gepflanzt worden!

Ich fragte nach den Ursachen, und hier sind sie.

Der vorige Bischof war zugleich Kardinal der römischen Kirche, und ein inniger Freund des Kurfürsten von der Pfalz, und war, wie dieser, ein Freund der Pracht und des Aufwands. Das Land ist klein, trägt also nicht viel, und doch trieb der Herr Bischof einen Staat, wie ein Kurfürst! Er hielt Soldaten, stellte Parforçejagden an – und das in einem Lande, wo es beinahe nur Hasen und Rebhühner gibt – unterhielt Komödianten, ließ Opern spielen, und verschwendete ansehnliche Summen an Gebäuden und nichts eintragenden Bergwerken. Übrigens waren seine Eminenz sehr orthodox und hassten daher auch Dero ketzerischen Weihbischof Seelmann, einen Mann, der wie Hontheim das katholische Kirchenwesen zu bessern suchte. *)

Bei dieser Haushaltung wurde nun der Landmann und der Städter nicht nur gewaltig bedrückt, sondern es mussten auch ansehnliche Schulden gemacht werden. Man borgt aber den Herren Bischöfen nicht anders, als wenn das Domkapitel einwilligt, um sich an dieses, als eine moralische Person, halten zu können, auf den Fall, dass die physische Person seiner Bischöflichen Gnaden als insolvent – abfährt. – Und so war viel geborgt.

Nach dem Tode dieses Kardinals kam der damalige Domdechant, Graf von Styrum, an die Regierung.

*) **Bahrdts** *Ketzeralmanach* **Art.** Seelmann.

Dieser hatte das Unwesen unter der vorigen Regierung eingesehn, und machte gleich Anstalten, die alten Schulden abzutragen. Neue Auflagen waren das Mittel dazu. Anfänglich machte man den Bauern und Bürgern weiß, die Auflagen sollten nur so lange währen, als noch Schulden auf dem Lande hafteten: aber die Schulden wurden nicht nur nicht abgetragen, sondern noch ansehnlich vermehrt; und die Auflagen blieben. Beiher wurden von Seiten des Stifts große Prozesse mit den Untertanen geführt, welche dann, wie sich's für diese Gegenden versteht, allemal zum Nachteil der letztern entschieden wurden.

) 452 (

Außerdem klagten die Speyerischen Leute gar sehr darüber, dass der Herr Bischof alle Ämter mit Ausländern, und größtenteils mit solchen besetzte, welche vom Pfälzischen und Mainzischen Hofe empfohlen würden. An diesen Höfen wolle nämlich der Herr Bischof gern hoch angesehen sein, – suche also so viel von den dasigen Lieblingen unterzubringen, als er könne. Alle Hofbedienungen, alle Zivilstellen und andre wären demnach mit Ausländern besetzt. Um aber doch auch von seinen Untertanen Einige zu Brot zu verhelfen, schenke der Herr Bischof von Zeit zu Zeit dem Kurfürsten von der Pfalz so und so viel junges Bauervolk zu Soldaten. Aus der Pfalz nehme man überflüssige Kammerdiener, Jäger, Advokaten und dergleichen ins Land, und versorge sie stattlich. Damit aber die Volksmenge nicht zu groß werde, so schicke man arbeitsame Landeskinder des geringern Standes weg, und lasse sie bei fremden Fürsten die Muskete tragen. Wer sich im Speyerischen unterstehe, außer der Ehe zur Bevölkerung beizutragen, der müsse entweder eine große Geldbuße abtragen, oder ohne Barmherzigkeit zu Mannheim Soldat werden. Aus Sankt Martin ist auf diese Art ein Bursche mit Gewalt nach Mannheim geschleppt worden, weil es sich fand, dass das Mädchen, mit welchem er verlobt war, vor der priesterlichen Einsegnung schwanger ging. Er war der einzige Sohn einer alten Witwe, welche er ernähren musste, und welche jetzt, da ihr ihre Stütze fehlt, betteln geht.

) 453 (

Hier zu Lande besteht auch noch die allerliebste Verordnung, wie in allen katholischen Sultaneien jenseits des Rheins, dass zwei Personen, welche die Ehe vor der Ehe treiben, einander nachher nicht eher heiraten dürfen, bis sie die Dispensation mit schwerem Gelde erkauft haben. Ich sprach wegen dieser erzdummen, läppischen Verordnung mit dem Oberkellner von Speyer, und bewies ihm, dass man vielmehr sorgen sollte, dass solche Leute je eher je lieber zusammenkämen. Aber der Herr Oberkellner erwiderte: dieses Gesetz sei gegeben, um Leute, welche sich einander liebten, und sich zu verbinden dächten, desto mehr von aller Unzucht abzuhalten, weil sie bedenken müssten, dass die Folgen der Antizipation ihrer Verbindung Hindernisse in den Weg legten. Ah was, fing der Schreiber des Herrn Oberkellners an, die Päpste haben so ein dummes Gesetz eingeführt, weil sie wussten, dass derlei Fälle oft genug kommen würden, und dass sie also brav Geld für Strafen und Dispensationen schneiden könnten!

Ein bischöflicher Beamter sitzt weit fester, als einer, der unter einem Fürsten steht. Der princeps secularis[1] wie es in der kauderwälschen Sprache heißt, kann seine Spitzbuben zum Teufel jagen, wenn er will; aber der geistliche Fürst muss doch erst das liebe hochwürdige Domkapitel zu Rate ziehen: und da hat denn ein solcher Blutegel immer schon Freunde, und folglich das Privilegium, zu schinden und zu rauben bis an sein Ende.

Da alle Untertanen des Hochstifts leibeigen sind — man denke sich die Leibeigenschaft unter einem Bischof mit den alten Kirchengesetzen und dem Geiste des Christentums vereinbar! — so ist ihnen nicht nur überall verboten, ins Ausland zu heiraten, sondern sie dürfen nicht einmal sich an einem andern Orte niederlassen, wenn er gleich eben bischöflich ist. Nur mit schwerem Gelde kann die Erlaubnis dazu erlangt werden.

Überdies ist das ganze Hochstift voller Pfaffen und Edelleute, welche ihre Tyrannei üben nach Herzenslust. Überhaupt haben die Pfaffen und die Adligen in den Bistümern mehr Gewalt und mehr Ansehen, als in andern Ländern. Die adligen Familien sind allemal mit diesem oder jenem Domherrn, oft auch mit

---

[1] weltliche Fürst

SECHS UND DREISSIGSTES KAPITEL

dem Herrn Bischof selbst vervettert oder verschwägert, und da können sie denn tun, was sie wollen; und die Pfaffen vollends – sind unter pfäffischer Regierung allmächtig! Man höre und richte!

Unweit Bruchsal, der Residenz des Fürstbischofs, war ein Pfarrer, welcher mit dem Müller des Ortes, wegen vertauschter Kleien, prozessierte. Die Sache, so unwichtig sie auch war, artete in einen Injurienprozess aus, und beide Parteien ließen sich durch ihre Advokaten derb und weidlich schimpfen. Einige Zeit hernach beggenete der Pfarrer dem Müller auf der Straße, und fing an heftig zu schelten. Der Müller vom Pfaffen aufs äußerste gebracht, gab ihm einen Stoß, dass er rücklings hinstürzte. Es kamen Leute dazu, und der Müller wurde arretiert, – entfloh aber nachher, und kam glücklich nach Karlsruhe. Nun wurde sein ganzes Vermögen konfisziert, seine Frau und Kinder ins Elend gestürzt, und er des Landes verwiesen – alles nach Anwendung des: siquis suadente diabolo[2] usw – Dem Pfaffen geschah nichts!

Man kann im Speyerischen fragen wo man will: wem das oder jenes schöne Gut, Schloss, Haus usw. gehöre; und die Antwort ist allemal; dem Herrn von, dem Kloster, dem Prälaten, dem Pfaffen usf.

Nachdem ich diese Kundschaften eingezogen hatte, so fand ich einen neuen Grund, jenen erwähnten Hauptsatz für wahr und richtig zu halten: aber nicht allein ihn selbst, sondern auch seinen schlichtweg umgekehrten, nämlich: wo die Regierungsform schlecht und unzweckmäßig und für den Untertanen drückend ist, da muss das französische System Beifall finden. Warum z.B. ist man im Speyerischen, das doch so erzkatholisch ist, so gut patriotisch, und warum ist man im Badischen, das protestantisch ist, mit der fürstlichen Regierung so zufrieden, dass man sich ganz und gar keine Veränderung wünscht?

ANTWORT weil der Markgraf von Baden[3] ein Fürst ist, der seine Untertanen liebt, für ihr Wohl sorgt, und sie nicht aussaugt. Das ist das ganze Geheimnis, ein Geheimnis, das jeder Fürst praktikabel finden könnte, wenn er nur wollte, oder wenn das Interesse der politischen Unter-Vampyrs es nicht hinderte. – Ich habe

---

2 Wer auf Anraten des Teufels (einen Geistlichen schlägt soll verflucht sein).

3 Karl Friedrich von Baden (1728–1811)

) 456 (

SECHS UND DREISSIGSTES KAPITEL

<small>4
»Mögen sie mich hassen, wenn sie mich nur fürchten.«
Devise des römischen Kaisers Caligula.</small>

auf meiner Reise im Herbste 1795, in Durlach mit einigen Bürgern recht frei und unbefangen über die Angelegenheiten der Zeit gesprochen, und nirgends hörte ich freiere Urteile als da; und doch bezeigten alle, wie sie da waren, eine unerschütterliche Anhänglichkeit an ihrem Fürsten. Die Badenser hassen alle Tyrannei, und lieben ihren Herrn doch aufrichtig. Oderint, dum metuant[4] ist gewiss ein scheußlicher, und dem Regenten selbst gefährlicher Grundsatz, zumal heutzutage. Die freien Grundsätze tun's wahrlich nicht: die machen keinen Aufruhr; ja, gerade sie—halten ihn, nach der Englischen Kunstpolitik, durch die Oppositionspartei, in England zurück.—Und wird wohl jemand von den Pocken angesteckt, der keinen Stoff dazu im Körper hat? Man gehe doch ins Gothaische, oder Braunschweigische und predige da das Freiheitssystem von nun an bis in Ewigkeit: die Gothaer und Braunschweiger werden zuhören, selbst mit einstimmen und doch ihren Herzogen treu bleiben. Aber in Hessen, und in andern paralytischen Ländern und Ländchen mögen freilich jene Grundsätze zünden, nicht für sich, sondern nach dem Stoff, den die Regierung selbst dazu hergibt.

Und dass viele Regierungen dies tun, und überhaupt, damit man sehe, dass ich von den überrheinischen Gegenden nichts erdichte oder zu viel sage, so will ich ein Zeugnis beibringen, dem man nicht widersprechen wird. Es ist eine getreue Abschrift von (nota bene nur) einigen patriotischen Wünschen, welche die sämtliche Bürgerschaft der Stadt Weilburg dem regierenden Fürsten zu Nassau-Weilburg vorlegte, als Custine 1792 von ihm die Brandschatzung forderte.

»Je mehr—sagt die Bürgerschaft—es in den jetzigen Zeiten gewöhnlich zu werden scheint, die Bande zwischen Regenten und Untertanen zu erschüttern; je mehr das Beispiel—zu ähnlichen Unternehmungen aufzufodern scheint, desto mehr wird es Pflicht zwischen Regenten und Untertanen, solchen gewaltsamen Ausbrüchen und ihren betrübten Folgen durch wechselseitige Aufrichtigkeit in Zeiten vorzubeugen. Jeder Weilburger und jeder redliche Untertan ist von dem tiefsten Schmerz über das Eure Durchlaucht, bei

) 457 (

) 458 (

SECHS UND DREISSIGSTES KAPITEL

dem Überfall der Franken, widerfahrne Unglück, aber auch mit gerechtem Unwillen gegen diejenigen (Minister und Räte) durchdrungen, die es wagen mogten, gegen die Stimme aller Klugheit Höchstdieselben zu vermögen, sich ohne Anlass, durch Abschickung der Kreiskompagnie nach Mainz, zu einem Feind einer mächtigen Nation, noch dazu in dem Augenblick, aufzuwerfen, als dieselbe aufrichtige Proben ihrer nachbarlichen Gesinnung abgelegt hatte, und dadurch das ganze Land den traurigen Folgen eines verheerenden Kriegs bloßzustellen — Folgen, die man sich damals umso schrecklicher vorstellen musste, als man von der strengen Mannszucht bei den französischen Armeen, und ihrer großmütigen Behandlung der feindlichen Untertanen noch keine Probe hatte. *)

Von Euer Hochfürstl. Durchlaucht angestammter Herzensgüte und väterlichen Gesinnungen gegen das Land völlig überzeugt, sind wir weit entfernt, Ihnen zu einer Zeit Vorwürfe zu machen, wo uns vielmehr die Notwendigkeit zu tätiger Hülfe auffordert: — Allein eben diese väterliche Gesinnungen machen uns so kühn, unsre Klage gegen eine Klasse von Menschen vorzutragen, die wir nicht anders, als für die Quelle sowohl dieses, als des meisten andern Unglücks ansehen können.

*) Also waren die Franzosen anfänglich brav, braver, als die lügenhaften Zeitungssudler; und dass die Franzosen das nicht blieben, an wem lag das?

Während dem der größte Teil der Untertanen im Schweiß seines Angesichts sich abmüden muss, sein Leben kümmerlich hinzubringen; während dem vorzüglich in unsrer Stadt alle fleißige Bürger über Mangel der Nahrung und des Verdienstes und über die immer zunehmende Steigerung der nötigsten Lebensbedürfnisse seufzen, — sehen wir einen Haufen müßiger Edelleute sich um Ew. Durchlaucht lagern, das Mark und den Schweiß des Landes durch ungeheure Besoldungen und Pensionen wegfressen, sich schnell bereichern, das Geld aus dem Lande ziehen, und zu unnützen, die Kraft des Landes übersteigenden Prachtaufwand, zu einer Menge Unterbedienungen, Equipagen und dergleichen Gelegenheit geben, ohne doch nur im geringsten dem Staat nützlich zu sein.

SECHS UND DREISSIGSTES KAPITEL

5 beleidigen

Nicht zufrieden hiermit, maßen sie sich noch an, diejenige Klasse, die sie doch ernähren muss, mit Verachtung anzusehen, unwürdig zu behandeln, durch ihren eitlen (verdienstlosen) Stolz jederman zu empören, und diese feinen Grundsätze dem Heere ihrer Untergebnen und Anhänger mitzuteilen. Beispiele hiervon können wir, erforderlichen Falls, in Menge anführen.

Das Militär, dafür da, die Ordnung im Staate zu erhalten, war unter dieser Zucht in einen Haufen sittenloser Menschen ausgeartet, der nicht nur ungescheut alle Schamhaftigkeit bei Seite setzen, die Sitten der Unschuld und vorzüglich der Dienstboten zu verderben, sondern auch jeden, der nicht zum Hof gehört, mit Verachtung und Grobheit zu behandeln, sich berechtigt hielt, und ungestraft, ja, auf ausdrücklichen Befehl würdige Diener und Bürger aufs auffallendste insultieren[5] durfte. *) Daneben scheute man sich nicht, ohne Not Jünglinge, die einzige Stütze ihrer alten abgelebten Eltern, dem Pflug zu entreißen, die Kapitulation zu überschreiten, die sich hierüber Beschwerende mit Prügeln zu bestrafen – und überhaupt die Leute wie Tiere zu behandeln. –

*) Herr Leutnant, hört' ich einst einen Obersten sagen, man muss sich gegen seinen Brotherrn dankbar betragen, also auch artig. Und wissen Sie, wer unser eigentliche Brotherr ist? Der Bürger und der Landmann: denn was uns unser König, als Titular-Brotherr, gibt, gibt ihm der Landmann und der Bürger für uns zuerst. Also forthin nie wieder weder Bürger noch Bauer insultiert!

) 461 (

Wir enthalten uns übrigens aller Anmerkungen über die großen und mancherlei Bedrückungen und schreienden Ungerechtigkeiten solcher Leute, – welche zu weiter nichts dienten, als alte Wunden wieder aufzureißen, und den Unwillen gegen diese größten Feinde des Vaterlands weiter anzufachen. Man verzeihe uns diese harte Äußerung des nur zu lange zurückgehaltenen Unwillens gegen Leute, die unsern geliebten Landesvater – und das ganze Land, ohne eine nur scheinbare Notwendigkeit, gegen die Stimme aller Klugheit, vielleicht bloß aus Rachsucht gegen eine große Nation, die ihre nichtigen Privilegien zerstörte, in die augenscheinlichste Gefahr des gänzlichen Verderbens geführt haben, – die eine Kette um denselben ziehen, da mit er nicht einmal die Stimme eines echten Patrioten hören möge, und die von jeher in allen Ländern, wo

) 462 (

SECHS UND DREISSIGSTES KAPITEL

<small>6
Der Verleger Carl Friedrich Macklot (1760–1812) in Karlsruhe

7
Mönchsstand

8
siehe Anmerkungen zu S. 286 und S. 295

9
Eine mit modernen aufklärerischen Methoden arbeitende Erziehungsanstalt, die Bahrdt in Heidesheim bei Worms aufgebaut hatte</small>

sie Fuß gefasst haben, die Geißel der Völker gewesen sind.« —

Meine Leser werden hieran genug haben, oder wer mehr davon lesen möchte, der lese die *Kleinen politischen Schriften*, welche über eben dies Thema, wie überhaupt über die ganze Regierungskunst, bei Macklot[6] in Karlsruhe heraus sind: und ich bin versichert, man wird einsehen, dass ich über die politische Lage der jenseitigen Rheingegenden eher zu wenig, als zu viel gesagt habe. Was für Einfluss auf das Ach und Wehe der dortigen katholischen Gegenden das Regiment der höhern und niedern Pfafferei, nebst dem Monachismus[7], gehabt habe, zeigen Metternichs Reden, und Meuths *Bürgerfreund*[8]. Nirgends in Deutschland hat der kirchliche und politische Despotismus ärger gewütet, als jenseits des Rheins: gebe der Himmel, dass Frankreichs Exorzismus ihn endlich vertreibe!

Jetzt muss ich noch Einiges von Dr. Bahrdt hier sagen, oder vielmehr von seinen Verdiensten um jene Gegenden. Dieser Mann hat, wie man weiß, eine Zeitlang in Dürkheim als Superintendent gestanden, und hatte in Heidesheim ein Philanthropin[9]. Wer Bahrdten gekannt hat, der weiß, wie liberal er zu reden pflegte, und wie gern er seine bessere Einsicht jedermann ohne Rückhalt mitteilte. Noch jetzt sind die Spuren dieser Mitteilung in jenen Ländern sichtbar, nicht nur unter Protestanten, sondern sogar auch unter Katholiken. Ich weiß und kenne selbst viele, welche dem Doktor die Richtung ihrer Aufmerksamkeit auf die wahren und ersten Elemente der höhern und edlern Humanität danken, ihm, wie ihrem Vater, noch jetzt kindlich gewogen sind, und seine wirklich großen Verdienste schätzen. Mögen diese Edlen ihre Achtung für die Verdienste dieses Mannes durch Unterstützung seiner Kinder, welche nicht so sehr durch den Leichtsinn ihres Vaters, als vielmehr durch seine Aufopferung für die Wahrheit, sich in dürftigen Umständen befinden, sichtbar machen! Bahrdt war immer auch bei allen seinen Schwächen ein Mann, auf den unsre Nation mit Recht stolz ist. Was Flecken war, vermodert, sagt Bürger, aber die Verdienste bleiben ewig! — Genug, hätte Bahrdt länger in der Pfalz bleiben, und mehr und

) 463 (

SECHS UND DREISSIGSTES KAPITEL

10
Franz Xaver Anton von Scheben (1711–1779); Bahrdt war mit ihm in Streit geraten, worauf Scheben ihn seines unsittlichen Lebenswandels und seiner angeblich jugendverderbenden Lehren wegen beim Reichshofrat anzeigte. Dieser erklärte Bahrdt für unfähig, künftighin irgendein kirchliches Amt auszuüben, und das Philathropin wurde aufgelöst.

11
allesamt frömmelnde Erbauungsbücher

12
Der auch naturwissenschaftlich gebildete Theologe Johann Ignaz von Felbinger (1724–1788) war seit 1774 Leiter des österreichischen Schulwesens. 1774 veröffentlichte er eine *Allgemeine Schulordnung für die deutschen Normal-, Haupt- und Trivialschulen*, 1771 einen *Katholischen Katechismus: zum Gebrauche der Schlesischen und anderen Schulen Deutschlands nach der Fähigkeit der Jugend in drey Klassen eingetheilet.*

ungehinderter da wirken können, hätte ein Rühl ihn nicht gehasst, und hätte der Weihbischof von Scheben [10] ihn nicht verfolgt, so würde die Pfalz durch Ihn und durch seine Bemühungen merklich gewonnen haben. Man hätte durch ihn an Einsicht zugenommen, wäre toleranter geworden, hätte den Amtleuten genauer auf die Finger sehen lernen, hätte sie dadurch genötigt, ehrlicher und menschlicher zu sein; dies hätte eine gerechtere Behandlung der Untertanen nach sich gezogen, hätte mehr Zufriedenheit mit der Regierung bewirkt, und man wäre ohne Freiheitsbäume frei geworden nach einer gesetzmäßigen und vernünftigen Behandlung. Aber Männer, welche durch Verbreitung einer bessern Einsicht hierzu beitragen, belegt man mit Schimpfnamen, will sie nicht: alles soll militärisch gehen; und dann geht's, wie dort drüben am Rhein! Bahrdt ward verketzert, verfolgt, vertrieben, starb in Dürftigkeit; und Klevesahl, sein Nachfolger, ein düsterer, intoleranter Grützkopf, ist reich, angesehn, bei seines Gleichen, und lebt glücklich! Nun dann – so bitte du für uns, du liebe, heilige Dummheit! –

Dem Fürstbischof von Speyer muss ich indes noch nachrühmen, dass er alle Erbauungsbücher, wodurch der Aberglaube befördert wird, in seinem Stift verboten hat. Namentlich sind hier die *Legende, Der große* und *Der kleine Baumgarten* des Paters Martin von Cochem, *Die goldene Andacht zum Herzen Jesu*[11], und andere solche Fratzenbücher verboten und die Pfaffen angewiesen worden, das Schädliche und Unanständige von derlei Andachten öffentlich auf der Kanzel vorzutragen, und diesen Vortrag öfters zu wiederholen. Der Katechismus des Abts Felbiger[12] hat aber doch nicht ohne Unruhen eingeführt werden können: die Mönche hatten den Leuten weis gemacht: das sei ein nach Ketzerei schmeckendes Buch! – Dass in dem ganzen Bistum prächtig gezierte Kirchen und viele Klöster, nebst andern Stiftungen für den geistlichen Stand sich befinden, bedarf keiner Erwähnung.

Sieben und dreißigstes Kapitel.
Patrioten-Jagd im Speyerischen. Anstalten gegen die Franzosen.

Sobald die Franzosen aus dem Speyerischen Distrikt — Merlin von Thionville und Georg Forster hatten dieses

SIEBEN UND DREISSIGSTES KAPITEL

Land jenseits des Rheins zu einem Distrikt formiert und organisiert – weggezogen waren, erhob sich ein gewaltiger Sturm gegen alle Französischgesinnte, oder Patrioten. Man kann leicht denken, dass bei dem Dasein der Franzosen manches von den Einwohnern war getan und gesprochen worden, welches der alten Obrigkeit, besonders den Beamten, den Pfaffen und dem Adel nicht gefallen konnte. Als daher die Franzosen weg waren, dachte man, sie würden in alle Ewigkeit nicht wiederkommen, und man fing an, ihre verlassnen Anhänger auf das grimmigste zu verfolgen. Ich muss dergleichen Dinge anbringen, weil die Patriotenjagd allerdings eine Hauptursache jener Verwüstungen gewesen ist, womit im Anfange des Jahres 1794 die Franzosen jene Gegenden heimsuchten.

    Der Magistrat der Reichsstadt Speyer zeigte sich ganz besonders wütend gegen die armen Patrioten. Es gibt wohl schwerlich in der ganzen deutschen Anarchie ein elenderes Gouvernement, als in den Reichsstädten, besonders in den kleinen unbedeutenden: da geht es abscheulich her! Diese führen zwar den Titel einer freien Stadt des hl. R. Reichs; aber die Bürger darin sind eben so frei, als etwa ein Schuster oder Schneider zu Venedig auf den stolzen Namen eines Republikaners Anspruch machen kann. Die Nobili sind Herren zu Venedig; in den Reichsstädten sind es die Patrizier und die dem Rat einverwebte Familien: der Pöbel ist Sklav, und denkt doch, wie frei er sei! Zu Frankfurt am Main gestattet man den Fremden alle Freiheit; zu Worms, Speyer usw. hat der Fremde kaum das Recht, Luft zu schöpfen: warum? Zu Frankfurt denkt man gut merkantilisch, und kann ohne Fremde nicht schachern; zu Speyer lebt man für sich, und verachtet alles, was nicht aus Speyer ist.

    Als demnach die Herren zu Speyer wieder in Aktivität waren, und das ganze Frankensystem auf immer, wie sie wähnten, vernichtet sahen, fielen sie gar mörderlich über die her, welche den Franzosen günstig gewesen waren, oder gewesen zu sein schienen. Diese wurden nun eingezogen, und ihre Güter sequestriert[1], mehr als 230 an der Zahl!!

---

[1] beschlagnahmt

SIEBEN UND DREISSIGSTES KAPITEL

2
Louis René
Édouard de
Rohan-Guéméné
(1734–1803),
der letzte Fürstbischof von
Straßburg

Damals lagen die vom Korps des Prinzen von Condé in Speyer: es waren aber gerade zum Unglück die sogenannten schwarzen Maikäfer, d. h. die Soldaten des Kardinals von Rohan[2], darunter, eine zusammengelaufene schändliche Canaille, deren Offiziere lauter Emigrierte waren. Selbst die Östreicher und Preußen konnten das verdammte Gesindel durchaus nicht leiden. Diese Buben verübten nun, auf Anstiften ihrer Anführer und des elenden aristokratischen Gesindels in Speyer, allen Mutwillen an den sogenannten Patrioten. Sie plünderten ihre Häuser, misshandelten ihre Anverwandte, indes die Unglücklichen selbst in den schändlichsten Löchern schmachten mussten.

Der Magistrat ließ es aber bei dem bloßen Einsperren nicht bewenden, sondern er befahl noch, dass die Patrioten die öffentlichen Arbeiten verrichten sollten: und dabei hatten dann Unteroffiziere von der Rohan'schen Bande die Aufsicht. Da wurden denn die armen Leute aufs härteste und schimpflichste misshandelt, mussten hart arbeiten und erhielten nichts, als Prügel, Wasser und Brot. Die Wut der aristokratischen Kanaille ging so weit, dass sie sogar den Unteroffizieren Geld und Wein gaben, damit sie diesen oder jenen recht misshandeln und schlagen möchten.

Ich kenne einen gewissen Löw, von dem ich weiterhin mehr sagen werde, der sich als Sergeant bei der Condéischen Horde Bessel nannte. Dieser wurde von einem Speyerischen Advokaten aufgefordert, einen Kaufmann, der gleich damals zur Schanzarbeit verdammt war, gegen ein Geschenk tüchtig durchzuprügeln.

»Aber« fragte Bessel, warum soll ich denn den Mann durchprügeln?
ADVOKAT Das ist einer von den Hauptspitzbuben, ein rechter Patriot—
BESSEL Ja, dann müsste ich ja die andern wohl alle durchprügeln: die sind ja auch Patrioten!
ADVOKAT Wohl wahr: aber der da—ist der Hauptspitzbube.
BESSEL Mein Herr, Sie scheinen mir ein besonderes Interesse an den Prügeln für diesen Kaufmann zu haben.

ADVOKAT Das eben nicht—
BESSEL (traulich) Man hat doch manches mal so seine besondern Rücksichten: es tut ja nichts zur Sache: wenn ich sehe; dass Sie gegründete Ursache haben, dem Manne eine Tracht Schläge zu gönnen: nun ja—
ADVOKAT O, die hab' ich längst!
BESSEL Nun?
ADVOKAT Der Spitzbube hat mich gräulich beleidigt.
BESSEL Wie so?
ADVOKAT Er hat eine hübsche Tochter, und ist reich. Ich hielt um die Tochter an, um Geld zu bekommen, damit ich mir ein Amt kaufen könnte.
BESSEL Und der Kaufmann versagte sie Ihnen?
ADVOKAT Nicht allein das: er sagte mir noch ins Gesicht, ich hätte nichts gelernt und sei ein Taugenichts; und einem solchen könne er seine Tochter nicht geben.
BESSEL Dafür möchten Sie ihn nur durchprügeln sehen?
ADVOKAT Ja, rechtschaffen, lieber Herr Sergeant, nur derbe, derbe! Hier ist etwas für ihre Mühe. (will ihm Geld geben.)
BESSEL Ei, du infamer Schlingel, kannst du mir so was zumuten? Warte! Warte! (Er haut ihn durch, und gibt ihm einen Tritt vor den Hintern.) Da hast du deinen Lohn, niederträchtiger Büffel!

) 470 (

Der Advokat kam Abends in eine Gesellschaft von Rohanischen Offizieren, erzählte ihnen den Vorfall, und diese denunzierten den Sergeanten Bessel als einen Freund und Gönner der Patrioten bei seinem Major. Früh ließ der Major Besseln kommen, glotzte ihn an, und sprach:

»Bessel, was hat Er gestern mit dem Advokaten vorgehabt?«
BESSEL (unerschrocken) Ich habe dem Nichtswürdigen die Haut ausgegerbt, Herr Major!
MAJOR Warum aber?
BESSEL Der Kerl wollte mir Geld geben, dass ich einen Gefangnen prügeln sollte.
MAJOR Was wäre denn daran gelegen gewesen, wenn Er einen Spitzbuben von Patrioten geprügelt hätte?

SIEBEN UND DREISSIGSTES KAPITEL

BESSEL Aber, mein Gott, um so eines infamen Bengels Willen, welcher mich mit Geld bestechen will, soll ich einen Gefangnen misshandeln? Tue das, wer da will, ich nicht; Gott strafe mich, ich nicht!
MAJOR Ist schon gut, geh Er nur! Ich hab's ihm lange angemerkt, dass Er dem verfluchten Lumpengesindel hold ist. Das macht, Er ist in Preußen gewesen, da sind die meisten so! Aber es wird sich schon eine Gelegenheit zeigen, ihm seine Patrioterei fühlbar zu machen. Denke Er an Mich!

Wirklich suchte der Major, (es war ein Prinz von Montbuissou) an dem guten Bessel Ursache, und ließ ihn bald hernach 48 Stunden krumm schließen.

Dergleichen Barbareien übte der Magistrat zu Speyer aus, und ließ sie ausüben, ohne dass es irgendeinem Zeitungssudler eingefallen wäre, seinen Schildbürgern davon Nachricht zu geben.

Im ganzen Bistum Speyer wurde die Patriotenjagd äußerst streng betrieben, und beinahe in allen Dörfern wurden Leute eingesteckt, und ihre Häuser der Wut der schmutzigen Aristokraten preisgegeben. Viele Bauern waren bei dieser Gelegenheit weit wütender, als selbst die Preußen und Östreicher, welche denn doch nach und nach einsahen, dass die Leute bei ihren Umständen unmöglich anders hatten handeln können.

Der Herzog von Braunschweig machte endlich dem abscheulichen Unwesen der Patriotenjagd ein Ende, und verbot, denen weiter nachzuspüren welche, zur Zeit der französischen Domination, derselben das Wort gesprochen hatten. Aber was half das denen, die einmal schon eingezogen und in Verhaft waren! Diese mussten ihr elendes Leben im Kerker hinziehen, Schuldige und Unschuldige, sogar Weiber mit Kindern. Aus allen Gegenden zusammengeschleppt, aufeinandergehäuft, und wie Tote der Vergessenheit übergeben, schrien sie endlich, nach vier Monaten, um das erste Gebot der Gerechtigkeit für Gefangene – um Untersuchung und Verhör. Ihre Gesundheit war durch die elende Arrestantenkost, durch den Mangel an Bewegung, die Plagen des Ungeziefers, und durch die noch zehnmal härtern Qualen des Kummers um Weib und Kinder und zerrüttete Nahrung langsam zernagt: und nun die ansteckenden Seuchen bei der durch die zusammengesperrte Menge vergifteten Luft! — Ihr Zustand war mehr als schrecklich, aber der Gedanke an den Zustand ihrer verwaisten Familien, welche in der Verzweiflung die Hände wund rangen und vergebens nach ihren Nährern seufzten, war noch schrecklicher. Und doch nach vier Monaten noch immer kein Verhör! »Die Gerechtigkeit, schrien sie, ist die erste Stütze des Staats. Gerechtigkeit gehört nicht allein dem Schuldigen zur Strafe, sie gehört vorzüglich dem Unschuldigen zum Schutze. Aber ohne Untersuchung, ohne Verhör, ohne Verteidigung ist keine Gerechtigkeit möglich: ohne Untersuchung, ohne Urteil leiden, ist nicht gerecht leiden. Dem Schuldigen kann die Gerechtigkeit seine erduldeten Qualen an der Strafe zu gut rechnen; aber wie will sie den Unschuldigen für die Plagen der Gefangenschaft, für den Verlust des Vermögens und der Nahrung, für den noch größern Verlust der Gesundheit und für alle namenlose Leiden seiner ganzen Familie entschädigen?« — So schrien sie; aber die Oberpfaffen am Rhein blieben taub!

Und nun wundern Sie sich gewiss nicht mehr, meine Leser, dass die Franzosen, nachdem sie zu Ende des Jahres 1793 und im Anfange 1794 die Deutschen zurückgejagt, und die Rheinländer wieder in Besitz genommen hatten, nun auch raubten; plünderten und die aristokratischen Einwohner misshandelten. Man darf nur glauben, dass die Franzosen von dem unmenschlichen Verfahren der Deutschen gegen die Verteidiger und Anhänger des Freiheitssystems genau unterrichtet waren, und dadurch äußerst aufgebracht so verfuhren. Nun fragt sich's, wer denn hauptsächlich an dem Unglücke Schuld war; und die Antwort ist nicht schwer. Im Kriege — ich wiederhole es — ist nichts mehr zu empfehlen, als ein vernünftiges Betragen gegen den Feind, und dessen Anhänger. Wer dieses hintansetzt, schadet sich selbst am meisten. Spotten, Schimpfen und Verfolgen ist nicht nur für sich schon unanständig, sondern es erbittert den Feind noch mehr, und macht, dass er sich aufs

SIEBEN UND DREISSIGSTES KAPITEL

härteste rächet, sobald er nur kann. Und wer steht für das Nichtkönnen! Freilich dachte man damals, die Franzosen könnten nun und nimmermehr zurückkehren, und handelte dieser stolzen Voraussetzung gemäß: aber ganz auf sich deutsch – ich meine: altgotisch-plump. Überhaupt waren die Deutschen, zu Anfange dieses Krieges, in der Staatswissenschaft noch am weitesten zurück. Gute Staatskundige für einzelne Länder, für Östreich, für Preußen oder Sachsen hatten sie wohl, aber Staatsmänner für ganz Deutschland, wie den jetzt exulirenden[3] Riem[4], hatten wir wenig. »Deutschland würde, sagte schon 1792 der Verfasser der *Briefe eines Engländers über den gegenwärtigen Zustand der deutschen Literatur*[5], (S. 14) in die allergrößte Verwirrung geraten, wenn auf einmal alle Fürsten einig würden: sich der einzelnen Regierungen zu begeben, und ein einziges Reich aus den zerstückelten Provinzen zu bilden: es würde kein einziger da sein, der Kenntnis genug hätte, ein solches Ganze einzurichten. Ich habe nicht einmal die Idee zu einer solchen Einrichtung in irgendeinem deutschen politischen Schriftsteller gefunden. Und dennoch scheint es allein diese Idee zu sein, von welcher man ausgehen muss, wenn je ein System der deutschen Staaten zu Stande kommen, und – die einzelnen Fürsten sich nicht mehr durch unverständigen Eigennutz selbst zu Grunde richten sollen. – In Deutschland bringt die kleinste Veränderung die größten Unordnungen hervor.« Das haben wir in diesem Kriege, leider, gefühlt, ohne aber endlich eben so klug geworden zu sein als Preußen. Indes, wenn es uns an Männern fehlte, welche ganz Deutschland in statistischer Rücksicht hätten übersehen, würdigen und einrichten können: wo sollten wir die Staatsmänner gefunden haben, welche Frankreichs Macht- und Kraftverhältnis gegen Deutschland genau abgewogen, und dadurch Deutschlands Gewinn oder Verlust von daher bestimmt hätten! Wir hatten sie nicht, und darum machten wir, nach unserm dummen und plumpen Stolz, unsere Rechnung überall ohne den Wirt. Unsere Zeche sieht aber jetzt enorm und blutig genug danach aus! – *)

[3] in Verbannung lebenden

[4] Der deutsche Theologe und Aufklärer Johann Andreas Riehm (1749–1814) wurde aus Preußen ausgewiesen, weil er für einen Friedenschluss mit dem revolutionären Frankreich eingetreten war.

[5] Laut Titelblatt 1792 aus dem Englischen übersetzt und verlegt von Michaelis und Bispink.

SIEBEN UND DREISSIGSTES KAPITEL

6 verdammter Aristokratenhund

7 »Lasst uns die Carmagnole tanzen, es lebe der Klang der Kanone!« Revolutionäres Tanzlied, das 1792 aufkam.

Indessen hatte der Herzog von Braunschweig einige Vorteile bei Trippstadt um Pirmasens über die Franzosen erfochten, auch einige gefangen gemacht. Zwei und sechzig kamen durch Maikammer. Ich habe niemals offnere und festere Gesichter gesehen, als die dieser Gefangnen. Sie sangen, tanzten und sprangen, als wenn sie zur Hochzeit gehen sollten. An der Wache mussten sie Halt machen. Ich näherte mich und redete einen von ihnen an. »Du sprichst französisch? fragte er zur Antwort: du bist wohl gar ein Franzose!«

ICH Nein, ich bin ein Deutscher: viele Deutsche sprechen französisch.
ER (reicht mir die Hand) Willkommen Kamerad! Aber wärst du ein Franzose, ein Emigrant, ein foutu chien d'aristocrate⁶ : sieh an (er hob einen Stein auf) mit diesem Stein zermalmte ich dir dein Gehirn.
ICH Und das hättest du das Herz, hier zu tun?
ER Allerdings! Ein Emigrant muss mir krepieren, wo ich ihn nur finde: das sind die Bösewichter, die unser und Euer Vaterland ins Verderben gestürzt haben.

Hierauf sangen alle das bekannte Lied, dessen Refrain jedes Mal ist:

> Dansson la Carmagnole:
> Vive le Son
> Du Canon!⁷

Selbst ein Göchhausen gesteht in seinen Wanderungen den unbezwinglichen Mut der französischen Gefangnen; und ist ein umso unparteiischerer Zeuge, da er bei den Franzosen ganz und gar nichts Gutes zu finden gewohnt ist. Aber persönliche Unerschrockenheit war, wie ich ganz zuverlässig weiß, in den Augen des blinden Göchhausen niemals eine Tugend.

*) Die Wahrheit dieser Behauptung erhält Bestätigung durch folgende Anekdote. Der Kurfürst von Kölln geht vor einigen Tagen — wie man in Halle jetzt erzählt — einfach gekleidet, aus einem Tore zu Leipzig, in Begleitung einiger der dortigen Honoratioren. Die Schildwache erkennt ihn nicht, und macht ihm also auch nicht die sonst gewöhnlichen Honneurs. Einer aus der Begleitung macht die Wache unbemerkt aufmerksam, und bittet, das Gewehrpräsentieren nicht zu vergessen, im Falle sie in das nämliche Tor zurückkommen sollten. Die Wache spricht darüber, und einer von ihr sagt: »Was doch die Kurfürsten hier wohl machen mögen! Erst neulich war der von Trier hier, und jetzt der von Kölln.« Dieser, der nicht weit davon, aber außer den Augen der Wache, eine Anlage betrachtete, hört das, tritt hervor und sagt: »Ihr lieben Leute, Ihr wisst doch, dass die Kurfürsten am Rhein viele dumme Streiche gemacht haben: und darum besuchen sie jetzt die Universität, um kluge zu lernen.«

SIEBEN UND DREISSIGSTES KAPITEL

Sehr bedenklich für uns hielt jeder Kenner die in jener Gegend befindliche Bergkette, welche der Feind immer durchbrechen konnte, weil wir nicht im Stande waren, dieses ungeheure Gebirge ganz zu besetzen, und weil die Franzosen besser Bescheid darin wussten, als wir. Deshalb wurde so viel, als man konnte, für die Verhinderung eines Durchbruchs gesorgt; und da zu diesem Behufe immer starke Kommandos ins Gebirge geschickt werden mussten, so wurde der Dienst hier sehr erschwert. Man tat aber alles gern, weil man immer mit der baldigen Übergabe von Landau und mit guten Winterquartieren im Elsaß schmeichelte.

Viele von unsern Offizieren waren hier neuerdings von dem gänzlichen Ruin der Franzosen so gewiss, dass sie sogar Wetten anstellten, dass in so und so viel Zeit die Deutschen in Paris sein, Ludwig XVII einsetzen, die Glieder des Nationalkonvents aufhängen, den Adel herstellen, und den Pfaffen ihre alte Pfafferei wiederverschaffen würden. Die Einnahme von Toulon durch die Engländer, und die Rebellion in Lyon, der Tod der Repräsentanten le Pelletier, Chailler und Marat, die Fortschritte der sogenannten armée royale in der Vendée und mehrere solche Begebenheiten waren die Anlage zu dieser Rechnung.

Aber nun kam die Trauerpost von der Hinrichtung der Königin Antoinette, des Generals Custine und vieler andrer, auf welche man gerechnet hatte; die Schlappe der Engländer bei Dünkirchen, und die Fortschritte der Franzosen in den Niederlanden, nebst denen gegen die Spanier und Sardinier: diese unangenehme Nachrichten schlugen unsern Mut sehr wieder nieder, so, dass man sogar verbot, davon zu reden: aber je mehr man dies verbot, desto mehr geschah es und so wurden diese unangenehmen Dinge immer bekannter.

Acht und dreißigstes Kapitel.
Belagerung von Landau.

[1] siehe Anmerkung zu Seite 98

[2] eine vorgeschobene Bastion

[3] Dagobert Siegmund von Wurmser (1724–1797), österreichischer General

[4] Joseph Gilot (1734–1811), Verteidiger von Landau

Wir zogen den 18ten September ins Lager bei Landau, und schlossen es jetzt rund um vollends ein. Dieser Platz ist eine von den Festungen, welche der berühmte Vauban[1] angelegt hat: sie ist trefflich verwahrt, hat ein Fort und ein Hornwerk[2], und kann sich unter Wasser setzen, welches aber die Ingenieurs in Landau diesmal nicht für nötig fanden.

Ohnerachtet Landau schon seit langer Zeit von den Deutschen blockiert war, so hatte man doch zu einer ernsthaften Belagerung sich wenig angeschickt. Es waren noch keine Schanzen aufgeworfen: aber wozu hätten auch diese nützen sollen, da man kein Geschütz hatte! Es ist ganz unbegreiflich, wie man nur den Gedanken hat fassen können, das mit Festungen gleichsam angefüllte und ganz umzingelte Frankreich ohne hinlängliches Geschütz anzugreifen.

Schon im Sommer hatte der General Wurmser[3], welcher in der dortigen Gegend sein Wesen trieb, mit dem französischen General Gillot[4] unterhandelt, und

) 480 (

ACHT UND DREISSIGSTES KAPITEL

von ihm die Übergabe der Festung erwartet; aber vergebens. Ebenso ging es unserm Kronprinzen auch mit dem neuen Landauer Kommandanten Laubadere[5]. Dieser war als ein guter, ehrlicher Republikaner bekannt, und eben darum ließ ihn der Kronprinz anfänglich nur einmal aufbieten.

Die Stadt war so eingeschlossen, dass nichts herein, nichts herauskonnte, und da man sich vorstellte, dass die Garnison und die Bürgerschaft nicht gut mit Proviant versehen wären, so hoffte man, dass die Übergabe sich höchstens bis gegen das Ende des Novembers verziehen könnte, und erwartete nichts weniger, als dass die Republikaner die Festung entsetzen würden.

Inzwischen verübten die Östreicher in den dort herumliegenden Französischen Örtern alle möglichen Gräuel. In Langenkandel und an mehrern Orten bei Landau sind ihre Barbareien über allen Glauben gegangen. In dem ersten Orte ermordeten sie ein kleines Mädchen, weil es in seiner Einfalt gerufen hatte: Es lebe die Republik. Einem Schulmeister hackten sie beide Hände ab, weil er ein Verteidiger der Patrioterei war. Eine Frau samt ihrem Kinde, das sie an der Brust säugte, verlor das Leben, weil sie den Unmenschen Menschlichkeit predigte. etc. etc. — Als ich nach Landau und Straßburg kam, fand ich aller Orten Zettel angeschlagen, worauf dergleichen Gräueltaten angezeigt waren, um deren willen die Nation gegen diese Verächter aller Rechte aufgerufen wurde.

Ich bin völlig überzeugt: dass der Kaiser dergleichen Gräuel nicht allein nicht billigt, sondern dass er sie aufs schärfste ahnden würde, wenn sie ihm bekannt wären. Aber wie dringt die Stimme der Unschuld und der bedrängten Menschheit zu den Ohren der Monarchen! Und wie ist es möglich, dass Unmenschlichkeiten verhindert werden, wenn man sie öffentlich predigt, wenn man die Franzosen d. h. alle Einwohner dieses Landes als den Auswurf der Menschheit beschreibt, gegen den man von aller Verbindlichkeit los sei? So war es der Fall im vorigen Jahrhunderte bei den Verfolgungen der Hugenotten: aber diese waren unbewaffnete Leute, außer Stande, sich zu wehren;

---

5 Joseph Marie Tennet de Labaudère (1745–1809)

ACHT UND DREISSIGSTES KAPITEL

6
allesamt
berühmte Räuber

7
Laukhards
eigenes Buch,
siehe Anmerkung
zu S. 194

8
einen totalen
Vernichtungskrieg

allein die Franzosen jetzt, konnten das ihnen angetane Unrecht rächen, und haben es auch an ihren Henkern, aber leider auch an den unschuldigen Bewohnern jener Länder, wohin sie gedrungen sind, mächtig und strenge genug gerächt.

In der östreichischen Armee gibt es, außer den Kroaten, noch anderes Volk, welches Freikorps ausmacht, und als solche glauben, es stehe ihnen alles frei. Dieses Volk ist aller Orten, bei Freund und Feind, sogar bei ihren eignen Leuten, verhasst und verachtet. Die Untaten der Herren von Ottonelli, von Mahony, von Michalowitz und von andern sind so verschrien, als die Heldenstückchen des bayerischen Hüsels oder des Cartouches[6]. Nirgends haben sich die Franzosen so arg betragen als diese, die sogar bei Freunden und Bundesgenossen ihres Herren sich betrugen, als hätte man sie auf Exekution hingelegt. Mich wundert nur, dass Reichard in Gotha, Göchhausen, Girtanner und Braun nicht auch die Greuelszenen von diesen zu Kupferstichen gewählt haben! — Ich werde weiterhin von dem scheußlichen Betragen dieser Quasi-Soldaten mehr erzählen, und verweise bis dahin auf eine Schrift, betitelt: *Die Reichsarmee in ihrer wahren Gestalt*[7], worin auch einiges von diesen Freikorps vorkommt.

Diesen Kroaten hatte man einen Dukaten für jeden Franzosenkopf versprochen, den sie einliefern würden. Das Versprechen selbst war schon abscheulich an sich; denn es setzte einen Krieg ad internecionem[8] voraus, und machte schonende Menschlichkeit gegen die, die sich ergaben, oder die vor Verwundung nicht mehr schaden konnten, unmöglich: aber was kümmert sich ein Kroat um Menschlichkeit, zumal wenn seine Vorgesetzten selbst so unmenschlich sind, ihn, der sich auf eigne Faust ernähren muss, gegen einen Blutsold zu Unmenschlichkeiten aufzufordern! Um diesen Sold treufleißig zu verdienen, töteten die Kroaten hie und da Bauern, weckten sie des Nachts auf, um nach diesem oder jenem zu fragen; und wenn die Unglücklichen ihre Tür oder Fenster öffneten, um ihnen Auskunft zu geben, so ergriffen sie dieselben, schnitten ihnen den Kopf ab, und ließen ihn als einen Sancullot-

) 482

) 483

ACHT UND DREISSIGSTES KAPITEL

9 der Zehnte und Verwaltungsgebühren

10 die heraldische Lilie im Wappen der Bourbonen

11 die zweite Teilung Polens im Jahr 1793.

tenkopf sich bezahlen. — Und nun wollen wir noch fragen, lieben Leser, warum so viele Barbareien von den Franzosen in Deutschland hernach begangen wurden?

Der Pfarrer zu Nußdorff, eine halbe Stunde von Landau, hat sich auch sehr an seiner Gemeinde versündiget. Dieser Mensch war, wie alle Pfaffen in ganz Frankreich, der neuen Einrichtung feind, ob er gleich lutherisch war: es ärgerte ihn sein Verlust des Dezems und der Sporteln⁹. Es mochten auch mehrere von seinen Bauern etwas hart und derb mit ihm gesprochen haben. Er zeigte also diese bei den deutschen Offizieren an, und die armen Leute wurden aufs gröbste misshandelt, wenn gleich Nußdorff nicht zu Deutschland gehört, und es demnach höchst ungerecht war, hier Jagd auf Patrioten zu machen. Alle Einwohner mussten ja, vermöge ihres gemeinschaftlichen National-Gesetzes, Patrioten sein! — Der Herr Pfarrer ließ auch eine goldne Lilie¹⁰ über das Zifferblatt am Kirchturme anbringen, welche aber freilich nicht lange figuriert hat. — Die kaiserlichen und preußischen Offiziere kehrten bei diesem theologischen Altflicker gern und fleißig ein — wegen seiner hübschen Schwägerinnen. Wie es ihm bei der Rückkunft der Franzosen ergangen sei, lässt sich denken.

Als wir um Landau stunden, waren eben die Trauben zeitig. Da es nun dort herum gar viele Weinberge gibt, so konnten sich unsre Leute recht daran ergötzen. Dies taten sie: aber die Weinberge wurden auch so mitgenommen, dass, wenn die Einwohner mit der Weinlese, oder dem Herbsten, wie man dort sagt, nicht geeilt hätten, sie auch keinen Tropfen Wein ins Fass bekommen hätten. Die Soldaten machten Exkursionen bis beinahe vor Landau, und trafen da mehrmals Nymphen aus dieser Stadt an. Dies Hinlaufen der Frauenzimmer nach den Weinbergen dauerte noch fort, als ich schon in Landau war, bis endlich der General Laubadere es gänzlich untersagte.

Der König machte indessen Anstalt zu seiner Abreise nach Berlin: die polnischen Händel¹¹ nötigten ihn, sich an Orte zu verfügen, wo er denselben näher sein konnte. Er ist auch wirklich den 30ten September von uns abgefahren.

) 484 (

) 485 (

ACHT UND DREISSIGSTES KAPITEL

12 bedichtete
13 Reimschmiede

Hier im Lager lernte ich den bekannten Magister Heller kennen, welcher Verfasser von allerlei kleinen Schriften mit und ohne Namen ist. Man nennt ihn dort herum Herr Professor: warum? Das weiß ich selbst nicht. Er sagte zu mir, dass wir mit einander bekannt werden müssten, weil unsre Fatalitäten viel Ähnliches hätten. Bei einem Glase Wein legten wir denn einander eine allgemeine Beichte ab. – Herr Heller lebt zu Frankenthal, wo er in allerlei Dingen Unterricht gibt, und sich so durchbringt. Er hat da ein blutarmes Mädchen geheiratet, mit welchem er, wie er sagte, ganz gut lebt. Die Schweizer Kantons haben ihm schon einige mal für ein Gedicht auf sie ein Präsent gemacht: er hoffte eben auch ein Präsent vom unserm Könige und beversificirte[12] denselben. Aber der König sah mehr auf Polen; und der Dichter erhielt nichts. Das war aber auch schon recht: denn nichts ist verdächtiger und gerade darum nichts elender, als das Lob der Dichter und der Versifexe[13]; und wer nur durch sie denkt berühmt zu werden, hat gewiss nichts lobenswürdiges an sich. Die ganze Welt kennt den poetischen Schnickschnack, und weiß, warum die Dichterlinge loben. Von Horatius, dem größten und feinsten aller Parasiten an, bis auf die Herren N. N. hat keiner seinen Held unsterblich gemacht. Die Namen, welche über den Oden z. B. des Horatius stehen, tun schon lange gar nichts mehr zur Sache: wir bewundern die Schönheit des Gedichtes, und kümmern uns wenig um den, auf welchen es gemacht ist. Bloß die Geschichte kann loben oder tadeln: denn ob wir gleich sehr elende Wichte in der Welt sind, so haben wir doch noch das Gute an uns, dass allgemeine Sätze keinen Eindruck auf uns machen: wenigstens keinen bleibenden; und dass wir nicht eher gerührt werden, oder glauben, bis wir den Beweis irgendeiner allgemeinen Behauptung aus einzelnen Tatsachen selbst sammeln und fassen. Ein Fürst tut darum sehr klug, wenn er sich nie bedichten oder besingen lässt, und noch klüger, wenn er seine Lobhänse nicht belohnt: denn sonst stürmt dieses Silben-Gesindel auf ihn zu, und belobt ihn dergestalt, dass er sich endlich für untadelhaft hält, und für wahres Verdienst Augen und Empfindung verliert.

) 486 (

ACHT UND DREISSIGSTES KAPITEL

[14 siehe Anmerkung zu Seite 67]
[15 Bürgermeister]

Ich für meine Person befand mich im Lager so ziemlich wohl. Ich hatte beinahe täglich Besuch von Bekannten aus der der dasigen weiten und breiten Gegend, und von diesen erfuhr ich die ganze Litanei von allem, was seit meiner Abwesenheit aus der Pfalz, vorgefallen war, aber ich erfuhr selten etwas Erfreuliches. Alles war so beim Alten geblieben, und wenn ja der eine und der andre etwas hatte bessern wollen, so hatte er es sofort zu tun mit den Pfaffen, Edelleuten und Beamten, welche ihn an allen Unternehmungen hinderten. Alle hofften auf eine Generalreform nach dem Ende des Krieges. Gebe sie der Himmel!

Alle Tage hörten wir, dass die Franzosen da und dort vor den Deutschen wichen, und nun sahen die meisten nichts sicherer entgegen, als Landaus Einnahme, und der Eroberung von ganz Elsaß. Einige radotierten schon von Straßburgs wirklicher Einnahme! Diese Nachricht verbreitete sich deswegen, weil wirklich in Straßburg ein Komplott existierte, welches die Festung den Deutschen in die Hände spielen wollte. Die vornehmsten Mitglieder des Komplotts waren mehrere von der Straßburger Munizipalität, und einige reiche Juden. Aber Eulogius Schneider[14], der damals öffentlicher Ankläger war, entdeckte durch seine Emissärs den Anschlag: die Verschwornen wurden eingezogen und fanden ihr Ende auf der Guillotine. Dabei war auch der gewesene Maire[15], Herr von Dietrichs.

Den Weg der Verräterei hat man in keinem Kriege mehr eingeschlagen, als in dem gegenwärtigen: ein wahres Zeichen, dass man sich zu schwach fand, der verachteten Nation ins Angesicht zu widerstehen. Gegen uns haben die Franzosen sich selten der Verräter oder der Spione bedient. Doch fand sich bei Landau ein reformierter Kandidat, welcher wegen seines artigen Benehmens die Gnade des Herzogs von Braunschweig auf eine vorzügliche Art genossen hatte. Dieser zeichnete aus eignem Antrieb den Plan der ganzen Stellung des Deutschen Heeres ab, und schickte ihn in die Festung. Die Sache wurde entdeckt und der Kandidat arretiert. Er hatte allerdings so nach dem Herkommen, den Tod verdient, aber der König und der Herzog verwandelte die Todesstrafe in Baugefangenschaft.

) 487 (

) 488 (

339

Neun und dreißigstes Kapitel.
Ich werde endlich noch gar — geheimer Gesandter.

Ich habe in der ganzen bisherigen Erzählung keine Rolle von Bedeutung gespielt, und hatte nur selten Gelegenheit, dem Leser von meinem kleinen Ich etwas zu sagen, das seiner Aufmerksamkeit wert gewesen wäre. Man kann daher das, was ich bis jetzt geliefert habe, mehr für historische Bruchstücke über den Feldzug und die Operationen, welchen ich beigewohnt habe, ansehen, als für meine eigne Geschichte. Von nun an aber erzähle ich hauptsächlich wieder von mir, und da man immer an sich mehr Interesse nimmt, als an

NEUN UND DREISSIGSTES KAPITEL

¹ Georg Friedrich Heinrich von Hohenlohe-Ingelfingen (1757–1803), der seine schöne Heimat für den Militärdienst verließ, aber seinen Lebensabend 1803 wieder im Hohenlohischen verbrachte.

² Georg Friedrich Dentzel, (1755–1828), ein entfernter Verwandter Laukhards, der sich vom lutherischen Pfarrer zum Jakobiner entwickelte, siehe das Nachwort ab S. 384.

allem, was uns umgibt, so hoffe ich, dass meine Nachrichten von nun an für den Leser interessanter sein werden, besonders für diejenigen meiner Leser, welche Interesse an mir finden; und die Anzahl dieser ist, wie ich zu meiner Beruhigung weiß, nicht gering.

Die Veränderung meiner Lage, welche hier bei Landau vorging, hat auf alle meine nachherigen Schicksale Einfluss gehabt, und wird ihn wahrscheinlich auch auf meine zukünftigen haben, so dass ich unverzeihlich handeln würde, wenn ich nicht alles, was dahin einschlägt, genau und umständlich beschreiben wollte. Man wird mir also verzeihen, wenn ich hier gegen meine bisherige Gewohnheit, weitläufiger werde, und Kleinigkeiten anführe, sobald diese meine Geschichte in ein helleres Licht stellen.

Ich war unsern Prinzen und den großen Generalen schon lange dem Namen nach bekannt, aber viele von ihnen hatten auch schon mehrmals mit mir gesprochen. Ich muss öffentlich gestehen, dass ich von diesen Herren immer human und freundlich bin behandelt worden, und kann mich insbesondre rühmen, dass der Prinz Louis von Preußen, der Herzog von Weimar, die Generale, Prinz von Hohenlohe und dessen Vetter, der Prinz von Hohenlohe, Oberster bei Wolfframsdorff, die Herrn Generale von Mannstein, von Kalkreuth und mehr andere mir ganz besonders gut begegnet sind.

) 490 (

Der Prinz von Hohenlohe[1], ich meine den damaligen Obersten bei dem Regiment von Wolfframsdorff, hatte in Dürkheim gehört, dass ich mit dem Bürger Dentzel[2], Volksrepräsentant, und zu der Zeit in Mission bei der Rheinarmee, ehemals bekannt gewesen sei. Diese Nachricht war ihm aufgefallen, und er beschloss, deswegen mit mir zu sprechen.

Ich war eben auf einer Schanze, als man mir sagte, der Prinz von Hohenlohe wolle mich sprechen. Da ich seine Art, Leute zu behandeln kannte, so lief ich mit Freuden hin, wie ich war. Ihre Durchlaucht, sagte ich, müssen mir verzeihen, dass ich komme, wie ich war, als ich hörte, dass Sie mich sprechen wollten. Ich konnte mich nicht überwinden, durch Anziehen und

Putzen einen Augenblick zu verlieren. »Das war recht, mein Lieber, erwiderte der Prinz, nur herein: bei mir muss man keine Komplimente machen.

Ich trat ins Zelt, und fand da mehr Gesellschaft, welche recht munter war. Ich musste mit Tabak rauchen, und Wein trinken, welchen der Prinz ganz trefflich hatte, da er ein Liebhaber von gutem ist. Der Prinz war, wie immer, sehr aufgeräumt, und erzählte einige Anekdoten vom alten König, z. B. dass er selbst mehrmals lächelnd bekannt hätte, wie er sich in seiner Jugend vor den Hexen gefürchtet habe, dass er aber nachher bald von dieser törichten Vorstellung abgekommen sei u. dgl. — Unser Gespräch fiel bald auf die Franzosen, und ich freute mich recht über die gesunden Urteile des Prinzen: er war selbst ehemals in Frankreich gewesen, hatte da ganze zehn Jahre gedient, und verstand also den Handel besser, als mancher Andere. Endlich fragte er mich, was ich von den französischen Angelegenheiten dächte? Aber ehe ich antworten konnte, fiel ein Offizier von unserm Regimente lächelnd ein: Ah, Gnädigster Herr, den da müssen Sie nicht fragen: das ist ein Patriot!

PRINZ So? Ist's wahr, Laukhard?
ICH Verzeihn Sie, Monseigneur! ich bin kein Patriot, im gehässigen Sinn: ich liebe den König, und die Deutschen, aber ich liebe auch die Menschen, und muss daher oft anders denken, als die zu denken gewohnt sind, welche nichts sehen und hören wollen, als Fürsten und Sklaven.
PR Schön, das ist brav! Aber glaubt Er denn, dass die Franzosen jetzt auf dem letzten Loche blasen?
ICH Nein, das glaube ich nicht. Die Franzosen haben noch zu viele Hilfsmittel, sich zu behaupten, und es wird noch schwer halten, sie zu bezwingen, geschweige denn, ihre Macht ganz und gar zu tilgen.
PR Er hat doch die römische Historie studiert, Laukhard?
ICH Ja, gnädigster Herr!
PR Nun, so weiß Er ja auch, dass die Soldaten, welche an der Wohlfahrt des Vaterlandes zweifelten, gestraft wurden.

NEUN UND DREISSIGSTES KAPITEL

ICH Ei, gnädigster Herr, ich zweifle an der Wohlfahrt des Vaterlandes gar nicht; ich wünsche und hoffe, dass es Deutschland und besonders Preußen recht gut gehen möge: aber ich kann doch auch nicht behaupten, was unmöglich, und was unwahrscheinlich ist: und von dieser Art wäre die gänzliche Niederlage der Franzosen durch uns.

PR Lassen wir das jetzt. Es denkt ein jeder, was er will; man muss nur ein ehrlicher Mann sein. — Aber à propos Laukhard, ich habe gehört, Er kenne den Repräsentant zu Landau, den Dentzel?

ICH Ja, Ihre Durchlaucht, den kenne ich schon seit vielen Jahren.

PR Genau?

ICH So ziemlich: wir haben manches mal mit einander gezecht, und sonst Abenteuer bestanden. Ich glaube gar, dass wir noch Vetter sind.

PR Was ist denn das für ein Mann?

ICH Gnädigster Herr, in der Lage, worin ich und Dentzel uns befanden, habe ich seinen Charakter nicht kennen lernen: ich habe mich auch nicht einmal drum bekümmert. Es ist, soviel ich weiß, ein unternehmender Kopf, und sonst kein falscher Kerl.

PR Je nun, wir sprechen vielleicht ein andermal mehr davon. Jetzt getrunken und lustig!

Es wurde getrunken aus großen Gläsern scharf, und die Zotologie[3] wurde ziemlich herumgeholt. Gegen Abend ging ich in mein Zelt, und fand eben einen Brief von meinem redlichen Bispink, welcher das Vergnügen dieses Tages krönte.

Gleich am folgenden Morgen schickte der Herr Hauptmann von Nieweschütz, welcher die Kompagnie des Prinzen damals kommandierte, zu mir, und ließ mich holen. Dieser edle Mann, der mir sehr viel Freundschaft in der kurzen Zeit, die wir noch zusammen waren, erwiesen hat, traktierte mich mit Malaga[4]; und nach einem langen Gespräche über diesen und jenen Gegenstand aus den Wissenschaften, worin sich der Hauptmann rühmlich umgesehen hat, wurde das Gespräch, ganz unmerklich wieder auf Dentzel gelenkt. Ich sagte ihm, was ich wusste. Hören

---

3 die Wissenschaft von der Zote
4 schwerer Likörwein aus Andalusien

NEUN UND DREISSIGSTES KAPITEL

Sie, sagte der Hauptmann, Sie können ihr Glück machen: der Prinz wird mit Ihnen sprechen, und dann machen Sie Ihre Sachen klug. — Ich stutzte, und drang in den Hauptmann, sich näher zu erklären; aber er sagte, dass er nichts mehr sagen könne: ich sollte nur klug sein. Ich versprach ihm, mich allen Befehlen des Prinzen zu unterziehen.

Ich war kaum wieder bei meiner Kompagnie, als ich aufs Neue gerufen wurde. Es war zum Prinzen Louis von Preußen[5], welcher hinter der Brandwache auf mich wartete. Hier hatte ich folgende merkwürdige Unterredung.

PRINZ LOUIS Guten Tag, Laukhard! ich hab' ein Wort mit Ihm zu sprechen.
ICH Bin immer Ew. Hoheit zu Diensten!
PR Eh bien; aber jetzt fordre ich keinen Dienst im eigentlichen Sinn: ich fordre was, das Uns und Ihm großen Vorteil bringen soll. Er kennt Dentzel zu Landau?
ICH Ja, Ihre Königliche Hoheit.
PR Glaubt Er wohl, dem Manne beizukommen?
ICH Ich verstehe Sie nicht ganz.
PR Ich werde mich erklären. Seh Er, Dentzel ist Représentant du peuple[6] bei der französischen Rheinarmee: der Mann hat also vielen Einfluss, der dann erst recht sichtbar sein wird, wenn von der Übergabe der vor uns liegenden Festung die Rede sein soll. Diese Übergabe kann nicht lange mehr anstehen, allein sie wird und muss auf alle Fälle noch viel Blut kosten: wir haben also einen Plan erdacht, wie wir ohne Blutvergießen zu unserm Zweck gelangen könnten.
ICH Das wäre ja herrlich!
PR Ja, sieht Er: Und dazu soll er nun helfen!
ICH Und wenn ich mein Leben dabei aufopfern sollte, gern!
PR Schön! So spricht ein braver Soldat. Laukhard, es ist beschlossen, Ihn nach Landau zu schicken.
ICH (betroffen) Nach Landau, mich?
PR Ja, Ihn nach Landau, lieber Laukhard. Sieht Er: Er kennt den Repräsentant Dentzel: dieser vermag alles: kann Er ihn gewinnen, so ist sein und unser Glück gemacht.

---

5 Louis Ferdinand von Preußen, auch »der preußische Apoll« genannt (1772–1806), Militär, der auch komponierte und Klavier spielte. Er starb 1806 im Kampf gegen Napoleon auf dem Schlachtfeld. Näheres zu den Auswirkungen des Vorschlags, den der Prinz Laukhard macht, im Nachwort ab S. 384

6 Volksvertreter

NEUN UND DREISSIGSTES KAPITEL

<small>7 schlaue Schelme
8 zur rechten Zeit
9 unter uns
10 siehe Anmerkung zu Seite 196</small>

ICH Aber auch mein Unglück, Ihre Hoheit, wenn ich entdeckt werde.
PR Ah, Er muss sich nicht fürchten! pardieu, die Franzosen werden Ihm den Hals nicht brechen!
ICH Aber die Franzosen sind Vokativusse[7], Ihre Hoheit: die Kerls spaßen eben nicht viel.
PR Überleg Er die Sache, lieber Laukhard! Findet Er, dass es nicht geht, à la bonne heure[8], so haben wir gespaßt, und alles bleibt entre nous[9]; findet Er aber, dass Er Mut genug hat, die Gefahr nicht zu achten, und sein Glück zu befördern, so entschließe Er sich, und sage mir Bescheid. Adieu! Aber alles bleibt noch unter uns! (geht ab)

Ich schlich unruhig und mürrisch ins Lager zurück: tausend Ideen, tausend Grillen liefen mir durch den Kopf, und ich war doch nicht im Stande, einen festen Entschluss zu fassen. Die Sache schien mir zu wichtig.

Einmal war es mir freilich erwünscht, endlich einmal eine Gelegenheit zu bekommen, mich mit Ehren von den Soldaten loszuwickeln. Bisher nämlich hatte ich das Lästige und Drückende dieses Standes mehr als zu viel erfahren und empfunden. Davon kam ich also weg, wenn ich den Vorschlag Seiner Hoheit annahm: und dann hatte ich mit Herren zu tun, welche mir eine Laufbahn eröffnen konnten, worauf ich wenigstens eher und besser für mich sorgen konnte, als bei den Soldaten. Herr Bispink hatte mir zwar, als wir vor Mainz standen, angetragen, dass er mich, sobald ich nur einwilligte, von dem Regimente entweder loskaufen, oder einen Rekruten von meiner Größe für mich stellen wollte. Er hatte diesen letzten Punkt mit dem Herrn von Patzensky, Hauptmann bei unserm Depot in Halle, schon besprochen; auch über die ganze Sache an unsern Feldprediger, Herrn Lafontaine[10] geschrieben, und ihn um seine Vermittlung ersucht. Aber ich konnte mich durchaus nicht überwinden, eine Güte von dieser Art von einem Manne anzunehmen, der mich schon lange mehr als brüderlich unterstützt hatte, und die ich ihm vielleicht nie hätte vergelten können. Ich lehnte also sein Anerbieten unter dem Vorwande ab: dass der Krieg gegen die Franzosen mich zu sehr interessierte, als dass ich nicht wünschen sollte, ihm bis zu Ende mit beizuwohnen, usw. Im Grunde aber hatte ich des Soldatenlebens herzlich satt; und so war es mir lieb, hier endlich eine Gelegenheit vor mir zu sehen, meinen Abschied durch eine eklatante Dienstleistung selbst zu verdienen. Dadurch erwürbe ich mir, dachte ich damals, auch zugleich ein Recht auf eine sorgenlose Existenz im Preußischen, und wäre nicht genötigt, mich auf eine prekäre Lebensart dereinst irgendwo einzulassen. Freilich war viel Gefahr bei der ganzen Unternehmung, allein wenn sie gelang, so war auch viel Vorteil auf meiner Seite zu erwarten.

Auf der andern Seite mochte ich den Vorschlag auch deswegen nicht verwerfen, weil ich dadurch Ursache werden konnte, dass eine blutige Belagerung in eine friedliche Übergabe verwandelt würde, wodurch das Leben vieler Menschen, sowohl bei den Unsrigen als bei den Franzosen gewann.

Freilich hätte ich den Salto mortale niemals gewagt, wenn ich den Geist der Nation schon damals so gekannt hätte, wie ich ihn bald darauf kennen lernte, und welcher vorzüglich dahin geht, dass dem Feinde nicht eine Spanne breit Platz in der Republik eingeräumt werde, oder bleibe. Das erste Grundgesetz der Nation ist die Unteilbarkeit des Reichs: diese muss erhalten oder die Nation muss vernichtet werden. Aber ich kannte die Franzosen damals von dieser Seite eben so wenig, als der König von Preußen und alle koalisierten Mächte sie auch noch nicht kannten, und Viele, leider! noch immer nicht zu kennen scheinen.

Aber die Gefahr, welcher ich mich notwendig aussetzen musste, schreckte mich immer nicht wenig. Ich hatte gehört, dass die Franzosen einige Tage vorher einen Emigrierten, welcher von den Kaiserlichen desertiert war, in Landau aber als französischer Flüchtling erkannt wurde, ohne langen Prozess hatten totschießen lassen. Was einem Spion und einem Emissär gebührte, war mir lange bekannt ich hatte die Praxis davon bei Luxemburg, und bei Mainz gesehen. Überdies verdammten meine eignen Grundsätze die mir zugedachte Unternehmung: auch erinnerte ich mich recht lebhaft an das, was Pyrrhus ehedem zu den Römern sagte:

NEUN UND DREISSIGSTES KAPITEL

Non cauponantes bellum, sed belligerantes, Ferro, non auro vitam cernamus utrique.[11] —

Spionerei habe ich überhaupt immer für etwas sehr Unanständiges gehalten, und Verräterei für das abscheulichste Verbrechen. Denn was kann fürchterlicheres gedacht werden, als der Missbrauch des Vertrauens, welches das Vaterland auf uns setzt, und was ist schändlicher, als der Gewinn, den wir von dem verkauften Interesse unsrer Nation ziehen? Daher kamen mir auch jene Generale, welche dem Interesse ihrer Nation untreu geworden waren, besonders ein Lafayette und ein Dumouriez, als die abscheulichsten Menschen vor. — Und dennoch sollte ich mich in die augenscheinlichste Gefahr stürzen? Dennoch gegen meine eigne Überzeugung handeln, weil ich mir dadurch Nutzen schaffen konnte, wenn ich mit heiler Haut davonkam?

Was das letzte, oder die Überzeugung von Recht und Unrecht betrifft, so wäre das die geringste Frage gewesen: denn ich hatte Beispiele genug zu meiner Rechtfertigung. Der Eigennutz ist das große Triebrad der menschlichen Handlungen: davon zeugt die Geschichte aller Zeiten und aller Völker; und alle wahre Biographien sind davon der klarste Beweis. Ein Herr Philosoph kennt und rühmt die Wahrheit, und ist überzeugt, dass diese, verbunden mit einer ihr würdigen Lebensart, die höchste Würde des Menschen ausmacht: er lehrt dieses in allen seinen Büchern; und seine Handlungen sind gewöhnlich das Gegenteil von seiner Lehre. Auch der größte Philosoph kalkuliert meistenteils à la Pitt[12], und ist Kaufmann auf Geld, Ehre und Gewissen, wie dieser. — Mit den Herren Moralisten konnte ich also bald fertig werden.

Aber die Gefahr, welcher ich mich unterziehen sollte, lag mir mehr im Sinne. Ich musste befürchten, dass Dentzel meinen Antrag mit Verachtung verwarf, und mich in Untersuchung nehmen ließ. Auch liefen täglich Deserteurs nach Landau über: konnte die Sache nun nicht durch so einen dahin gebracht und verraten werden? Und wo blieb dann Laukhard? Diese Gedanken bekümmerten mich Tag und Nacht, und raubten mir alle Ruhe.

---

11 Nach Ciceros *De officiis* I, 12: »Nicht indem wir mit Krieg schachern, sondern indem wir Krieg führen, nicht mit Gold, sondern mit Eisen wollen wir unser Leben auf die Probe stellen.«

12 William Pitt d. J., der englische Premierminister (1759–1806), der 1782 zuerst Schatzkanzler gewesen war und später den englischen Staatshaushalt sanierte. Und auch, wenn es mit der Textstelle nichts zu tun hat: Pitt war maßgeblich an der Abschaffung der Sklaverei beteiligt.

NEUN UND DREISSIGSTES KAPITEL

Den Tag nach meiner Unterredung mit dem Prinzen Louis kam der Adjutant des Kronprinzen zu mir, nahm mich mit hinter die Brandwache, und fragte mich: ob ich dem Antrag des Prinzen Louis nachgedacht hätte? Ich bejahte.

ADJUTANT Nun, was denkt Er davon?
ICH Ich denke, dass es ein sehr gefährliches und halsbrechendes Stück Arbeit ist.
ADJ Weiter nichts?
ICH Das aber doch für mich und für uns alle nützlich werden könnte.
ADJ Das auf alle Fälle nützlich werden muss: denn gesetzt auch, Er richtet nichts aus, so lernen wir doch die Gesinnungen der Leute kennen, und das ist schon viel: versteht Er mich?
ICH O ja, ich verstehe Sie wohl! Also wenn ich nichts ausrichte, so sehen die Preußen, dass auf diese Art dem Repräsentanten nicht beizukommen war, und nehmen ihre Maßregeln auf eine andere Art. Ich zahle indes mit meinem Leben, und die Herren haben einen Maßstab ihrer Unternehmungen mehr: Allerliebst!
ADJ Ei, lieber Laukhard, ich meine das nicht so! Wenn Er auch nichts ausrichtet, so ist Er deswegen doch noch nicht verloren. Er muss nur seine Sachen gescheit anfangen; und kommt Er wieder aus Landau zu uns, so ist sein Glück auf alle Fälle gemacht.
ICH Ja, wenn die Festung durch mich in unsre Hände kommt!
ADJ Und wenn das auch nicht geschieht: Er ist auf alle Fälle gedeckt, und seiner Belohnung sicher. Das wäre schön, die Übergabe der Festung zur Bedingung seiner Belohnung zu machen! Er wird auf alle Fälle königlich belohnt, und auf immer vor Armut und Not in Sicherheit gesetzt. Aus einem Mann, wie Er ist, muss noch einmal was in der Welt werden: pardieu!
ICH Alles gut, Herr Adjutant, aber das Ding bleibt immer kitzlig.
ADJ Freilich wohl! Aber was ist Er denn, Laukhard? Ist Er nicht Soldat, und muss ein braver Soldat nicht vor die Kanonen gehen?
ICH Natürlich!

) 502 (

ADJ Ist Er noch nicht vor den Kanonen gewesen?
ICH O ja, schon mehr als einmal.
ADJ Hat Er da sich wohl gefürchtet und geängstet?
ICH Herr Adjutant, wenn mir ein Andrer diese Frage vorlegte, ich weiß nicht, ich —
ADJ Ich schmiss ihm hinter die Ohren, nicht wahr? — Das ist recht gesprochen, mein Lieber: so hör' ichs gern. Nun sieht Er, wenn Er ohne Furcht vor die Kanonen ging, wo Er doch nicht viel tun konnte, warum wollte Er jetzt eine Gelegenheit vorbeilassen, wo weniger Gefahr ist, und wo Er Viel tun kann?

Dieser Grund bestimmte mich beinahe: ich sagte dem Adjutanten, dass ich für den Kronprinzen alles zu wagen und alles zu tun bereit wäre. Er möge also Seiner Hoheit meinen Entschluss melden, und Sie versichern, dass nur ihren Befehl erwartete.

Es war mir, wie es sich versteht, verboten worden, diese kitzlige Sache irgendjemanden bekannt zu machen; aber dies forderte schon meine eigne Sicherheit. Ich hatte nicht einmal das Herz, sie meinem Hauptmann anzuvertrauen: dieser fragte auch ganz und gar nicht, was die großen Herren mit mir gesprochen hätten.

Es war bei der Kompagnie ein Franzose, Namens Gautier, ein eingemachter Windbeutel, der beinahe kein Wort Deutsch wusste. Aber en révanche[13] frisierte und rasierte er, wie ein Meister, und war immer guter Dinge. Seines jovialischen Wesens und seiner Schnurren wegen war er bei jedermann, sogar bei den vornehmsten Offizieren, wohl gelitten, welche ihn so zu sagen zum Hänschen brauchen wollten, die er aber selbst nicht selten tüchtig hänselte.

Dieser Gautier hatte bei den ehemaligen Nationalgarden in Frankreich gedient, kannte die Generale Lafayette, Dumouriez, Anselme und andre, hatte die Preußen aus Champagne verfolgen helfen, und war im Frühling des Jahres 1793 bei Trier desertiert. Weil er nun sehr viel zu erzählen wusste, so machte ich mir gern mit ihm zu schaffen. Sonst war er auch ein ehrlicher Kerl, mit welchem sichs gut umgehen ließ.

Vierzigstes Kapitel.
Fortsetzung des vorigen.

Den Abend, als der Adjutant des Kronprinzen bei mir gewesen war, saß ich in der Marketenderhütte, und dachte über mein Schicksal ernsthaft nach. Gautier näherte sich mir traulich, und fragte mich, warum ich so traurig aussähe? Ich sagte ihm, der Kopf täte mir wehe: er war aber mit meiner Entschuldigung nicht zufrieden, und sagte mir gerade heraus, dass er glaube, die Unzufriedenheit mit meiner Lage verursache nur Nachdenken. Nun, sagte ich, wenn auch das wäre!

ER Je nun, so musst du deine Lage ändern.
ICH Ja, aber wie?
ER Höre, Bruder, ich kenne dich, du wirst mich nicht verraten.
ICH Nein, bei Gott, das tue ich nicht.
ER Nun, so höre! Schon lange wäre ich gern wieder bei den Franzosen gewesen —

ICH Du? Du bist ja von ihnen desertiert; und wenn sie dich jetzt haschen, so schießen sie dich tot!
ER Wenn ich vorgebe, die Preußen hätten mich aufgefangen, und mit Gewalt unter ihre Leute gesteckt: so bin ich frei. Und da du immer gut von den Patrioten gesprochen hast: wie wär's, wenn wir beide nach Landau gingen?
ICH Bruder, Bruder, was mutest du mir da zu! Bedenke, wenn so was herauskäme! Nein, nimmermehr! Lass uns abbrechen; kein Wort hiervon weiter!
ER Du verrätst mich doch nicht?
ICH Sei unbesorgt: ich werde alles verschweigen. —

Die ganze Sache war mir indes bedenklich, und wenn ich so hätte handeln wollen, wie es die Klugheit hier für meine künftige Sicherheit forderte, so hätte ich den Gautier angeben müssen: denn es war nichts sicherer zu vermuten, als dass er, sobald er meine Desertion vernahm, auch fortlaufen würde: und was hatte ich da zu befürchten! Aber ich wollte sein Zutrauen nicht missbrauchen, und schwieg. Er hat hernach doch fortlaufen wollen, ist aber unglücklicher Weise erhascht worden. Erst bei der Retirade ging er zurück nach Frankreich; aber nach welcher Gegend — weiß ich nicht.

Ein und vierzigstes Kapitel.
Meine Instruktion vom Kronprinzen.

Am 25ten September wurde ich aufs Piket nach Nußdorf geschickt. Hier hatten die Leute gerade Herbst oder Weinlese, welche sie, nach Obigem, notwendiger Weise schon so frühe anfangen mussten, weil sonst die deutschen Soldaten auch keine Beere in den Weinbergen gelassen hätten. Unsre Leute gingen scharenweise hinein, und holten ganze Brotsäcke voll Trauben, welches ihnen umso weniger verboten war, da man die Trauben als ein Präservativ[1] gegen die Ruhr ansah.

1 einen Schutz gegen

EIN UND VIERZIGSTES KAPITEL

Ich war kaum in Nußdorf, so kam schon ein Bote aus dem Lager mit dem Befehl, dass ich sogleich zurückkommen sollte. Ich lief nach meiner Kompagnie, und fand da jemand, der mich nach dem Zelte des Kronprinzen begleitete. Der Kronprinz empfing mich, nach seiner edlen Gewohnheit, freundlich, drückte mir die Hand, und fragte mich: ob ich dem Vorschlag nachgedacht hätte? Ich bejahte dieses, und versicherte Seine Hoheit, dass ich alles für die Ehre und den Vorteil der preußischen Waffen tun würde.

KRONPRINZ Ich habe schon viel Gutes durch meinen Vetter (den Prinzen Louis, Sohn des Prinzen Ferdinand von Preußen) von Ihm gehört, lieber Laukhard, und hatte mir vorgenommen, für seine Loslassung von den Soldaten zu sorgen. Nun zeigt sich aber eine Gelegenheit, wobei Er dem Staate noch nützlich sein kann, und bei dieser denke ich auch Sein Glück zu machen. Er ist frei: von diesem Augenblick an ist Er kein Soldat mehr. Jetzt erkläre Er, ob Er das noch tun will, wovon die Rede ist?
ICH Ja, Gnädigster Herr: ich werde mein Möglichstes tun, den Auftrag Euer Königliche Hoheit pünktlich auszuführen.
KRONPRINZ Nun wohl, in Gottes Namen! Er soll sehen, dass ich nicht undankbar bin, und, dass ich Wort halte. Morgen früh um 7 Uhr komme Er zu mir, dann soll Er Seine Instruktion haben.

Ich ging: der Adjutant folgte mir, und gab mir einen Louisd'or; um mir mit meinen Kameraden, wie er sagte, einen guten Tag zu machen. Als ich ihm aber vorstellte, dass es notwendig Aufsehen machen müsste, wenn ich heute lustig lebte, und die Nacht zum Feinde überginge, so gab er mir Recht, und ich ging missmutig nach der Kompagnie.

Wir hatten einen Burschen, welcher gar nichts verschweigen konnte. Diesen nahm ich mit zum Marketender, war aber immer still und unruhig. Auf sein Befragen, was mir denn wäre, antwortete ich: dass er mir ja doch nicht helfen könnte.

EIN UND VIERZIGSTES KAPITEL

ER Wer weiß auch, Bruder!
ICH Nein, du kannst mir nicht helfen, aber wenn du mich nicht verraten willst, so kann ich dir wohl sagen, was mir eigentlich ist.
ER Gott strafe mich, Bruder, wenn ich ein Wort sage!
ICH Sieh, du weißt, dass ich immer gut patriotisch war!
ER Ja, mein Seel', du hast oft geschwatzt, wie ein Franzos.
ICH Nun schau, das Ding hat der Kronprinz erfahren, und lässt nun Untersuchung anstellen. Er meint gar, ich habe mit den Patrioten zu Neustadt unter der Decke gesteckt.
ER Aha; deshalb sind die Herren immer bei dir gewesen!
ICH Freilich! Glaub nur, das Ding geht mir höllisch im Kopf herum. Aber dass du ja nichts ausplauderst!
ER Der Teufel soll mich holen, Bruder! Nein, was ich weiß, erfährt kein Mensch: da soll mir lieber die Zunge erlahmen.

Ich hatte dem Menschen den Unterricht von meiner Lage bloß in der Absicht gegeben, dass er das Ding unter den Soldaten verbreiten sollte, und hatte mich nicht betrogen: denn ehe eine Stunde verging, wusste die ganze Kompagnie, dass ich der Patrioterei wegen angeklagt sei, und nun schwere Strafe zu erwarten hätte. Einige behaupteten, ich müsste Gassen laufen, andre aber, welche das Ding besser wissen wollten, sagten, dass ich gar könnte gehenkt werden, wenigstens müsste ich zeitlebens in die Karre. Ich hörte die läppischen Urteile, und freute mich bass darüber. Denn nun fand das Vorgeben von meiner Desertion Glauben; und kam dann ein wirklicher Deserteur von uns nach mir nach Landau, so war ich vor ihm auch da sicher. Mein Hauptmann wusste das alles, sprach aber mit mir nicht ein Wort davon.

Die Nacht brachte ich sehr unruhig hin: früh schrieb ich noch einen Brief an Herrn Bispink, worin ich ihm meldete, dass man etwas Wichtiges mit mir vorhabe, worüber ich ihm, sobald es sich tun ließe, nähern Aufschluss geben wollte: nur möge er bis da-

EIN UND VIERZIGSTES KAPITEL

hin meinetwegen ganz unbekümmert sein. — Allein Herr Bispink hatte schon einem Regimentsboten etwas für mich mitgegeben; und nun hatte ihm mein Hauptmann zu seiner Beruhigung einige Auskunft mitgeteilt. Auch vorher hatte schon ein Unteroffizier von unsrer Compagnie, Namens Jakob, ihm geschrieben: ich hätte ihm aufgetragen, dem Herrn Bispink zu melden, dass ich die Nacht vom 26–27ten Sept. von der Piketwache[2] nach Landau desertieren würde, usw. Diesen Kunstgriff hatte der Unteroffizier zwar nur ergriffen, um Herrn Bispinks Güte auf meine Rechnung zu benutzen; aber gerade weil ein Unteroffizier ihm dies gemeldet hatte, deutete er meine Desertion ganz richtig, jedoch mit vielem Befremden. Nichts hat mich nachher mehr geschmerzt, als dass ich diesen braven Mann meinetwegen so lange in Ungewissheit lassen musste.

Um 7 Uhr ging ich zum Prinzen von Hohenlohe, der mich erst mit Malaga traktierte, und hernach zum Kronprinzen führte. Hier erhielt ich meine Instruktion. Da es meinen Lesern gleich viel gelten kann, worin die Natur dieser Instruktion bestanden habe, so werden sie sich begnügen, wenn ich ihnen ganz kurz melde, dass mein Auftrag dahin ging, die Festung Landau ohne militärische Angriffe an die Preußen zu bringen, und zwar — durch Geld. — Ob ich gleich viel Vertrauen auf den Mut und die Ehrlichkeit der Republikaner hatte, so wusste ich doch auch, dass Geld alles vermag, und dass der Dichter recht sagt:

> Aurum per medios ire satellites
> Et perrumpere amat saxa, potentius
> Ictu fulmineo: concidit Auguris
> Argive domus ob lucrum
> Demersa excidio: dividit urbium
> Portas vir macedo, et subruit Æmulos
> Reges muneribus.[3]

Und da man eine sehr große Summe bestimmt hatte, um zum Ziele zu gelangen, so verzweifelte ich nicht ganz an dem guten, das heißt, gewünschten Ausgang meines Auftrags.

---

2 Feldwache

3 Horaz, *Carmina* III, 16, V.9: »Nur zu gerne geht Gold mitten durch die Leibgarde hindurch und zerschlägt steinerne Mauern wie ein Blitz: Das Haus des argivischen Sehers (= Amphiaraos) ging durch Goldgier zugrunde und wurde im Verderben versenkt; der Mazedonier (= Philipp II.) öffnete mit Geld die Tore der Städte und vernichtete die konkurrierenden Könige.«

EIN UND VIERZIGSTES KAPITEL

Der Kronprinz sprach weitläufig, über zwei gute Stunden, während ich mit ihm frühstückte, über die Angelegenheiten, welche mich zunächst angingen, und dann über das Allgemeine. Alle seine Urteile waren richtig und bestimmt, und man merkte wohl, dass er sich in den öffentlichen Geschäften fleißig umgesehen hatte. Besonders hat mich der herablassende, sanftmütige, von allem Stolz entfernte Charakter dieses Fürsten entzückt. »Wir sehen uns gewiss noch vor Weihnachten wieder, sagte er zu mir, und dann reiset Er mit mir nach Berlin, und geht dann nach Halle, wenn Er will.« Der treffliche Prinz konnte nicht voraussehen, dass ich von damals an 18 Monate in der Gewalt der Franzosen würde bleiben und unter steter Todesgefahr herumirren müssen.[4]

Nachdem ich über den ganzen Inhalt meiner geheimen Sendung unterrichtet war, empfahl ich mich, und ging. Der Prinz von Hohenlohe begleitete mich, und händigte mir eine Hand voll Gold ein, wovon ich in Landau leben sollte. Ich ging mit dem Prinzen nach seinem Zelte, wo er mir ein Billet einhändigte, welches ich an den Herrn Major von Wedel, der damals unser Bataillon kommandierte, abgeben sollte.

Dieser rechtschaffne Mann sah mich sehr mitleidig an, als er das Billet gelesen hatte, und sagte wörtlich weiter nichts, als: wenn's dann so sein muss, so mag es so sein! Guter Laukhard, Er geht diesen Abend nach Nußdorff; es wird Ihn niemand aufhalten: das übrige werd' ich schon bestellen.

Den Tag über hielt ich mich sehr ruhig: gegen Abend ging ich aus dem Lager mit Sack und Pack: denn ich gab vor: ich müsste jemand auf dem Piket ablösen. Man ließ mich ohne Umstände passieren. In Nußdorf fand ich meinen Hauptmann, den Herrn von Mandelsloh, welcher durch den Herrn Major von Wedel von allem unterrichtet war. Er zog mich auf die Seite: ich weiß alles sagte er, also brauchen wir nicht viel Erklärung. Jetzt geh Er nur nach der untern Wache, und bleib Er da, bis ich komme.

Unsre Leute hatten eben einen Keller aufgewittert, worin noch Wein war, und holten diesen in großen Häfen auf die Wache, wo er unmäßig gesoffen wurde:

[4] siehe Nachwort S. 384

EIN UND VIERZIGSTES KAPITEL

ich aber hatte nicht das Herz, einen Tropfen mitzutrinken, ging daher in ein Nebenhaus, wo ich nur eine Mostbrockel[5] machen ließ. Von meinen Sachen wollte ich nichts mitnehmen, als meine Wäsche und einen hebräischen Psalter, welchen mir Herr Bispink auf mein Bitten geschickt hatte. Ich habe diesen Psalter hernach auf meinen Touren durch Frankreich immer mit herumgetragen, und erst bei meiner Zurückkunft aus diesem Lande einem Freunde geschenkt. Die hebräische Sprache hat mir immer gefallen, nicht wegen des in derselben verfaßten Alten Testaments, wo freilich manche hübsche Urkunde, vermischt mit unzähligen Fratzen und Torheiten vorkommt, sondern wegen der großen Simplizität derselben.

Gegen 12 Uhr des Nachts kam Herr von Mandelsloh, mein Hauptmann und noch ein Major von dem Regiment von Wolffmansdorff. »Laukard kann mit uns gehen, sagte der Hauptmann: er kann Ordonnanz machen: wir wollen ein wenig die Posten visitieren.« Ich legte meine Tasche ab, nahm nichts als Tornister und Seitengewehr, und begleitete die Herren. Wir gingen gerade zum Dorf hinaus auf die Landauer Straße, und meinem braven, mitleidigen Hauptmann war das Herz so beklommen, dass er kaum reden konnte. Der Major führte also das Wort, und sprach sehr viel über die Schuldigkeit des Soldaten, sein Leben für seinen Herrn zu wagen. Ich fand dieses Gespräch für mich damals eben nicht sehr passend, und remonstrierte so lange, bis der Major mir zugab: dass der Soldat erst dann sein Leben nach Recht und Pflicht wagen müsse, wenn er selbst einsehe, dass sein Herr für eine durchaus gerechte Sache mit den Waffen auftrete. — Auch wollte der Herr Major nicht zugeben, dass ein Herr eben darum gehalten sei, seinen Soldaten die Ursachen anzugeben, warum er Krieg anfange, oder warum er diesem oder jenem Hilfsvölker gebe. Allein ich versetzte, dass der Soldat, der ohne zu wissen, warum, in den Krieg ziehen müsse, niemals mit so viel Mut und Zutrauen fechte, als der, welcher von der Gerechtigkeit und Notwendigkeit des Krieges überzeugt sei.

---

5 Wohl Laukard'scher Neologismus und Laukhard'sche Variation der Speisekarte analog zur in der Pfalz verbürgten *Milchbrockel*: in Most (statt Milch) gebrocktes Brot.

MAJOR Ja gut; aber wer, beim Henker, kann denn jedem Soldaten das vordemonstrieren?

ICH Es ist gar nicht nötig, dass man jeden gemeinen Soldaten, oder auch nur jeden Offizier von den Ursachen des Krieges überzeuge: das muss einige mal öffentlich geschehen, und dann wird es sich bis zum Tambour und zum Packknecht bald und pfeilschnell verbreiten.

MAJOR Aber wie soll denn die öffentliche Anzeige geschehen?

ICH Einmal durch ein Manifest an die Armee, worin die Gründe, welche den Fürsten zum Krieg bewegen, enthalten wären. Diese müssten genau und deutlich aus einander gesetzt und so dargestellt werden, dass sie allgemein einleuchteten, und dann an sich schon so beschaffen sein, dass sie auch Eindruck auf den Soldaten machen könnten: Bei jeder Kompagnie müssten eins oder zwei Exemplare verteilt werden, und dann lernten die Soldaten sie, nach ihrer bekannten Neugierde in solchen Dingen, gewiss bald auswendig. Hernach hat man ja auch die Herren Feldprediger, die doch mit ihren gewöhnlichen Predigten wenig Nutzen stiften. Diese Herren müsste man anhalten, über die Pflicht, tapfer, beherzt und treu zu sein, öfters Reden zu halten: die Beweggründe dieser Reden müssten nicht hergenommen werden aus der Bibel, oder aus der allgemeinen Pflicht, seinem Eide treu zu sein, sondern aus der Natur des jedesmaligen Krieges, und aus den Ursachen, warum man gerade jetzt Krieg führen wolle. Freilich müssten die meisten Herren Feldprediger alsdann mehr studieren, als sie jetzt tun; auch müssten die Gründe nicht nach der gewöhnlichen Herrscher-Diplomatik riechen, sondern gerecht, und wahr sein, so dass ein ehrlicher Mann sie ehrlich vortragen, und von ihrer motivierten Darstellung das erwarten könnte, was Viele nach dem hergebrachten Herrscherwahn entweder von dem Nimbus ihrer Macht, oder von der Rhetorik des Korporalstocks sich versprechen, aber gewöhnlich so finden, wie bisher. Auch der gemeinste Mann ist mehr als Maschine, zumal jetzt unter der Gegenfeile der Franzosen. Die Zeit wird mich rechtfertigen.

EIN UND VIERZIGSTES KAPITEL

MAJOR Er kann recht haben, Laukhard, – aber die Kriegsplane dürfen doch niemals bekannt gemacht werden.

ICH Das versteht sich allein: die Ursachen, warum man Krieg führt und die Art, wie man ihn führt oder führen will, sind sehr verschieden. Jene müssen jedem Soldaten genau bekannt sein d. h. jeder Soldat, der halbwegs Nachdenken hat, muss einsehen, dass er für die gerechte Sache ins Feld zieht: aber die Plane – darf nur der Feldherr wissen. usw.

Unter diesem Gespräche kamen wir eine gute Strecke von Nußdorff ab. Es begegnete uns eine Patrouille, welche uns berichtete, dass in der Tiefe alles ruhig sei. Nun, sagte Herr von Mandelsloh, so begleiten wir unsern Laukhard noch eine Strecke. Die Franzosen werden uns nicht gleich haschen. – Es war herrliches Wetter und lichtheller Mondschein. Wir gingen sachte weiter. Endlich ermahnte ich die Herren selbst, zurückzugehen, indem man nicht wissen könne, was hie oder da aufstoße, oder im Hinterhalte laure. Die Herren sahen die Notwendigkeit, zurückzukehren, selbst ein, gaben mir noch manch nützlichen Rat, wünschten mir gute Verrichtung und damit Gott empfohlen. Der letzte Handdruck meines biedern Hauptmanns war herzig, aber noch herziger sein Antrag, hier noch mit umzukehren, wofern ich in meinem Entschlusse nur das mindeste wankte, oder ihn bereute. Allein meine Antwort war eben so kurz als entschlossen diese: »Ein ehrlicher Mann hält Wort, und wenn's sein Leben kosten sollte!«

Zwei und vierzigstes Kapitel.
Mein Übergang zu den Franzosen.

Kaum war ich dreißig Schritte vorwärtsgegangen, als eine französische Patrouille von drei Dragonern auf mich zukam, und mir ihr qui vive? (wer da?) zurief. Ich gab mich sofort für einen preußischen Deserteur an. Sois le bien venu!¹ rief ein Dragoner: komm näher! Aber Kerl, Du sprichst französisch: bist wohl gar ein Franzose?

---

1 Er sei herzlich willkommen!

ZWEI UND VIERZIGSTES KAPITEL

<small>2 Heiliger Schelm, Hund, heiliges Luder, heilige Scheiße usw.

3 Verdammt nochmal!</small>

ICH Warum nicht gar: ich bin ein Deutscher!
DRAG Aber sacré mâtin,*) Du sprichst ja französisch: wo hast Du das gelernt?
ICH Meint Ihr denn, dass die Deutschen nicht auch französisch können?
DRAG Vive la Nation! Kamerad, Du musst Du sagen! fouttre!³ Du bist bei Republikanern; die sagen alle Du. Also Du bist kein Franzos?
ICH Nein! ich hab's ja schon gesagt.
DRAG Gut! Du bist ein braver Junge, dass Du deinen Tyrannen verlassen hast. (d'Avoir foutu le camp à ton tyran) Aber wo sind denn Deine Kameraden?
ICH Was für Kameraden?
DRAG Sacré mâtin, ich habe doch welche sprechen hören!
ICH Ich habe so für mich getrallert.
DRAG Nein: es waren mehrere Stimmen. Ich muss wohl nachsuchen.

<small>*) Sacré mâtin, chien, sacrée garce, sacripie, sacré foutage, sacrée merderie,² und tausend andere Floskeln sind die Würze für die republikanische Sprache des gemeinen Volks in Frankreich. Im Jahr 1793 und 1794 waren diese Floskeln mit ein Beweis des echten robespierrischen Patriotismus. Ich liefre weiterhin über diese unanständige Verbrämung der französischen Sprache ein eignes Kapitel.</small>

Zwei Dragoner sprengten wirklich fort, und suchten, ob noch jemand in der Nähe wäre. Man stelle sich meine Angst vor: denn es war ja leicht, sehr leicht möglich, dass mein Hauptmann und der Major erhascht, und eingebracht wurden, und dann — war Laukhard geliefert. Ein Dragoner blieb inzwischen bei mir, und sprach sehr freundlich. Endlich nach langem Hin- und Hersuchen kamen die beiden andern zurück, und versicherten, dass doch nichts da wäre: es müsste vielleicht eine feindliche Patrouille gewesen sein. Nach meiner Zurückkunft nach Halle erfuhr ich von dem Herrn Hauptmann von Mandesloh, dass ihnen die Dragoner wirklich auf den Hals gekommen wären, dass sie sich aber in die Weinberge versteckt hätten, um nicht entdeckt zu werden. Sie waren beide unbewaffnet, hatten nichts als ihre Degen, und wären da ohne Umstände gezwungen gewesen, sich nach Landau führen zu lassen. Gut nur, dass dieses nicht geschehen ist!

Meine Dragoner führten mich auf die kleine Schanze vor dem deutschen Tore, wo ein Hauptmann und ein Leutnant das Kommando hatten, und wo 50

ZWEI UND VIERZIGSTES KAPITEL

Mann zur Wache waren. Der Hauptmann war froh, dass ich mit ihm reden konnte – er war vom zweiten Bataillon La Correze – und unterhielt sich mit mir die ganze Nacht. Der Leutnant saß da, und las in der französischen Übersetzung des *Fräuleins von Sternheim*[4]. Die Soldaten legten mir hundert Fragen vor, welche ich beantworten musste, die ich aber so beantwortete, wie es mir zuträglich schien. Ich bediente mich hier der Ausdrücke, Monsieur, Messieurs, avoir la grace, la bonté, de permettre u. dgl.[5] Aber der Hauptmann bat mich, alle Freiheitstötenden Ausdrücke (termes libérticides) nicht mehr zu gebrauchen. »Du bist jetzt, sagte er, im Lande der Freiheit, musst also auch reden, wie ein freier Mann.«

ICH Das ist wohl wahr: aber Dir z. B. bin ich doch Respekt schuldig.
ER Gerade so viel als ich Dir. Bin ich Dein Herr? Oder hab' ich Dir zu befehlen?
ICH Du bist aber doch Hauptmann!
ER Und Du bist Mensch, und das ist hinlänglich, um frei zu sein, und von Niemanden abzuhängen. Aber ich merke lieber Freund, Du hast noch keinen Begriff von der Freiheit. Wenn Dir's nicht zuwider ist, so will ich Dir hierüber einige Auskunft geben. Sag mir einmal, darfst Du stehlen?
ICH Bewahre! Stehlen darf Niemand.
ER Warum nicht?
ICH Weils nicht recht ist.
ER Gut: woher weißt Du, dass es nicht recht ist?
ICH Weil es der Vernunft und dem natürlichen Gesetz zuwider ist.
ER Das ist nicht richtig gesprochen: Es muss heißen: weil es dem geschriebnen Gesetz zuwider ist. Verstehst Du mich?
ICH O ja, aber das Naturgesetz muss doch die Grundlage aller geschriebnen Gesetze sein.
ER Das gehört alleweile nicht hierher, so wahr es sonst ist. Das Naturrecht bildet keine Gesellschaft: wo aber Gesellschaft ist, da gibt es positive Gesetze, und es muss sie geben: und was diese befehlen, das ist recht und erlaubt und was sie verbieten, ist unrecht, und

---

[4] Roman von Sophie von La Roche (1730–1807), erstveröffentlicht 1771

[5] Höfische Höflichkeitsfloskeln, »mein Herr, meine Herren, die Gnade haben, die Güte, zu erlauben«

) 520 (

) 521 (

nicht erlaubt. Jetzt will ich Dir auch sagen, was Freiheit ist. Freiheit heißt das Vermögen, bloß nach solchen Gesetzen zu leben, welche vernünftig und dem gemeinen Wesen nützlich sind. Sklaverei hingegen heißt von Gesetzen abhängen, welche absurd, unbillig, ungerecht usw. sind. Hast Du mich verstanden?
ICH O ja, ich bitte, nur fortzufahren.
ER Du siehst also, dass Freiheit keine Gesetzlosigkeit ist, und nichts weniger mit sich bringt, als das Vermögen, willkürlich zu handeln, oder seinen besondern Willen dem allgemeinen Willen vorzuziehen: jeder muss sich dem allgemeinen Willen unterwerfen.
ICH Was verstehst Du unter allgemeinem Willen?
ER Darunter verstehe ich den Willen der Nation, auf diese oder jene Art als Nation zu existieren. Die Modifikation dieser Existenz macht den Grund aller Gesetze aus: sie ist die Grundlage der öffentlichen Ruhe, und darf folglich von keinem einzelnen Mitglied übertreten, verändert, oder verdreht werden. Nun glaube ich, hast Du einigen Begriff von der Freiheit, welche die Franzosen einführen wollen.
ICH Aber seid Ihr denn jetzt frei?
ER Wie man es nehmen will. Unsre gesetzgebende Macht hat die Notwendigkeit eingesehen, Gesetze und Verordnungen zu machen, welche mit der vernünftigen Freiheit der Bürger nicht bestehen können. Dergleichen Verordnungen haben wir viele.
ICH Also seid Ihr ja nicht frei!
ER Höre, Freund, wenn Du das Fieber hast, und wirklich König bist: bist Du da frei? Antwort: nein! Frankreich hat jetzt das Fieber: Frankreich liegt im schrecklichsten Paroxismus[6], dessen Krisis sich fürchterlich äußert: und nun überlege, ob da die friedliche Lage der Freiheit in vollem Maße, so wie wir sie wünschen, und mit der Zeit haben werden, jetzt schon Statt haben könne?
ICH Da Ihr aber diese schreckliche Krisen, diesen Paroxismus zum voraus sehen konntet, warum finget Ihr Eure Revolution an?
ER Dieser Paroxismus ist nicht ganz Folge der Revolution. Warum kamen Eure Fürsten, uns zu stören, und dadurch unsern Zustand zu verschlimmern und

[6] Krankheitsschub

ZWEI UND VIERZIGSTES KAPITEL

⁷ Revolutionstribunale

⁸ Erschießungen

zu verlängern? Warum mussten unsre Großen, unser Capet, unsre Adligen, unsre Pfaffen Rebellion und Blutvergießen stiften, unter der Hand unterhalten und dadurch die Revolutionsgesetze, die tribunaux révolutionnaires[7], die Guillotine, die Füseliaden[8] und andre scheußliche Auftritte notwendig machen? Die Revolution an sich war an dem großen Unglück, das unser Land betroffen hat, und das wahrscheinlich noch einen großen Teil von Europa niederdrücken wird, nicht allein Schuld.

ICH Du bekennst also doch, dass die Revolution gelegentlich großes Unglück über Frankreich gebracht hat: also ist sie gegen Eure Erwartung anders ausgefallen, als sie sollte.

ER Ganz und gar nicht. Man hat, wenigstens haben gescheite Köpfe diese Folgen größtenteils voraus gesehn. Aber es musste einmal brechen. Wir sind nicht allein für uns da; wir müssen auch auf unsre Nachkommen bedacht sein. Ein Volk ist anzusehen, wie Ein Körper, der viele Jahrhunderte lebt. Wenn daher an diesem Körper brandartige Glieder sind, so muss man diese wegschaffen, gesetzt auch, es müsse frisches Fleisch mit abgeschnitten werden.

ICH Ich verstehe Dich: Du meinst den Adel —

ER Nicht den Adel allein; ich meine alle die, welche an der unrechtmäßigen Obergewalt unsrer Tyrannen Teil hatten, und ihre Bübereien unter dem Schutz der willkürlichen Einrichtung eines Einzigen verübten. Und diese waren vorzüglich die Pfaffen, die Edelleute, die Pächter, die Monopolisten und anderes unzähliges Gesindel, welches nun zerstört und zertrümmert ist.

ICH Und Ihr fürchtet Euch nicht, dass alles dieses wiederhergestellt werden könne? Ihr bedenkt nicht, dass Ihr alsdann noch weit mehr gedrückt sein werdet, als Ihr es jemals unter Euren Ludwigen wart?

ER Eben weil wir dieses denken, bieten wir alles auf, um jenem vorzubeugen, fest entschlossen, entweder Alles zu verlieren oder Alles zu gewinnen: ein Mittelweg ist für uns schon unmöglich geworden, und dies vorzüglich durch das Versehen Eurer Fürsten. Dies sieht der größere und edlere Teil unserer Nation lange ein; und darum bemühen sich Eure Fürsten zu ihrem

) 524 (

eignen Ruin sehr töricht, uns wieder zu irgendeiner Art von willkürlicher Tyrannei zurückzubringen.

ICH Man ist aber im Kriege niemals wegen des Erfolges sicher: es könnte doch geschehen, dass die vereinigte Macht so vieler Fürsten endlich eine allgemeine Veränderung in Eurem jetzigen Systeme hervorbrächten. Denn erstlich —

Bisher hatten alle Soldaten geschwiegen, und aufmerksam zugehört; aber bei meiner letzten Äußerung fingen alle an zu murren, und ein ganz junger Volontär sagte mir in recht barschem Ton: »Du sollst sehen, Citoyen, dass alle Könige und alle Pfaffen und alle Edelleute nicht im Stande sein werden, uns zu besiegen. Frei wollen wir bleiben, oder sterben.« Ja das wollen wir, riefen alle. — Wer uns besiegen will, fuhr der Volontär fort, muss unser ganzes Volk ausrotten, aber das soll und kann weder der Teufel, noch der Papst, noch sonst ein Tyrann! Ich fand nicht für gut, den Volontärs die Möglichkeit einer gänzlichen Niederlage von ihrer Seite weiter zu zeigen, und versicherte sie, dass ich selbst nichts sehnlicher wünschte, als dass das angefangene gute Werk Bestand haben und alle seligen Früchte bringen möge, welche Frankreich davon erwartete. Ich nehme Dir's nicht übel, versetzte der Volontär, dass Du so sprichst, wie Du gesprochen hast: Du kommst von den Tyrannen her, und wie kann man in der Sklaverei lernen, vernünftig und frei zu denken!

Der Hauptmann fragte mich, ob ich Hunger hätte. Ich verneinte es. Nun trinken wirst Du doch eins, nicht wahr? Kameraden, fuhr er fort, indem er sich zu den Soldaten wendete, geh doch einer, wer will, hin und hole eine Feldflasche voll Wein!

Ich habe noch eine hier, schrie ein Volontär: die steht Dir zu Willen. *) Er brachte sie, und wir fingen an zu trinken.

Ich musste mich besonders über das anständige Betragen dieser Leute wundern. Es herrschte unter ihnen die trefflichste Ordnung, und die strengste Disziplin. Ganz anders hatte man uns die französische Zucht vorge-

9 nicht mehr »Ihnen zu Diensten«, sondern »dir zu Willen«.

*) Man bemerke, dass man in Frankreich nicht mehr sagt: à votre service, sondern à ta volonté.[9]

schildert: da waren es Leute, welche von gar keiner Subordination wüssten; die täten, was sie wollten, die auf den Befehl ihres Offiziers nicht hörten und was des albernen Vorgebens mehr war. Allein hier sah ich zum ersten Mal, gegen meine Erwartung, wie es wenigstens im Dienste so ordentlich bei den Franzosen zuging, als es bei den Preußen je zugehen kann. Ich werde in der Folge von der Subordination und dem patriotischen Diensteifer der Franzosen noch mehr reden, und einige spezielle, sehr interessante, Tatsachen davon anbringen. Hier bemerke ich nur noch so viel, dass im Dienst alle Subordination im allerstrengsten Verstande ausgeübt wird, und dass doch dabei der Offizier nicht im geringsten den Tyrannen machen kann. Ich weiß es noch gar gut, dass man bei den Preußen einen gewaltigen Unterschied zwischen guten und bösen Offizieren macht; aber in Frankreich ist dieser Unterschied nicht einmal denkbar. Hier findet gar keine Willkür statt: überall herrscht und entscheidet das Gesetz. Das Gesetz kennen alle: alle finden es gut und notwendig; und so beeifert sich jeder, dem Gesetz zu gehorchen. Aber unter dem Gesetz steht der Offizier so gut, als der Volontär: was das Gesetz vorschreibt erkennen beide für Recht und Pflicht; und über dies hinaus vermag die Willkür nichts. Was kümmert's also den Soldaten in Frankreich, ob sein kommandierender Offizier ein Isegrimm[10] oder ein Engel ist! Der Soldat muss seine Pflicht tun: davon kann ihn der Offizier nicht freisprechen; und als Patriot im echten Wortverstand tut er sie gern. Erlaubte Dinge dürfen ihm übrigens nicht verboten, und unerlaubte nicht gestattet werden: und damit ist's alle.

 Die Strenge der preußischen Disziplin, vorzüglich in Wesel, muss den Franzosen überhaupt scheußlich genug beschrieben sein: denn hier fragten sie mich fleißig, wie viel Hiebe der preußische Soldat täglich bekomme? Ob denn ihr Kommissbrot in der Tat über allen Glauben schlecht sei? usw.— Ich musste die ganze Nacht herhalten und plaudern; aber ich tat das gern, indem schon hier mir manches Vorurteil verschwand, welches ich in Absicht der Franzosen noch hatte.

---

10 ein Wolf

ZWEI UND VIERZIGSTES KAPITEL

Früh sagte mir der Hauptmann seinen Namen, bat mich, ihn zu besuchen, wenn er abgelöst sein würde, und darauf ließ er mich durch einen Volontär, aber ohne Gewehr, zum General Laubadere, dem Volksrepräsentanten Dentzel und dem Kriegskommissarius, dessen Namen ich vergessen bin, abführen. Wie ich diese Leute gefunden, wie meine Mission abgelaufen, in welche Gefahren und Gegenden sie mich getrieben, kurz, wie es mir 18 Monate hindurch in Frankreich ergangen; was ich da gehört und gesehen; wie die Nation sich verändert und von neuem organisiert habe im Bürgerlichen, Militärischen, Wissenschaftlichen, Ökonomischen, Merkantilischen und Moralischen; – wie und wodurch ich aus Frankreich befreit, was für Schicksale mich auf meiner Reise nach Deutschland, und bei den Schwäbischen Kreistruppen betroffen; wie ich auch von diesen losgekommen und endlich wieder nach Halle zu meinem ehrlichen, biedern Bispink gewandert bin; was ich da jetzt treibe –
das alles ist schon beschrieben, und
erscheint nächstens im
folgenden Bande.

Ende
—

Der »berühmt-berüchtigte Magister Laukhard« — vom Querulant und Skandalon zum einzigartigen Zeitzeugen und Whistleblower

von Wolfgang Hörner

[1] Johann Wolfgang von Goethe Campagne in Frankreich 1792. Sämtliche Werke, Band 12, Zürich 1950, S. 237–425

Einer, der »die KriegsEreignisse in einem zweydeutigen Licht und die anarchischen Grundsätze der Franzosen verschönert und sehr plausibel vorträgt« (Geheimakte des preußischen Außenministeriums)

»Von hier und heute geht eine neue Epoche der Weltgeschichte aus, und ihr könnt sagen, ihr seid dabei gewesen«[1] — das schrieb Johann Wolfgang von Goethe in seiner autobiographischen Erinnerungsschrift *Campagne in Frankreich* über die sogenannte ›Kanonade von Valmy‹. In diesem Artilleriegefecht schlug das eilig aufgestellte Heer des revolutionären Frankreich am

NACHWORT

[2] so der Prinz von Gotha nach Nicolas Boyle *Goethe. Der Dichter in seiner Zeit. 1790–1803*, München 1999, S. 148

[3] Brief an C. G. Voigt, Luxenburg 15. Octbr. 1972. *Goethes Werke* (Sophienausgabe), Abt. IV (Briefe), Bd. 10, Brief 2953; Boyle gibt als Briefadressaten Herder an, ebenda S. 175

[4] der Fairness halber sei zugegeben, dass er schon eine Woche nach der Kanonade von Valmy in einem Brief an Knebel von einer »wichtigen Epoche« sprach, die das Ereignis eingeläutet habe (lt. Nicolas Boyle *Goethe*, S. 168)

20. September 1792 eine gut 80.000 Mann starke Invasionsarmee zurück, eine Allianz vornehmlich aus Österreichern, Preußen und französischen Emigranten, die den ›aufständischen Pöbel‹ auseinandertreiben, die revolutionäre Regierung auflösen, Ludwig XVI. wieder als Staatsoberhaupt einsetzen und die Monarchie in Frankreich wiedereinführen sollte. Kurz: Zur Re-Vision der Verhältnisse in Frankreich und zur Warnung an andere Völker, sich nicht gegen ihre Fürsten aufzulehnen, hat sich »des Königs von Preußen Majestät in Gnaden entschlossen, Frankreich in einen Aschehaufen zu verwandeln«[2]. Aber: Die aufständischen Franzosen verteidigten sich nicht nur geschickt, sie behielten die Oberhand. Die vom Herzog von Braunschweig und vom preußischen König angeführte Allianz musste sich zurückziehen. Goethe war auf Aufforderung seines fürstlichen Freundes, des Herzogs Karl August von Sachsen-Weimar, bei einer Unternehmung mitgezogen, die er in einem Brief an C. G. Voigt als »eine der unglücklichsten ... der Welt«[3] bezeichnete und bei der er auch ein gerüttelt Maß Unbill ausgestanden und zwischenzeitlich sogar gezweifelt hatte, ob er mit heiler Haut davonkäme.

Freilich: Goethe schrieb den anfangs zitierten berühmten Satz mit fast 30 Jahren Abstand zum Geschehen; ob er ihn je vor Ort gedacht oder gar geäußert hat, ist ungewiss[4] – und vor allem: direkt in der Situation waren die meisten mit anderem beschäftigt, als mit Gedanken an weltgeschichtliche Epochen. So etwa Christian Friedrich Laukhard, der auch »dabei gewesen« ist. Wie Goethe war er ein studierter Gelehrter und Autor. Allerdings keiner, dessen Laufbahn von Erfolg gekrönt war. Zudem war Laukhard, anders als der Dichterfürst, nicht mit eigener »böhmischer Halbchaise« (einer Kutsche, die von vier Pferden gezogen wird) angereist, von einem Diener begleitet und mit wohlgefülltem Geldbeutel ausgestattet, sondern als einfacher Soldat. Schon auf dem entsetzlich verregneten Anmarsch musste er schutzlos im Freien kampieren, verdreckt, verlaust, durchnässt, hungernd und frierend. Wo Goethe sich des hüfthoch aufgeweichten Bodens wegen aus seiner trockenen Schlafkutsche von

Soldaten am »Abend musste hinein, und morgens wieder hinaustragen lassen«[5], um sich dann per Gefährt oder hoch zu Ross weiterzubewegen, liegt Laukhard auf dem nassen Boden und muss beim Marsch durch den Schlamm waten. Als sich Goethe nach der schnellen Einnahme der Festung Verdun durch die Alliierten schon halb in Paris glaubt und seiner Geliebten Souvenirs verspricht[6], gibt es im Heer bereits erste Ausbrüche der Ruhr, und Laukhard schwant schon, dass die Sache schlecht ausgehen könnte.

Nach der Kanonade beginnt für Laukhard die »neue Epoche der Weltgeschichte« mit der nackten Angst um Überleben: »Als es Tag wurde, verbreiteten sich Angst und Schrecken«[7]. Er kann sich nicht so bald wie möglich auf einem Pferd bzw. in der Kutsche davonmachen, er muss ausharren, den Befehlen seiner Vorgesetzten ausgeliefert. Denen fällt es schwer, ihre Niederlage einzugestehen. Statt alles zu tun, die Mannschaften zu retten, zögern sie, schreiben hochmütige Manifeste, bevor sie – ihre Lage dann doch erkennend – einen Waffenstillstand verhandeln und den Rückzug antreten. Ihre Invasion in Frankreich half Ludwig XVI. in keiner Weise, verschlimmerte seine Lage eher noch: Als am Tag nach der Kanonade klar wird, dass die Invasion zurückgeschlagen ist, wird in Paris die Monarchie für beendet erklärt und die Republik ausgerufen. Vier Monate später, am 21. Januar 1793, wird Ludwig hingerichtet.

Zwar war die Kanonade keine Schlacht, sondern ›nur‹ ein mehrstündiges gegenseitiges Beschießen auf längere Distanz, vornehmlich mit Kanonen, zwar verlieren die Franzosen wohl sogar mehr Soldaten als die Angreifer (auf französischer Seite soll es ca. 300 Tote gegeben haben, auf Seiten der Koalition 184 – bei geschätzt 34.000 Angreifern und ca. 50.000 verteidigenden Franzosen). Aber die Koalition unter ihrem Heerführer, dem Herzog Karl Wilhelm Ferdinand von Braunschweig muss einsehen, dass die Franzosen weder (wie erhofft) davonrennen noch der Exzesse der Revolution müde sind und überlaufen. Auch muss sie erkennen, dass sie mit dem gegnerischen Heerführer Charles-François Dumouriez keinen unerfahre-

---

[5] Goethe, *Campagne*, S. 247

[6] Brief Goethes an Christiane Vulpius, am 10.9.1792; Boyle, S. 157

[7] vorliegende Ausgabe Seite 132

nen revolutionären Heißsporn vor sich hat, sondern einen äußerst klugen und umsichtigen Mann, der sie geschickt ausmanövriert hat. Jetzt dämmert es auch den Führern der Reichstruppen, wie leichtsinnig es war, unter ungünstigen Wetterbedingungen so weit ungedeckt ins Feindesland einzudringen, sich auf dem Hinweg die Bevölkerung mit Plünderungen zum Feind gemacht und den Nachschub zu lässig organisiert zu haben.

Das Heer war schon ohne Kampfhandlungen ziemlich zermürbt – lange bevor der erste feindliche Soldat gesichtet wurde, stellte Laukhard fest: »Wir waren alle durch naß, und zitterten am ganzen Leibe vor Kälte und Nässe. Aller Muth war weg, und wäre ein Feind da gewesen, wir hätten uns ergeben oder erliegen müssen«[8]. Und die erste kalte Nacht nach der Kanonade hat laut Laukhards Schätzung »mehr Preußen hingerafft«[9] als das Treffen selbst.

Der als einfacher Musketier im Thadden'schen Regiment, also als preußischer Fußsoldat verpflichtete Autor verfügt zwar nicht über besondere Informationsquellen und Zugang zur Heerführung, aber er hat ein scharfes Auge, gute Ohren und einen wachen Verstand: »Ein Musketier sieht oft mehr und richtiger als mancher Herr Offizier samt seinem König. Diesen fehlt es an geschärftem Gefühl dazu.«[10]

Laukhard hat schon längst verstanden, dass die Franzosen nicht deshalb einer Schlacht ausweichen, weil sie feige, militärisch unterlegen oder zu unerfahren sind, sondern weil sie wissen, dass sie selbst eigentlich gar keinen Finger mehr krümmen müssen: Die Alliierten werden allein von der grassierenden Ruhr (die sie sich wohl wegen der nachlässigen Hygiene im Feldlager vor Trier zugezogen haben, wie Laukhard vermutet[11]), der mangelnden Verpflegung, der Nässe und der Kälte kampfunfähig gemacht.

Er weiß schon längst, dass es für die Koalitionsarmee nichts mehr zu gewinnen gibt und dass im Falle eines entschiedenen französischen Angriffs die »Sache« wohl keinen »glücklichen Ausgang«[12] nehmen würde, kurzum: dass das Überleben der Invasoren

[8] *Briefe eines preußischen Augenzeugen über den Feldzug des Herzogs von Braunschweig gegen die Neufranken im Jahr 1792*, Erstes Pack, Zweite unveränderte Auflage, Germanien 1794, S. 110

[9] ebd. Erstes Pack S. 114

[10] *Leben und Schicksale* II, S. 327

[11] diese Ausgabe S. 79

[12] diese Ausgabe S. 132

NACHWORT

[13] diese Ausgabe S. 16

[14] Laukhard, *Schilderung der jetzigen Reichsarmee*, S. 68

[15] ebd., S. 68

[16] diese Ausgabe S. 100

[17] diese Ausgabe S. 100

[18] diese Ausgabe S. 87

[19] *Briefe eines preußischen Augenzeugen*, Erstes Pack, S. 6

am seidenen Faden hängt, und sie mehr oder weniger in der Hand der Revolutionäre sind. Zu allem Überfluss: Laukhards Bedürfnis, gegen das revolutionäre Frankreich vorzugehen, ist äußerst gering. Eine »gewisse Neigung für das System der Neufranken«[13] kann er nicht verhehlen. »Bedrückung der Unterthanen, Stolz und Sklaverey«[14], wie sie in Frankreich und vielen deutschen Fürstentümern verbreitet sind, verachtete er schon in seiner Heimat »nirgendwo ist der Untertan ärger Sklav, als unter den kleinen Despoten in Deutschland«.[15] Des Französischen ebenso mächtig wie anderer Sprachen, hat er sich auf dem Hinmarsch bewusst mit vielen Franzosen der »erwerbenden Klassen« unterhalten (nicht mit solchen »der verzehrenden«[16]) und bemerkt, dass diese tatsächlich »jetzt fühlten, dass sie Menschen wären, und nicht mehr Sklaven des Edelmanns und der Priester«[17]. Er hält den Feldzug schon allein deshalb für sinnlos, weil selbst ein Sieg im Felde den Freiheitsteufel nicht mehr in die Flasche zurückbekommen hätte: »Den Krieg der Neufranken kann man beendigen, aber nicht den Krieg ihres Systems«.[18]

Anders als Goethe hat Laukhard die erste Fassung seiner Erlebnisse nicht mit großem zeitlichem Abstand notiert, sondern schon auf dem Weg: Packen eins und zwei (also die ersten beiden Bände) seiner *Briefe eines preußischen Augenzeugen über den Feldzug des Herzogs von Braunschweig gegen die Neufranken* (ohne Verlagsangabe, gezeichnet »Germanien 1793«) veröffentlichte er anonym. Sie erschienen wohl zur Ostermesse und zur Herbstmesse 1793, da war er selbst gerade in Frankreich. Er schrieb sie direkt während des Feldzugs, in »kleinen rauchichen Stuben, unter stetem Getümmel der Soldaten«[19] und sandte sie portionsweise an seinem Freund, Gönner und Verleger Franz Heinrich Bispink nach Halle. Dieser sammelte sie und gab sie weiter an den Verleger. Ob und wie Bispink sie bearbeitete, weiß man nicht. Als Laukhard später in Frankreich verschwunden war und kaum mehr liefern konnte, suchte, so vermutet man, Bispink andere Quellen der fortlaufenden Ereignisse, weshalb Laukhard an den Folgebänden, also

Packen drei und vier der *Briefe* (die 1794 erscheinen) wohl nur geringeren Anteil hat[20].

Die *Briefe* sind also sozusagen ein fortlaufender Bericht vom Feldzug. »Live-Report« würde man dergleichen heutzutage nennen, ein zeitgenössischer Laukhard würde wahrscheinlich twittern und posten – oder an Bispink liefern, der sie auf einer Whistleblower-Plattform einstellen würde. Laukhards Schrift erschien natürlich anonym, und noch während er unterwegs war. Er schrieb ohne Wissen seiner Vorgesetzten, mit gutem Grund: Er sympathisiert mit den Grundidealen der Revolutionäre, also dem »Feind«, und nimmt sich deshalb vor, »durchaus unpartheyisch«[21] zu sein, »ich werde daher, solange ich die Feder in der Hand habe, thun, als wäre ich weder Deutscher noch preußischer Unterthan.« Aber auch zur Gegenseite will er Distanz wahren, nicht sich zum »blinden Anbeter der französischen Demokratie herabwürdigen.«[22] Selbst als später der Schrecken des Terrors in Frankreich wütet, gibt er allerdings zu bedenken: »Bey der schrecklichen Alternative, *entweder* wieder ins alte Joch des Despotismus, der Pfafferey und der Tyranney des Adels noch sklavischer als zuvor zurückgeworfen zu werden, *oder* frey zu werden, findet der Menschenfreund tausend Gründe, das Schreckenssystem zu rechtfertigen und zu entschuldigen, ohne jedoch die Exzesse gutzuheißen, welche so häufig vorgefallen sind, ob er sich auch gleich hierbey erinnert, dass, wenn man eine Saite zu sehr spannt, man sich eben nicht wundern darf, wenn sie zerspringt, und dem unvorsichtigen Spanner ins Auge schlägt.«[23]

Vorbildliches Verhalten von Vorgesetzten und Heerführern wie dem preußischen Kronprinzen ist er alleweil willig anzuerkennen und ausdrücklich zu loben; ungescheut weist er aber darauf hin, wenn deren Fehler »das Elend so vieler Tausend Menschen« zur Folge haben[24].

Aus Furcht vor Repressionen gab sich auch Laukhards Verleger nicht zu erkennen. Es war aller Wahrscheinlichkeit nach der bei den Behörden berüchtigte Gottfried Vollmer, der bereits in seiner Erfurter Zeit

---

20 zur Diskussion im Einzelnen siehe Christoph Weiß, *Friedrich Christian Laukhard 1757–1822*, St. Ingbert 1992, Band. 2, S. 25–30

21 *Briefe eines preußischen Augenzeugen*, Erstes Pack, S. 13

22 ebd. S. 14

23 *Begebenheiten* IV, I, S. 118

24 vorliegende Ausgabe S. 142

mehrfach mit der Zensur kollidiert war und 1794 ins zensurfreie Altona auswich (und auch dort zu drucken vorgab, selbst wenn die Schriften z.T. noch anderswo hergestellt wurden). 1795 wurde er aber dennoch wegen der Veröffentlichung »revolutionsfreundlicher Schriften« kurzfristig in Erfurt inhaftiert[25].

Nach seiner Rückkehr nach Deutschland fasste Laukhard seine Feldzugserlebnisse unter Einbeziehung des inzwischen veröffentlichten zeitgenössischen Schrifttums zu den Ereignissen noch einmal gebündelt zusammen und veröffentlichte sie als Fortsetzung seiner schon vor dem Feldzug begonnenen und veröffentlichten (Anti-)Biografie *F. C. Laukhards, vorzeiten Magisters der Philosophie, und iezt Musketiers unter dem von Thaddenschen Regiment zu Halle, Leben und Schicksale, von ihm selbst beschrieben, und zur Warnung für Eltern und studierende Jünglinge herausgegeben* (Teil 1 und 2 waren vor seiner Abreise 1792 erschienen). Jetzt nennt er sich wieder ›*Magister der Philosophie und iezt Lehrers der ältern und neuern Sprachen auf der Universität zu Halle*‹. Unter dem Titel *Begebenheiten, Erfahrungen und Bemerkungen während des Feldzugs gegen Frankreich* zeichnet er sie nun namentlich. Mehrfach bezieht er sich in diesem Buch auf die *Briefe*, tut aber so, als seien sie von einem anderen Autor geschrieben – denn noch immer schien es ihm riskant, als ihr Verfasser erkannt zu werden. Der hier vorliegende Band ist jener dritte Teil von Laukhards Lebensgeschichte, er erschien im Jahr 1796; im Jahr darauf folgte noch Teil vier (mit seinen Erlebnissen im revolutionären Frankreich) und 1802 ein fünfter Band (über die Zeit danach). Diese Bücher veröffentlichte Laukhard zwar unter seinem eigenen Namen (der Feldzug ist vorbei, und vor allem ist er nicht mehr in der Armee), sicherheitshalber aber bei dem außerhalb der preußischen Zensur angesiedelten Verleger Gerhard Fleischer in Leipzig, der wiederum seinerseits sicherheitshalber angibt, das Buch sei nur »in Commission« bei ihm erschienen – eine Formulierung, die es ihm erlaubt, sich notfalls leichter von dem Buch zu distanzieren, um rechtlich nicht belangt zu werden.

[25] Dirk Sangmeister *Vertrieben vom Feld der Literatur. Verbreitung und Unterdrückung der Werke von Friedrich Christian Laukhard.* Bremen 2016, S. 141.

Auch was Laukhard unter Klarnamen auftischt, ist für viele Zeitgenossen starker Tobak. Wer Laukhard liest, lernt den Krieg aus der Sicht des »gemeinen Soldaten« kennen. Anders als in kriegsverklärenden Propagandaschriften zieht dieser nicht mit heroischer Todesverachtung geradewegs dem Feind entgegen, sondern als Mensch. Und oft findet er sich in ganz unheroischen Situationen, etwa wenn er einfach gar nicht recht weiß, wo er überhaupt ist und wohin er weiter soll; er muss sinnlose Befehle befolgen, misstraut den »verschraubten Märchenbrütern«[26] der eigenen Propaganda und hat oft genug erhebliche Zweifel am Sinn des Ganzen. Bei Laukhard ziehen nicht stolze Helden in die Schlacht, im Rückzug vergleicht er seine Kameraden gar mit »Zigeunern« und »Hottentotten«; seine Kameraden kriechen aus ihren nassen schlammverkrusteten Zelten »wie die Säue aus ihren Ställen«[27]

Dergleichen findet sich bei Goethe nicht, der ja als Begleiter seines Herzogs und nicht etwa als Berichterstatter am Feldzug teilnahm. Er wurde trotzdem als eine Art »embedded reporter« behandelt — bei einem zufälligen Treffen während des Rückzugs erkennt ihn der Herzog von Braunschweig, der Heerführer der Alliieren, und forderte ihn auf, der Nachwelt kundzutun, dass die Alliierten »nicht vom Feind, sondern von den Elementen bezwungen«[28] worden seien. Goethe freilich tut dies nicht. Wie schon erwähnt, veröffentlichte er seine Erinnerungen erst Jahrzehnte später, im Jahr 1822 — und baute in die Schrift eine Unterhaltung mit einem Offizier ein, der über Goethe sagt: »dafür ist er viel zu klug! Was er schreiben dürfte mag er nicht schreiben, was er schreiben möchte wird er nicht schreiben.«[29]

Laukhard dagegen widerspricht der offiziellen Darstellung schon während des Feldzugs mehrfach und hartnäckig. Seiner Meinung nach haben eher die falschen Angaben der von ihm zutiefst verachteten Emigranten (»Auswurf der Menschheit«, »Hof-Insekten«, »Lügner«, »die ärgsten Feinde«[30]), sowie die Leichtgläubigkeit, der Leichtsinn und die Arroganz der alliierten Heerführung die Armee in die lebensbedrohliche Lage gebracht.

---

26 vorliegende Ausgabe S. 217

27 diese Ausgabe, Original S. 142

28 Goethe *Campagne in Frankreich 1792*, S. 320

29 ebd. S. 346

30 *Briefe eines preußischen Augenzeugen*, Erstes Pack S. 30, 61, 75

Und das ist längst nicht alles. Laukhard beschreibt auch, dass die preußischen Soldaten vor dem Angriff »erbleichen«, sich vor anfliegenden Kanonenkugeln wegbücken, also schlicht: Angst haben (darüber wird es im deutschen Blätterwald erregte Diskussionen geben); er weist sogar darauf hin, dass es einer Armee gut anstehe, wenn ihre Soldaten gesunden Selbsterhaltungstrieb an den Tag legten. Er schildert, wie die Alliierten nach der Kanonade tagelang Tote unbegraben liegen lassen[31], wie in den Lazaretten im Kot liegende Tote nicht weggeräumt[32] und hunderte Kranke und Verletzte im Feindesland zurückgelassen werden[33]. Angesichts der späteren Exzesse, die von den im Gegenzug in deutsche Gebiete eingefallenen Franzosen begangen wurden, gibt er zu bedenken, dass diese wohl nicht erfolgt wären, hätten sich die Alliierten in Frankreich besser benommen.[34] Er gibt offen zu, dass er zwischenzeitlich über Desertion nachgedacht hat[35] und verrät selbst militärische Geheimnisse, etwa die Entwicklung eines (völlig unbrauchbaren) ledernen Schutzes für Zündschlösser[36].

Dass er nicht den aufopferungsvollen Tod von preußischen Offizieren im Kampf als heroisch darstellt, sondern ausgerechnet den *Frei*tod des französischen Festungskommandanten von Verdun, Nicolas-Joseph Beaurepaire (der sich nach der die Zivilbevölkerung schonenden Übergabe der Festung erschießt), wird den preußischen Militärs so wenig gefallen haben wie der deutschen Geistlichkeit, für die Freitod nach wie vor Sakrileg ist.[37]

Rundheraus spricht sich Laukhard auch für das Recht der Völker aus, über Tyrannen, die sich über das Wohl des Volkes stellen, zu richten und leitet her, dass der Prozess des französischen Volkes gegen Ludwig XVI. als erster Prozess der Weltgeschichte gegen einen früheren Herrscher tatsächlich völlig geltendem Recht entsprochen habe (wenn er auch angibt, er selbst hätte »den armen Ludwig« nicht guillotiniert).[38] Dass andere ihn mahnen, mit diesen Meinungen lieber vorsichtig umzugehen, ficht ihn nicht an, er spricht sie aus.[39]

Heutzutage würde man jemanden wie Laukhard wohl als Whistleblower bezeichnen. Und obwohl er

---

[31] *Briefe eines preußischen Augenzeugen*, Zweites Pack, S. 102 und diese Ausgabe S. 121f.

[32] ebd. 216

[33] vorliegende Ausgabe S. 147ff.

[34] *Begebenheiten* IV, S. 180

[35] vorliegende Ausgabe S. 202

[36] vorliegende Ausgabe S. 228

[37] vorliegende Ausgabe S. 105

[38] vorliegende Ausgabe S. 223f.

[39] vorliegende Ausgabe S. 227

selbst dem Soldatenstande angehört (wie es dazu kam und wie er davon freikam, wird weiter hinten noch erläutert werden) — verachtet er die zwischenstaatliche Konfliktlösung durch Gewalt. Im Kern ist der Soldat Laukhard Pazifist. Kein Wunder, er hat bei seinen zwei Feldzügen (schon vor dem Frankreichfeldzug war er — wie Goethe übrigens auch — 1790 bei einem Truppenaufmarsch in Schlesien beteiligt) aus der Perspektive des Fußsoldaten gesehen, wie Krieg wirklich ist. Das unterscheidet ihn von den meisten Autoren vor und neben ihm. Auch wenn der (zu Laukhards Zeiten übrigens vollkommen vergessene) Grimmelshausen schon ein Jahrhundert vor ihm im *Simplicissimus Teutsch* einen großen Anti-Kriegsroman geschrieben hatte: Grimmelshausen hatte die kriegerischen Auseinandersetzungen wohl zwar als Jugendlicher noch erlebt, sein Buch aber als eine Art historischen Roman ca. zwanzig Jahre nach Friedensschluss veröffentlicht; die meisten Quellen der Kriegsereignisse stammen aus zweiter Hand. Das ist bei Laukhard anders. Er schreibt, während er in Aktion ist. Und die Erfahrung macht ihn zum relevanten Autor. Hatte er in seiner frühen literarischen Produktion keine Anekdote ausgelassen, keine Zote gescheut und war teilweise entschieden weitschweifig gewesen, bekommt er jetzt eine detailgespeiste Härte, die dem sonstigen deutschen Schrifttum der Zeit eher abgeht:

»Von Hans an bis nach Luxembourg war der Marsch der Preußen mit toten Pferden wie angefüllt: alle fünf Schritte lag so ein Tier, entweder schon tot oder doch dem Tode nahe. Manche hatte man auch, weil sie gar nicht mehr ziehen konnten, laufen lassen und sie dem Hungertode preis gegeben. Vielleicht haben nach unserm Abzuge die Bauern sie aufgefangen oder aus Mitleid getötet. Es war wirklich ein schrecklicher Anblick, so viel armes Vieh da herum liegen zu sehen, das zum Teil noch lebte, und über deren Körper Wagen, andre Pferde und Menschen quetschten. [...] Unsre Läger sahen bei unserm Aufbruch auch hier noch immer aus, wie Begräbnisstätten, oder wie Spitalhöfe. Die ekelhaften blutigen Exkremente machten einen scheußlichen, und die da und dort liegenden Kranken und mit dem Tode erbärmlich Ringenden einen schrecklichen Anblick.« »Daß man wirklich Tote unbegraben liegen ließ, entschuldiget unsere damalige Lage: daß man aber auch unvermögende lebendige Menschen dahinliegen ließ, war doch schrecklich und grausam! Der König hat von dieser Barbarei gewiss nichts gewusst, vielleicht wussten es nicht einmal die hohen Generale: aber einzelne Offiziere hätten es wissen müssen, und diese hätte man zu schwerer Verantwortung ziehen sollen. Doch – wo kein Kläger ist, da ist auch kein Richter; und wer verklagt gern seinen Hauptmann?«

Aus letzterer Passage erhellt auch ein weiteres Charakteristikum von Laukhards Darstellung: Kein anderer Autor seiner Zeit zeigt so ungeschminkt und illusionslos die Eigendynamik des Krieges und macht so unmissverständlich klar, dass auch die angeblich allgewaltigen Befehlshaber oft nicht Herren des Geschehens sind, denn: »Der hungrige Bauch hat keine Ohren«.[40] Besonders als es aufs Gefecht zugeht, wird fast alles erlaubt:

»Der Wind brauste diese Nacht fürchterlich, und es war gewaltig kalt. Waldung war dort in der Nähe nicht: wir liefen also schaarenweise in die Dörfer, und holten, was wir vorfanden, Stühle, Tische, Bettstellen, Fässer, Türen, Wagen, Karren; kurz, wir schleppten, was von Holz uns in die Hände fiel, ins Lager, und machten Feuer wie in der Hölle. In den Dörfern selbst wurde Feuer in die Bauerhöfe getragen, und man zündete mit Strohfackeln in den Scheunen und Ställen herum.

Was von Vieh noch übrig war, wurde mitgeschleppt, und im Lager in Töpfen und Kesseln, die man gleichfalls in den Dörfern gelangt hatte, gekocht und verzehrt.

Einer unsrer Offiziere, der Hr. Major von Massow, wollte dem gräulichen Plündern und Anzünden steuern, aber seine Bemühungen waren fruchtlos: man stellte ihm vor, dass eben jetzt, den Tag vor einem wahrscheinlichen Angriffe auf den Feind, ein scharfes Verfahren wider die Beutemacher am unrechten Orte sein würde. So dachten alle: denn ich sah die Generale selbst ganz ruhig am Feuer sitzen, und den Soldaten,

[40] Briefe eines preußischen Augenzeugen, Erstes Pack, S. 116

als sie ihre geraubten Hühner u. s. w. zurecht machten, zusehen, ohne ein Wort darüber zu sagen. In solchen Tagen kann man ihnen das auch gar nicht zumuten, ob ich gleich überzeugt bin, dass die wenigsten von ihnen diese Gräuel billigten.«[41]

Laukhard zeigt es wieder und wieder: Aus Hunger wird geplündert, selbst auf eigenem Gebiet, und auch wenn es verboten ist; Gewalt erzeugt Gewalt; und am Ende ist jeder sich selbst am nächsten. An zahllosen Bespiele aus eigener Anschauung führt Laukhard uns dies vor, bis ihm am Ende nur noch die sarkastische Verhöhnung aller Bellizisten bleibt:

»Wie viel lasterhafte Menschen und wie viel Elende und Unglückliche hat der jetzige Krieg gegen die Franzosen nicht schon gemacht! Und doch ist der Krieg selbst, laut aller Bücher über theologische und philosophische Moral, von Hugo Grotius' bis auf Göchhausens hochadlige Schriften, kein Laster für sich, ja, er muss wohl noch eine edle Handlung sein nach den hohen und vielen Lobsprüchen, die wir in unsern Dedikationen, Gedichten und Predigten auf die Helden antreffen. Die Laster und das Elend, welches der Krieg mit sich bringt, sind freilich Akzidenzien, wie die Herren Jerusalem, Herder, Iselin und andre große Männer sprechen. Aber es sind doch Akzidenzien, welche aus dem Wesen des Kriegs selbst fließen, folglich davon unzertrennlich sind. Da nun der Krieg nicht nur nicht unerlaubt, sondern sogar in gewissen Fällen Pflicht ist (nach Grotius und Pufendorf): so muss man oft aus Pflicht etwas unternehmen, wovon Elend und Laster unzertrennlich sind, ja, wodurch beide vermehrt und da, wo sie noch nicht sind, notwendig erzeugt werden. Folglich hat die Natur, oder das, was sonst diese gegenwärtige Einrichtung der Dinge gemacht hat, sehr übel für das menschliche Geschlecht gesorgt, indem sie uns Pflichten auferlegt, deren Erfüllung Elend und Laster verbreitet, und uns zur Erfüllung andrer Pflichten, und zum Genuss der gemeinschaftlichen Güter unfähig macht. — Das sind freilich abscheuliche Wahrheiten, aber es sind doch Wahrheiten, welche sich leider bei der Betrachtung solcher abscheulichen Gegenstände, wie der Krieg ist, von selbst aufdringen.«

---

41 diese Ausgabe S. 129

NACHWORT

Wie kommt es nun aber, dass ausgerechnet dieser Mann Soldat wurde? Wie wurde seine Schrift aufgenommen? Und konnte er dem Soldatenstande wieder entkommen?

> Ein Schandmaul bringt sich um den Ruf:
> »Meine Schreibart mag ich nicht
> entschuldigen, sie ist etwas derb, und die
> Feinheiten des deutschen Stils
> kenn ich so wenig, als die Moden und die
> Lavendelflaschen«[42]

In das Gedächtnis der Nachwelt ist der »berühmt-berüchtigte Magister Laukhard«[43] als ›literarischer Vagabund‹, ›ironischer Weltenbummler‹ und ›ewiger Student‹ und später als jener Augenzeuge des Koalitionskriegs, als den wir ihn jetzt sehen, eingegangen. Dabei sollte Laukhard eigentlich Pfarrer werden.

Aus einem (durchaus nonkonformistisch kritischen) lutherischen Pfarrhause im pfälzischen Wendelsheim entstammend, begann er nach Schulabschluss in Grünstadt auf Wunsch und Drängen seines Vaters in den Jahren 1771–1774 zuerst in Gießen und danach ein Jahr in Göttingen die Theologie zu studieren, fand aber an dem Fach (um es vorsichtig zu formulieren) wenig Gefallen; später sollte er unverblümt zugeben: »Ich hasste die Pfafferei«[44]. Immerhin aber konnte er im Studium den skandalumwitterten, hochgelehrten Carl Friedrich Bahrdt hören. Der hatte seine Leipziger Theologieprofessur wegen einer Affäre mit einer Prostituierten und wegen eines ihm angedichteten unehelichen Kindes niederlegen müssen, danach wegen weiteren Skandalen auch seine nächste Professur in Erfurt und war endlich auf Vermittlung des berühmten Aufklärungstheologen Johann Salomo Semler nach Gießen gekommen. Freilich blieb Bahrdt auch dort hochumstritten. Er griff den herrschenden theologischen Lehrbegriff an, machte u.a. den Vorschlag, Theologen durch Schauspieler unterrichten zu lassen und wurde 1775 wegen anstößigen Lebenswandels entlassen. Immer wieder bezieht Laukhard

[42] *Begebenheiten* V, S. 10
[43] Christoph Weiß in seinem Eintrag zu Laukhard in *Killys Literaturlexikon*.
[44] *Leben und Schicksale* II, S. 137

sich auf ihn, und er ist auch Hauptgegenstand von Laukhards Frühwerk *Beyträge und Berichtigungen zu Herrn D. Karl Friedrich Bahrdts Lebensbeschreibung* (1791). Was das Verhältnis zu Autoritäten und die Freiheit, ein Leben gegen geltende Regeln zu führen angeht, sollte Bahrdt für Laukhard lange Zeit zu einer Art *role model* werden.

In der Studentenzeit waren steife akademische Rituale und braver Lerneifer Laukhards Sache nicht (»alle akademischen Würden kamen mir so zunftmäßig vor, waren mir immer lächerlich«)[45]. Als »geselliges Tier, das ich bin«[46] wurde er weniger für klassische Gelehrsamkeit denn für seine Liebe zum Schankhaus, für böse Streiche, leichten Lebenswandel und »studentischen Heroismus« berühmt. Traditionelle akademische Methoden wendete er auf ungewöhnliche Interessensgebiete an: Da er sich für studentische »Zotologie« begeisterte, legte er mehrere Sammlungen studentischer Sprache an, seine Werke sind eine Fundgrube für seinen »ungeschliffenen Ton«[47] und reich an derbem Vokabular. Sehr offenherzig berichtet er über all dies in den ersten beiden Bänden von *Leben und Schicksale* sowie weiteren Schriften. Mit losem Mundwerk kritisiert Laukhard immer wieder ihm unliebsame Vorgesetzte, Vertreter der Universität und der Kirche. Und zwar nicht nur heimlich am Schanktisch, sondern offen. Den Rat eines Freundes: »Sauft, lieber Freund, ... macht Hurkinder, schlagt und rauft Euch, kurz, treibt alle Exzesse; das wird Euch nicht so viel schaden als Eure Freigeisterei«[48] beherzigt er nicht. Das macht es ihm, zurück in der Pfalz, wo er diese Lebensweise fortsetzt, unmöglich, eine Stellung als Pfarrer zu finden. Das Verhalten dieses Freigeistes erregt den höchsten Unwillen des Fürsten von Nassau-Weilburg. Um Martini 1781 lässt er über die zuständige Kommission mitteilen, der Kandidat Laukhard »sei als ein Mensch bekannt, der ganz und gar keine Religion habe, der über die heiligsten Geheimnisse der christlichen Lehre öffentlich spotte, überdies ausschweifend lebe, dem Trunk sich ergebe, Pasquillen auf andere schmiede und sogar die Kanzel zum Tummelplatz seiner skandalösen Auftritte mache; deshalb trügen seine

Durchlauchten dem Konsistorio auf, den bisherigen Vikarius Laukhard zu removieren und ein anderes unbescholtenes Subjekt an die Stelle zu setzen.«

Auf Wirken seines Vaters bekam Laukhard 1782 eine Stelle am Waisenhaus in Halle, wo er lehren und promovieren sollte. 1783 erhielt er hier den Magistertitel, begann parallel zur wissenschaftlichen Tätigkeit aber auch mit der Arbeit an seinem ersten Roman. *Leben des weltberühmten Herrn Magister Baldrian Weitmauls, des Reformators* hieß das Werk, das »äußerst schnurrig« werden und eine Art Schlüsselroman über die Verhältnisse an den Universitäten Halle und Jena werden sollte. Das Buch war wohl schon geschrieben, und Laukhard hatte schon 400 Pränumeranten oder Subskribenten eingesammelt, so daß es ihn – einer Ende 1782 gedruckten Ankündigung gemäß – 1783 in zwei Bänden beim Hallenser Buchhändler Christian Gottlieb Täubel drucken lassen wollte[49]. Das wusste die alarmierte Dozentenschaft der Universität allerdings zu verhindern.

Laut Laukhard enthielt der Roman »unglücklicherweise einige Stellen, die eben jenen Mann betrafen, dem es zur Zensur mitgeteilt war«. Der Philosophieprofessor Johann Christian Förster las das Manuskript und gab – der Germanist Dirk Sangmeister hat diese Vorgänge genau erforscht – am 2. April 1783 ein Zirkular an seine Kollegen heraus, in dem es hieß, »diese Schrift [...] – mag sie immerhin satirysch seyn – kann meinem Bedenken nach nicht wohl alhir in Halle gedruckt werden ... da die Liederlichkeit auf unserer Universitet namentlich in dem elendsten Tone der schlechtesten Studenten beschrieben werde«; überhaupt sei das ganze Werk »elend und abgeschmackt«.

Förster schlägt nicht nur vor, »den Druck dieser Schrift simpliciter abzuschlagen« und Laukhard »einen derben Verweis zu geben«, sondern ihm auch »das Lesen ... nicht zu gestatten« – ihm also zu verbieten, Vorlesungen zu halten. Andere Kollegen stimmen zu, der Weltumsegler Johann Reinhold Forster (der Vater des berühmten Georg Forster), inzwischen ebenfalls Professor in Halle, verschärft noch, »dass, wenn er es anderwärts doch drucken ließe, man Ihm

---

[49] Sangmeister, S. 46 ff.

das Lesen alhir bei Strafe verbieten würde ... denn von einem solchen burschikosen Docenten haben wir keine Ehre.« Kollege Johann August Eberhard hält es gar generell für »gefährlich ... ihm das Recht, unerfahrene Jünglinge zu lehren, anzuvertrauen«[50] – die Kritik verlagert sich also vom beanstandeten Schriftstück auf die Person Laukhards als Ganzes. Was hier geschieht, wird verheerende Folgen für Laukhard haben – nicht nur wird der Abdruck seines ersten Romans unterbunden, und er geht der Einnahmen daraus verlustig, Laukhard verliert auch die Grundlage seiner Existenz als Dozent.

Es nützt ihm nichts, dass er den Roman verwirft – Laukhard wird zur Unperson erklärt (er sei »auf dem goldenen Ringe gewesen, und hat sich toll und voll gesoffen«, sei »in einem Hurenhause gefunden worden«, kurz: »sein lüderlicher Roman ist sein eignes Leben«, so Johann Reinhold Forster[51]), und er ist auf der Universität nicht mehr erwünscht. *Eine Vorlesung für ein halbes Jahr auf Probe* wird ihm gnadenhalber zwar gestattet, nachdem er einen vollständigen Kotau gemacht hat (»Bekennen muss ich übrigens, dass es mir leid ist, eine Schrift, welche anstößig schien, geschrieben zu haben. Niemals soll sie das Licht erblicken noch im Manuskript in fremde Hände kommen«[52]) und zudem die verlangte Habilitationsschrift über Giordano Bruno vorgelegt hat, zusammen mit dem Versprechen, sich zu bessern. Aber Laukhard weiß, dass er in Halle kein akademisches Glück mehr machen wird. Sein Lebensplan ist dahin, das Geld geht ihm aus, seine Schulden häufen sich – Weihnachten 1783 fasst er den verzweifelten Entschluss, sich als Soldat einzuschreiben.

Einige Jahre lang gilt er in der Armee als gelehrtes Kuriosum und erfreut sich einiger Bekanntheit, aber 1790 steht dann an, was Aufgabe eines Soldaten ist: Es geht auf Feldzug nach Schlesien, um eine Drohkulisse gegen die Österreicher aufzubauen. Zum Glück wird hier nicht gekämpft, wohl aber später, 1792 im Feldzug gegen Frankreich.

Am Ende des katastrophalen Frankreichfeldzugs kommt Laukhard nach Deutschland zurück, zum

[50] Sangmeister, S. 52
[51] Sangmeister, S. 56
[52] Sangmeister, S. 55

NACHWORT

Schluss barfuß. Bald kann er nicht mehr gehen und muss ins Lazarett. Wiederhergestellt nimmt er noch an der Rückeroberung von Mainz teil (über die er sich erstaunlich knapp äußert), und soll sich als vermeintlicher Deserteur (laut seiner Darstellung jedoch mit abenteuerlichem preußischen Auftrag) in die von den Franzosen gehaltene Festung nach Landau einschmuggeln. Mit diesem Cliffhanger endet der vorliegende dritte Teil seiner Lebensbeschreibung. Wie aber ging es weiter mit Laukhard?

»Meine Pläne sind von jeher alle gescheitert«[53]

Laukhard schmuggelt sich tatsächlich hinter die französischen Linien, lässt sich als angeblicher Deserteur festnehmen und versucht — eigenen Angaben gemäß —, seinem inzwischen zum führenden Revolutionär gewordenen, entfernt verwandten pfälzischen Bekannten Georg Friedrich Dentzel die Übergabe der Festung Landau nahezulegen — vergebens. Dentzel verrät ihn zwar nicht als Spion, Laukhard muss nun aber in der belagerten Festung ausharren und läuft, als sie im Dezember 1793 entsetzt wird, tatsächlich zu den Franzosen über. Der vierte Band seiner Autobiografie gibt Bericht über sein Leben und seine Abenteuer im revolutionären Frankreich — es ist die Zeit des Terrors, die Zeit, in der Tausende ihr Leben unter der Guillotine verlieren. Oft ist Laukhard dabei Zeuge; die erste Hinrichtung »erschüttert ihn gewaltig«, aber weil er, wie jeder Mensch »eine passive Gewohnheitsmaschine«[54] ist, »gewöhnt er sich auch an die allerscheußlichsten Szenen«[55]. Laukhard zieht über Straßburg, Münster, Belfort nach Lyon, Marseille und wieder zurück nach Lyon. Er hilft bei einem Schmied, ist Sansculotte, Krankenpfleger, Vagabund. Anlässlich eines Wirtshausstreits lässt er sich auf ein Säbelduell ein und erhält eine Wunde an der Brust, die ihm noch jahrelang Probleme bereiten soll. In Lyon erfährt er, dass Dentzel inzwischen von seinen Widersachern Danton und Robespierre in Paris in Haft genommen und mit

---

[53] *Begebenheiten*, IV, S. 320
[54] diese Ausgabe S. 237
[55] *Begebenheiten* IV, I, S. 309–311

der Hinrichtung bedroht ist – und auch er als Ausländer mit Nähe zu Dentzel ist verdächtig. Er wird inhaftiert und entkommt dem Tod durch die Guillotine nur durch diverse Schwindeleien bei Verhören und den rechtzeitigen Sturz und der anschließenden Hinrichtung Robespierres im Juli 1794. In deutschen Zeitungen war Laukhards eigener Aussage nach schon sein Tod gemeldet worden. Es ist dann sein Freund, Verleger und Retter Franz Heinrich Bispink, der ihn durch Bittbriefe, Geld und gefälschte Dokumente letztlich aus Frankreich loseisen und vom Soldatenstand befreien kann. Bispinks erster Versuch, Laukhard noch vor der Kanonade von Valmy über den damals als Feldprediger amtierenden – und späteren Bestsellerautor – August Lafontaine freizukaufen oder gegen jemand anderen auszutauschen, war gescheitert. Am 25. Februar 1795 kommt Laukhard endlich frei. Die Tagebücher und Aufzeichnungen, die er während seiner Zeit in Frankreich geführt hat, sind leider nicht mehr erhalten: Aus (berechtigter) Angst davor, beim Grenzübertritt kontrolliert und durch die Lektüre der Papiere doch noch als Spion entlarvt und guillotiniert zu werden, wirft er »das meiste davon ins Feuer«.[56]

56 *Begebenheiten* IV, II, S. 496

Rückkehr: »Nein nein, daraus wird nichts. Der Herr sieht aus wie ein Vagabunde«

Der über die Schweiz nach einigen Abenteuern ins heimische Halle zurückgekehrte Soldatenmagister gilt in Preußen inzwischen als Revolutionsfreund, man hat seine Autorschaft der *Briefe eines Preußischen Augenzeugen* entdeckt – zumindest gibt es ein Schreiben der preußischen Minister Philipp Carl Graf von Alvensleben und Christian Heinrich Curt Graf von Haugwitz vom Departement der auswärtigen Angelegenheiten an das Oberkriegskollegium, dass mit den *Briefen eines preußischen Augenzeugen* eine Schrift vorliege, die »die KriegsEreignisse in einem zweydeutigen Licht und die anarchischen Grundsätze der Franzosen verschönert und sehr plausibel vorträgt« und »einen gewißen Laukhardt, ehemals Magister und jetzt Mosquetier unter den von Thaddenschen Regimet, zum Verfasser haben soll« – nicht ohne anzuweisen, dass »der Laukhardt von einer so unerlaubten Schriftstellery künftighin abgehalten werde.«[57]

Als Laukhard im Oktober 1795 endlich wieder in Halle eintrifft, ist er also nicht nur auf der Universität unerwünscht, er hat jetzt auch Einträge bei zwei preußischen Ministerien. Schon die 1792 erschienenen ersten Bände von *Leben und Schicksale* waren zensiert worden; die Folgebände erscheinen ab 1796 beim Verlag Fleischer im benachbarten Sachsen, nicht mehr bei seinem der Halleschen Zensur unterworfenen Freund und Retter Bispink. Aber auch weiterhin bleibt dem anfänglich bei Bispink im Haus lebende Laukhard sein Talent zum Unglück treu.

Laukhard versucht, wieder auf der Universität Fuß zu fassen (nach seiner Entlassung aus der Armee ist er – zum Entsetzen der Hallenser Professoren – als promovierter Magister wieder Teil der akademischen Welt) und will wenigstens als Sprachlehrer wirken. Mehrere Ge- und Besuche beim preußischen König, um die versprochene Belohnung für seinen gefährlichen Einsatz in Landau zu erlangen, bleiben trotz kurzfristiger Zusagen erfolglos. Erbittert weigert sich die Universität – trotz königlicher Nachfragen aus Berlin – Laukhard eine Stelle zu schaffen.

Der schlägt sich stattdessen als Schriftsteller durch, veröffentlicht mit »einiger Sensation« und unter Klarnamen seine Erinnerungen über den Feldzug nach Frankreich (auch jetzt nicht ohne Risiko: »man weissagte, dass ich zur Verantwortung gezogen und wahrscheinlich auf den Bau gebracht würde«)[58], und er rächt sich an der Akademie mit der dreiteiligen Satire *Annalen der Universität zu Schilda* (1798/99); zudem erscheinen zahlreiche rasch geschriebene, aber politisch brisante Schriften und Romane wie *Leben und Thaten des Rheingrafen Carl Magnus* (1798), *Franz Wolfstein oder Begebenheiten eines dummen Teufels* (1799), *Marki von Gebrian, oder Leben und Ebentheuer eines französischen Emigranten* (1800) sowie *Wilhelm Steins Abentheuer* (1810) oder die Studentenmilieuschilderung *Eulerkappers Leben und Leiden* (1804). 28 Schriften Laukhards wurden inzwischen nachgewiesen, zahlreiche von ihm geplante oder angekündigte Bücher sind allerdings nie erschienen, bei vielen übte er vorauseilend Selbstzensur, und viele wurden von der Zensur verstümmelt oder erstickt. Laukhardforscher Dirk Sangmeister fasst illusionslos zusammen: »Im Fall Laukhards ist die Zahl der Werke, die durch die Zensur kombabusiert, amputiert oder indiziert wurden, höher als die Zahl der Werke, die keinen Anstoß erregten.«[59] Zudem scheint Laukhard ab und an Bekannten bei der Abfassung von juristischen Schriftsätzen beigestanden zu haben, freilich ohne je eine formale juristische Ausbildung gehabt zu haben—was die professionellen universitären Juristen gegen ihn aufbringt. Er wird wegen »unbefugt verfasster und als beleidigend empfundener Schriftsätze« zu einer kleinen Geldstrafe und »48 Stunden Arrest« verurteilt und schließlich von einem Hallenser Professor, der vehement die Entfernung des »moralisch todten« Laukhard fordert, beim preußischen König verleumdet.[60]

Der Antrag scheitert, aber für Laukard sieht es nicht gut aus. Das letzte Kapitel seiner Autobiografie, die bis ins Jahr 1802 führt, ist mit »Meine jetzige Lage« überschrieben; und der erste Satz lautet: »Die taugt freilich nicht viel.«[61]

Über Laukhards letzte Jahre ist wenig bekannt. Das Jahr 1803 findet den inzwischen (unglücklich) verheirateten Vater zweier Söhne als Pfarrer in Veitsrodt (bei Idar-Oberstein) wieder, aber es folgt, was folgen muss: der »wüste Mensch und scheußliche Trunkenbold«, der »obszöne, alles frech lästernde und das Heilige ungescheut verspottende Skribant«[62] soll seines Amtes wieder enthoben werden: Diesmal sitzt Laukhard aber—unterstützt von seiner kleinen Gemeinde—alle Räumungsbefehle einfach aus. Bis ihm im Jahr 1811 ein Buch zum Verhängnis wird, das er schon 1801 veröffentlicht hatte, damals sogar ganz ohne »Skandal« und auch danach völlig unbeanstandet: *Bonaparte und Cromwell,* eine frühe scharf napoleonkritische Schrift. Zwar hatte unser Autor nur als deutscher Übersetzer eines französischen Buches gezeichnet und ein Vorwort dazu geschrieben, aber jetzt, da Napoleon über

Europa herrscht, hilft ihm auch das nicht. Der Oberstaatsanwalt von Trier (zu jener Zeit Teil der französischen Rheinlande) teilt dem französischen Justizminister mit, das Buch sei »von Anfang an bis Ende nur eine flegelhafte Schmähschrift und ein frecher Vergleich, gerichtet gegen das Oberhaupt der französischen Regierung«[63] – und schreibt es Laukhard zu. Der wird verhaftet, und jetzt gibt es keine Gnade: er kommt für volle eineinhalb Jahre in Vilvoorde bei Brüssel ins Gefängnis, bis zu seiner Befreiung durch die Alliierten am 2. Februar 1814.

Die lesende Welt bekam davon allerdings nichts mit. Laukhard war aus ihr schon lange vorher entschwunden, und nicht nur das: Er galt (schon wieder) als tot. 1810 hatte Johann Georg Meusels Standardwerk *Das gelehrte Teutschland oder Lexikon der jetzt lebenden teutschen Schriftsteller* vermeldet: »LAUKHARD (Friedrich Christian) starb 1806. ... Wäre er nicht schon als Student und Kandidat liederlich gewesen, oder hätte er sich noch als Pfarrvikar oder als akademischer Docent gebessert, er wäre nicht zu seiner eigenen Schande so tief gesunken und im Elende gestorben.«

Es dauerte zwei Jahre, ehe jemand schriftlich widersprach.

Was mit Laukhard nach seiner Befreiung geschah, liegt weitgehend im Dunkeln. Im Sommer 1814 taucht er, stark abgerissen, in Gießen auf, wo er noch immer eine gewisse Bekanntheit genießt. Eine Zeitung meldet: »trotz seines vorgerückten Alters und seiner wankenden Gesundheit, zeigte er immer noch viel Lebhaftigkeit des Geistes ... Auch ward in Anbetracht seiner hilfsbedürftigen Lage eine Geldsammlung für ihn veranstaltet ... Nachdem Laukhard auf diese Weise wieder in bessere Umstände versetzt worden war, fing er an, im Ernste darauf zu denken, sich in Gießen häuslich niederzulassen ... Allein die Ausführung seines Niederlassungsprojektes musste unterbleiben, weil man ihn in Gießen nicht dulden wollte. Unter diesen Umständen hatte Laukhard keine andere Wahl, als Gießen wieder zu verlassen und anderwärts sein Heil zu versuchen«[64].

---

63 Zitat nach Engels/Harms, im höchst materialreichen Nachwort zur vollständigen Reprintausgabe der *Leben und Schicksale*, Frankfurt a. M 1987, Nachwort S. 44 f.

64 ebd. S. 48 ff.

Am 13. November 1814 erscheint er in Weimar. In einer auf lateinisch abgefassten Bittschrift fragt »Miserrimus Laukhard ante breve tempus captivus in Francia ob Scripturam in Napoleonem«[65] den »illustre Goethe, Sophocle Germanico«, der wie er am Feldzug gegen die Neufranken teilgenommen und Hunger gelitten hat, um Unterstützung an. Eine Antwort des Adressaten ist nicht bekannt.

1815 ist er kurz noch einmal in Gießen, doch »beinah entblößt von allen, was zum besseren Lebensunterhalt gehört, betrachtete man ihn jetzt nicht mehr als reisenden Literaten, sondern als gemeinen Vagabunden, mit dem die Polizei keine Umstände zu machen brauchte.«[66]

Laukard lebte die letzten Jahre als Privatlehrer in Kreuznach. Bücher veröffentlichte er keine mehr, nur von drei Theaterstücken aus seiner Feder weiß man noch, die in Kreuznach, seiner letzten Station, auch aufgeführt werden. Er starb in der Nacht vom 28. auf den 29. April 1822.

[65] ebd. S. 50
[66] ebd. S. 50

Auswahlbibliographie zu Christian Friedrich Laukhard

zusammengestellt von
Dirk Sangmeister

AMMON, FRIEDER VON: Die andere ästhetische Erziehung. Der ›Zuchtspiegel für die politischen Vampyrs‹ und die Entstehung einer ›reflektierten‹ politischen Dichtung. In: Christine Lubkoll u. a. (Hrsg.): *Politische Literatur. Begriffe, Debatten, Aktualität.* Stuttgart: Metzler 2018, S. 13–36.

BOIS, PIERRE-ANDRÉ: Friedrich Christian Laukhard: l'individu face à la guerre. In: François Knopper u. Alain Ruiz: *Les voyageurs européens sur les chemins de la guerre et de la paix du temps des Lumières au début du XIXe siècle.* Pessac: Presses Universitaires de Bordeaux 2006, S. 319–332.

ENGELS, HANS-WERNER: Zu Friedrich Christian Laukhards Spätwerk. In: Erich Donnert (Hrsg.): *Europa in der Frühen Neuzeit.* 7 Bde. Köln u. a.: Böhlau 1997–2008, Bd. 2, S. 439–453.

ENGELS, HANS-WERNER / HARMS, ANDREAS: Nachwort und Materialien zu *Friedrich Christian Laukhards Leben und Schicksale. Fünf Teile in drei Bänden.* Frankfurt a. M.: Zweitausendeins 1987. Anhang zu Bd. 3. (Haidnische Alterthümer Zweite Folge. Literatur des 18. und 19. Jahrhunderts, herausgegeben von Hans-Michael Bock)

AUSWAHLBIBLIOGRAPHIE

FEUCHTER-FELER, ANNE: Regards contrastifs sur le France révolutionnaire. Stratégies de médiation et signifiance des représentations gallophiles et gallophobes chez Laukhard et Gentz. In: Raymond Heitz (Hrsg.): *Gallophilie und Gallophobie in der Literatur und den Medien in Deutschland und Italien im 18. Jahrhundert*. Heidelberg: Winter 2011 (Germanisch-romanische Monatsschrift, Beiheft 40), S. 107–126.

HEINZ, JOACHIM P.: Friedrich Christian Heinrich Laukhard — Magister, Musketier, Sansculotte, Pfarrer und radikaler Schriftsteller der Aufklärung. In: *Mitteilungen des Historischen Vereins der Pfalz* 117 (2019), S. 275–304.

KAISER, GERHARD R.: Friedrich Christian Laukhard. Porträt eines Verlierers. In: Ders. u. Gerhard Kurz (Hrsg.): *Literarisches Leben in Oberhessen*. Gießen: Ferber 1993 (Gießener Diskurse, 11), S. 73–103.
Zuerst in: Joep Leersen u. Karl Ulrich Syndram (Hrsg.): Europa Provincia Mundi. Essays in comparative literature and European Studies. Amsterdam: Rodopi 1992, S. 423–447.

KRIMMER, ELISABETH: A portrait of war, a grammar of peace. Goethe, Laukhard, and the campaign of 1792. In: *German Life and Letters* 61 (2008), S. 46–60.

KÜHLMANN, WILHELM: Kutsche oder Stiefeldreck? Goethe und Laukhard über ihre »Campagne in Frankreich« (1792): In: Frank Fürbeth u. Bernd Zegowitz (Hrsg.): *Vorausdeutungen und Rückblicke. Goethe und Goethe-Rezeption zwischen Klassik und Moderne*. Heidelberg: Winter 2013 (Frankfurter Beiträge zur Germanistik, 53), S. 95–112.
Wiederabdruck in Ders.: *Literatur als Geschichte. Studien zur Vers- und Prosaepik des 16. bis 20. Jahrhunderts*. Hrsg. v. Jost Eickmeyer u.a. Heidelberg: Mattes 2021, S. 149–166.

NASCHERT, GUIDO (HRSG.): *Friedrich Christian Laukhard (1757–1822). Schriftsteller, Radikalaufklärer und gelehrter Soldat*. Paderborn: Schöningh 2017.

NELL, WERNER: Selbstbehauptung auf verlorenem Posten. C. F. Laukhards Selbstdarstellung im Double Bind der Marginalisierten. In: Françoise Knopper u. Wolfgang Fink (Hrsg.). *Das Abseits als Zentrum. Autobiographien von Außenseitern im 18. Jahrhundert*. Halle: Universitätsverlag Halle-Wittenberg 2017 (Wissensdiskurse im 17. und 18. Jahrhundert, 5), S. 387–407.

SAINE, THOMAS P.: *Black Bread — White Bread. German Intellectuals and the French Revolution*. Columbia: Camden House 1988.

SAINE, THOMAS P.: Magister Laukhard on Doctor Bahrdt. In: Richard Fisher (Hrsg.): *Ethik und Ästhetik. Werke und Werte in der Literatur vom 18. bis zum 20. Jahrhundert*. Frankfurt u.a.: Lang 1995, S. 153–169.

SANGMEISTER, DIRK: *Vertrieben vom Feld der Literatur. Verbreitung und Unterdrückung der Werke von Friedrich Christian Laukhard*. Bremen: edition lumière 2017 (Presse und Geschichte, 104).

SANGMEISTER, DIRK: Ein vorzeitig totgesagter Freigeist. Zur Erinnerung an Friedrich Christian Laukhard (1757–1822). In: *Zeitschrift für Germanistik* N.F. 32 (2022), H. 2, S. 415–419

SCHNEIDER, ERICH: Das Bild der französischen Revolutionsarmee (1792–1795) in der zeitgenössischen deutschen Publizistik. In: Jürgen Voss (Hrsg.): *Deutschland und die Französische Revolution.* München u. Zürich: Artemis 1983, S. 194–213.

SPIEKERMANN, BJÖRN: Von der Aufklärung und ihren Hindernissen. Das geistige Leben der Pfalz in der Sicht von Friedrich Christian Laukhard (1757–1822) In: Wilhelm Kühlmann u. Hermann Wiegand (Hrsg.): *Die Wittelsbacher und die Kurpfalz in der Neuzeit. Zwischen Reformation und Revolution.* Regensburg: Schnell & Steiner 2013, S. 757–791.

WEISS, CHRISTOPH: *Friedrich Christian Laukhard* (1757–1822). 3 Bde. St. Ingbert: Röhrig 1992 (Saarbrücker Beiträge zur Literaturwissenschaft, 38).

ZIMMERMANN, HARRO: Auswanderung ist Heimkehr. Die Emigranten der Französischen Revolution in der deutschen Erzählliteratur und Publizistik um 1800. In: Ders.: *Aufklärung und Erfahrungswandel. Studien zur deutschsprachigen Literaturgeschichte des späten 18. Jahrhunderts.* Göttingen: Wallstein 1999, S. 243–305.
Zuerst in: Francia 12 (1984), S. 305–353.

Die Sekundärliteratur aus dem vergangenen Jahrhundert ist vollständig verzeichnet im zweiten Band der Monographie von Christoph Weiß und im Anhang zur kompletten Neuausgabe der *Leben und Schicksale* durch Hans-Werner Engels und Andreas Harms.

Zeittafel

zusammengestellt
von Guido Naschert

1757	7. Juni: Geburt Friedrich Christian Laukhards als Sohn des protestantischen Pfarrers und Freigeistes Philipp Burkhard Laukhardt (1722–1789) und der Charlotte Dorothea Dautel (1732–1812) in Wendelsheim
1763	Philipp Burkhard Laukhardt wird von Rheingraf Carl Magnus zu Grehweiler (1718–1793) des Amtes enthoben und klagt dagegen erfolgreich beim Reichskammergericht in Wetzlar.
1771–1774	Besuch des Gymnasiums in Grünstadt
1774	Ab Herbst: Studium der Theologie in Gießen (Immatrikulation am 5. Mai 1775)
1775	Laukhard wird Mitglied im Amicisten-Orden. – Graf Carl Magnus wird von Kaiser Joseph II. zu zehn Jahren Festungshaft verurteilt.
1776	Dreiwöchiger Aufenthalt in Jena
1777	Sommer: Gießener Studentenstreik
1778	Studium in Göttingen
1779	Reise nach Heidelberg. Erfolglose Versuche, eine Pfarrstelle in der Pfalz zu erhalten. Vikariate in Udenheim und Obersaulheim.
1781	22. Februar: Laukhards Bewerbung um ein Lehramt in Darmstadt wird abgelehnt. Beginn des Studiums in Halle bei Johann Salomo Semler
1782	Präzeptor am Waisenhaus der Franckeschen Stiftungen zu Halle. 11. Juni: Immatrikulation an der Universität Halle. Arbeit als Dozent. Vorlesungen zur Kirchengeschichte und römischen Geschichte
1783	17. Januar: Verteidigung der Magister-Dissertation über Ruprecht von der Pfalz (1352–1410). Aufenthalt in Jena. 27. August: Habilitation mit der Verteidigung einer Dissertation über Giordano Bruno. Laukhard muss auf Druck der Hallenser Professorenschaft seinen bereits geschriebenen ersten Roman *Baldrian Weitmaul* zurückziehen. Seine Lehrerlaubnis wird stark eingeschränkt. An Weihnachten wird Laukhard Musketier im preußischen Regiment von Thadden.

1787	Laukhard lernt den Verleger Franz Heinrich Bispink (1749–1820) kennen, der in Halle zugleich auch ein akademisches Leseinstitut und einen Freitisch betreibt.
1789	6. Mai: Laukhards Vater Philipp Burkhard stirbt.
1790	Juni: Mit dem Thadden'schen Regiment in Schlesien
1791	*Beyträge und Berichtigungen zu Herrn D. Karl Friedrich Bahrdt's Lebensgeschichte. In Briefen eines Pfälzers* erscheinen im Verlag von Johann Christian Hendel in Halle.
1792	14. Juni: Laukhards Regiment verlässt Halle und zieht in den Ersten Koalitionskrieg gegen Frankreich. Am 20. September nimmt Laukhard an der Kanonade von Valmy teil. Teil 1 und 2 der Autobiographie *Leben und Schicksale* erscheinen bei Michaelis und Bispink in Halle.
1793	14. April: Laukhards Regiment beteiligt sich an der Belagerung von Mainz, das am 23. Juli an die Preußen übergeben wird. Am 18. September erreicht das Regiment die belagerte Festung Landau. Am 26. September wird Laukhard in die Festung geschleust und desertiert. Nach dem Fall Landaus am 28. Dezember flieht er nach Straßburg und reist durch Frankreich. — *Briefe eines preußischen Augenzeugen über den Feldzug des Herzogs von Braunschweig gegen die Neufranken im Jahre 1792* (Pack 1 und 2) erscheinen noch 1793. Pack 3 und 4 (erschienen 1794) werden vermutlich von Bispink geschrieben, wohl auch unter Verwendung Laukhard'schen Materials.
1794	Wanderungen durch den Süden Frankreichs. Mit den Sansculotten zieht Laukhard von Lyon bis Avignon. Duell mit einem französischen Offizier in Lyon. Er wird in ein Spital nach Dijon verlegt, wo er später als Krankenwärter und Sprachlehrer Geld verdient.
1795	Laukhard verlässt Frankreich und reist über Basel nach Freiburg, wo er sich für das Emigrantenheer des Kardinal Rohan anwerben lässt, das er jedoch schon nach kurzer Zeit wieder verlässt. In Offenburg tritt er den schwäbischen Kreistruppen bei. Auf Betreiben seines Freundes und Verlegers Bispink kommt er vom Soldateneid frei und kann am 27. Oktober nach Halle zurückkehren. Der Versuch, eine Stelle als Sprachlehrer an der Universität zu erhalten, scheitert am Widerstand des preußischen Ministers Wöllner und der Universität Halle.
1796	*Schilderungen der jetzigen Reichsarmee, nach ihrer wahren Gestalt* erscheint bei Peter Hammer in Köln (d. h. wahrscheinlich bei Fleischer d. J.), *Leben und Schicksale* (3. u. 4. Th./1. Abt.) bei Fleischer d. J. in Leipzig.
1797	17. September: Laukhard heiratet Marie Antoinette Neuhmann (»Hannchen«), die Tochter eines preußischen Soldaten. — *Leben und Schicksale* (4. Th./2. Abt.), *Anleitung zur Uebung in der französischen Sprache*.

ZEITTAFEL

1798	Audienz bei König Friedrich Wilhelm III. in Berlin wegen einer Anstellung in Halle. Auch dieser Versuch scheitert am Widerstand der Universität. Am 20. Juni Geburt seines Sohnes Carl Friedrich. – *Leben und Thaten des Rheingrafen Carl Magnus* und *Annalen der Universität zu Schilda* (1. Th.) erscheinen bei Fleischer d. J. in Leipzig.
1799	*Annalen der Universität zu Schilda* (2. u. 3. Th.), *Der Mosellaner- oder Amicisten-Orden nach seiner Entstehung, inneren Verfassung und Verbreitung auf den deutschen Universitäten* sowie *Franz Wolfstein oder Begebenheiten eines dummen Teufels* erscheinen. – Am 9. November wird sein Sohn Carl Gerhard Thomas Friedrich geboren, der jedoch schon am 28.9.1800 verstirbt. – Laukhard arbeitet als Winkeladvokat und gerät wegen eines Streits zwei Tage in Arrest.
1800	*Marki von Gebrian, oder Leben und Ebentheuer eines französischen Emigranten* erscheinen bei Fleischer d. J. in Leipzig.
1801	*Bonaparte und Cromwell. Ein Neujahrsgeschenk für die Franzosen von einem Bürger ohne Vorurtheile.* (hier ist Laukhard mindestens Übersetzer und Vorwortschreiber), *Bild der Zeiten oder Europa's Geschichte* (2 Bde.), *Die Emigranten* (1. Bd) und *Astolfo, eine Banditengeschichte* (1. Th.) erscheinen.
1802	*Leben und Schicksale* (5. Th.), *Astolfo, eine Banditengeschichte* (2. u. 3. Bd.) und *Die Emigranten* (2. Bd.) erscheinen.
1803	Herbst: *Eulerkappers Leben und Leiden. Eine tragisch-komische Geschichte* und *Corilla Donatini* erscheinen.
1804	Frühjahr: Laukhard verlässt Halle und wird Pfarrer in Veitsrodt im Saar-Departement (bis 1811).
1807	Wegen der napoleonkritischen Schrift *Bonaparte und Cromwell* erhält Laukhard Redeverbot seitens der französischen Regierung.
1808	3. Juni: Laukhards Bruder Carl Philipp stirbt.
1809	Laukhards Roman *Melana* erscheint in Leipzig.
1810	20. Juli: Laukhards Sohn Carl Friedrich stirbt. – *Bild der Zeiten oder Europa's Geschichte* (2. Ausgabe); *Wilhelm Steins Abentheuer* (1. u. 2. Th.).
1811	Oktober: Laukhard wird auf Befehl des Präfekten des Saardepartements gefangen genommen, nach Trier gebracht und wenig später ins ›Correctionshaus‹ nach Vilvoorde bei Brüssel überführt.
1812	25. Dezember: Laukhards Mutter Charlotte Dorothea stirbt.
1814	2. Februar: Entlassung aus der Haft in Vilvoorde durch die Alliierten. Im Sommer trifft Laukhard in Gießen ein, wo er sich als Sprachlehrer niederlassen möchte, aber nicht geduldet wird. Er wandert weiter nach Sachsen und bittet am 13. November 1814 Johann Wolfgang von Goethe um Hilfe. Eine Antwort ist nicht bekannt.
1815	Erneuter Aufenthalt in Gießen

vor 1819–1822	Laukhard lebt und arbeitet als Privatlehrer für Sprachen, Geschichte, Geographie, Naturrecht, Literatur und als Theaterautor in Kreuznach.
1818(?)–1819	Aufführungen von drei Theaterstücken Laukhards in Kreuznach: *Michel Mort der Kreuznacher*; *Franz von Sickingen*; *So prellt man Großsprecher und Schulfüchse*
1822	28./29. April: Laukhard stirbt des Nachts im Alter von 64 Jahren in Kreuznach an der Nahe. Sein Grab ist nicht erhalten geblieben.

Dank

Die vorliegende Neuausgabe des dritten Bandes von Laukhards *Leben und Schicksale* entstand auf Anregung von Reinhard Kaiser.

Bei der Einrichtung des Textes und der Erstellung der Kommentare halfen Reinhard Kaiser, Wolfgang Hörner, Tobias Roth und Stefan Reiserer; Dirk Sangmeister, Guido Naschert und Benedikt Erenz standen als Zuträger selbstlos mit Rat und Tat zur Seite. Bruno Preisendörfer, Alain Claude Sulzer und einmal mehr Dirk Sangmeister sei für ihr kritisches Auge aufs Nachwort gedankt.

Impressum

Der VERLAG DAS KULTURELLE GEDÄCHTNIS dankt seinen Unterstützern: Reinhart Binder, Frederic Böhle, BUCHMARKT, Andrew & Jeff Goldstein, Philipp Graf, Eva Großjean-Ehe, Heinz Hörner, Lucian Krawczyk, Kathrin Kunkel-Razum, DAS MAGAZIN Die Kulturzeitschrift, Friederike Mayer-Lindenberg, Ulrich Noethen, Gabriele Pohlmann, Oliver Razum, Elisabeth Ruge, Thomas Sarbacher, Thomas Schöttler, Hartmut Sommer, Janine Stratmann, Beate Swoboda, den Gesellschaftern des Verlages sowie einigen Ungenannten, die im Dank eingeschlossen sind.

ISBN 978-3-946990-60-4
1. Auflage 2022
© Verlag Das Kulturelle Gedächtnis GmbH, Berlin

mis en bouteille au château

Alle Rechte vorbehalten. Weiterverwendung und Vervielfältigung nur mit ausdrücklicher Genehmigung des Verlages gestattet.

Gesamtgestaltung: 2xGoldstein+Fronczek / studio stg
Gestaltung & Satz: 2xGoldstein (Andrew Goldstein, Jeffrey Goldstein, Erik Schöfer, Joshua Kaiss), Rheinstetten
Umschlaggestaltung unter Verwendung eines Gemäldes von Horace Vernet, *Bataille de Valmy, le 20 septembre 1792*.
Druck & Bindung: CPI books GmbH, Ebner & Spiegel Ulm

Mehr zum Verlag auf www.daskulturellegedächtnis.de

Aus Gründen des Umweltschutzes
schweißen wir unsere Bücher
nicht ein
.